한국 정치리더십의 특성

박정희·김영삼·김대중: 사정치형 리더십의 공통점과 차이점

이진곤 지음

한울
아카데미

국립중앙도서관 출판시도서목록(CIP)

한국 정치 리더십의 특징 = The characteristics of the
Korean political leadership : 박정희·김영삼·김대중 :
사정치형 리더십의 공통점과 차이점 / 이진곤 지음. -- 서
울 : 한울, 2003

    p. ;   cm. -- (한울아카데미 ; 605)

ISBN   89-460-3197-2 93340 : \24000

340.911-KDC4
320.9519-DDC21   CIP2003001771

머리말

'리더십을 따라가보는 한국현대정치사 여행'이나 '리더십에 비추어보는 한국현대정치사'라는 제목을 생각했지만 진부하고 가벼운 느낌을 떨칠 수 없다. 역시 좀 무겁고 딱딱한 제목이라야 본문의 가벼움이 덮여질 것 같다. 이것이 '한국 정치리더십의 특성'이라는 대단히 재미없는 이름을 붙이게 된 연유다.

한국의 민주정치는 이제 반세기를 좀 넘겼다. 세계사적인 안목으로 보자면 일천한 역사다. 그 때문이겠지만 아직도 떫고 신맛이 가시지 않았다. 성숙미가 거의 없다는 뜻이다. 거칠고 서투르기가 지켜보는 사람조차 부끄러울 정도다.

그 책임의 큰 부분은 리더들의 몫이다. 왜냐고 항변하지 않는 게 좋다. 전적으로 리더들의 책임이라고 하지 않는 것만으로도 다행으로 여길 일이다. 소수의 리더들에게 일방적으로 끌려 다닌 것이 한국 현대정치사다. 한국의 대의민주정이 아직도 유치(幼稚)단계에서 머뭇거리고 있다면 그 건 이들의 책임이다.

이것으로 왜 하필 '정치리더십'을 키워드로 삼는가에 대한 설명까지 된 셈이다. 덧붙이자면 이렇다. 민주정치란 법과 제도와 관행의 정치여야 한다는 상식이 적어도 한국정치의 과정에서는 확인된 바가 없다. 한국정치의 가장 적극적이고 강력한 동인은 몇몇 리더들의 사적(私的) 이해 또는 목적이었다. 모험주의자 출세주의자들이 추종자 집단을 이끌고 쿠데타의 방법을 동원하거나, 끈질기고 집요한 도전을 통해 권좌에 이르는 과정을 중심으로 한국현대정치사는 전개됐다. 법과 제도는 많은 경우 장식일 뿐이었다. 몇몇 정치실력자들의 욕구와 의지가 이를 압도했다. 김영삼의 문민정부 때 '인치(人治)' 논란이 거세게 일었지만 기실 그것은 한국현대정치의 한 특성이었다.

법과 제도가 아닌, 사람에 의한 통치(또는 정치)를 일컬어 인치라 하는 것이지만 그게 반드시 비난받아야 할 일은 아니다. 이를 덕치(德治)의 다른 표현으로 이해한다면, 법가형 '법치(法治)의 삭막함'을 크게 완화시켜주는 보완적 대안일 수도 있다.

그러나 어떤 경우에든 룰은 존중되어야 한다. 룰이 경시되는 게임이나, 룰의 안정성이 배제된 정치는 결코 민주적 정치과정을 구현해 낼 수가 없다. 한국 현대정치의 비극이 여기에 있다. 이른바 '정치 지도자'들은 저마다 힘을 뽐내면서 법 위에 서려고 했다. 인치의 가장 타락한 형태를 온 몸으로 보여준 것이다.

우리 모두의 상식적 인식으로 한국 현대정치사는 권위주의적 통치자와 민주화 투쟁 리더들 사이의 끊임없는 도전-응전의 과정이었다. 물론 민주화 세력이 핍박 속에서도 승리를 향해 지칠 줄 모르고 나아가는, 좁고 험하지만 희망이 있는 길이기도 했다. 이제쯤은 성취된 꿈을 모두가 함께 확인할 수 있을 만도 한 시점이다.

그러나 유감스럽게도 한국정치의 기본구조는 별로 달라지지 않았다. 여전히 투쟁 대결 증오가 정치과정을 좌우하고 있다. 김영삼·김대중 시대를 거치면서도 완강하게 버티고 있던 권위주의적 정치의 틀을 깨뜨리고 극적으로 등장한 참여정치의 리더 노무현까지도 자기과시적 인치의 욕구를 털어내지 못한 채 지속적으로 갈등 대립의 요인들을 말과 행동으로 양산해 내고 있다. 이 또한 권위주의적 리더십의 한 표현일 것이다.

한국 현대정치사를 정리하겠다면서 정치리더십에 초점을 맞추기로 한 까닭이 여기에 있다. 법과 제도만 봐서는 제대로 파악하기 어려울 만큼 우리 정치사는 리더 중심으로 전개됐다. 리더를 따라가 보면 거기에 한국 현대정치의 진면목이 있을 것이다.

박정희와 양김(김영삼·김대중)을 비교하는 방식을 택한 것은 이들이야말로 한국 현대정치사에 역동성을 부여한 도전과 응전의 당사자들이기 때문이다. 한쪽은 권위주의의 정점에, 다른 한쪽은 민주화 투쟁의 선봉에서 핍박과 저항의 관계를 형성했고 이 점에서는 상호 대척점에 선 리더들이었다.

그러나 이들의 리더십 근저에는 뚜렷한 근친성(近親性)이 있었다. 적어도 정치리더십에 관한 한 양김은 박정희의 상속자였다. 상속된 리더십은 사정치형 리더십 또는 사인형 정치리더십이다. 그에 주도된 정치는 자연 사정치일 수밖에 없다. 이것이 곧 한국 정치리더십과 한국 현대정치의 특성이라는 결론을 예비한 채 어설프기만 한 여행을 시작한다. 필경 화호유구(畫虎類狗)가 되고 말 것이지만 읽어 주시는 분들의 질정(叱正)을 기다려 고쳐나가기를 주저하지 않을 것을 약속드린다.

출판을 지원해주신 한국언론재단, 출판을 결심하고 원고를 정성스레 다듬어서 좋은 책으로 엮어주신 도서출판 한울의 대표와 편집부 여러분께 각별한 감사를 드린다. 분에 넘치는 관심과 격려를 보내주신 주위의 많은 분들께도 고마운 마음을 전하고 싶다. 그리고 늘 용기를 북돋워준 아내와 두 아이들에게 다함 없는 사랑을 보낸다.

2003년 12월 10일
지은이

차례

제1장 서론: 한 시대를 보내며

제1절 김대중 시대의 그늘

1. 노벨상 수상의 꿈

김대중(金大中)의 대통령 임기가 2003년 2월 24일로 끝났다. 자신의 민주화 투쟁 동지였으며 또 경쟁자이기도 했던 김영삼(金泳三)에 이어 대통령직을 쟁취, ―정말, 그것은 爭取였다!― 5년간 집권했다. 그는 목숨을 건 집요한 도전 끝에 마침내 목표를 이루었을 뿐 아니라 간절히 소망하던 노벨 평화상을 재임 중에 수상하는 영광까지 누렸다. 남들은 몇 생애를 거듭 살아도 이루지 못할 일을 한꺼번에 이루어낸 것이다.

그러나 그의 재임기는 전임자들이 그랬듯, 영욕이 뒤섞이는 기간이었다. 그는 전임자 김영삼이 상대의 갑작스런 타계, 또 자신의 남다른 고집 때문에 날려버린 남북정상회담의 기회를 이른바 '햇볕정책'을 통해 붙잡을 수 있었다. 이솝우화를 흉내내서 지은 대북 정책의 이름이었지만 그의 임기 말까지 자신에게 노벨상을 안겨 준 이외엔 이렇다할 효과가 있는 것 같지는 않았다.

기실 남북관계 개선의 길은 김대중이 새롭게 열어놓은 게 아니었다. 이미 '6·29선언'을 계기로 대북 화해정책은 적극화했다. '군정종식'의 국민적 재확인 문서가 된 제9차 개정헌법(1987. 10. 29 공포)은 그 전문에 '조국의 민주개혁과 평화적 통일의 사명'을 명시했다. 그리고 제4조에 "대한민국은 통일을 지향하며 자유민주적 기본질서에 입각한 평화적 통일정책을 수립하고 이를 추진한다"는 규정을 두었다. 또 66조 3항에서는 "대통령은 조국의 평화적 통일을 위한 성실한 의무를 진다"고 명시하고 있다.

노태우는 1988년 7월 7일 '민족자존과 통일번영을 위한 특별선언', 즉 '7·7선언'을 발표했다. 북한을 대결 상대가 아니라 '선의의 동반자'로 간주하고 공영의 민족공동체로 관계를 발전시켜 가는 것이 통일 조국을 실현하는 지름길이라는 인식을 바탕으로 한 것이었다. 이 선언의 후속조치로서 이듬해 「남북교류협력에관한법률」(1989년 8월 1일 공포·시행)을 마련하기도 했다. 또 1989년 9월 11일 노태우는 국회에서 '한민족 공동체 통일방안'을 제시했다. 1992년 2월 19일 드디어 '남북 사이의 화해와 불가침 및 교류·협력에 관한 합의서', 바로 '남북 기본합의서'가 발효되었다.

그의 뒤를 이어 제14대 대통령이 된 김영삼은 1993년 2월 25일 취임사에서 "세계는 대결이 아니라 평화와 협력의 시대로 나아가고 있습니다. 다른 민족과 국가 사이에도 다양한 협력이 이루어지고 있습니다. 그러나 어느 동맹국도 민족보다 더 나을 수 없습니다. 어떤 이념이나 어떤 사상도 민족보다 더 큰 행복을 가져다주지 못합니다"라고 역설했다. 그는 1994년 2월 25일 취임 1주년 기자회견을 통해 "북한의 핵 개발을 저지하는 데 도움이 된다고 판단될 경우 투명성이 보장되기 전이라도 정상회담을 추진하겠다"고 밝혔다. 김일성(金日成) 북한 주석은 이 해 6월 평양을 방문한 지미 카터 전 미국 대통령을 통해 "언제 어디서나 조건 없이 빠른 시일 내에 만나고 싶다"는 뜻을 전해왔다.

2. 운명의 희롱

마침내 남북은 이 해 7월 25일부터 27일까지 평양에서 정상회담을 열기로 합의하고 준비작업을 진척시켰다. 그러나 인간사에는 극적인 우연, 혹은 운명의 장난이 끼어들게 되어 있는 것인가. 7월 8일 김일성이 돌연 사망하고 말았다. 이후 조문을 둘러싸고 양 당국간의 갈등이 깊어진 바람에 김영삼 재임 중의 남북정상회담은 무산되어버렸다. 그렇다고 김영삼이 남북관계의 개선과 남북정상회담 개최를 포기한 것은 아니었다. 그는 북한에 쌀을 보내는 등 대북 지원의지를 과시했지만 북한은 그때마다 트집을 잡고 제동을 걸어 김영삼 정부와 남한 국민들을 실망시켰다. 그런 가운데서도 남북관계의 틀은 크게 바뀌고 있었다.

김대중은 이처럼 전임자들이 뚫어놓은 길을 잘 보수만 하면 쉽게 평양으로 갈 수 있는 조건 위에서 임기를 시작했다. 그는 통일에 대해서는 진작부터 관심을 표명해왔고 '공화국 연합제' 등 민족통일방안에 대한 저서를 출판할 정도로 남다른 연구열의를 갖고 있었다. 뿐만 아니라 1993년 영국으로부터의 귀국에 앞서 기자들에게 "남북통일문제를 집중적으로 연구해서 조국 통일에 기여하겠다"고 밝힌 바대로 이 해 12월 31일에는 '아시아 태평양 평화재단'을 외무부에 공익재단으로 정식 등록했다. 실제로 이 재단이 어떤 역할을 했는지에 대해서는 논란의 여지가 있지만 그것과는 상관없이 이 또한 김대중의 통일에 대한 각별한 관심을 부각시키는 데는 제격이었다.

노벨 평화상 수상에 대한 김대중의 집념도 남북정상회담 성사의 주요 동인이 되기에 부족함이 없었다. 그는 1992년까지 연속 6년째 노벨 평화상 후보로 추천을 받은 바 있었다. 그가 이 해 대통령선거에서 세번째로 낙선하고, 혹시 있을지도 모를 김영삼의 정치적 견제 또는 핍박을 피해 1993년 초 영국으로 갔을 때 그에게 남은 또 하나의 희망이 있었다면 그것은 노벨 평화상 수상이었을 터이다.

김영삼-김일성 회담이 성사되었다고 할 때 상은 이들에게 주었을 것이라고 생각한다면 무리일까? 실제로 이 같은 성격의 회담 당사자들에게 노벨 평화상이 몇 차례 수여되기도 했다. 수상의 결정적 기회가 김영삼을 비켜

서 자신에게 왔을 때 김대중이 어떤 생각을 했을 것인지는 짐작하기 어렵
잖다. 아마 가능한 한 어떤 노력이든 기울일 의지와 각오가 되어 있었을 것
이다. 그러나 기회는 왔지만 어떤 보장도 없었다. 북한이 정상회담에 응해
주기만 한다면 대단히 유리한 조건을 구비하는 셈이 될 것이었다. 그가 얼
마나 절실하게 회담 성사를 소망했을 지는 이 정황만으로도 미루어 짐작할
만하다.

3. 같은 꿈을 꾼 정주영

김대중 못지 않게 북한에 집착하고 있던 사람이 정주영이었다. 고향을
북한에 둔 거부 정주영은 1989년 1월 24일부터 열흘간 북한을 방문해서
금강산 관광지 공동개발과 시베리아 공동진출 등 3개항의 합의를 이룸으로
써 '대북 투자'의 기치로 휴전선을 뚫는 데 성공했다. 열 일곱에 아버지의
소 판돈을 훔쳐 고향 통천을 떠나 남한에서 부를 이룬 이래 늘 금의환향을
꿈꾸었을 터였다. 그러나 그 이유만으로 모험을 감행했으리라고 보기는 어
렵다. 역시 사업가적인 기질이 작용했을 것이다.

내심으로는 더 큰 희망을 키웠을 수 있다. 그는 1992년 제14대 대통령
선거에 출마했다. 사업에서 이룬 대성공을 정치에서도 이루고 싶었을 것이
다. 그러나 '시련은 있어도 실패는 없다'며 도전했던 선거에서 그는 참패했
다. 게다가 김영삼 정부의 검찰에 의해 기소당한 끝에 징역형을 선고받는
상황에까지 몰렸다. 심한 상실감과 모욕감에 시달렸을 법하다. 이를 극복하
려면 더 큰 보상이 필요했다. 그 점에서는 노벨상이 제격이었다. 그 역시
남북분단 상황에 중요한 돌파구를 여는 데 성공한다면 후보 반열에 올라설
수 있을 터였다.

정주영은 대규모의 대북 투자사업과 기발한 이벤트로 한국인은 물론 세
계인의 시선을 끌었다. 그가 일생을 통해 벌어들인 거대한 재산으로 북한
의 개발에 주도적 역할을 하면서, 이 공로를 인정받아 노벨 평화상을 받는

것을 필생의 사업으로 생각했으리라는 것은 자연스런 추측이다. 이미 고령이었던 데다 대선 패배 후 건강도 많이 악화되었다. 자연 마음은 바빠졌고 대북사업 추진은 급해졌다. 그는 1998년 6월 16일 서산목장에서 키운 소 500마리를 실은 트럭 50대를 이끌고 판문점을 통해 북한으로 갔다. 세계의 이목을 집중시킨 기발하고 극적인 이벤트였다.

북한 정권과 손을 잡아야 한다는 점에서는 김대중과 정주영의 입장이나 생각이 일치했다. 김대중은 정주영과 현대가 구축해 놓은 북한 라인을 이용할 필요가 있었다. 정주영과 현대로서는 대북사업의 성공적 추진을 위해서는 대통령과 정부의 적극적인 지원이 필수적이었다. 상부상조의 관계가 성립된 것이다. 물론 동상이몽이었다. 두 사람이 아마도 서로 파악하고 있었을 것으로 짐작되지만 둘은 노벨 평화상 경쟁자의 입장에 있었다. 그리고 이 점에서는 현직 대통령이 월등히 유리했다.

4. 인생의 절정에서 나락으로

김대중은 마침내 2000년 6월 13일 평양 땅을 밟았다. 평양 순안 공항에는 김정일 북한 국방위원장이 직접 마중 나와 있었다. 두 정상은 함께 승용차를 타고 김대중의 숙소인 백화원 초대소로 이동함으로써 친애의 뜻을 서로 과시했다. 김정일은 대단히 호쾌한 모습을 보였다. 이후 정상회담 과정에서 그가 펼친 퍼포먼스로 김정일은 남한인들은 물론 세계인들로부터 대단한 호감을 샀다. 연로한 김대중으로서는 김정일과 같은 역동적인 모습을 보여주진 못했으나 대신 꿈의 궁전으로 들어가는 문턱을 확실하게 넘어설 수 있었다.

김대중은 그 해 10월 꿈에도 그리던 노벨 평화상을 수상하는 데 성공했다. 그는 1971년의 대통령 선거에서 신민당 후보로 나서서 민주공화당의 박정희 후보를 턱밑까지 압박해간 이래 5공화국 정권이 끝날 때까지 죽음에 직면할 정도로 호된 정치적 박해를 받으면서도 도전을 거듭해서 마침내 집권에 성공했을 뿐 아니라 노벨상까지 차지하게 된 것이다. 이런 행운을 허락 받은 사람은 아마 세계적으로도 흔치 않을 것이다.

그러나 그의 영광은 여기까지였다. 노벨상 수상 이후엔 국정을 적극 주도할 것으로 기대되었으나 그는 소극적인 자세를 별로 바꾸지 않았다. 기실 그는 대통령 취임 이후 집권투쟁 때와 같은 적극성을 보인 적이 거의 없었다. 물론 당선자 시절 그는 이른바 'IMF 위기' 극복에 팔을 걷고 나섰다. 적어도 경제문제에서는 당선과 동시에 대통령직을 수행했다고 할 수 있다. 이와 함께 남북관계 개선에도 '햇볕정책'의 기치를 내걸고 남다른 노력을 기울였다.

그런데 상을 받을 무렵엔 IMF 위기도 진정되었을 뿐 아니라 경제는 기세 좋게 성장가도를 달리고 있었다. 그래서인지 그에게는 남북관계의 획기적 진전 이외에는 특별히 관심을 둘 일이 없는 듯 보였다. 그도 그럴 것이 국내 정치상황은 진작에 그의 통제권을 벗어나버렸다. 엎친 데 덮친 격으로 온갖 비리의혹사건들이 다투어 터져나오면서 그의 정부를 궁지로 몰아넣었다. 그는 자신의 특기인 신당 창당으로 정국의 대반전을 꾀했으나 새천년민주당은 2000년의 제16대 총선에서 야당인 한나라당에 패배하고 말았다.

김대중의 위기는 이미 취임 이듬해부터 시작되었다. 대형금융비리사건이 잇따라 불거져나왔다. '43시간 짜리 장관'을 만들어낼 정도로 빈번한 개각이 정부의 불안정과 국민의 정부에 대한 불신을 자초했다. 그러다 결국은 김대중의 아들들이 비리 혐의로 구속되는 사태가 발생했다. 세 아들 모두가 시차를 두고 수사 대상이 되었다. 김영삼의 둘째 아들 현철의 비리 의혹에 대해 가혹한 비판을 가했던 김대중은 더 참담한 처지에 떨어진 것이다.

불운은 어깨동무를 하고 다니는 법인가. 김대중의 불행은 이에 그치지 않았다. 결정적인 타격은 임기 만료 직전에 가해졌다. 2002년 9월 국정감사 때 한나라당 엄호성(嚴虎聲) 의원에 의해 현대상선의 대북비밀송금 의혹이 제기되었다. 김대중 정부와 여당은 단호히 부인했다. 이들의 강한 부인에 힘입었든 아니든 민주당 후보였던 노무현(盧武鉉)이 제16대 대통령에 당선되었다. 2003년 1월 현대상선에 대한 감사원 감사결과를 보고 받은 김대중은 이를 계기로 비밀송금 사실을 간접적으로 시인했다. 이 일은 결국 특별검사에 의한 수사에까지 이르렀다. 김대중은 특검의 조사를 모면했지만 그의 햇볕정책과 남북정상회담, 그리고 노벨 평화상 수상까지 그 이미지에 심대한 손상을 입었다. 그리고 그를 보좌해서 대북정책을 추진했던 사람들은 유죄선고를 받기에 이르렀다.

제2절 한국 정치리더십 여정을 앞두고

1. 1980년대적 사조의 한 갈래

대한민국의 헌정사가 55년을 넘겼다. 종신 대통령 밖에는 없을 것 같던 암울한 시대가 결국은 종언을 고하고 지금은 생존 전직 대통령을 5명이나 가진 나라가 되었다. 그만큼 정치 민주화가 진전된 셈이다. 불과 20년 전만해도 상상하기 어려웠던 일이다. 국민으로서도 대단한 다행이지만 한편으로는 급속한 민주화의 부작용이랄까 후유증 같은 것도 없지 않다. 이른바 압축성장이 20여 년 사이에 국민의 생활 수준을 비약적으로 향상시키긴 했지만 그 부작용 또한 감당하기 어려울 정도로 부풀어올랐던 것과 같은 이치라 해서 큰 무리는 없을 것이다.

특히 사상·이념적 양극화 현상이 위험수위로 치닫고 있다. 우리 사회의 민주적 다양성이 이를 충분히 수용해낼 것이라는 낙관론도 물론 있지만 그렇게 간단한 문제는 아니다. 바로 그 다양성이 공격을 받고 있기 때문이다. 오랫동안 획일적 사고를 강요당한 데 따라 반발의 강도가 클 수밖에 없다는 것은 이해가 되나 그 정도가 너무 심한 것이 문제다.

이념적 반발 혹은 저항은 해방 어간에서부터 시작되었고 이것이 적극적인 분출의 기회를 갖지 못한 채 제압 당한 탓에 지하화해서 끈질기게 이어 졌다. 6·25를 겪으면서 사상의 편향성은 극단에 이르렀다. 그만큼 반발력 도 지하에서 커졌으리라는 것은 쉽게 짐작할 수가 있다. 이념적 반발이 폭 발적 양상을 보인 게 1980년대의 학생운동이었다. 1979년 10·26사태 이 후 잠시 찾아왔던 '서울의 봄'이 군화에 짓밟히는 상황 속에서 젊은이들의 분노는 격렬하게 부풀어올랐다. 이어 다음해 5월에는 광주민주화운동이 발 생했다. 국군, 국민의 자제로 구성된 국민의 군대에 의한 광주시민과 전남 도민의 대량 살상은 전두환을 정점으로 한 이른바 '1980년 신군부'와 이들 이 강압적으로 성립시킨 군사정권을 국민적 증오의 대상으로 만들었다. 당 연히 제5공화국은 출범 이전부터 국민에 의해 정당성 도덕성을 전면적으로 부정당했다.

전적으로 불법적인 정권이라는 인식은 젊은이들의 저항정신을 북돋우었 다. 1980년대 초기, 전두환 정권의 강압통치로 학생운동은 주춤했지만 대 신 잠복상태에서 폭발력을 키워갔다. 그것이 1985년 2월의 제12대 총선을 계기로 분출되기 시작했다. 이 선거에서 창당 1개월에도 채 못 미친 신민 당이 서울 부산 대구 인천 광주 등 5대 도시에서 민정당을 제압하는 돌풍 을 일으켰다. 국민의 민주열망이 선거를 통해 표출된 것이다. 이후 정치권 과 재야 및 학생들의 민주화 투쟁은, 비록 갈래가 있기는 했지만 주로 민중 (民衆) 민족(民族) 민주(民主)의 기치 아래 적극적인 행동으로 나타났다. 정 권측은 궁지에 몰리기 시작했고 이 같은 양상은 전두환의 7년 단임 임기가 다해가면서 더 뚜렷해졌다.

말문이 터지자 재야 및 학생들은 특히 광주민주화운동 당시의 시민학살 진상규명, 미국의 역할에 대한 해명과 사과를 요구하기 시작했다. 1985년 5 월 23일에는 '미문화원 사건'이 발생했다. 대학생 73명이 서울 미문화원 도 서관을 점령하고 광주민주화운동과 관련한 미국의 사과를 요구하며 단식농 성을 벌인 후 26일 자진 해산한 사건이다. 재야운동권과 학원가에서는 반미 운동이 격하게 전개되었다. 6·25한국전쟁을 계기로 한·미간에 '혈맹(血盟)'관계가 성립된 이래 대규모적이고 공공연한 반미운동이 벌어진 것은 이때가 처음이었다. 1980년대 후반의 반미 분위기를 계기로 한·미관계, 특히 군사동맹관계는 변화기에 들어섰다.

1980년대 재야 및 학생들의 격렬한 저항운동은 미국과 주한미군에 대한 반감의 표출만은 아니었다. 단지 민족주의의 분출일 뿐이고 하기도 어려운 현상이었다. 이는 모든 억압기제, 모든 권위주의적 권력에 대한 저항이었다. 그렇게 이해할 때만이 구 소련과 동구권의 공산체제가 그 취약점을 드러내고 또 무너지기 시작하던 1980년대의 상황에서 되레 민중 민족 민주의 '3민주의'가 이들의 구호 및 기치가 된 까닭을 납득할 수 있게 된다.

공산체제 아래서 고통받던 사람들이 그들의 체제에 대해 격렬히 분노하며 해방투쟁을 벌였던 것과 유사한 상황이 이 땅에서 벌어졌다고 해서 특별히 이상할 게 없었다. 투쟁의 방향은 당연히 달랐다. 공산권의 민중투쟁은 자유민주주의를 지향했다. 공산체제가 그들을 전면적으로 억압한데다 빈곤화의 주요인으로 작용했다고 인식되었기 때문이었다.

반면 우리나라 재야 운동권과 학생들의 투쟁은 반기성(反旣成)의 성격을 띠었다. 그러나 이는 표면적인 태도였고 내면에는 뚜렷한 이념적 정향이 있었다. 민중 민족 민주가 그것이었다. 기성의 체제 질서 가치 등이 반민중적이었다는 반감을 직접적인 동인으로 한 투쟁이었던 만큼 자연 반자본주의적인 성향을 드러내게 마련이었다. 비록 일부였다고는 해도 사회주의적 경도, 북한 편향 현상이 나타난 것도 사실이다. 이 점에서 1980년대는 이념투쟁의 시대이기도 했다. 이때 학생운동을 이끌었던 리더들이 1990년대에 적극적으로 정치세력화하게 된다. 이들은 이른바 '386세대'라는 특별한 이름으로 불리며 정치의 신세대로 등장했다.

확실히 정치적 세대교체는 시작되고 있었다. 그러나 혁명이 아니었던 만큼 일거에 구세대 정치인 모두가 밀려나는 상황은 오지 않았다. 한편에선 학생 및 재야운동권의 6월 항쟁, 다른 한편에서는 야당의 집요한 압박이 결국 5공 정권을 무릎 꿇렸다. 노태우의 6·29선언을, 그들 스스로도 국민에 대한 '항복선언'이라고 시인했다. 그러나 그것은 5공 세력의 절묘한 위기돌파 전략이기도 했다. 이로써 민정당은 정권을 연장할 수 있었다. 이 말은 김영삼 김대중 등 민주화투쟁 리더들의 패배를 의미한다. 그들은 '군정종식'이라는 구호를 외치며 노태우와 경쟁을 벌였으나 지고 말았다.

패배의 결정적 요인은 양김의 대결이었다. 이들은 국민의 후보단일화 요구를 외면하고 함께 출마했다. 단일화 협상이라는 것을 벌이기도 했지만 출마를 포기하기엔 이들의 집권 욕구가 너무 컸다. 승산도 있어 보였다. 무엇보다 이들은 민주적 방식을 체득하지 못했다. 그리고 설사 낙선하더라도 출마하는 것이 포기하는 것보다 정치생명을 이어가고 영향력을 유지하는데 훨씬 낫다는 판단을 하고 있었다. 이들은 노태우에게 패배할 위험성을 충분히 감지하면서도 동시 출마를 강행했다. 정치 민주화보다는 자신들의 이익을 우선했던 것이다.

2. 핍박과 저항의 시대를 거쳐

한국 현대정치사가 반세기를 넘겼다. 아직은 일천한 역사이지만 거칠게나마 정리를 시도해볼 만한 정도의 소재(素材) 축적은 있었다고 본다. 그 방법은 물론 다양할 수 있다. 대개의 역사 서술이나 마찬가지로 정치사 서술도 집권자 및 집권세력 중심으로 이루어져왔다. 이기백(李基白)은 한 시대의 주인공은 사회적 지배세력(주도세력)이라고 했다. 이들이 역사의 흐름을 주도하고 있다는 인식을 바탕으로 그는 한국사를 서술했다. 특히 정치사에서 주도세력의 역할은 중요하다. 이들을 중심으로 한 기술이 당시의 정치상황과 성격을 상대적으로 분명하고 일관되게 기술하는 데 유리할 것임은 두 말할 나위가 없다.

특히 정부수립 이후의 정치사는 몇몇 유력자들에게 이끌린 역사이자 이들의 권력투쟁사였다. 그 중에서도 반세기 정치사의 성격이 응집된 기간은 박정희 통치기였다. 한국의 권위주의적 통치가 그 절정에 이른 시기였고 동시에 민주화 투쟁이 열정적으로 분출되던 때이기도 했다. 현대정치사상 가장 인상적이었던 리더들이 활동하던 이 시대를 리더 중심으로 살펴보면 한국 현대정치사의 특징을 비교적 쉽고 분명하게 파악할 수 있을 것이다.

역사의 주인공은 시각에 따라 다양할 수가 있다. 또 역사는 중층적이다. 같은 시대 같은 지구 위에 석기시대와 고도의 과학시대가 공존하고 있는 것이 그 전형적인 예이다. 한국에서도 동시대에 다양한 정치적 요소들이 서로 긴밀히 관련되거나 아니면 거의 고립적으로 존재하고 작동해왔다. 민족·민중 또한 대한민국사를 형성하고 이끄는 주요 요소 가운데 하나였다. 그러나 적어도 2천년대의 첫 몇 년까지 이들이 정치사의 주역이 되지는 못했다. 노무현의 당선과 관련해서 민중세력 또는 운동권 세력의 승리라고 말해지기도 하지만 이 또한 쉽게 진실이라고 말할 수는 없다. 어쨌든 지금까지는 특정리더와 그 측근세력들이 당대 정치의 성격과 상황을 결정하는 데 주도적 역할을 했다.

우리는 어떤 정치리더들이 활동하던 어떠한 시대에 살았던가, 그 시대의 정치적 특징은 무엇이었느냐 하는 것이 이 글의 관심사다. 조급하게 규정하자면 지난 반세기 한국 정치의 화두는 '민주화'였다. 이는 이 시대가 권위주의 시대였다는 것을 반증한다. 물론 이는 정치상황을 두고서의 시대규정이다. 부문별로 시대의 특성에 대한 정의는 다양해질 수 있다. 경제적 측면에서는 산업화·근대화의 시대였고 사조(思潮)의 측면에서는 민중이 자신들의 지위를 인식하면서 사회세력의 중심을 향해 진군하던 민중적 자각과 투쟁의 시대였다. 국민적으로는 강제적 통합 구조에 이어지는 균열과 갈등 증폭의 시대이기도 했다.

권위주의적 통치의 전통이 국민 사이에 세대간 지역간·계층간 갈등구조를 만들고 굳혀놓았다. 분단 상황 또한 갈등과 대결을 논리적·감정적으로 부추겼다. 민주화의 화두가 현실에서 구현되어 가는 와중의 이 혼돈과 혼란상이 한국 현대정치사의 한 특징적 국면이다. 이는 별도의 연구를 필요로 하는 것이긴 하지만 한국에서의 민주화가 민중화를 저변에 깔고 진전된

데 따른 당연한 귀결이라고 할 수 있겠다.

부연하자면 이렇다. 해방후사(解放後史)는 권위주의적 리더십과 민주화 투쟁 리더십의 대결구조로 이어졌다. 후자의 전자에 대한 저항과 승리의 과정이 곧 한국 정치의 민주화 과정이었다. 그러나 이 투쟁은 적어도 현대 정치사 첫 반세기 동안은 근본적인 변화를 가져오지 못했다. 양 세력의 갈등 대결구조는 내용적으로 모방 동화라는 현상을 초래했다. 권위주의적 리더십이 대결하는 두 세력을 관통하며 자기복제를 지속한 것이다. 한국 현대정치사상의 민주화 투쟁 리더십은 권위주의적 리더십의 승계 혹은 상속형 리더십으로서의 한계를 드러냈다. 2002년 12월의 제16대 대선 이후 과거 권위주의적 리더의 추종세력과 민주화 투쟁 리더의 추종세력들이 함께 정치적 신세대, 이를테면 '참여세대'로부터 공격당하는 상황이 벌어진 사실이 권위주의 리더와 민주화 투쟁 리더의 관계를 상징적으로 설명해준다.

해방후사에서 권위주의적 통치의 절정은 유신시대(維新時代)였다. 같은 맥락에서 한국 권위주의적 정치리더의 전형을 박정희로 상정하는 데는 이견이 없을 것이다. 그 대척점에 세울 수 있는 리더라면 누구를 꼽을 수 있을까? 박정희 정권 초기에는 윤보선(尹潽善)이 강력한 라이벌이었다. 그는 쿠데타 이후로도 10개월 가량(1962년 3월 22일 하야성명) 대통령직에 머물렀지만 1963년과 67년 두 차례에 걸쳐 야당의 대통령 후보로 박정희와 맞섰다. 첫번째의 대결에서 그는 박정희를 1.5%, 15만 표 차로 압박해갔다. 기실은 박정희가 서울에서의 패배를 영·호남에서 만회하여 결국 역전을 이루어낸 선거였다. 윤보선은 박정희의 쿠데타 정권을 거의 붕괴시킬 뻔하다가 승리의 문턱에서 무릎 꺾이고 말았다. 두 번의 패배 이후에도 윤보선은 민주화 투쟁의 선봉에 섰다. 그렇지만 그는 박정희의 라이벌이 아니었다. 무엇보다 연령적으로 박정희의 적수가 되지 못했다.

1970년은 한국 현대정치사의 한 전환점이 되었다. 야당의 두 젊은 의원이 박정희의 대안으로 떠오른 것이다. 그때까지 박정희는 달리 대안이 없는 유일한 리더였다. 박정희만큼 강력한 리더십(혹은 딕테이터십)을 갖고 국민을 희망의 나라로 인도해갈 역량을 가진 정치인이 등장하지 않았기 때문이다. 그런데 어느 날(1969년 11월) 김영삼이 '40대 기수론'을 내걸고 신민당 대통령 후보 지명대회에 나설 것을 선언하면서 한국 정치는 일대 전환점을 맞았다. 이듬해 1월에 김대중이 그 뒤를 이었고 다음달에는 이철승(李哲承)도 가세했다. 40대가 정치를 주도하는 시대가 열리기 시작한 것이다. 특히 1970년 9월의 신민당 대통령 후보지명 전당대회를 통해 김대중과 김영삼은 뉴 리더로서의 지위를 확고히 했다. 이후 1979년 10·26사태 때까지 박정희는 권위주의적 집권자의 전형으로, 양김은 민주화 투쟁의 화신으로 한국 정치에 자리매김 되었다.

3. 한국적 정치리더십이란

박정희는 1971년의 대통령 선거에서 김대중에게 위협적인 추격(박정희 634만 2,828표, 김대중 539만 5,900표)를 당했다. 이때의 위기의식이 그로 하여금 '10월유신'이라는 이름의 친위쿠데타를 감행하도록 했을 것이다. 하긴 합법을 가장한 수단으로서는 최종적이라 할 '3선개헌'까지 구사한 후였던 만큼 '제2의 쿠데타' 이외엔 대안이 없기도 했다.

반대로 김대중에게는 수난의 시작이었다. 박정희 정권의 정치적 핍박은 집요하고 험악했다. 그와 함께 강력한 야당의 리더로 부상해 있던 김영삼 또한 정치적 박해의 대상이 되었다. 그럼에도 불구하고 이들, 즉 양김은 집권에의 도전을 포기하지 않았고 그 때문에 박정희 정권의 핍박도 그 운명이 다할 때까지 계속되었다.

이 탄압과 저항의 과정은, 그러나 리더십의 민주화에 기여하기보다는 오히려 모방을 초래했다. 김영삼과 김대중은 민주화 투쟁의 리더로 박정희에 대항하면서도 자신들이 거느리던 정치세력 내에서는 권위주의적 리더십을 구사했던 것이다. 이 글이 주목하는 바가 이 점이다. 박정희의 권위주의적 리더십과 김영삼·김대중의 민주화 투쟁 리더십이 근친성(近親性)을 보였다는 것은 한국 현대정치사의 아이러니이자 비극이다. 바꾸어 말하자면 반세기 정치사의 극심한 굴곡과 혼란의 원인은 바로 리더십의 근친성 혼효성(混淆性)에 있었다고 하겠다. 이를 역사적 현실적 배경 속에서 밝혀 보이고 이를 통해 한국적 정치리더십의 특징을 도출하기 위한 하나의 시도가 이 글이다. 한 걸음 더 내디디자면 이 글은 지난 반세기 동안 한국의 정치를 이끌어 온 리더십이 '사정치형(私政治型) 리더십' 혹은 '사인형(私人型) 정치리더십'이라는 결론을 전제적 인식으로 해서 시작된다.

이렇게 말할 수도 있겠다. 박정희와 김영삼·김대중의 정치리더십이 이들 사이의 장기간에 걸친 핍박-저항의 관계에도 불구하고 본질적으로 유사성을 가졌으며 이는 한국의 정치사와 정치적 전통 및 의식에 연원을 두고 있는 '한국적 정치리더십', 즉 '사정치형 리더십'의 당대적 표현이다. 이 가설을 입증해가는 형식으로 가능하면 덜 지루하게 기술해 가고자 한다. 그 과정에서 한국 현대정치사도 징검다리 또는 마디와 같은 형식으로나마 정리가 될 것이다.

'한국적 정치리더십'이란 한국의 정치리더들에 의해 표출된 리더십에 공유인자가 있다는 가정 하에서 상정하는 개념이다. 이는 한국의 역사와 정치 전통을 통해 형성된 한국 특유의 정치리더십이라는 함의(含意)를 갖는다. 당연히 이 전제가 충족될 때 '한국적 정치리더십'이라는 개념도 성립될 수 있다.

만약 한국적 정치리더십이라는 것이 성립된다면 개별 리더들의 리더십 사이에는 근친성이 존재한다고 할 수 있다. 한국 정치리더들이 공유하는 권위주의적 리더십은 단순히 유사한 것이 아니라 한국 정치사의 전통 속에서 형성되고 유전된 권위주의적 리더십에서 연유하는 동질성을 가졌다는 뜻에서의 근친성이다. 이 같은 표현은 한국 사회가 여전히 혈연사회이고 그 역사가 혈연적 동질성을 가진 한국인의 역사라는 인식을 전제로 한다. 그 속에서 한국 정치리더들이 전통적으로, 또 역사적으로 나눠가진 권위주의적 리더십의 근사성을 보다 뚜렷이 부각시켜 보이기 위해 혈연관계를 규정하는 용어, 즉 '근친' 또는 '근친 관계'를 빌리기로 한 것이다.

그렇다면 반민주적 강권 통치자 대 민주화 투쟁 리더로 나뉘어 격렬한 대결을 벌였던 이들의 리더십 사이에 근친성이 발견되게 한 요인은 무엇인가. 이 글에서는 이를 '핍박'에 대한 '저항 속의 모방'으로 설명하고자 한다. 호된 시집살이를 한 며느리가 그 시어머니에게서 성격과 방법을 배운다는 우리 전래의 인식에서 보자면 '고부효과(姑婦效果)'라고 할 수 있겠다. 이로써 정치리더십의 유사성은 역사적인 맥락을 갖고 있다는 설명까지 겸하게 된다.

박정희와 양김 사이의 상호작용 안에서 복제되고 전승된 한국적 정치리더십의 특성은 사정치(私政治)의 전통에서 이어진 사인형 정치리더십이다. 공적 동기, 공적 목적, 공적 과정이 배제되거나 경시되는 정치를 가리키는 용어, 즉 공정치의 대칭어로서의 사정치다. 사정치의 전통과 사인형 리더십이 바로 박정희와 양김이 공유하는 권위주의적 리더십의 본질이다.

정치란 본질적으로 공적인 행위이고 과정이다. 따라서 공정치와 사정치를 구분하는 것은 무의미하다는 반론이 있을 법하다. 그러나 조선 이전의 정치가 공적인 과정이었느냐에 대해서는 의문이 제기될 수 있다. 중국의 정치가 그러했듯 가(家)로서의 국(國)이었고 가로서의 천하(天下)였다는 게 옳은 말일 것이다. 이 점에 대해서는 뒤에서 다시 고찰하겠지만 이 경우의 정치란 '가의 관리'와 다를 바 없었다. 이를 사정치라고 규정, 근대 국민국가 또는 고대 그리스의 폴리스에서 비롯된 서구적 정치와 구분하는 데에는 무리가 없을 것이다.

사정치는 중국 정치문화권의 전통이다. 조선, 그리고 그 이전의 여러 왕조들도 이 전통을 그대로 답습했다. 가정(家政)으로서의 국정(國政)이었다. 통치자는 곧 가부장이었다. 이들에겐 가부장으로서의 덕성과 자애가, 신민들에게는 존경과 복종이 요구되었다. 이는 기본적으로 법(法)이 아닌 예(禮)의 관계였다. 물론 백성을 다스리는 수단은 형(刑)으로서의 법이었지만 군주가 신하와 백성을 가르치고 그들에게 요구한 질서는 예였다. 그건 유가적 종법사회의 질서였고 조선은 그 충실한 신봉국이었다.

4. 왜 박정희와 양김인가

박정희와 양김의 리더십을, 한국 현대정치사를 관통하는 키워드로 쓰려는 까닭은 따로 설명할 필요가 없을 정도다. 이들이야말로 한국 현대정치의 역동적 변화기를 이끌어온 대표적 정치리더이자, 각각 권위주의적 리더십과 민주적 리더십을 대표하는 인물들로 표상되어왔기 때문이다. 그리고 이들은 정치 현장에서 직접적으로 권위주의적 집권자와 민주화 투쟁리더로서 대결 또는 경쟁을 벌였다. 이 점에서 이들은 적절한 비교 대상일 수가 있다.

특별한 관심은 '대치관계 속의 유사성'이다. 서로 대척점에 자리 매김 된 것으로 인식되어온 양측 리더십의 근저 또는 배경에서 동질성이 발견된다면, 이것은 각자의 개인적 리더십 성향·행태라는 차원을 넘어서는 문제가 된다. 이들 리더십 사이에 유사성·동질성을 부여한 바탕 또는 배경에 관심이 쏠리지 않을 수 없다.

권위주의 리더십의 상징적 리더로서는 당연히 이승만(李承晩)이 함께 지적되어야 하겠으나, 그의 활동기는 조선말 → 일제 강점기 → 미 군정기 → 신생 대한민국 성립기 및 제1공화국에 걸쳐졌다. 그의 시대에 한국정치의 구조가 결정되기는 했지만 아직은 서구제도의 이식기(移植期)에 불과했다. 그가 비록 미국에서 장기간 공부하고, 또 교포사회를 중심으로 독립운동 지도자 역할을 하긴 했어도 그는 왕조시대의 전통과 의식을 직접 물려받은 인물이다. 더욱이 그는 양김과 직접적인 대결구도 속에 있지 않았다. 비교의 효과성이나 적절성의 관점에서도 이승만의 리더십은 박정희 리더십에 이르는 배경적·전제적 리더십 정도로 고찰하는 것이 옳다고 본다.

박정희와 양김의 리더십을 객관적으로 조명한다고 하기에는 너무 이른 시점인 게 사실이다. 세 사람 가운데 맨 나중에 대통령이 되었던 김대중이 퇴임한 지 채 1년이 안된 시점이다. 김영삼은 6년 전에 퇴임했으나 아직도 정정한 모습으로 자신의 주장을 펼치고 있다. 박정희의 경우 오래 전에 세상을 떠났지만 그렇더라도 역사에 편입시키기에 충분할 만큼의 세월이 지난 것은 아니다. 그의 생전에 이런 저런 인연을 맺었던 수많은 사람들이 대개 생존해 있다. 게다가 과거 권위주의적 통치시대에 대한 반감이 가시지 않은 시점이다. 관찰자의 시각도 독자의 시각도 굴절될 소지가 다분하다는 점을 부인할 수가 없다.

그럼에도 불구하고 기록은 현장에서부터 시작되어야 한다. 당연히 분석과 평가도 멈춤이 없어야 한다. '역사의 평가'라느니 '역사의 심판'이라느니 하는 것은 역사 속으로 도피하겠다는 뜻이나 마찬가지다. 그게 아니라면, 자신의 행위는 선각자적인 것이므로 현실에서는 옳은 평가를 받기 어려운 만큼 역사에다 이를 맡겨야 한다는 오만이다. 권력자들의 공과에 대해선 시간이 지날수록 평가가 후해지는 일반적인 경향에 의존하고 싶기 때문일 수도 있다.

"역사라는 인간은 없다. 판결을 내리는 것은 인간이다." 폴 존슨이 『세계현대사』에서 한 말이다. 정말 그렇다. 기술자(記述者)의 의도가 지나치게 개입될 위험성이 있음에도 불구하고 당대의 기록이 정확성에서는 역사의 평가보다 앞설 수 있다. 기실 역사란 당대의 기록이나 흔적에 대한 훗날의 체계적 정리다. 그 과정에서 재구성 각색 분석 평가 등의 의도적 다듬기, 꾸미기가 가해진다. 그러므로 역사 또한 기술 당시의 시대사조 가치 질서 그리고 개인적인 신념체계를, 역사적 사실을 이용해서 주장하는 것일 뿐이다.

이 글은 박정희로 대표되는 권위주의적 리더십과 양김의 민주적 또는 민주화 투쟁 리더십의 본질적 혼효성, 근친성을 밝혀내고 이의 한국적 특성을 사인형 정치리더십으로 파악, 향후 한국 정치의 민주적 성숙 가능성을 리더십 차원에서 전망해보려는 의도로 쓴 것이다.

당연히 리더십의 도덕적 측면에 진지한 관심을 기울이게 될 것이다. 정치학은 현실정치와 동떨어져 별개로 존재하는 학문 영역일 수가 없다. 이론 정치학이나 마찬가지로 현실정치에서도 정의 선 도덕 등 인간사회의 보편적 가치의 구현이 중요한 과제 및 목표로 추구되어왔다. 이는 정치학에서 가치 또는 도덕을 배제할 경우 형해화한 방법론 및 논리의 구조만 남을 것임을 의미한다. '정치학은 도덕의 학문이다'고 하면 어떨까? 마키아벨리 이전으로 정치학의 연구태도를 되돌리는 모험이 될 수도 있지만 마키아벨리의 먼 옛적 선배로서 더 마키아벨리적이었던 중국의 법가 사상가들의 이론이 통치의 측면에서는 큰 기여를 했으나 정치(正治)로서의 정치(政治)의 장에서는 상대적으로 경시되어왔다는 사실과 무관치 않은 명제이다.

시간적 기술의 주된 범위와 대상은 1961년 5월 16일의 5·16 쿠데타로부터 2003년 2월 24일 김대중 정부 임기 종료까지의 한국 정치현상과 과정으로 한다. 이 기간 동안 박정희의 쿠데타 정권→3공화국→유신시대 →5공화국→6공화국→문민정부→국민의 정부 시대가 거쳐갔다. 그리고 오랜 세월 박정희를 상대로 권력투쟁을 벌였던 한국의 대표적인 야당지도자 양김이 앞서거니 뒤서거니 집권에 성공했을 뿐 아니라, 이미 정치의 현장에서 떠났다. 박정희와 양김이 탄압과 저항, 도전과 응전 속에서 엮어냈던 한국 현대정치사상의 아주 특별한 정치상황도 마감되었다. 박정희와 김영삼·김대중 3인의 정치리더십에 대해 분석 평가를 할 수 있는 최소한의 조건은 갖춰진 셈이다.

이 글은 우선 사정치, 그리고 사정치형 리더십 혹은 사인형 정치리더십의 개념과 개인적 사회·역사적 배경에 관심을 기울이게 된다. 사인형 정치리더십이 한국적 정치리더십이라는 가설의 성립 가능성을 발견하기 위해서다. 또 이를 통해 개인적 배경 및 요인이라는 것도 따지고 보면 큰 부분은 환경과 전통 관습의 산물이라는 것을 확인하게 될 것으로 기대한다.

다음으로는 현실정치의 상황 및 과정에서 행사 또는 표출되는 박정희와 양김의 리더십을 주목하게 될 것이다. 박정희가 5·16쿠데타를 일으켜 정치리더십을 발휘하게 된 때로부터 2003년 2월 24일까지의 기간 동안 한국정치의 변화를 초래하거나 정치과정에 큰 영향을 준 사건과 계기를 중심으로 해서 3인의 리더십을 파악하고 평가해보려고 한다.

■ 부연

이 글에서 다루게 될 사건과 계기들은 박정희 및 김영삼·김대중의 정치의식과 행태, 그리고 리더십을 직접적 또는 상징적으로 표출하는 대표적 사례로서 선택한 것들이다. 물론 주관적인 판단에 따라 이들의 리더십 특성을 효과적으로 도출할 수 있는 사례들로 인식하고 가려낸 것이긴 하지만 다른 사건을 모델로 한다고 해도 아마 동일한 리더십 특성을 목격할 수 있을 것이다. 기실 분석하고 평가하고 정의한다는 자체가 이미 주관에 의존하는 행위다. 그리고 이 글은 '객관성'을 중시하긴 하되 그 자체를 목적으로 하지는 않는다.

이 글에서 말하는 '리더십'은 포괄적 의미를 갖는다. 리더의 지위, 리더의 행태, 리더의 지도력과 이의 전개를 포함한다. 즉 리더와 리더의 권력, 정치행위 및 인식과 의식의 전 국면을 포괄하는 의미로 리더십이라는 용어를 사용한다. 지배든 지도든 통치든 정치든 정치적 조직의 리더라는 지위 및 지도 또는 지배형태 기술 과정 등 전 국면을 정치리더십으로 인식한다.

독재(dictatorship)와 리더십(leadership)을 구분해야 한다는 시각도 있을 수가 있겠지만 그 경계가 분명하지 않다. 게다가 완전한 전제나 독재는 없다. 히틀러, 무솔리니, 스탈린 등의 경우도 최소한 측근 추종자 및 추종집단과의 사이에는 상호작용이 있었다. 뿐만 아니라 이들은 애초에는 리더로 시작해서 독재자로 변해갔으며, 이 점에서 독재 혹은 전제는 리더십이 변형된 극단적 형태라고 할 수 있다. 다만 필요에 따라 독재와 리더십을 구분해서 볼 경우도 있을 것이다.

제2장 정치리더십 일별

제1절 리더십이란?

'리더십'은 1990년대이래 세계적 유행어가 되었다. 관련 저서도 폭발적으로 늘어 이 시기를 '리더십의 시대'라고 불러도 좋을 듯한 인상을 주었다. 그러나 리더십은 온갖 다양한 얼굴을 하고 있어서 명확히 무엇이라고 규정하기는 거의 불가능하다. 아주 일반화된 용어이지만 바로 그 이유 때문에 종잡을 수 없는 모습이 되어 버리는 것이다. 유클(Gary A. Yukl)의 다음과 같은 지적이, 리더십 연구가 당면한 문제점을 적절히 요약해주고 있다.

> 리더십이라는 용어는 보통명사였으나, 개념이 명확히 재정의되지 않은 채 과학적 학문분야의 전문적 용어로 채용되었다. 이에 따라 이질적 함의(含意)를 갖게 됨으로써 의미의 모호성을 빚는다(Janda, 1960). 여기에 덧보태지는 혼란은, 의미가 불명확한 다른 용어들, 즉 동일현상을 묘사하는 권력, 권위, 관리, 행정, 통제 그리고 지휘 등 같은 용어들을 사용하는 데서 비롯된다(Yukl, 2002).

> 번즈(James M. Burns)는 "최근의 한 연구는 리더십이란 단어가 130가지로 정의되고 있음을 밝혔다(Burns, 1978)"고 소개한다.

이런 투의 기술은 글을 아주 재미없게 만드는 원흉이다. '학문적'이란 말처럼 따분한 느낌을 주는 것도 없다. 술술 읽혀지는 게 아니라 뜻을 이해하려 애써야 하기 때문에 여간 성가신 게 아니다. 게다가 지루하기까지 해서 건너뛰고 말기 십상이다. 그렇지만 이왕이면 우리 시대의 유행어가 된 '리더십' 자체에 대해 관심을 기울여 보는 것도 가외의 소득일 수 있다. 이왕 거쳐가야 할 길이라면 즐겁게 가는 게 낫다. 어쨌든 다시 '헷갈리는 리더십'이야기로 돌아가자.

'리더십이란……' 하고 시작하는 문장을 완성하는 데는 여러 가지 방법이 있다. 사실 스토질(Ralph M. Stogdill)이 리더십 연구의 개관에서 지적한 바와 같이 리더십을 정의하려고 시도한 학자들의 수만큼 많은 상이한 리더십 정의가 있음을 볼 수가 있다.…… 과거 50년 동안 리더십의 차원들을 정의하기 위해 개발된 분류시스템(classification system)의 수가 65개에 이른다.

노드우즈(Peter G. Northouse)의 지적이다. 물론 보통명사로서의 리더십이 아니라 이를 학문용어로 전환하는 시도를 두고 하는 말이다. 스토질은 위의 인용문에서와 같이 '리더십을 정의하려고 한 학자의 수만큼 많은 리더십 정의'가 있다고 하면서 "그럼에도 불구하고 정의들 사이엔 개략적인 분류가 가능할 만큼 충분한 유사성이 있다"고 말한다. 같은 맥락에서 유클(2000)은 학자들에 의해 제시된 리더십 정의들을 다음과 같이 분류하고 있다.

1. 리더십이란 "집단의 활동을 공동의 목표로 지향케 하는 한 개인의 행동"이다(Hemphill & Coons, 1957. p.7).
2. 리더십이란 "조직의 일상적 지시에 기계적으로 순종하는 것 이상의 영향력 증대"를 말한다(D. Katz & Kahn. 1978. p.528).
3. 리더십은 사람들이 제도적, 정치적, 심리적, 그리고 다른 자원들을 동원함으로써 추종자들의 동기를 자극하고 관여하고 만족시키기 위해 사람들이 제도적, 정치적, 심리적 그리고 다른 자원들을 동원할 때 발휘된다(Burns, 1978, p.18).

4. 리더십은 "조직화된 집단의 목표달성을 위한 행위에 영향을 미치는 과정"
이다(Rauch & Behling, 1984, p.46).

5. 리더십은 목적(의미 있는 방향)을 부여하고 목적 달성에 들이는 자발적 노력을 불러일으키는 과정이다(Jacobs & Jaques, 1990, p.281).

6. 리더십이란 "문화의 밖으로 나가는 능력…… 더 잘 적응할 수 있는 발전적 변화의 과정들을 시작할 수 있는 능력"이다(E. H. Schein, 1992, p.2).

7. 리더십은 사람들이 이해하고 헌신하도록, 사람들이 함께 무엇을 하는지를 인식하게 하는 과정이다(Drath & Palus, 1994, p.4).

8. 리더십이란 대략, 비전을 명료하게 하고, 가치들을 구현하고, 그 속에서 일들이 완성될 수 있게 하는 환경을 창조하는 것이다(Richard & Engle, 1986, p.206).

9. 리더십이란 "다른 사람들로 하여금 조직의 유효성과 성공을 위해 영향을 미치고 동기를 부여하고 기여를 할 수 있게 하는 개인의 능력"이다(House et al., 1999, p.184).

이 같은 정의를 전제로 노드우즈는 리더십 현상(the phenomenon of leadership)의 중심 되는 요소들을 다음과 같이 추출하고 있다.

① 리더십은 과정이다, ② 리더십 과정은 영향을 미치는 과정이다, ③ 리더십은 집단상황에서 일어나는 현상이다, ④ 리더십은 목표달성을 위한 과정이다.

이런 논의는 리더십 일반에 대한 것이다. 일반론이면서 (아마도) 주로 경영 또는 행정분야의 리더십에 관심을 둔 논의다. 그런데 이 글은 정치리더십을 주 대상으로 해서 기술된다. 다른 분야의 리더십과 공통점도 있겠지만 차이점도 있게 마련이다. 정치분야에서 특별히 나타나거나 요구되는 리더십이 곧 정치리더십이다. 다만 지금까지 이 분야의 연구는 경영 관리 행정 등의 분야보다는 소극적이었다.

지도자들에 관한 엄청난 양의 사실적 정보들이 리더십 이론을 능가하고 있다. 세계적으로 유명한 뉴욕 공공도서관에는 정치지도자 개인에 관한 수만 권의 전기와 단행본 연구, 그리고 신문 클립핑이 소장되어 있으나, '정치리더십'(이름이 확실하지 않은 40년 전의 어느 정치인에 대해 언급하면서)에 대해서는 단하나의 목록만을 소장하고 있다.

번즈의 지적이다. 번즈가 『리더십』을 출판했던 때가 1978년이었으니까 지금은 많이 달라졌을 수 있다. 오늘날에 와서는 정치리더십에 대한 연구가 아주 활발하게 이루어지고 있는 게 사실이기도 하다. 그렇다해도 경영관리 분야에는 비할 바 못된다. 이는 정치학의 특성에서 비롯되는 현상으로 보인다. 정치학은 통치학으로서 권력 연구를 중심으로 진전되어왔다. 전통적 정치학 자체가 이를테면 정치리더십학일 것이었다. 정치학의 중심적 테마가 통치 또는 권력이었다면 새삼 정치리더십을 별도의 분야로 분화시킬 필요가 있었을 리 없다.

실제로 정치학은 통치의 문제를 근저에 둔 채 다른 부문들이 제각기 몫을 주장하면서 분화되어 나간 데 따라 복잡한 구조를 형성하게 되었다. 새삼 '정치리더십'이 주목받게 된 것은 정치 민주화의 영향일 것이다. 명령으로서의 통치와 합의로서의 정치에는 차이가 있다. 합의의 정치를 이끄는 사람과 그 행태, 권한, 기술, 심리 등을 '권력'만으로 설명하긴 어렵게 된 것이다. 정치리더십이 20세기 후반도 한 참이나 깊어져서 주목을 받게 된 까닭이 여기에 있다고 본다. 그리고 연구의 역사가 일천한 때문이겠지만 여전히 개념을 정의하고 다른 분야의 리더십과 경계를 설정하는 일조차도 아직은 시도단계에서 별로 나아가지 못하고 있다. 하워드 엘콕(Howard Elcock)이 "리더십은 정치와 정부의 중심적 요소다. 그러나 그 정의는 모호하다(Elcock, 2001)"고 말한 까닭도 다르지 않다.

리더십이라고 하면 언뜻 명확한 개념이 떠오르지 않는다. 사회학자라고 해도 마찬가지다. 어떤 사람은 근 40년 동안 3,000권이 넘는 리더십 관련 서적과 기사를 살펴보았지만, 40년 전이나 40년이 지난 후나 그 주제에 대해 더 많이 알게 된 것도 없다는 결론을 내렸다. 더욱이 성공적인 지도자의 요건을 규정지으

려다 보면 진지한 논문보다는 설문지의 답처럼 극히 주관적인 내용을 나열하게
된다.

클레멘스(John K. Clemens)의 지적이다. 역시 리더십 개념의 모호성에 대
한 호소다. 정치리더십이라고 예외일 리가 없다.

그럼에도 불구하고 학자들이 제시한 리더십의 개념을 원용해서 정치리더
십을 현대적 의미로 거칠게 정의하자면 '① 정치리더로서의 지위와 영향
력, ② 변화하는 환경과 상황을 한 축으로, 리더와 팔로워(followers)로 구성
된 집단을 다른 한 축으로 하는 관계망 속에서 지속적으로 일어나는 리더
주도하의 (정치적) 상호작용과정'이라고 할 수 있겠다.

제2절 연구의 역사

'리더십'이라는 용어의 역사부터가 오래지 않다. 스토질에 의하면 영어로
'leader'가 쓰인 것은 AD 1300년경까지 거슬러 올라갈 수 있지만, 'leader-
ship'이 정치적 용어로 쓰인 것은 19세기 후반부터이다(Stogdill, 1974).

그렇지만 정치리더십을 정치권력, 정치적 영향력 혹은 지도력으로 이해
한다면 리더십 연구의 역사는 인류의 역사와 같이한다고 말할 수 있다. 칼
라일(Thomas Carlyle)은 1940년 5월 런던에서 여섯 차례에 걸쳐 행한, 영웅
에 대한 강연의 모두에 다음과 같이 주장한다.

내가 볼 때, 세계 역사 즉 인간이 이 세상에서 이룩한 역사는 근본적으로 이
땅에서 활동한 영웅들의 역사이기 때문입니다. ……오늘날까지 세계가 이룩한
모든 것은, 이 세상에 보내진 영웅들에게 깃들어 있던 사상의 외적·물질적인 결
과요, 현실적인 구현이자 체현이라고 말하는 것이 정당할 것입니다. 전 세계 역
사의 본질은 이들의 역사였다고 생각해도 틀림이 없습니다.

에머슨(Ralph W. Emerson)의 지적도 경청할 만하다.

정확히 말해서 역사란 없고 전기가 있을 따름이다.

이런 말들이 진실의 일면을 담고 있다면 리더십 연구는 인류가 기록을
할 줄 알게 되었을 때부터 비롯되었다고 해도 무리가 없다. 실제로도 그렇
다. 그리스-로마신화는 그들의 신과 영웅들에 대한 기록이다. 호머(Homeros,
BC800?~BC750)의 『일리아드(Iliad)』와 『오디세이(Odyssey)』는 서사시 형식
으로 쓰인 영웅담의 효시이다. 헤로도토스(Herodotos, BC485?~425?)의 『역
사(Historiai)』는 사서로서 쓰인 리더 이야기의 대표적 사례다. 또 플루타르
크(Plutarchos, 46?~120?)의 『영웅전(Bioi Paralleloi)』은 리더들에 대한 보다
본격적인 전기적 기록이다. 기독교의 『구약성경』은 이스라엘 민족의 역사
서로서 그들의 창조주 야훼의 말씀, 그리고 민족 리더들의 삶과 치적을 주
제로 하고 있다.

동양의 경우도 다를 바 없다. 사마천(司馬遷, BC145?~85?)의 『사기(史
記)』에서 보듯 중국의 사서는 남의 윗자리에서 이들을 호령하고 이끌었던
사람들의 활동, 성격, 행태, 성공과 실패를 중심으로 서술된 리더들의 전기
이다. 우리의 현존하는 최고(最古) 사서 『삼국사기』도 마찬가지다. '역사란
위인들의 전기일 뿐'이라는 지적은, 적어도 이런 점에서는 진실이다.

또 리더십론 역시 고대 적부터 저술되었다. 플라톤(Platon, BC428/7~
348/7)의 『정체론(Politeia)』과 아리스토텔레스(Aristoteles, BC384~322)의 『정
치학(Politica)』은 그 중에서도 대표적인 저작이다. 이것이 고대의 대표적 리
더십론이라면 마키아벨리(Machiavelli, 1469~1527)의 『군주론(Il Principe)』은
근대적 리더십론의 효시(서구에서의)라고 할 수 있다. 그렇다고 후자가 근대
적 리더십을 대표하는 저작 및 논리구조라고 말할 수는 없다. 단지 정형화
된 도덕주의적 리더십론과는 아주 다른 새로운 착안점과 행동강령을 제시
했다는 점에서, 또 이후 이것이 보다 근대적인 의식이라는 인식이 광범위

하게 확산되었다는 점에서 '효시'라고 하는 것이다.

동양의 경우도 리더십론은 고대부터 교육, 유세(遊說), 저술의 핵심 테마였다. 중국 춘추전국시대에 학자, 정치인들이 각국을 주유하며 설파했던 것이 바로 통치술 또는 병법으로서의 리더십론이었다. 공자(孔子) 맹자(孟子) 묵자(墨子) 순자(荀子) 한비자(韓非子) 등은 그 전형적인 인물이다. 제자백가(諸子百家), 그 가운데서도 유·묵·도·법가의 경전들은 오늘날의 표현으로 한다면 바로 리더십론 교과서였다. 이들 가운데 유가는 인의에 바탕을 둔 도덕적 리더십을, 묵가는 겸애와 공리주의적 리더십을 강조했고 도가는 무위의 리더십을, 그리고 법가는 법치를 역설했다.

서양의 예에 비교하자면 유가의 경우는 플라톤적인 인식을, 법가는 마키아벨리적 인식을 표출했다. 특히 법가의 경우 이미 2천 수백 년 전에 세(勢) 술(術) 법(法)을 근간으로 한 '엄혹한 법치'의 논리체계를 구축했다는 점이 주목할 만하다. 법가이론을 집대성했다고 평가되는 『한비자』는 서기전 200년 무렵의 저술이다. 유사한 구조의 마키아벨리즘은 1513년 마키아벨리가 『군주론』을 저술한 데서 비롯되었다.

동서양의 리더십론에 차이가 없지는 않다. 중국 제자백가의 리더십론은 주로 역사적 인물이나 사례를 들어, 바람직하고 성공적인 리더십론을 설파하고 있다. 이에 비해 플라톤이나 아리스토텔레스의 저술은 본격적인 철학적 사색의 산물이었다. 이들은 사유를 통해 이상적인 리더와 리더십을 구상했다. 물론 플라톤(또는 소크라테스)의 경우, 고대 그리스 도시국가 스파르타(Sparta)의 제도와 정치관행에서 많은 시사를 받은 흔적을 뚜렷이 남기고 있다. 그러나 그는 이를 철학적 사유를 통해 재구성했다. 아리스토텔레스는 158개 도시국가(polis)의 국제(國制)를 비교 연구하고 스승 플라톤의 가르침에서 큰 영향을 받았지만 역시 창안으로서의 정치론 및 리더십론 구조를 만들어냈다.

그럼에도 불구하고 리더십 연구의 본질적 방법이나 태도에는 큰 차이가 없었다. 중국 유가의 군자(君子)는 플라톤의 철인(哲人)에 대응하는 리더형일 수가 있다. 그리고 두 리더형은 한 곳에서 만난다. 공자는 『논어』에서 '정치는 곧 바름(政者正也)'이라고 했다. 위정자는 정의로워야 하고 스스로 정의를 실천해야 한다는 가르침이다. 플라톤(혹은 소크라테스)은 '올바른 나라, 올바른 사람'을 강조한다. 그는 올바른 사람과 올바른 나라가 같다고 보고 있다. 그가 말하는 올바름은 곧 정의다. 물론 정치에 대한 기본적인 인식의 차이는 감안되어야 한다. 공자는 주(周)나라 종법질서(宗法秩序)의 확립을 이상으로 했다. 이에 비해 플라톤의 대상은 가(家)가 아닌 인간 공동체로서의 폴리스였다. 그렇더라도 정치의 본질적 덕목에서 이들은 근접해 있었다.

현실정치의 장에서 법가적인 또는 마키아벨리적인 통치술이 구사되어온 것은 사실이다. 그러면서도 정의, 도덕과 같은 명제들이 역사를 통해 정치리더의 주요덕목으로 강조되고 인식되어왔다. 이는 적어도 정치와 관련해서는 도덕의 실천과 구현이 언제나 중핵적 테마가 되었음을 뜻한다. 가치가 배제될 경우 정치는 오직 지배와 복종의 관계 및 과정이 되고 만다. 이같은 구조에는 상호작용을 전제로 한 리더십이 끼어들 여지가 없다. 이는 지도가 아니라 지배만 있는 구조이기 때문이다. 그리고 이런 정치 및 국가는 정당성을 갖지 못한다.

리더십은 인간을 대상으로 해서만이 성립한다. 인간이 아닌 것에 대한 지배는 지도와는 전적으로 다르다. 달리 말하자면 리더십은 상호적인 것이다. 그리고 인간을 상대로 한 지도에는 인간에 대한 존중과 공공선, 공동이익(또는 행복)의 추구가 전제된다. 이를 집약적으로 말하자면 정치도, 정치리더십도 도덕적 가치추구의 과정 및 행위라 할 수 있다.

중국의 법가사상이나 서양의 마키아벨리즘이 비록 부국강병 또는 국가통일을 지상목표로 오직 통치력 강화의 방안만을 제시했다고 하더라도 공동의 목표, 상호작용을 배제한 일방적 지배만을 주장하지는 않았다. 이 또한 가치추구의 사상이었다.

제3절 연구의 경향

유클에 의하면 리더십이 과학적으로 연구되기 시작한 것은 20세기 이후의 일이며, 연구의 대부분은 리더십 효과의 결정 요인에 관한 것이었다. 특히 행동과학자들이 이에 앞장섰다고 유클은 지적한다(Yukl, 1981). 이는 리더십 연구의 활성화가 경영학, 사회학의 성립 발전과 궤를 같이한다는 점을 시사한다. 경영 및 조직관리의 효과 증대를 위한 수단적 학문으로서 리더십론이 주목을 받게 되었고 이에 따라 리더십 연구는 그 본질보다는 실천적 과정에 초점이 모아졌다. 다시 말해 실천학으로서의 리더십론이 주류를 이룬 것이다.

나하반디(Afsaneh Nahavani)는 "리더십에 대한 근대적 연구의 뿌리는 19세기 말 서방세계에서 일어났던 산업혁명으로 거슬러 올라갈 수 있다"고 말한다. 그는 리더십에 대한 현대적 연구를 ① 특성 중심의 시기(19세기 말부터 1940년대 중반까지), ② 행동 중심의 연구 시대(1940년대 중반부터 1970년대까지), ③ 상황 중심의 리더십 이론 시기(1960년대 초반부터 현재까지) 등 3기로 나누어 설명하고 있다(나하반디, 2000).

특성 중심의 연구는 "리더는 타고난다"는 전제 아래 그 특성을 연구하는 방법 즉 특성론적 접근방법이다. 리더는 어떤 사람인가. 어떤 사람이 리더가 될 수 있는가에 관심을 기울였다. 따지고 보면 이러한 연구는 그때까지 일반화된 접근방법이었다. 그 이전의 관심들과 차이가 있었다면 리더 특성 연구를 체계화했다는 정도였다.

그 대표적인 예가 스토질의 연구다. 그는 1948년 『심리학 저널(Journal of Psychology)』에 「리더십의 개인적 요인: 문헌 조사(Personal factors associated with leadership: A survey of the literature)」를 기고한 이래 1978년 작고하기까지 30년간 리더십 연구에 헌신했다. 그는 특성 연구와 상황 분석을 같이 중시했으나 이 논문은 전자로부터 후자에로 리더십 연구의 방향을 전환케 하는 데 큰 기여를 했다(Bass, 1981).

그는 1940년부터 48년까지 124개의 특성연구에 대한 조사·분석을 시도했다. 이 연구에서 그는 어떤 특성들에서 리더가 비리더와 다른 경향이 있기는 하지만 그 결과가 상황에 따라 달라진다는 사실을 발견했다. 그는 "한 개인이 어떤 특성 조합들을 소유했다고 하여 리더가 되는 것은 아니며…… 그 리더의 개인적 특징이 부하들의 특징, 활동, 목표 등과 어떤 적절한 관계를 가지고 있어야 한다(Yukl, 1981)"고 결론을 내렸다.

특성 연구와 관련해서는 장병림(張秉琳)의 다음과 같은 설명도 많은 시사를 준다.

사회심리학자들 중에도 이러한 문제를 다루고 지도자적 특성이란 어떠한 것이며, 또 그 종류는 어느 정도 있는지를 논한 사람들이 있다. 예를 들면 F. H. Allport는 우월성 이하 19종, L. L. Bernard는 현저한 체격적 특징 이하 31종, O. Tead는 육체적 및 정신적 정력 이하 10종의 많은 특성을 들었다. 또 C. Bird는 20명의 학자가 따로 따로 작성한 20개의 List를 비교집계하여 79종의 지도자적 특성을 열거하였다. ……지도자적 특성으로서 들 수 있는 것이 수적으로 많음에도 불구하고 이에 대한 사람들의 견해에 차이가 있을 뿐만 아니라 놀라울 정도로 일치도가 작다는 것을 알 수 있다. ……이것은 마치 본능의 종류를 많이 듦으로써 사람의 행동과 집단현상의 설명에 적용시키려고 했던 본능론적 사회심리학자의 실패와 같은 것이다(장병림, 1984).

한편 스토질은 1974년의 연구에서 다시 특성의 중요성을 강조하고 있다.

버드(Bird), 젠킨스(JenKins), 스토질(Stogdill)의 연구들은 리더십이 순전히 상황발생적인 것이며, 어떠한 개인적 특성도 리더십을 예언할 수 없다는 견해를 지지하는 증거로 인용되어왔다. 이 견해는 상황요인을 지나치게 강조하고 리더십의 본질인 개인적 요인을 과소 평가한 것으로 보인다(Yukl, 1981).

그렇다고 다시 과거의 특성 중심 연구에로 되돌아가자는 것은 아니었다.

어떤 특성들이 리더 효과를 증대시킬 수 있으나, 그것들이 그 효과를 보장해 주는 것은 아니며, 리더십 상황의 성질에 따라 다른 특성들이 상대적으로 중요하게 될 수 있다고 인식되고 있다(Yukl, 1981).

따지고 보면 이들의 리더십 연구는 앞에서 지적한 것처럼 주로 성공적 경영 및 조직관리를 위한 방법론의 모색이라는 차원에서 시도된 것이라고 할 수 있다. 성공적 경영을 위해서는 경영의 과학화가 우선적 과제일 수밖에 없었고 이에 따라 리더십 연구의 체계화가 요구되었던 것이다.

오늘날 국가경영도 기업경영의 관점에서 인식되고 있는 게 사실이다. 이는 1990년대 들면서, 특히 1995년 WTO체제의 출범을 계기로 이른바 '국제화' '세계화'가 전 지구적 화두로 부각된 이래 더욱 두드러진 현상이 되었다. 각급 각종 선거에 나서는 후보들이 저마다 CEO(chief executive officer)로 자처하는 것도 이 같은 시류의 한 단면이라 하겠다.

현실적으로도 경영의 중첩성은 점점 더 확대되고 있는 게 사실이다. 1980년대 말~1990년대 초의 세계사적 대 격변기를 거치며 '얄타체제'는 와해되었다. 이제 미국과 소련이라는 양대 초강국이 대량살상무기를 앞세워 대결하던 지구적 규모와 범위의 동서냉전시대는 종언을 고했다. 대신 역시 지구적 범위의 경제전쟁시대가 도래했다. '세계화'는 세계를 하나의 시장으로 통합시킨다는 명분에도 불구하고 부국과 빈국간, 자본과 노동간의 대립 갈등 구조를 확대시키는 요인으로 작용하는 게 사실이다. 따라서 지금 각국, 각지역사회는 경영 및 조직관리에서 탁월한 능력을 가진 리더를 요구하고 있다. 경제전쟁에서 승리해 사회와 국가를 번영시키는 것이 시대적 과제로 대두되었기 때문이다.

이 점은 '리더십'이라는 제목을 가진 서적의 출판 경향에서도 드러나고 있다. 대부분의 '리더십' 관련 서적은 경영부문에 집중되어 있다. 예로써 대형서점의 하나인 교보문고의 인터넷 사이트에서 '(국내도서)리더십'을 검색하면 260권(종)의 책이 소개된다(2003년 10월 11일 현재; 같은 날 www.

amazon.com에서 'leadership'을 검색한 결과는 모두 14,007권). 이 가운데 경영·경제 및 조직관리 분야의 책이 151권으로 대종을 이룬다. 다음으로는 종교 리더십이 47권이며 이 분야는 갈수록 늘어나는 추세다. 물론 인기가 있기 때문일 것이다. 이에 비해 정치(행정)분야의 책은 20권에 불과하다. 이 중에서도 본격적인 연구서적은 극히 적고 대부분은 읽을거리 정도의 책이다.

그리고 '리더십'을 표제로 한 대부분의 서적은 성공적인 리더와 그 리더십을 소개하거나, 성공적인 리더가 되는 길을 제시하는 내용을 담고 있다. 관리기술이나 처세술을 가르치는 지침서로서의 리더십론이라 할 수 있겠다. 또 번역서가 절반 이상을 차지하고 있다. 리더십에 대한 본격적 연구성과는 아직도 미미하다. 기실 이는 국내적 현상만이 아니다. 아마 국제적으로도 일반적인 경향일 것이다. 나하반디의 아래 지적이 리더십 연구의 현실을 설명해주고 있다.

학계가 방법론과 해석을 둘러싼 수많은 학문적 논쟁에 몰입되어 있기 때문인지 대중매체는 실무자 중심의 리더십 책들로 홍수를 이루고 있다. ……에 이르기까지 학문적인 리더십 연구가 채우지 못한 공백이, 성공했거나 그렇지 못한 관리자들 및 CEO들의 행적 또는 인터뷰를 근거로 쓰여진 실무자들을 위한 리더십 교훈서들로 채워져버렸다(Nahavandi, 2000).

그렇다고 이것이 학문적으로 무의미하다는 뜻은 아니다. 나하반디는 이렇게 덧붙이고 있다.

기업사회에서 리더십이란 주제가 가지고 있는 대중적 매력이 이 주제에 대한 학문적인 관심을 다시 불러일으켰으며, 이 분야에 있어서 응용 가능한 이론의 개발을 촉진시키고 있다.

수없이 많은 시도가 있긴 하지만 리더십 연구는 개념과 방법론의 밀림에 갇혀 버린 인상이다. 하긴 이는 리더십 연구에 국한된 문제가 아니라 인문·

사회과학의 딜레마이기도 하다. 게다가 연구대상으로서의 리더십 자체가 쉴새없이 움직이고 모양을 바꾸는 표적과 같은 것이다. 앞에서 지적한 바와 같이 리더십을 변화하는 환경·상황을 한 축으로, 그리고 지도자와 추종자로 구성된 집단을 다른 한 축으로 하는 관계망(網) 속에서 지속적으로 일어나는 상호작용의 과정이라고 할 때 그 명확한 모습을 포착하기는 지난한 일이다. 양자역학에서 말하는 불확정성원리(uncertainty principle)에서 적절한 시사를 얻을 수 있다. 양자역학적인 입자의 경우 그 위치를 정하려고 하면 운동량이 확정되지 않고, 운동량을 정확히 측정하려고 하면 위치가 불확정해진다. 리더십 또한 그 같은 측면을 갖는다.

리더십을 파악 또는 포착하기란 입자의 위치와 운동량을 동시에 측정하기보다 더 어려울지도 모른다. 변수가 훨씬 많기 때문이다. 특정 시점, 특정 사건에 대해 표출되는 리더의 태도는 비교적 분명하게 설명할 수가 있다. 그러나 거기에 시간이라는 변수가 더해지고 상황의 변화, 팔로워들의 태도 변화 등 수많은 요인이 끼어 든다면 리더십의 성격을 포착하고, 그 전개과정이나 결과를 예측하기는 아주 어려워진다. 리더십 연구의 연륜이 한 세기에 이르고 있지만 여전히 개념정의나 방법론의 주변을 벗어나지 못하고 실험적 논의와 연구가 계속되고 있는 게 이 때문이라고 하겠다.

그러나 '과학적 연구 태도 및 방법'이라는 속박에서 벗어나 다시 볼 경우 리더십 연구의 축적은 결코 불만스러워 할 정도로 빈약하지가 않다. 보기에 따라서는 오히려 너무 많다고 할 정도다. 전혀 다른 문제이긴 하지만 인문·사회분야 연구의 '과학화'는 이성적·논리적 타당성을 갖출 것을 요구하는 정도에서 멈춰야 할 것으로 본다. '자연과학적인 엄밀성'을 요구할 경우 인문·사회과학이란 방법론과 분석틀에 갇혀 고사하고 말 수도 있다. 일 개인의 의식과 행동도 변화의 과정 속에서 정확히 정의하거나 예측하기는 거의 불가능하다. 그런데 리더십의 경우는 많은 변수가 변화의 과정 속에서 동시에 작용하는 대단히 복잡한 의식 및 행동 양식이다. 불확정성의 원리에 지배받는 현상을 확정성의 논리 구조에 집어넣는다는 것은 애초에 불가능한 일이다.

특히 정치리더십의 경우는 더욱 그렇다. 정치리더십은, 공유하는 부분이 적지 않다고 해도, 경영 또는 관리적 리더십과는 본질에서부터 많은 차이가 있다. 경영·관리적 리더십은 계량화할 수 있는 효과의 극대화를 추구한다. 경영성과의 극대화, 조직 효율성의 극대화가 이 분야 리더들의 최상의, 그리고 궁극적인 목표·목적이다. 따라서 이들의 경우는 성과 또는 효율성의 정도를 계량화할 필요가 있고, 숫자로 옮겨놓을 수 있는 방법도 있다. 그러나 정치리더십은 국가의 발전과 국민의 행복증진을 최고의 목표로 한다.

사실은 이것도 옳은 표현이 아니다. 정치리더십이 추구하는 목표는 국가가 처한 상황, 국민의 전통적 가치관, 국민의 정서적 또는 현실적 필요에 따라 국가마다, 시대나 상황에 따라 다양해질 수가 있다. 어쨌든 정치리더십을 과학적 방법으로 정의하고 설명 분석 예측한다는 것은 거의 무망(無望)한 일이다.

정치 리더와 리더십에 대한 전기적 생애 연구는 새삼 설명할 필요도 없이 일반화되어 있는 방법이다. 이 같은 연구 자세에서 한 걸음 나아간 것으로는, 정치리더로서 요구된다고 여겨지는 자질 역량을 분석하고 평가하는 방법이 있다. 이러한 시도로는 뉴스타트(Richard E. Neustadt)의 *Presidential Power*를 손꼽을 만하다. 그는 "이 저술의 목적이 백악관 주인의 권력문제를 탐구하는데 있다"고 초판(1960)의 서문에서 밝히고 있다. 그는 이 저서에서 대통령 영향력의 원천을 세 가지로 든다.

대통령이 가진 효과적인 영향력은 서로 관계되는 세 가지의 원천에서 나온다. 첫째, 그가 다른 사람들로부터 바라는 것은 그들 자신의 책임이 그들로 하여금 그렇게 행동하도록 요구하는 것이라는 것을 다른 사람들에게 설득하는 가운데 그의 과업에 본연적으로 내재되어 있는 교섭상의 이점이며, 둘째는 그가 가지고 있다고 그들이 생각하는 여러 이점들을 사용하는 그의 능력과 의지에 관해 다른 사람들이 지니는 기대감이며, 셋째는 그의 국민이 그를 어떻게 보고 있으며 그들이 그가 원하는 바를 할 때 국민이 그 일들을 하는 사람을 어떻게 보는가에 관한 국민들의 평가이다. 다시 말해서 대통령의 권력은 워싱턴 정가에서의 그의 명성 및 외부에서의 그의 권위와 함께 그가 정부에서 지니고 있는 이점들의 산물이다(Neustadt, 1964).

대통령에게 요구되는 덕목을 설정하고 이에 역대 대통령들의 리더십을 비춰 보는 방법도 흔히 채용되고 있다. 그린스타인(Fred I. Greenstein)은 *The Presidential Difference*에서 프랭클린 루스벨트 이후 빌 클린턴에 이르기까지 역대 대통령들의 일대기를 요약하면서 △대중과의 의사소통, △조직능력, △통찰력, △인식능력, △감성지능 등 6개의 관점에서 이들의 리더십을 평가한다. 뒤에 일별하는 라이딩스*(William J. Ridings)* 등은 이러한 연구 방법과 여론조사를 접목시켜 역대 대통령에 리더십 순위를 부여하고 있다.

거겐(David Gergen)은 *Eyewitness to Power*에서, 책임 있고 효과적인 리더십을 발휘할 수 있는 7가지의 보편적 열쇠들을 제시한다. 그것은 ① 리더십은 안으로부터 시작된다, ② 정책 목표를 명확하게 정해야 한다, ③ 설득력의 힘을 발휘해야 한다, ④ 국민, 의회, 언론과 협력해야 한다, ⑤ 취임 즉시 정책 추진에 돌입해야 한다 ⑥ 유능하고 신중한 참모를 등용해야 한다, ⑦ 과업 수행을 위해 주변 사람들을 고무시킬 수 있는 능력이 있어야 한다는 것이다(서율택 역).

경영자들을 위한 지침서 성격이지만 코비(Stenphen R. Covey)의 *The 7 Habits of Highly Effective People*에도 눈길을 줄 필요가 있다. 1980년대 이후 쏟아져 나오기 시작한 리더십 관련 서적들은 주로 이 책의 경우처럼 리더가 되기 위한 요건, 리더다운 자질 등에 초점을 맞추고 있다. 독자들의 직접적인 관심을 바로 끌 수 있다는 이점 때문이겠지만 리더십 연구가 직면한 한계 같은 것을 보여주기도 한다.

한편 번즈는 *Leadership*에서 리더십을 '변혁적 리더십(transforming leadership)'과 '거래적 리더십(transactional leadership)'으로 유형화하고 있다.

나는 리더십을 단순한 권력소유(mere power-holding)와는 분명히 구별되는 것이며 야만적 권력(brute power)과는 정반대 되는 것으로 간주할 것이다. 그리고 나는 거래적(transactional) 리더십과 변혁적(transforming) 리더십이라는 두 가지 기초적인 리더십 유형을 검토할 것이다. 대부분의 지도자와 추종자들 사이의 관계는 거래적이다. 즉, 지도자들은 어느 한 가지를 다른 것과 교환할 목적으로 추종자들에게 접근한다. ……반면, 변혁적 리더십은 더욱 복잡하지만 훨씬 더 강력하다. 변혁적 지도자들은 현존하는 요구 또는 잠재적인 추종자들의 필요와 수요를 인식하고 그것을 활용한다. 변혁적 지도자는 그 이상으로 추종자들 속에 내재되어 있는 잠재적 동기들을 살펴서, 더 높은 요구를 만족시키며, 추종자들을 전인격적으로 사로잡는다(번즈, 번역본, 2000).

이에 앞서 리더십 유형화의 본보기는 베버(Max Weber)에 의해 제시되었다. 그는 『경제와 사회』에서 "정당한 지배에는 세 가지 순수한 유형이 존재한다"며 △합리적 지배, △전통적 지배, △카리스마적 지배를 제시한다. 지배는 리더십과는 다소 이질적인 개념이지만, 그러나 정치와 관련해서는 리더십과 지배의 거리가 아주 가깝다. 즉 정치리더십은 '지배'의 개념까지 포용한다고 할 수 있다.

심리적 측면의 유형화로는 바버(James David Barber)가 대표적인 예를 보였다. *The Presidential Character*에서 대통령의 타입을 4가지로 분류하고 있다. "대통령의 타입을 규정할 첫번째 기준선은 적극성-소극성(activity- passivity)이다. 얼마나 정력적으로 그의 대통령직을 수행하는가?…… 두번째 기준선은 자신의 행위에 대한 긍정적-부정적 정서(positive-negative affect)인데, 이는 다시 말해 그가 자신이 하는 일을 어떻게 느끼느냐 하는 것이다." 그는 이 두 쌍의 대조적 타입을 각각 엮어서 4가지 기본적 특성 양식(basic character pattern)으로 구성한다. 즉 적극적-긍정적(Active- Positive), 적극적-부정적(Active-Negative), 소극적-긍정적(Passive-Positive), 소극적-부정적(Passive-Negative) 특성이 그것이다.

연구의 방법은 대상 및 과제의 특성에 맞아야 한다. 정치학에서 도덕 이상 정의 선 공영 민주주의 등의 가치를 배제하면 법가적인 '엄혹한 법치'를 위한 수단을 제공하는 학문에 그칠 것이다. 좁은 의미에서 '통치 또는 지배와

정치는 다른 것'이라는 전제가 성립한다면 정치학은 수단 도구로서의 학문
이 아니라 가치추구의 학문이어야 한다고 믿는다. 백승현(白昇鉉)이 「정치적
실재와 에릭 보에글린의 의식철학」에서 지적한 바도 다르지 않을 것이다.

　　막스 쉘러(Max Scheler)의 구별을 예로 든다면, '현상(現象)에 관한 학문
(science of phoenomena)'의 영역보다는 '인간에 관한 학문(science of person)'의
영역에 속한다고 할 수 있는 정치학은 정치적 실재에 관한, 비노에틱 설명과 구
별되는 '노에틱' 설명을 성취하기 위한 시도라고 할 수 있다.

행태주의적 방법론, 계량적 기술 등도 물론 유효할 것이다. 그러나 그것
이 유일하거나 우월한 길이라고 하기는 어렵다.

　　행태주의적 접근방법이나 계량적 기술을 단순히 정치학 연구에 쓸모 없는 것
으로 상정하고 있는 것이 아니다. 논점은 오히려 학문으로서의 학문(science qua
science)이 통제적 기준으로서의 방법론으로 정의되어서는 안 된다는 점을 강조
하고자 하는 것이다. 이것은 지극히 중요한 문제이다. 왜냐 하면 정치학의 핵심
주제들이 수학적 학문의 방법론으로서는 연구되어질 수 없으며, 그 외의 다른
방법들의 사용을 필요로 하고 있기 때문이다.

이는 백승현이 「현대정치학에 있어서 철학적 정치학의 위상」에 인용한
산도스(E. Sandoz)의 말이다. 이런 언급에 기대려고 하는 데 까닭이 없을 수
없다. 리더십 연구에 있어 정형화하다시피 한 계량적 방법론을 피해 가겠
다는 뜻이다.

정치리더십에 보편적으로 요구되거나 배척되는 덕목이 있을 수는 있지만
각국의 당시 상황이나 국민적 희망에 따라 특별히 요구되는 덕목도 있게
마련이다. 이 점에서 리더십 특성이나 덕목들의 목록을 만들고 이에 대해
여론조사 등의 방법으로 점수를 부여하거나 순위를 매기는 것은 연구자의
의도와 관찰자 또는 독자의 호기심을 충족시키는 이상의 의미를 갖기가 어
렵다.

경영성과, 관리실적과 같이 계량화할 수 있을 정도로 뚜렷하게 드러나는 경우라면 이런 방법도 의미가 있겠으나 정치리더십의 성격은 다르다. 거시적으로 '좋은 리더, 나쁜 리더'의 구별은 가능하겠지만 점수로 구분할 수 있을 만큼 경계가 뚜렷하지는 않다. 더욱이 평가시점과 리더십이 행사되는 시기는 아주 다른 경우가 대부분이다. 통시적으로 타당한 리더십 평가기준이란 상정하기 어렵다. 당연히 객관적 타당성은 떨어질 수밖에 없다.

라이딩스(William J. Ridings)와 매키버(Stuart B. McIver)의 시도가 그 대표적인 사례다. 이들은 1989년부터 대통령에 대한 여론조사를 실시하여 1997년 *Rating The Presidents*를 출판했다. 이들의 조사는 역대 대통령을 지도력(Leadership Qualities), 업적과 위기관리능력(Accomplishments and Crisis Management), 정치력(Political Skill), 인사(Appointment), 성격과 도덕성(Character and Integrity) 등 5개 영역에 걸쳐 평가하고 순위를 정하는 방식으로 실시되었다. 이를 종합한 전체 순위도 정해졌다. 물론 다양하고 정교한 여론조사 및 분석 기법이 동원되었다.

대통령들에 대한 이 같은 연구 방법은 광범위하게 채택되고 있다. 조사에 따라 순위가 뒤바뀌게 마련이지만 각 조사는 그 나름의 주장을 담아 제시된다. 그리고 이런 연구의 결과는 역대 대통령의 자질 능력 업적 등에 대한 일목요연한 비교표를 원하는 사람들에게는 아주 적절한 자료로 환영받는다. 한 눈에 역대 대통령 전부를 명쾌하게 비교 평가할 수 있게 하는 자료라면 '매력적'이기에 충분하다.

그런데 이런 방식의 연구가 기여할 수 있는 바는 무엇일까? 이는 각 대통령의 리더십 그 자체를 객관적으로 분명하게 평가하는 데는 약점을 안고 있다. 비교와 순위결정이라는 방법이 사실의 왜곡을 불가피하게 하기 때문이다. 그럼에도 불구하고 후임 대통령들을 위한 교훈적 자료는 될 수 있다. 이것만을 위해서 그 정교하고 복잡한 도구와 과정을 거쳐 이 정도의 결과를 산출하는 것이 과연 가치 있는 일인지 의문을 갖지 않을 수 없다.

조사 분석 방법을 계속 개발해서 극도로 정교화하면 진실을 밝혀낼 수 있다고 이들은 믿고 있을지도 모른다. 그러나 이는 다만 조사에 응하는 사람들 각자만의 진실일 뿐 조사 대상이 되는 리더들의 진실일 수는 없다. 여론조사식 또는 인기투표식 연구의 한계가 여기에 있다.

미국의 사우스 다코다 주 러시모어 산에는 조지 워싱턴(George Washington), 토머스 제퍼슨(Thomas Jefferson), 에이브러햄 링컨(Abraham Lincoln), 시어도어 루스벨트(Theodore Roosevelt) 등 4명의 대통령 얼굴이 거대한 바위 면에 새겨져 있다. 국민적 존경을 받고 있는 위대한 대통령들이다. 라이딩스 등의 조사 결과에서도 이들 모두가 전체순위 5위 내에 들었다. 2위를 프랭클린 루스벨트(Franklin Delano Roosevelt)가 차지한 때문이지만 그는 러시모어 산 조각이 만들어진 후의 대통령이었다. 정교한 기법으로 무장한 여론조사의 결과가 상식의 재확인 정도에 그친 셈이다. 다음 인용문이 시사하는 바도 다르지 않다.

지난 수십 년간 여론조사 결과 베스트 대통령 3명은 에이브러햄 링컨, 조지 워싱턴, 프랭클린 루스벨트이다. 최근 실시한 여론조사에서는 로널드 레이건 (Ronald Reagan) 대통령이 1위로 급부상했다. 그의 추종자들은 사우스 다코다 주의 러시모어 산에 있는 큰 바위 얼굴에 레이건을 추가하려는 움직임을 활발히 벌이고 있다(≪조선일보≫, 2001. 2. 20)

제4절 국내의 연구 동향과 이 글의 분석틀

우리나라의 정치리더십 연구는 1990년대에 들어서 본격화했다. 1987년 6·29선언 전의 권위주의 시대에는 정치리더, 특히 대통령의 지도력이나 행태, 지도력의 효과 등을 연구할 사회적·학문적 환경이 척박했기 때문이었다고 할 수 있다. 더욱이 리더십의 본질적인 면을 들여다보려는 노력은 거의 기울여지지 않았다. 권위주의 시대에 집권자의 리더십을 본질적 측면에서 파악한다는 것은 무리였다. 다만 저항자들에 의한 구호, 폭로로서의 비판만 있었을 뿐이다.

1990년대 이후 리더십 연구가 활성화되었다고 하지만 연구의 축적이 없었던 탓에 주로 미국의 기존 연구와 궤를 같이 했다. 다시 말해 방법론의 모방으로부터 리더십 연구를 시작했다고 할 수 있다. 이 또한 자연스런 현상이다. 전기적(傳記的) 기술 이외엔 리더십(권력, 지배, 통치 등 정치적 권력 관계 모두를 포함한다 해도) 연구의 역사가 일천하고 실적이 미미했던 때문에 딛고 나아갈 연구의 축적이 없었던 것이다.

정치리더십에 관한 저술로는 다음과 같은 서적들이 지적될 수 있다(출판 연도 순).

『대통령론-지도자의 개성과 유형』(구광모, 1984),
『박정희와 김일성』(양성철, 1987),
『한국정치의 지도자들』(한승조, 1992),
『한국형 보수주의와 리더십』(김용서, 1992),
『비록, 한국의 대통령-권력과 인간, 정치와 인생』(조선일보사, 1993),
『박정희의 사상과 행동』(최영, 1995),
『내가 아는 양김 정치』(장을병, 1998),
『대통령학』(최평길, 1998),
『성공한 대통령 실패한 대통령』(김충남, 1998),
『대통령학』(함성득, 1999),
『한국의 대통령과 권력』(함성득 편, 2000),
『박정희 정신분석, 신화는 없다』(신용구, 2000),
『김영삼 정부의 성공과 실패』(함성득 편, 2001).

아직은 개별적 생애 및 통치 스타일, 정치적 공과 등을 스케치하듯 다루는 수준에 머물러 있다. 리더들에 대한 비교도 시도되긴 하지만 단편적인 데다 스타일 비교 정도에 그치는 실정이다.

구광모(具光謨)는 대통령 권력의 현대적 개념을 밝히고, 성공적인 대통령이 되기 위한 종합적이고도 거시적인 전략을 모색했다. 그러나 전반적으로는 미국 학자들의 대통령론을 소개하는 수준에 머물렀다. 그렇더라도 의의는 적지 않다고 할 수 있다.

양성철은 일대기 기술의 형식을 취했다. 1980년대에 학자로서 박정희와 김일성을 직접 비교하는 저술을 시도했다는 점은 주목할 만하다.

한승조는 한국의 정치리더들을 대상으로 한 리더십 연구를 본격적으로 시도했다. 그러나 역대 대통령들에 대해서는 다각적으로 평가하려 한 대신 성격 스타일 행태 등을 약술하는 수준에 머물렀다.

김용서는 한국 보수주의의 위기적 상황을 설명하면서 보수주의에 대한 정확한 인식과 보수주의를 지키기 위한 리더십의 필요성을 역설한다.

조선일보사의 『비록, 한국의 대통령』은 역대 대통령의 약전, 각 대통령 집권기의 주요 사건, 대통령의 역할과 기능, 역대 대통령들에 대한 평가, 대통령직과 대통령의 생활 소개 등으로 꾸며졌다. 한국 역대 대통령과 대통령직에 대한 가이드 북과 같은 성격의 책이다.

최영은 박정희의 통치 스타일이나 행태를 역사적, 심리적 차원에서 분석, 평가하려고 시도했다는 점에서 종래의 전기식 기술과는 차이를 보였다.

장을병의 경우 본격적인 연구는 아니지만 정치학자로서 '양김'에 관심을 기울였다는 점에서 상당한 의미가 있다. 그의 기술은 양김과 양김 정치에 대한 관찰기 정도의 가벼운 글이다.

최평길은 한국의 청와대와 미국의 백악관을 비롯 각국의 행정수반 집무공간의 구조 역학 기능 등을 통해 리더십의 성격과 효율성을 고찰하고 있다.

김충남은 역대 대통령의 통치 스타일과 업적, 한국 대통령제의 문제점, 성공적 대통령의 조건, 바람직한 청와대 구조와 운영 방식 등 대통령에 대한 다양한 접근을 시도했다.

함성득의 『대통령학』은 대통령학 및 대통령 리더십 연구의 개설서이며, 『한국의 대통령과 권력』은 자신이 맡은 대통령학 강좌에 초빙된 인사들의 강연을 통해 역대 대통령의 인물론과 국무총리, 비서실장 등 보좌기구 및 보좌론 등을 엮은 일종의 자료집이다.

신용구는 정신과 의사의 입장에서 박정희의 생애와 통치행태를 분석했다.

함성득의 『김영삼 정부의 성공과 실패』는 편자의 강좌에 초청받은 김영삼 집권기의 측근인사 및 정부 각료 등의 강연 내용을 엮은 책으로 역시 일종의 자료집이다.

일별한 대로 아직은 개별적 생애 및 통치 스타일, 정치적 공과 등을 스케치하듯 다루는 수준에 머물러 있다. 리더들에 대한 비교도 시도되긴 하지만 단편적이고 스타일 비교 정도로 그치는 실정이다. 일정한 분석 틀을 갖춘 본격적 연구는 앞으로의 과제라고 하겠다.

정치리더십 관련 논문 역시 1990년대 이후 크게 늘어나면서 다양한 측면을 다루고 있다. 주로 각 대통령의 특정 정책 수행 능력과 성공 및 실패의 요인 분석에 관심을 기울이는 편이나 심리적 역사적 사상적 접근도 눈에 띈다. 일부에 불과하지만 예를 들자면 다음과 같은 것들(발표 연도 순)이 있다.

「박정희 통치이념의 지식사회학적 연구」(이우영, 1991),
「대통령의 정책관리 스타일: 경제정책을 중심으로」(정정길, 1992),
「김대통령의 개혁 리더십의 정치적 성격 연구」(정용대, 1993),
「김영삼의 지도력 유형」(이강로, 1993),
「김영삼 대통령의 리더쉽 특성과 국정관리 유형」(이종범, 1994),
「한국대통령의 리더십과 민주화」(김병문, 1996),
「보수우익 지도자들의 건국사상」(이시형, 1996),
「21세기 한국정치지도자의 자질-대타협의 뉴리더십」(서규환, 1996),
「역대 대통령의 통치이념과 리더십에 대한 고찰」(이정윤, 1997),
「조선시대 정치적 리더십론: 수기치인과 무위이치론을 중심으로」(배병삼, 1997),
「한국 민주주의의 공고화와 새로운 지도자상」(최장집, 1997),
「김영삼 정부 개혁정치의 딜레마」(이영조, 1997),
「김영삼 정부 시기의 정치개혁과 정당기능 변화」(김태룡, 1997),
「역대 통치자의 리더십 연구」(안병만, 1998).

이 같은 리더십에 대한 적극적이고 다방면적인 관심에도 불구하고 리더십의 역사적 상황적 환경 연구, 정치리더십이 특징짓는 한국 정치현상에 대한 거시적·조망적 연구, 리더십 비교연구는 아직 활발하게 이루어지지 않고 있다. 물론 앞으로는 적극화할 것이다.

1948년 대한민국 정부 수립 이후 반세기가 지나면서 한국 정치에도 근본적인 변화의 기운이 일기 시작했다. 헌정사의 우여곡절 속에서 꾸준히 성장해온 시민(혹은 민중)이 실질적으로 힘을 발휘할 수 있는 시대가 열린 것이다. 실질적 영향력 여하간에 이제 시민은 대세를 좌우하는 힘의 원천이 되고 있다. 대통령을 비롯한 집권세력은 공공연히, 또 자랑스럽게 자신들이 그들의 지지로 집권할 수 있었다고 말한다. 노무현 대통령이 자신의 정부를 '참여정부'로 명명한 배경이 이것이다.

지금쯤은 한 시대를 정리하고 넘어가야 할 시점이라고 본다. 물론 객관적인 평가를 하기는 아직 이르다. 그러나 지금과 같은 전환기는 다양한 시각과 이를 체계적으로 정리하는 기록을 요구한다. 동시대인의 기록은 비록 굴절의 위험성이 크다고 해도 소중한 역사의 자료가 된다.

긴 세월은 아니지만 당대의 일인만큼 아주 복잡한 기술이 될 수밖에 없다. 게다가 대표적인 리더들의 리더십을 따라가는 현대정치사 여행이다. 번잡해서 갈래를 잡아 정리하기가 어렵고 이 때문에 읽는 이들에게도 어지럼증 일으키기에 알맞은 글이 되겠지만 그래도 일단 길을 찾아 가 보려고 한다. 지난 한 시대를 어떤 틀에든 넣어서 체계적으로 정리할 수 있다면 한국정치의 현실을 이해하고 앞날을 전망하는 데도 상당한 도움이 될 것으로 믿는다.

이 글은 해방과 대한민국 성립 이후의 한국정치를 이끌고, 그 성격을 규정지어 온 정치리더십의 특성을 밝혀 내 보이는 데 주안점을 둔다. 관찰 분석 평가의 주 대상은 박정희와 양김(김영삼·김대중)의 정치리더십이다. 이를 권위주의적 리더십 대 민주화투쟁 리더십의 대결(대립)구조 속에서 파악하려고 한다. 그것이 한국현대정치사 반세기의 특징적 양상 가운데 하나이기 때문이다.

다만 이 대결 구조가 양측 리더십의 본질적인 차이에서 비롯된 것인지, 아니면 권력투쟁 과정에서 자연스레 형성된 것인지를 진지하게 고찰할 필요가 있다. 이런 과정을 거쳐야 비로소 한국정치리더십의 특성에 다가갈 수 있을 것으로 생각된다.

양측의 대결구조는 '탄압적 리더십 대 저항적 리더십'으로, 또 '사인형 정치리더십 대 공인형 정치리더십'으로 치환될 수 있을 것이다. 특히 후자의 대결구조는 동양의 사정치 전통에서 착안된 개념이다. 이에 비해 민주정치는 그 연원에서 공정치(公政治)다. 그렇다면 속성에서 민주정치 늑 공정치, 비민주정치 늑 사정치의 관계가 성립할 수 있다.

다른 한편으로 시사를 받은 것은 번즈의 거래적 리더십(transactional leadership)과 변혁적 리더십(transforming leadership)의 구분이다. 번즈는 지도자-추종자 사이의 상호작용은 두 가지의 근본적으로 다른 형태를 취한다면서 이같은 리더십 유형을 대비적으로 제시한다.

거래적 리더십은 "한사람이 가치의 교환을 목적으로 다른 사람과의 관계에서 이니셔티브를 취할 때 발생한다"는 것이 번즈의 설명이다.

> 이러한 교환은 속성상 경제적·정치적 또는 심리적인 것일 수 있다. 물물교환 또는 돈과 물건의 교환, 투표시 후보자와 시민 사이 또는 국회의원들 사이에 이루어지는 교환, 어떤 사람의 문제를 기꺼이 해결해주는 것에 대한 교환(대가)으로 다른 특정인을 환대하는 것 등을 말한다. ……거래자들은 그들을 결합시킬 영속적인 목적을 갖고 있지 않다. 그래서 그들은 각자의 길을 가는 것이다. 리더십 행위가 발생하였더라도 그것은 지도자와 추종자들이 보다 높은 목적을 계속적으로 추구하도록 서로를 묶어 주고 결합시키는 리더십이 아니다.

거래적 리더십에 대응되는 것이 변혁적 리더십이다. 번즈에 의하면 이 리더십은 "지도자와 추종자가 서로 보다 높은 수준의 동기와 도덕성을 제고시키는 방식으로, 한 사람 또는 그 이상의 사람들이 서로 연대할 때 발생"한다.

그들의 목적은 처음에는 거래적 리더십의 경우처럼 따로 시작되었을지도 모르지만 결국은 융합한다. 양측이 보유하고 있는 권력토대들은 일 대 일 대응이 아니라 공통의 목적성취를 위한 상호지지로 연결된다. 그래서 이런 리더십들은 '사람들을 도덕적으로 승화시키는' '사람들의 마음과 행동을 움직이게 하는' '영감을 불러일으키는' '사람들을 한껏 부풀게 하는' '사람들을 고양시키는' '설교하는' '영혼을 사로잡는' '복음주의자와 같은' 등의 단어들로 묘사된다. 물론 그 관계는 도덕주의적일 수 있다.

직접적인 연관성은 물론 없다. 그러나 사정치와 공정치의 대칭구로조 정치리더십을 대별할 수 있다는 구조적 측면의 가능성을 번즈의 이 리더십 유형화 방법이 제시해주고 있다. 성향에서 거래적 리더십의 부분적 특성, 즉 앞에서 인용한 부분에 국한한다면 이는 사적 정치리더십에 더욱 근접해 있다. 그리고 변환적 리더십은 공적 정치리더십과 공유하는 부분이 더 많다고 할 수 있다.

번즈가 분석하고 있는 정치리더십은 공정치를 전제로 한 것이다. 이 글에서 말하는 '공정치'란 사회적 존재로서의 개인들이 이루고 있는 공동체를 전제로 한다. 정치의 공공화, 사회화가 이루어진 상태가 곧 공정치이다. 이에 비해 '사정치'는 그 이전의 상태를 가리킨다. 우리 정치는 종주(從周)를 이상으로 삼았던 유가적 의식을 바탕으로 하고 있다는 것이 이 글의 바탕에 깔린 인식이다. 따라서 한국의 정치리더십 역시 사정치 전통과 의식의 한계에 갇혀 있으며 이러한 리더십이 다시 한국정치의 공정치화를 가로막아온 요인이 되었다고 보고 이를 근대정치과정에서 표출된 주요 리더들의 리더십을 통해 확인해보려는 것이다.

사적 정치리더십(사익지향 정치리더십)과 공적 정치리더십(공익지향 정치리더십)을 구분해보는 '뷰-파인더(view finder)'로는 4개 측면의 비교 틀을 설정한다. 말할 것도 없이 거시적 관찰만 가능한 기준이다.

첫째 이념적·제도적 측면에서 민주형 대 비민주형의 구분이다. 이를 가리는 기준들로서는 다음과 같은 민주정치의 원리들이 제시될 수 있다.

△법 아래서의 평등 존중, △정기적 대표자 선거의 원칙 준수, △토론 설득 타협의 의사결정 과정 중시, △소수 의사 존중, △정치활동과 정책입안의 자유 존중, △통치권보다 국민의 기본권을 우선, △경쟁의 원리를 존중, △권력 분립·분산 추구, △직접선거제 신뢰, △의회주의적인 태도 등.

둘째, 성향적·방법적 측면에서 자유주의형인가 권위주의형인가를 판별할 수 있는 기준으로서는 다음의 요소들을 상정할 수가 있다.

△합리성 존중, △자기제한 수용, △인간의 합리성 신뢰, 교조적 태도 배척, △토론과정 중시, △개방적 태도 및 정책, △온건한 성향, △자발적 동의 중시, △위인 아닌 평균인 지향, △과오·실패의 자발적 시인, △대등한 인간관계 존중, △결과나 목적보다 과정을 중시.

셋째, 추종자와의 관계에서 개방·상호존중형인가 폐쇄·군림형인가를 가려 볼 수 있는 기준은 이렇다.

△상호존중의 태도, △평균인의 관념과 의사 존중, △국가적 목적·목표보다 인간의 존엄성 우선, 정직·솔직한 태도, △양심의 자유 존중, △공개적이고 투명한 태도, △동반적 리더십, △국민의 의사 우선, △비판의 적극 수용, △역사의 심판보다 국민의 평가 중시, △결단보다 타협 중시.

넷째, 동기 및 목적의 측면에서 공정치형이냐 사정치형이냐를 가려내는 데는 다음의 기준들이 유효할 것이다.

△국민통합형의 리더십, △정파 또는 집단의 이익 아닌 국민적 이상 추구, △국민 존중형의 리더십, △봉사형 리더십, △출세보다 헌신의 기회 추구, △목적보다 과정 우선, △정당의 공당화 추구, △능력 위주의 개방형 인사, △자신 및 친인척의 청렴성, △사익 아닌 공익 중시.

이 글은 중요한 정치적 계기에 노출되었던 리더들의 반응, 대응, 결정 등을 중심적 고찰·분석의 대상으로 한다. 그리고 그 배경이나 목적이 사적 이익이나 목적의 추구에 있었는지 아니면 공적 이익·목적 추구에 있었는지, 민주적인 방식이었는지 비민주적인 방식이었는지를 파악하게 될 것이다. 다만 이 대립되는 개념들이 분명한 경계를 갖고 있는 것은 아니다. 따라서 스펙트럼상의 위치로서 그 성격을 이해하는 방식이 유효할 것이다. 물론 수학적 정밀성이 아닌 상식적 인식에서의 판단이 전제된다.

그 때문에 거시적 접근이 필요하다. 미시적으로 이들의 정치적 행태, 정책결정 및 추진과정을 들여다보면 각자 개성이 다른 만큼의 차이가 나게 마련이다. 반면에 거리를 두고 조감하면 박정희와 김영삼·김대중의 리더십이 스펙트럼상의 어느 쪽에 있는지 뚜렷해진다. 각기 다른 나무이지만 같은 숲을 이루고 있다면 동일 범주의 리더십이라고 할 수가 있을 것이다. 따라서 이 글은 정치적 상징성이 큰 사건이나 계기들을 통해 표출된 이들의 리더십을 조감하는 방식으로 전개된다.

궁극적 관심사는 말할 것도 없이 '인간의 행복을 증진시키는 리더십'이다. 그것은 단지 역할과 기능만이 아니라 가치를 추구하는 리더십을 의미한다. 가치는 행복, 선, 상생(相生)과 공영 등을 포함한다. 이 같은 리더십의 전제조건은 리더의 의도 판단 결정 행동의 도덕성이다. 이 글은 일관되게 이들의 도덕성을 주시할 것이다.

제3장 전제(前提): 사정치형 리더십

이 글의 키워드 가운데 하나가 사정치(私政治)다. 사정치라는 개념이 성립하지 않으면 이 글은 기반을 잃고 만다. 그런데 정치는 그 자체가 공적인 행위이고 과정이다. 이런 관점에서는 억지스런 조어(造語)일 수도 있다. 기실 정치, 곧 공정치(公政治)는 고대 그리스의 폴리스(polis)정치에 연원을 두고 있다. 폴리스의 (민주)정치는 집권자든 관료든 시민이든, 개인의 목적 혹은 목표가 아니라 폴리스와 그 구성원들의 공동 목적에 부응하는 제도와 활동 또는 작용이었다. 따라서 공공성이 정치의 필수적 요소였다. 권력의 원천은 폴리스 구성원으로서의 시민이었고 권력의 정당성도 시민에 의해 뒷받침되었다.

아리스토텔레스가 국가를 '생활공동체'로 파악한 것도 같은 맥락이다. 그의 스승의 스승이었던 소크라테스에 의하면 정치는 '공적인 의무'이다. 이 공정치의 전통은 근대 서구 절대왕정시대를 거치면서도 그 저변에 최소한의 참여형태, 이를테면 등족회의(等族會議) 같은 것으로 이어졌다. 근대 민주정치는 이 점에서 서구적 정치의 산물이다.

이에 비해 사정치는 동양의 정치에 대한 인식과 전통에 연유한다. 중국 정치사상사의 근원 및 주류를 형성했던 유가(儒家)는 공자(孔子)에서 시작되었다. 공자는 '종주(從周)와 정명(正名)'으로 자신이 살았던 춘추말기의 혼란한 정치질서를 바로 잡을 수 있다고 주장한 동양정치사상사의 개산조(開山

祖)다. 공자가 따르고자 한 주(周)는 가(家) 중심의 봉건국가였다. 당연히 종법질서(宗法秩序)가 지배했다.

주대(周代)의 정치사상은 '효(孝)'로부터 형성되었고 행효(行孝)의 한 형식으로서의 조종(祖宗)에 대한 제사과정에서는 나라의 대전(大典)이 갖추어지게 되었다(전낙희, 1995).

이 같은 질서는 변화가 없이 그대로 이어졌다.

동양사회에는 무수한 왕조의 교체는 있었어도 정치구조상에는 별무변화였다. 실로 조정은 있어도 국가는 없는 사회였다. ……더욱 지나친 중앙집권은 천하는 군주 한 사람의 가산(家産)이 되었고, 법은 일가의 법에 불과했으며, 천하의 시비는 조정에서 나오지 않는 것이 없다고 하리만큼 조정 중심이었다(전낙희, 1995).

주대(周代)의 봉건국가가 진(秦)의 통일제국으로 바뀌긴 했으나 본질적인 변화는 아니었다. 이를 일러 화가위국(化家爲國)이라고 한다. 가의 확대판으로서의 제국이었을 뿐이다. 중국 만이었겠는가. 우리의 왕조들도 이를 고스란히 흉내냈다. 조선은 충실하고 철저한 성리학 준봉국가였다. 유가적 질서체계 안에서의 권위주의적인 가부장의 지위와 행태가 우리 정치리더십의 골간을 형성한 것이다. 이 경우의 가부장이란 혈연조직 내에서 존경과 신뢰를 바탕으로 구성원들을 이끄는 리더라기보다는 배버가 말하는 가산제(Patrimonialismus) 구조하의 지배자에 더 가깝다.

이 사정치(私政治)의 전통이 조선말까지 그대로 이어졌다. 성리학이 절대적인 질서 및 가치체계로 확고히 뿌리를 내리고 있었기 때문이다. 조선왕조에 낙조가 짙게 드리웠을 무렵, 새로운 사조가 밀려들기도 했으나 조선왕조 500년의 가치체계와 정치구조를 근본적으로 바꾸지는 못했다. 이어 일제 강점기가 35년간 이어졌다.

해방은 우리가 쟁취한 것이 아니라 연합국 승리의 부산물일 뿐이었다.

게다가 분단을 수반했다. 미군의 점령지가 된 남한은 미국식 민주제도에 익숙해져야 할 것이었다. 그러나 제도의 이식만으로 당장 문화가 달라지지는 않는다. 민주제도라는 외피를 빌렸지만 내용, 즉 정치의식은 전통에서 벗어나지 못했다. 사정치의 전통을 가부장적 리더십이 고수하는 형태의 정치가 전개되었다.

따라서 한국 정치와 정치리더십을 이해하려면 그 역사적·사상적 배경을 고찰하는 게 필수적이다. 바꿔 말해서 박정희와 양김의 정치리더십이 한국 정치사 및 사상사와 관련이 있다는 게 확인된다면 한국 정치리더들의 리더십은 단지 개인적인 특성에서 비롯된 것이 아니라 역사와 전통에 연해 있다고 말할 수 있을 것이다.

그렇다고 해서 오늘의 정치리더십 특성을 전적으로 역사적 전통적 요인에 미루어버릴 수는 없다. 당대의 사회적 배경과 출생 성장과정 등 개인적 요인도 중요한 영향을 미칠 것이다. 당연히 이 부분을 동시에 고찰해야 리더십 특성의 배경과 요인을 파악할 수 있다. 다만 순수한 '개인적 요인'이란 생각하기 어렵다. 사람은 사람 속에서 태어나 자라는 존재이기 때문이다.

요약하자면 이렇다. 오늘에 발현되는 정치리더십이라도 크게는 역사와 환경에 의해 결정된다. 이 점이 입증된다면 비로소 '한국의 정치리더십', 나아가 '한국적 정치리더십'이라는 개념이 성립한다. 그리고 박정희와 양김의 대립적 리더십은 '한국적 리더십'에 수렴될 수가 있다. 개성의 차이에도 불구하고 이들은 한국적 리더십을 표출해 보였다는 의미가 된다.

제1절 역사적 사상적 고찰

1. 사정치의 역사적 연원

(이 항목과 관련해서는 강만길의 『고쳐쓴 한국현대사』 『고쳐쓴 한국근대사』,

이기백의 『한국사신론』, 진단학회의 『한국사』, 한국역사연구회의 『1894년 농민전쟁연구 5』 등을 주로 참고했다)

우리의 근대사는 단절의 역사다. 역사의 고비마다 칼로 자른 듯한 단애(斷崖)가 형성되어 있다. 조선시대 말기(구한 말) 국권과 국토가 일제에 강점당함으로써 왕조는 물론 그 시대의 가치 질서 전통에 대한 불신이 팽배했다. 이 때문에 단절이 생겼다. 일제는 조선의 모든 것을 폄하하면서 황국질서에 대한 복종을 강요했다. 조선의 신민도 왕조에 고개를 돌렸다. 조선왕조는 백성들의 원망과 불신 속에 철저히 외면당했다.

3·1운동을 전후해서 일어난 항일운동 가운데는 대한제국의 부활을 목적으로 하는 복벽운동(復辟運動)도 있었다. 그러나 대세를 이루지도, 오래 끌지도 못했다. 패망왕조는 그 신민들에게서도 버림을 받았다. 부활시킬 가치가 없다고 판단했을 것이다. 이는 왕조의 비극이었지만 민족 구성원들의 비극이기도 했다. 신뢰와 의지의 대상이 없어졌기 때문이다.

1) 저항하는 민중, 분열하는 지도자들

조선 말 지배층의 부패와 수탈, 외세에의 굴종과 매국행위, 그리고 국권의 상실은 신민의 실망 분노 증오 저주의 감정을 자극했고 그것이 왕조에 대한 철저한 외면 아니면 저항을 초래했다. 대표적인 백성들의 저항운동이 바로 동학혁명(또는 갑오농민전쟁)이었다.

동학군은 한때 전주성(全州城)을 점령하는 등 기세를 올렸지만 곧 청·일 양국군의 출동이라는 의외의 상황에 직면하고 말았다. 동학군측은 관군측과 타협을 시도하지 않을 수 없었고 그 결과로 1894년 5월 7일부터 8일에 걸쳐 전주성 동북문을 열고 일제히 물러났다. 이후 농민군은 마을마다 그들의 포(包)를 설치하면서 조직을 곳곳에 침투시켰다. 특히 전라도 53군에는 집강소(執綱所)라는 일종의 민정기관을 설치했다. 이는 농민적 자치기관이었고 농민군 중에서 임명된 집강이 수령의 업무를 대행하며 폐정개혁안을 실천해갔다.

개혁안의 골자는 정부나 양반의 동학에 대한 탄압과 농민에 대한 부당한 경제적 수취를 중지할 것, 신분상의 모든 차별 대우를 폐지할 것, 일본의 침략에 내통하는 자를 엄징할 것 등이었다. 이 개혁운동은 농민들로부터 크게 환영받았으며 이에 힘입어 동학 세력은 전라도는 물론 삼남지방을 아우르고 평안도, 함경도에까지 미쳤다.

그러나 지도부는 분열하고 있었다. 전주화해 이후 전봉준(全琫準), 김개남(金開男), 손화중(孫和中) 세 지도자는 집강소 통치를 강화하고 확대했다. 이들은 각 지역을 순회했는데 김개남, 손화중은 일부 지역 중심으로 순회한 데 비해 전봉준은 호남 전지역을 순회했다. 이는 집강소를 통한 지도부의 권력투쟁이었다(이이화, 1997).

전라감사 김학진(金鶴鎭)은 이 해(1894년) 7월 일본군에 의한 경복궁 쿠데타를 계기로 항일전선 구축을 위해 전봉준 등에게 연합을 제의했다. 이에 앞서 전봉준과 김개남은 남원대회를 갖고 집강소 통치의 강화를 다짐하고 있었다. 김학진의 제의에 대해 전봉준은 동의했지만 김개남은 응하지 않았다. 8월 25일 김개남은 남원에 들어가 독자적 영역을 구축했다. 전라 좌도, 즉 순창 용담 금산 장수 남원 등지가 그의 통치권역이었다(이이화).

전봉준과 손화중은 김개남에게로 가서 왜와 청이 싸워 결말이 나고 나면 반드시 농민군을 칠 것이니 여러 고을에 흩어져 있으면서 추이를 지켜보자고 설득했다. 그러나 김개남은 "대중이 한번 흩어지면 다시 규합하기가 어렵다"면서 거부했다. 이때 이미 손화중은 자신들이 실패할 것을 예견하고 있었다(이이화).

시국 대처 자세에서 세 지도자의 성향은 아주 대조적으로 나타났다. 김개남은 강경 노선을 추구했고 비타협적 자세로 일관했다. 그는 남원을 중심으로 '왕(王)'을 표방하고 있었다. 전봉준은 '관민상화(官民相和)'를 추구하면서 김학진의 협력을 얻어 집강소 통치를 활성화하면서 대일항쟁에 역량을 결집하려 했다. 손화중은 현실에 회의를 느끼면서도 전봉준의 노선에 기울어져 있었다. 그는 야심보다 합리를 추구했고 온건한 입장을 지켰다(이 이화).

상층지도부는 이처럼 군웅할거적 양상을 보였고 면, 리 단위의 하급 접주와 농민군은 군현 단위 상급 접주들의 영향력을 벗어나 있었다. "2차 봉기를 앞둔 시점에서 농민군은 마음대로 부호가와 요호부민(饒戶富民)의 재산을 약탈"함으로써 "묵시적 동조세력, 혹은 잠재적 지원세력이 될 수도 있는 향반층과 요호부민 내에서의 기반을 상실"했다(박찬승, 1997).

동학군 또는 갑오농민군의 봉기를 '혁명'으로 평가하지만 기실 그 지도부는 조선왕조 자체를 전복시킬 의도나 목표는 갖고 있지 않았다. 1차 봉기에서 농민군은 정치개혁의 방안으로서 대원군의 섭정복귀만을 구상했다. 2차 봉기 때는 군국기무처와 같은 비상개혁추진기구가 필요하다는 쪽으로 한 단계 발전했다. 이를테면 대원군세력과 농민군세력의 연합정권 같은 것을 구상했던 것으로 보인다(박찬승).

정치의식이 크게 진전되었다고 하겠지만 기존체제를 부인할 정도에는 이르지 못했다. 1차 봉기 때 무장(茂長)에서 발표한 포고문에서는 "군신부자는 인륜 중에서 가장 으뜸가는 것이다. 임금이 어질고 신하가 곧으며 아비가 자식을 사랑하고 아들이 효도한 연후에야 집과 나라에 무강의 복이 미칠 수 있는 것이다. 지금 우리 임금은 인효자애(仁孝慈愛)하고 총명한지라, 현량방정(賢良方正)한 신하가 있어서 그 총명을 도울지면 요순(堯舜)의 덕화와 문경(文景)의 선치를 가히 이룰 수 있을 것이다"라고 강조하고 있다(박찬승).

당시만 해도 조선은 은둔의 왕국이었다. 서양의 정치제도는 거의 알려지지 않았던 그때 지방의 동학 지도자나 농민들이 군주제의 전복과 '인민주권'의 '민주공화국'수립을 생각할 수 있었을 리가 없다. 이 것이 동학혁명의 근원적인 한계였다. 서양에 전혀 다른 정치체제가 존재하고 있다는 것은 이 당시만 해도 극히 일부의 선각자나 서양문물을 접한 고위관료층과 지식인들만이, 그것도 개괄적으로 알고 있었을 뿐이다. 서양의 정치제도 및 정체 등에 대해 아주 간략하게 소개한 유길준(兪吉濬)의 『서유견문(西遊見聞)』이 간행된 때가 1895년이었다는 사실 하나 만으로도 당시 한국인, 특히 지방인사들의 정치지식과 인식을 짐작하기는 어렵잖다.

동학혁명이 서울에서 멀리 떨어진 지방에서 일어났다는 것 또한 한계로 작용했다. 물론 농민군은 서울로 치고 올라갈 계획을 세웠다.

2차 봉기에 실패한 이후 체포된 전봉준은 동학농민군을 이끌고 서울에 입성하여 일본군을 몰아내고 간악한 관리를 쫓아낸 다음에는 "국사를 들어 한 사람의 세력가에게 맡기는 것은 크게 폐해가 있는 것을 알기 때문에 몇 사람의 명사에게 협합(協合)해서 합의법에 의해 정치를 담당하게 할 생각이었다"고 진술했다(박찬승, 1997).

그러나 전봉준은 혁명을 추구하지는 않았다. 그는 훗날 일본군 소좌의 취조에 답하면서 "나의 종국의 목적은 첫째로 민족(閔族)을 타도하고 일당의 간신을 없애며 또한 전운사(轉運使)를 폐하고 전제(田制)·산림제를 개정하며, 소리(小吏)의 사리(私利)를 짓는 자를 엄하게 처벌함에 있었을 뿐이다"고 했다. 설사 서울에 입성한다고 해도 정치체제를 바꿀 생각은 없었다는 말이다.

만약 서울에서 민중 봉기가 일어났더라면 그들의 지향은 달랐을 수가 있다. 다만 당시에는 자신들의 처지와 사회 경제적 지위를 인식하고 자각한 시민계급이 형성되지 않았고 민중을 지도해서 정치개혁의 방향으로 이끌 지도자들이 없었다. 서울 민중의 조직적이고 방향성이 뚜렷한 봉기는 애초에 불가능했던 것이다. 일례로 서울에서 일어났던 임오군변(壬午軍變)이 지속적인 사회운동으로 발전하지 못하고 일시적 폭동으로 끝났던 것도 그 때문이었다. 이 군변은 군졸들에 빈민층까지 가세한 봉기였으나 일시적인 폭동에 그치고 말았다. 그들은 단지 홀대와 급료 미지급 및 담당자들의 횡포에 대한 분노로 감정이 격해져서 폭동을 일으켰을 뿐 애초에 목표 구상 계획을 가진 조직적 저항운동이 아니었다. 게다가 이들을 규합하고 지속적으로 이끌 지도부가 없었다. 비록 대원군이 주동자를 격려하고 심복들로 하여금 폭동을 지휘하게 했으나 이 소요를 자신의 재집권 기회로 삼는다는 것 이외의 특별한 목적은 없었다. 따라서 갑오농민전쟁과 같은 지속적 저항운동이 될 수가 없었던 것이다.

동학혁명과 관련해서 특히 주목할 것은 지도부의 분열과 지역별 웅거, 권력투쟁, 권위주의, 지역할거주의 등이다. 신분해방투쟁으로서의 일면을 가진 봉기였음에도 불구하고 그들이 주도한 집강소 행정은 역시 왕조시대의 체제를 그대로 답습했다. 사람이 바뀌는 것으로 만족했지 제도의 근본적 개혁은 시도하지 않았다. 심지어 김개남은 자신이 웅거한 지역에서 '왕'으로 자처하기까지 했다.

기존의 통치구조와 통치계급에 대한 불신이 이로 인해 증폭된 점도 눈여겨볼 필요가 있다. 농민군은 마침내 공주(公州)전투에서 일본군과 관군의 연합군에게 패해 퇴각했고 재기를 꾀하던 전봉준이 배반자의 밀고로 1894년 11월에 체포되어 이듬해 3월 처형됨으로써 농민전쟁은 끝났다. 정부가 외세와 결탁해서 자국의 백성을 죽이는 전투를 벌인데 대한 충격은 아마 엄청났을 것이다. 정부에 대한 불신은, 비록 이때뿐이 아니었지만 훗날 우리 정치의 내면적 갈등요인으로 작용했다.

한 때는 농민군에 참여하기도 했던 양반, 부호, 관료, 이서(吏胥)층의 농민군에 대한 밀고와 고발 또한 불신풍조의 짙은 그림자를 후세에 드리웠다. 농민군이 기력을 상실한 11월 이후 양반층과 부호들은 '유회(儒會)' '의병(義兵)' '민포(民包)'라는 탄압기구를 만들어 패퇴하는 농민군 학살을 자행했다. 또 향리층은 '수성군(守城軍)'을 조직했으며 이들이 반(反)농민군 활동을 주도했다(박찬승).

이 같은 민족적 비극은 역사의 고비마다 유사한 양상으로 되풀이되었다. 조선의 국권은 일제에 의해 강탈되었지만 그들의 앞잡이가 되어 합병과정을 순조롭게 밟도록 도운 것은 당시의 이 나라 지배층이었다. 이를테면 을사오적(乙巳五賊)의 경우다. 이들이 비록 일제의 강제에 의해 조약체결에 대한 찬성을 강제당했다고는 하나 국민들에게는 '나라를 팔아먹은 반역자'

로 인식되었다. 이들도 스스로의 과오를 뉘우치기는커녕 이후 일제에 빌붙어 귀족 작위와 고위 관직을 섭렵하면서 영화를 누렸다. 이 때문에 국민들의 당시 지배층에 대한 불신과 배신감은 뼈에 사무칠 정도가 되었다.

사실 백성의 대규모 저항은 동학혁명이 대표적인 것이긴 했으되 유일한 것은 아니었다. 안동김씨(安東金氏)의 세도정치가 계속되면서 전국적으로 민란이 빈발했다. 세도정권의 수탈정책이 농민의 저항의식을 키웠기 때문이었다(강만길, 1994). 관서농민전쟁(關西農民戰爭)은 그 중에서도 두드러졌다. 1811년 12월 평안도 지방의 몰락양반 홍경래(洪景來)가 지사(地師) 우군칙(禹君則), 유생 김창시(金昌始) 등과 공모하여 가산(嘉山) 다복동(多福洞)에서 군사를 일으켰다. 홍경래군은 농민들의 호응 속에 가산, 정주(定州)에 무혈입성했다. 이어 열흘만에 전투다운 전투도 없이 곽산(郭山) 박천(博川) 태천(泰川) 선천(宣川) 철산(鐵山) 등 7개 고을을 점령했다.

정부군이 진압에 나서자 이들은 정주성에서 농성했다. 농민군의 끈질긴 저항으로 전투는 이듬해 3월까지 계속되었다. 성이 함락되었을 때 농민군은 약 3,000명이었고 이 가운데 2,000명이 처형당했다. 지도부와 농민군의 동기나 이해관계가 일치하지 않았던 것이 실패의 한 원인이었다. 농민의 항거 또는 민란은 이후에도 계속되었다. 홍경래가 살아 있다는 풍문이 돌았고 그 잔당을 자처하며 난을 일으키는 무리도 있었다. 특히 철종 13년(1862) 진주(晉州)에서 시작된 임술민란(壬戌民亂)은 삼남지방 거의 전역인 70여 개 지역으로 번져나갔다. 뿐만 아니라 함경도 함흥(咸興), 경기도 광주(廣州), 황해도 황주(黃州)에서도 수천 명, 때로는 수만 명이 민란을 일으켰다. 제주도에선 어민들의 반란도 있었다.

이처럼 왕조와 정권은 국민적 저항의 대상이 되었고 당연히 신뢰의 기반은 붕괴되어버렸다. 이 기간이 장기화되었던 데다 그것이 민족의 내부적 역량에 의해 극복되지 못하고 일제의 식민지화라는 민족적 수치로 이어짐으로써 '지배층 불신'은 체질화했다.

왕조와 지배층은 정치를 망쳐서 결국은 국권을 일본에 빼앗기는 참상을 빚었다. 일본에 대해서는 비록 임진왜란으로 전국이 초토화되는 화를 입으면서 그 우월한 군사력을 확인했으나 전통적으로 멸시 비하해왔던 게 사실이다. 그 같은 민족적 자존심이 하루아침에 비참하게 깨뜨려지고 만 것이다. 이 과정에서도 왕실은 무력함을 드러냈고 지배층은 기회주의적으로 자신들의 안일과 영달만을 꾀하는 모습을 보였다. 비록 그들 가운데 일부가 국가의 위기 극복을 위해 적극적인 노력을 기울이긴 했지만 대다수는 시세에 굴복했다. 이에 대한 배신감은 그 후 대한민국의 성립과 헌정사를 통해서도 해소되지 않고 계기가 있을 때마다 표출되었다. 이는 출세주의자들이 이 같은 국민적 정서에 편승하거나 이를 이용할 가능성이 언제나 열려 있었다는 것을 뜻하기도 한다.

2) 국권회복 투쟁기의 이합집산

3·1운동 이전인 1919년 2월 연해주(沿海州)의 블라디보스토크에서 교포사회를 바탕으로 성립되었던 한족중앙총회(韓族中央總會)가 대한국민의회(大韓國民議會)로 개편되어 정부형태를 갖추었다. 이 해 4월 10일에는 중국 상해에 독립임시사무소가 설치되고 임시의정원도 성립되었다. 이 곳에는 이미 독립운동단체 신한청년당(新韓靑年黨)이 조직되어 파리 강화회의에 김규식(金奎植)을 파견하는 등 활동을 하고 있었는데 3·1운동을 계기로 독립운동가들이 모여들면서 민족해방운동 총본부로서의 정부수립운동이 시도된 것이다. 이후 대한민국 임시헌장이 선포되고 선거를 통해 국무원이 구성되었다. 한편 국내에서는 서울에 한성정부가 세워졌다. 참여자들은 3·1운동 직후 13도 대표자 명의로 '국민대회 취지서'와 6개조의 약법이 명시된 선포문을 발표했다.

불가피한 현상이었다고는 해도 임시정부 운동은 처음부터 이렇게 갈래가 졌다. 그리고 한성정부의 집정관 총재 이승만(李承晚)은 워싱턴에다 사무실을 차리고 정통성을 주장하고 있었다. 이에 따라 통일 논의가 일기 시작했다. 3개 정부는 통일교섭을 통해 한성정부를 정통으로 하되 정부의 위치는 당분간 상해에 두고 그 명칭은 '대한민국 임시정부'로 할 것, 그리고 한성정부가 선임한 각원들이 정부를 인수하며 다만 상해 정부가 실시한 행정은 유효함을 인정한다는 등의 통합정부 수립원칙에 합의했다. 이에 따라 상해 임시정부가 성립되었다. 임시정부는 한성정부 수반 이승만을 임시 대통령으로 하고 노령(露領)정부의 대표격인 이동휘(李東輝)를 국무총리로 하여 발족했다.

그러나 임시정부는 출범하기 무섭게 항일투쟁 노선을 둘러싼 갈등과 분파작용으로 위기에 직면했다. 신숙(申肅), 신채호(申采浩) 등 독립투쟁론자들이 군사통일회의를 열고 이승만을 불신하는 한편 임시정부 활동과 독립운동 전체의 방향전환을 위한 국민대표회의 개최를 주장했다. 1923년 1월 개최된 국민대표회의에서는 임정을 운동의 실천에 맞도록 하자는 개조파(改造派)와 임정을 해체하고 새로운 정부를 수립해야 한다는 창조파(創造派)가 맞섰다. 결국 이 회의는 결렬되고 창조파는 새로운 정부를 만들어 연해주로 갔으나 사실상 와해되고 말았다.

국민대표회의의 결렬로 타격을 입은 임정은 이승만을 탄핵하고 헌법을 개정해서 국무령제를 채택했다. 임시헌법의 적용범위도 종전의 '인민'에서 '광복운동자'로 좁힘으로써 정부라기보다는 개별독립운동단체로 위축되었다. 임정에서 이탈한 신채호는 「조선혁명선언」에서 혁명으로서의 민족해방운동은 '민중혁명'이어야 한다고 역설했다.

한편 간도와 연해주엔 한일합방을 전후한 시기에 의병부대와 애국계몽계열 인사들이 대거 집결, 독립전쟁을 준비했다. 3·1운동을 계기로 이들은 조직화를 서둘러 서간도 지방에 30여 개, 북간도 지방에 40여 개의 민족해방단체들을 성립시켰다. 이들의 이합집산은 다음의 글이 단적으로 말해주고 있다.

만주에 있는 18개 독립운동단체의 대표 39명이 모여 유일당 촉성 문제를 토의했으나(1928) 바로 완전한 통일을 이루지는 못했다. 그러나 우선 북만청년총동맹·남만청년총동맹·재만농민동맹 등을 중심으로 전민족유일당조직촉성회(全民族唯一黨組織促成會)와, 정의부·다물단(多勿團)·북만조선인청년총동맹·남만청년연맹 등이 참가하고 참의부와 신민부가 동의한 전민족유일당조직협의회(全民族唯一黨組織協議會)의 두 단체로 일단 통일되었다(강만길, 1994).

이에서 보더라도 해방운동 단체의 분열상을 짐작하기에는 부족하지 않다. 통합운동에 대해서는 일정한 평가가 있어야 하겠지만 이 같은 분열상이 한국적 리더십의 한 전형 또는 정형을 이룬다고 말할 수도 있다.

해외 민족유일당운동이 마지막 단계에 가서 실패했으나 그 일환으로 국내에서 전개된 신간회운동은 1920년대 후반기의 민족통일전선운동을 대표하면서 상당한 성과를 거두었다. 1927년 2월 5일 결성된 신간회는 한 때 149개의 지회를 두고 회원도 약 40,000명에 이르렀으나 지도부가 우경화 타협화함으로써 1930년 12월 부산지회를 필두로 각 지회에서 해소론이 제기되기 시작했다. 신간회는 창립대회 후 두번째로 1931년 5월에 열린 전체대회에서 해소를 결의했다.

중국에선 유일당운동 실패 후 한국독립당(韓國獨立黨), 조선의열단(朝鮮義烈團), 조선혁명당(朝鮮革命黨), 한국광복동지회(韓國光復同志會) 등을 중심으로 한국대일전선통일동맹(韓國對日戰線統一同盟)이 1932년 11월 10일 발족되었다. 그 핵심이 된 의열단은 사회주의단체였고 또 하나의 핵심이었던 한국독립당은 우익세력을 대표한 단체였다. 따라서 이는 중국 관내지역의 좌우익통일전선 성립이라 할 수 있었다. 동맹은 한층 강력한 통일전선 구축을 위해 발전적으로 해체함으로써 조선민족혁명당을 발족시켰다. 그러나 김구(金九) 등 임정 고수파들이 참여를 거부함으로써 통일전선당의 성격이 약화되었다.

이는 강만길의 지적이지만 다른 주장도 있을 수 있다. 임정 고수파의 입장에서는 되레 조선민족혁명당의 주도자들이 분파주의자들로 인식되었을 것이다. 김구는 『백범일지(白凡逸志)』에서 이 통일전선운동을 '한 이불 속에서 딴 꿈을 꾸려는 운동'으로 규정했다. 서로의 입장이 달랐던 만큼 통일운동에 대한 인식도 다르게 마련이었겠지만 중요한 점은 누가 옳고 그른가 하는 게 아니라 독립운동가 및 단체들 간의 분열상의 심화였다.

중일전쟁 발발 후 중국 관내 우리 민족해방운동전선은 조선민족혁명당을 중심으로 한 좌익세력의 통일전선체인 조선민족전선연맹(1937. 12)과 임정 고수파의 한국국민당을 중심으로 한 우익통일전선인 한국광복운동단체연합회(1937. 12)의 두 갈래로 일단 통일되었다. 이어 이들 사이의 통일이 추진되었고 그 결과 두 단체 대표인 김원봉(金元鳳)과 김구의 주도로 전국연합진선협회(全國聯合陣線協會)가 성립되었다.

이 협회를 정착시키기 위해 좌익측 4개 단체와 우익측 3개 단체가 1939년 8월 '한국혁명운동 통일 7단체 회의'를 개최했으나 실패했다. 다만 우익 3단체간의 합당은 이루어져 40년 5월 8일 새로운 한국독립당이 발족했다.

그 후 일본의 패망이 가까워짐에 따라 통일전선운동은 다시 적극화했다. 그 결과 중국 공산군 지역으로 옮겨가고 남은 조선의용대원이 42년 5월 임시정부 군사력인 한국광복군에 편입되어 군사력 통일을 이루었다. 정치부문에서도 조선민족전선연맹쪽의 인사들이 임정에 참여함으로써 1942∼44년 사이에 임정은 통일전선정부로 확대강화될 수 있었다.

한편 중국 공산당의 대장정에 참여한 김무정(金武亭) 등에 의해 1941년 1월 10일 화북조선청년연합회가 결성되었다. 그 후 김두봉(金枓奉) 등과 조선의용대원이 모여든 데 따라 청년연합회는 발전적으로 해체되는 대신 본격적 민족해방단체로서 김두봉을 주석으로 하는 조선독립동맹이 1942년 8월 15일 조직되었다. 이들은 당초부터 민족해방운동전선의 통일을 주장했으며 김구를 지도자로 떠받들기도 했다. 동맹측은 1945년 8월 29일 여운형(呂運亨) 중심의 건국동맹(建國同盟)과 연안에서 전조선민족대회를 개최키로 합의했으나 일본의 패망으로 실현되지 못했다. 동맹은 또 임정과 통일전선 형성에 합의, 김두봉 등이 중경에 가기로 했으나 역시 일제의 패망으로 성사되지 못했다.

국내에서는 1920년대 후반기에 들어 농업공황으로 생활이 궁핍해진 노동자 농민들의 투쟁의식이 부풀어올라 노동쟁의 소작쟁의가 활성화하고 광주학생운동 등으로 학생운동이 고무되면서 사회주의 사상이 점차 대중화했다. 그러나 1930년대 중반을 넘어서면서 일제의 사상탄압이 가혹해져 활동가 대다수가 검거됨으로써 조직이 와해되어 갔다. 1939년에는 모스크바에서 들어온 김단야 이관술 박헌영 등에 의해 경성콤그룹이 결성되었다. 이들은 1941년 검거될 때까지 전국 각지의 당재건운동, 혁명적 노동운동의 잔존세력을 결집해가면서 최후의 투쟁을 준비했다.

상해 임시정부에서 활동하다가 일본 경찰에 잡혀 압송된 후 형을 살고 그대로 국내에 머물렀던 여운형의 주도로 1944년 8월 10일 조선건국동맹이 조직되었다. 건국동맹은 국내 해방운동 세력 사이의 통일전선을 실현해가는 한편 국외 해방운동 세력과의 통일전선을 모색, 부분적으로는 성공을 거두기도 했다. 건국동맹은 조선독립연맹과 1945년 8월 29일 국치기념일에 연안에서 전조선민족대회를 개최키로 하고 대표를 파견하기까지 했으며, 임정과도 통일전선을 형성하기 위해 대표를 보냈으나 일본이 먼저 패망했다. 통일전선운동은 해방 후에도 이어져 임정과 인공의 합작운동으로, 그리고 좌우합작운동 및 1948년의 남북협상으로 연결되었다.

조선시대에도 해방운동 때에도 또 그 이후에도 한국인의 분파성은 특별하다 할 정도였다. 국권회복 투쟁 방법론을 둘러싼 대립이었지만 내부적으로는 리더들의 헤게모니 다툼이기도 했다. 물론 통합운동도 끈질기게 전개되었으나 성공적이지는 못했다. 일단 파당이 형성되면 약화해서 소멸할 때까지 버티었다. 통합이 되었다 해도 그것은 재분열을 위한 일시적 소강상태 같은 것이었다. 이 점에서 정부 수립 이후의 정당들, 특히 김영삼 김대중 등 주요 정치리더들은 정치선배들의 의식과 행태를 고스란히 이어 받았다고 하겠다.

배반과 분열의 역사 와중에서 당연히 구가치 구권위 구질서는 전면적으로 부인되고 폄하·매도당했다. 조선왕조와 일제(日帝)가 같이 부인되었다.

이어 남북이 서로를 전면 부인하고 배척하는 상황이 벌어졌다. 해방과 동시에 남북이 분단되면서 격렬한 이념 및 권력투쟁에 들어갔기 때문이다. 게다가 남북은 대규모의 유혈충돌을 일으켰다. 장장 3년에 걸친 민족상잔의 참극이었다.

신생 대한민국 초대 이승만 대통령은 학생혁명으로 밀려났다. 새 정부에 의해 그 전시대는 철저히 매도되고 총체적으로 배척당했다. 민주당 정권은 9개월만에 쿠데타로 무너졌다. 쿠데타 정권 역시 직전 정권과 결별을 선언했다. 쿠데타적 방법으로 정권을 찬탈한 5공정권까지도 선배정권격인 유신 정부를 부인하는 바탕 위에서 정권을 유지할 수 있었다. 5공과 뿌리를 같이 한 6공이 또 자기부정을 통해 정권을 유지했다. 문민정부도 3당 합당의 파트너를 부정했다. 국민의 정부라고 다를 바 없었다. 국민의 정부와 기반을 공유한 참여정부 또한 선임 정부에 대해 그리 호의적이지는 않다.

노무현 정권을 성립시킨 민주당은 열린우리당의 창당(2003. 11. 11)으로 양분되었다. 열린우리당은 '정신적·정치적 여당'을 자임했고 노무현도 이를 부인하지 않았다. 직전 정권을 외면해버린 셈이다.

9번의 개헌이 단절의 정치를 상징한다. 전통이 없는 정치, 전범(典範)이 없는 정치가 이어져 온 것이다. 이는 철저한 불신과 부정의 정치다. 투쟁의 정치, 극복의 정치이며, 네가티브 정치다. 민주정치가 긍정적으로 전개되지 못하고 음모형 정치로 변질된 요인이 바로 이 한국적 단절의 역사에 있었다.

3) 붕당정치의유산

한국 정치행태의 한 특징으로서 지적되는 게 왕조적 권위주의와 정당정치의 미숙성이다. 이의 직접적인 맥락은 조선 중기 이후의 정치현상 및 정치적 전통과 이어졌다고 할 수 있다. 그것은 다시 말해서 군주정치와 당쟁의 전통이다.

대한민국의 초대 대통령에 올랐던 이승만은 측근뿐만 아니라 국민 사이에서도 '국부(國父)'로 불리었다. 정권측의 의도적인 노력 때문이기도 했지만 국민 사이에서도 이 호칭은 큰 저항을 받지 않았다. 그는 왕족이었다. 한승조는 『리더십 이론에서 본 한국정치의 지도자들』에서 "비록 가세는 기울어졌으나 태종의 장자인 양녕대군의 후예로서 영락한 양반귀족가문 출신임을 의식하고 있었다"고 지적하고 있다. 자신의 가계에 대한 뚜렷한 의식이 그로 하여금 오랜 기간 미국에서 공부하고 생활했음에도 불구하고 왕조적 가부장적 리더십을 갖게 만들었을 것이다. 국민들 역시 당시까지만 해도 스스로 백성이라는 의식을 갖고 있었고 대통령을 과거의 국왕과 동일시했던 게 사실이다.

이 같은 '국부'의식은 이승만에 그치지 않고 박정희 시대에까지 이어졌다. 이른바 '경모(敬母)' 논란이다.

그러던 차에 국문학자 몇 명이 육 여사를 만난 자리에서 사모님이나 여사라는 칭호가 거북했던지 경모님이란 존칭을 사용했던 것인데, 그 소문이 밖으로 새어나가 매스컴에서 문젯거리로 삼아 파문을 불러일으키게 된 것이다.
청와대 기자실에서부터 말썽을 일으킨 '경모님 사건'은 언론계에 전해지고 여론화되어 이에 대한 날카로운 비판이 가해졌다. ……아침부터 구로동 공업단지에서 대통령을 따라다니다가 돌아온 기자들을 육 여사는 본관으로 초청, 점심으로 냉면을 대접하면서 경모 칭호가 나오게 된 동기에 대하여 열심히 해명하기 시작했다.
뒤늦게 들어선 대통령은 육 여사의 지나친 신경 씀이 우스웠던지, '그런 것은 신문에다가 되게 때리시오' 하고 해명에 열을 올리고 있는 육 여사의 약을 올렸다. ……예전부터 청와대 안에서는 경모라는 말을 쓰지 않았는데 공화당 국회의원 몇 명과 청와대를 자주 드나드는 저명인사 몇몇은 그 후로도 계속 육 여사를 경모님이라 부르며 알랑거리는 것을 볼 수 있었다(김종신, 1997).

이 같은 의식 인식 행태의 전근대성은 정당정치에서도 그대로 드러났다. 근대적 정당과 조선시대의 붕당과는 본질적으로 차이가 있다고 하지만 그러나 한국의 정당은 서구적 의미의 근대적 정당을 흉내내고 있긴 하나 그

체질은 조선의 붕당에서 이어받았다고 보는 것이 더 솔직한 시각일 것이다.

조선시대의 당쟁은 사대부 계급 내의 정쟁에서 비롯되었다. '재조(在朝) 사대부층과 재야 사대부층' 두 세력 사이에 왕조 초기에는 정치·경제적 위치의 차이가 크지 않았으나 거듭된 정변의 과정에서 그 격차가 크게 벌어졌다. 이 때문에 16세기에 들어서자 양세력간에 수차에 걸친 경쟁, 즉 일련의 사화(士禍)가 벌어졌다. 몇 차례의 사화를 거치면서 정권은 사림파(士林派), 곧 재야 사대부층에 돌아갔다. 그리고 이번에는 이들 사이에 분열 대립이 생겼다.

사림 세력이 정권에 참여하기 시작한 것은 성종(成宗) 때부터였다. 성종은 훈구세력의 비대화를 막기 위해 사림을 적극 등용했고 이들은 주로 3사(司) 계통의 자리를 차지했다. 이들에 대한 정치보복으로서 기도된 것이 사화였다.

사화로 심한 타격을 받았던 사림은 서원과 향약(鄕約)을 기반으로 세력을 키웠으며 농장(農莊)이 이들의 경제적 토대가 되었다. 이들은 선조(1567~1608) 때 다시 정치무대에 등장하여 마침내 정권을 장악했다. 그러나 내부의 분열과 대립상이 재연되었다. 당쟁이 이에서 비롯했다.

붕당의 시초는 명종비(明宗妃)의 동생 심의겸(沈義謙)과 신진사림의 중심인물 김효원(金孝元)의 반목과 대립으로 인한 동서분당(東西分黨)이었다. 이들은 선조 8년(1575) 이조의 전랑(銓郞) 임명을 둘러싸고 대립하면서 동인, 서인으로 편을 갈라 맞섰다. 심의겸을 중심으로 한 기성관료는 서인, 김효원 등 신진관료는 동인이 되었다. 물론 이때가 시초는 아니었다. 선조 5년 영중추부사 이준경(李浚慶)이 죽음에 이르러 올린 유답(遺劄) 4조에 이미 붕당이 지적되고 있다. 즉 "조정에 붕당의 징조가 있으니 그 사(私)를 깨뜨려야 한다(이상백, 1963)"는 것이었다. 이 글이 주목하고자 하는 바가 바로 이준경이 말한 그 '사(私)'이다.

또 한편으로 동인에는 대체로 이황(李滉)과 조식(曺植)의 문인이 많았고 서인에는 이이(李珥)와 성혼(成渾)의 계통이 많았다. 이 점에서 붕당은 학파의 대립이라는 성격을 띠기도 했다. 같은 서원에서 수학한 사람들이 동문계를 조직, 우의와 결속을 다지는 현상도 이때 생겨났다.

붕당은 동·서인의 분당으로 그치지 않았다. 그것은 단지 시작일 뿐이었다. 이후의 붕당 분열 과정은 오늘날의 한국적 정당정치와 관련해서 시사하는 바 크므로 개략적으로나마 고찰할 필요가 있다.

동·서의 분당이 뚜렷해지자 이이가 이를 수습하려고 노력했다. 그러나 그는 되레 이들로부터 시달림 또는 공격을 받아 두 차례나 낙향을 해야 하는 곤경으로 몰렸다. 이이는 분당에 반대하고 이를 조정하려고 애썼지만 그의 문인이나 친구들 가운데 서인이 많았기 때문에 그가 중직에 있는 것이 자연 서인들에게 큰 도움이 되었다. 따라서 그의 죽음(선조 17년, 1584)을 계기로 동인이 조정의 요직을 독점하다시피 했고 서인세력은 크게 쇠퇴했다.

동인이 득세하게 되자 이번에는 이들 내에서 남인(南人)과 북인(北人)의 분파가 생겼다. 남인은 그 수령 우성전(禹性傳)이 남산 밑에 산다고 해서 남인이라 했는데 이황의 문인들이 많았다. 그리고 북인은 그 수령 이발(李潑)의 집이 서울 북악 기슭에 있다해서 북인이라 했다. 이들 가운데는 조식의 문인들이 적지 않았다. 남인과 북인의 분당(1591)은 왕세자 책봉 문제로 죄를 입은 정철(鄭澈)의 처벌을 둘러싼 논란에서 비롯되었다. 온건파가 남인당, 강경파가 북인당을 형성했다.

임진왜란 후 북인당이 정권을 잡으면서 다시 대북당과 소북당으로 갈라졌다. 광해군 재위시에는 그의 즉위를 지지했던 대북당이 정권을 장악했다. 그러나 대북당은 또 골북(骨北)·육북(肉北)·중북(中北)으로 갈렸다. 그리고 선조 때까지 대북과 함께 권력을 공유했던 소북은 청소북(淸小北)과 탁소북(濁小北)으로 나뉘었다. 1623년 인조반정으로 집권한 서인은 반정에 가담한 공서(功西=勳西)와 가담치 않은 청서(淸西)로 분열했고 공서는 다시 노서(老西)와 소서(少西)로 쪼개졌다. 그리고 후에는 원당(原黨)과 낙당(洛黨)으로 갈리기도 했다. 한편 청서는 후에 산당(山黨)과 한당(漢黨)으로 분당했다. 효종 즉위(1649) 직전 송시열(宋時烈) 송준길(宋浚吉) 등이 서인을 다시 통일하고 남인을 눌렀다.

한편 남인들은 계속 기회를 노리다가 현종 원년에 왕족의 복제문제를 싸고 정권에 도전(제1차 禮訟)했으나 실패했다. 그러다 숙종 즉위의 해(1674)에 다시 복제 논쟁을 벌여 마침내 서인을 물리치고 정권을 차지했다. 이때부터 경신대출척(庚申大黜陟, 1680) 때까지 남인은 탁남(濁南) 청남(淸南)으로 분열했다. 서인 숙청과정의 강온파 대립에서 빚어진 분당이었다. 경신대출척으로 서인에게 정권을 빼앗긴 남인은 다시 합쳐졌고 기사환국(己巳換局, 1689)에서 갑술옥사(甲戌獄事, 1694)까지의 기간 동안 집권했다.

경신대출척으로 남인을 몰아 내고 정권을 차지한 서인은 1683년 경 노론(老論)과 소론(少論)으로 갈라섰다. 정책 대립이 아니라 특정 인물을 중심으로 하는 노장파(송시열·김익훈 중심)와 소장파(조지겸·윤증 중심) 간 파벌적 대립 때문이었다. 이 노소의 대립이 마침내 사도세자(思悼世子)의 죽음(1762)을 가져왔다. 이 사건 이후 노론은 사도세자의 죽음에 동정적인 시파(時派)와 영조의 처사를 지지한 벽파(僻派)로 갈렸는데 정조가 즉위한(1776) 이후 시파가 집권했다. 정조 사후(1800) 몇 년이 가지 않아 안동김씨의 세도정치가 시작(1804)되었다. 이 역시 노론 세력이었다.

경신대출척으로 집권한 서인은 특히 노론을 중심으로 장기집권을 했다. 이 과정에서 벌열(閥閱=閥族)이 성립되고 이들은 갖가지 방법을 동원해가며 지위와 권세를 세습했다. 즉 이때부터 고종이 즉위(1863)하면서 흥선대원군이 집정할 때까지 벌열정치 체제가 굳어진 것이다.

　

　　당쟁이란 어디까지나 당파의 이익을 앞세운 권력투쟁이었다. 당파 사이의 대립은 대부분 지방색이나 문벌적·개인적 이해 문제를 바탕으로 한 정권쟁탈전이었을 뿐 공익성 있는 정책적 대립이 원인이 된 것은 아니었다. ……당쟁은 양반사회, 그것도 극소수의 집권권(執權圈) 안에 있는 양반사회에 한정된 정권쟁탈전이요 파쟁에 불과했을 뿐 민중세계와는 무관한 일이었다(강만길, 1994).

강만길의 이 같은 지적이 연상시키는 것은 조선시대의 당쟁만은 아니다. 대한민국 정부 수립후 반세기를 넘긴 헌정사가 주는 인상도 별로 다르지 않다. 앞의 인용문을 한국 정당정치사에 관한 평가라고 한다해도 별로 무리가 있을 것 같지 않다. 한국의 정당정치는 서구제도의 외양을 흉내내기는 했으되 그 내용은 조선의 당쟁에서 거의 벗어나지 못했다. 더욱이 박정희 정권의 정치적 전위세력이 된 민주공화당 창당이래 정당은 당수 1인 지배체제의 붕당으로 전락했다. 과거의 정당들은 과두적 붕당체제였다. 자유당도 이 범주에 속한다. 그러나 민주공화당은 박정희 정권의 권력기반 안정 및 강화의 필요에 따라 확고한 1인 지배 정당이 되었다. 집권당의 권위주의정당화는 야당의 모방을 부추겼다.

조선의 붕당정치는 영조의 탕평책에 따라 일단 수그러들었다. 왕위 계승을 둘러싸고 정쟁을 벌이던 노론과 소론은 결국 피를 보고야 말았다. 소론은 노론측 4대신(영의정 김창집, 좌의정 이건명, 영중추부사 이이명, 판중추부사 조태채)을 역모로 무고해 이들로 하여금 극형을 당하게 했다. 이 사건이 신임사화(辛壬士禍, 1721~22)였다. 영조가 즉위하자 노론의 반격이 시작되었고 소론이 맞대응을 했다. 영조는 노·소론에 구애됨이 없이 노론의 이의연(李義淵), 소론의 김일경(金一鏡) 등 파당의 색채가 가장 농후한 사람들을 국문했다. 영조는 즉위년인 1724년 이렇게 신임의 무옥(誣獄)을 규명했다. 이로 인해 또 많은 사람이 죽었다.

영조는 이후 탕평책을 일관되게 지켰다. 이에 따라 붕당간의 첨예한 대립은 많이 완화되었다. 양반들 사이의 균형이 이루어졌고 왕권은 신장되었다. 영·정조시대의 정치적 안정은 탕평책에 뒷받침되었던 것이다.

그러나 영조가 노론 소론 남인 북인의 네 붕당을 고루 기용하는 탕평책을 쓴데 따라 관직을 바라는 양반의 수가 크게 늘어났고 이 때문에 붕당의 대립이 오히려 조장된 측면도 간과할 수가 없다. 특히 시파와 벽파의 대립은 치열했다. 또 양반 사이에 적당주의 무사안일주의가 확산되는 부작용도 초래되었다. 이런 현상들이 결국은 세도정치의 길을 열어놓았다.

세도정치(世道政治 또는 勢道政治)는 '왕의 신임과 직접적인 위임을 받아 정권을 잡고 나라를 다스리던 일'로 정의된다. 세도정치는 홍국영(洪國榮)으로부터 시작되었다. 그는 정조가 세손으로 있을 때 그를 보호하여 왕위에 오를 수 있게 한 공으로 왕의 절대적인 신임을 받았다. 홍국영 이후의 세도정치는 대개 척신(戚臣)에 의해 행해졌다. 정조가 죽고 순조가 12세로 즉위하자 전왕의 유탁을 받아 김조순이 정권을 잡게 되었다. 헌종 때 잠시 왕의 외가 쪽인 풍양조씨(豊壤趙氏)가 정권을 장악하기도 했으나 철종비(哲宗妃)로 김문근(金汶根)의 딸이 들어가면서 다시 안동김씨 세도정치가 이어졌다.

고종이 왕위에 오르자 홍선대원군 이하응(李昰應)이 독재적인 세도정치를 펼치면서 세도정치의 폐단이 근절되는 듯했으나 민비가 실권을 장악하면서 이번엔 여홍민씨(驪興閔氏) 일족에 의한 외척의 세도정치가 행해졌다. 민비가 일인에 의해 살해당한 뒤에도 국가 요직을 차지한 민씨 일족이 1천명을 넘었을 정도였다.

붕당이 학연 지연 혈연 등 다양한 인간관계로 형성된 것이었다면 세도정치는 오직 문벌 중심으로 성립되었다. 그 구성에 있어 붕당보다 더 타락하고 퇴보한 형태였다고 하겠다. 바로 이 같은 행태와 의식들이 일제의 식민통치 기간 중 잠복해 있다가 해방이 되고 대한민국 정부가 수립되자 옛 모습 그대로 부활했다. 서구 민주주의를 도입해서 제도를 정비하고 법치를 확립한다고 했지만 인습과 의식은 쉽게 고쳐질 것이 아니었다. 지금도 그 덫에서 헤어나지 못하고 있는 것이 한국정치의 현실이다.

2. 사정치의 사상적 연원

(이 항목에 대해서는 강만길의 『고쳐쓴 한국근대사』, 금장태의 『한국유교의 이해』, 김한식의 『실학의 정치사상』, 신국주의 관련 논문, 윤사순의 『공자사상의 발전』, 이기백의 『한국사신론』, 장현근의 관련 논문, 풍우란의 『중국철학사』 등에

서 주로 도움을 받았다)

1) 성리학의 덕목

조선조 정치의 사상적 배경을 이룬 것은 유학, 그 중에서도 성리학(性理學)이었다.

왕조 초기 성리학적 지배원리를 수립하는 과정에서 조선왕조 정부는 전체 국민의 일상 생활양식을 철저히 유교 방식으로 바꾸었고, 그것이 왕조의 지배체제를 유지해나가는 가장 중요한 기반의 하나가 되었다(강만길, 1994).

유학은 공자(孔子)에서 비롯되었다. 춘추시대 말기를 살았던 공자는 '종법사회(宗法社會)의 성인(聖人)'으로 불린다. 그는 '종주(從周)'를 강조했다. 그 자신 주공(周公)을 흠모하면서 그의 법도가 세상에 구현되기를 희구했다. 주의 법도 혹은 질서는 바로 종법사회의 질서였다. 이 종법사회를 받쳐준 질서가 예(禮)였다. 예는 주천자(周天子)로부터 경대부(卿大夫)에 이르기까지 귀족들의 상하 및 상호관계와 도리를 규정하는 규범이었다. 그리고 서민들은 형으로 다스려졌다. 다시 말해 주의 질서는 철저한 신분제에 바탕을 두었다.

'인간에게 십등(十等)이 있다(『左傳』「昭公 7년」: 天有十日 人有十等)'는 말이 시사하듯이 주나라 시대에는 사람들 사이의 상하등급이 엄격히 정해져 있었다(이강수, 1992).

안영(晏嬰)의 예론(禮論)이다.

임금이 명령하면 신하는 받들고 부친은 자애하고 아들은 효순하며 형은 사랑하고 동생은 공경하며 남편은 온화하고 부인은 부드러우며 시어머니는 자애롭고 며느리는 순종하는 것이 예이다(『좌전』「소공 26년」: 君令 臣共 父慈 子孝 兄愛 弟敬 夫和 妻柔 姑慈 婦聽 禮也).

역시 안영의 말이다. 제(齊)나라 경공(景公)이 정사(政事)를 묻자 공자는 "군군(君君) 신신(臣臣) 부부(父父) 자자(子子)"라고 대답했다. 이 또한 같은 뜻이다.

그러나 종법 중시의 정치관이 일방적인 지배복종의 관계를 뜻하지는 않는다.

정치를 정(政, civil power)과 치(治, government power)로 나눈다면 서양사상은 정에 뛰어났고 동양사상은 치에 뛰어났다는 손문(孫文)의 얘기(손문, 『삼민주의』 「민권주의 제1강」)대로 동양사상에서 정치의 개념은 '통치'의 의미에 가까웠다. 그러나 유가정치사상은 통치차원에서 치자의 일방적 지배를 정당화하는 전근대적이고 비민주적인 사상이 아니다. 오히려 치자와 피치자의 상대적 관계 속에서 믿음(信)에 기초한 도덕공동체를 지향하며, 치자에 대한 높은 도덕성의 요구로 일관하고 있다는 점에서 근대적 시민사회의 이상을 담고 있다고 할 수 있다(장현근, 1997).

그러나 유가의 가르침과 통치자의 실천은 별개의 문제다. 통치자의 입장에서는 통치권의 강화에 도움이 되는 부분만을 부각시켜 스스로를 정당화하려 할 수가 있다. 그리고 유학 자체가 다른 학파 및 현실과 타협하고 수용함으로써 그 생명력과 지위를 이어 왔다. 종법사회 복원을 꿈꾸었던 공자에서 비롯된 유학이 한(漢)제국의 지도이념으로서 독존적 지위를 누리게 된 사실에서 그 적응력을 짐작할 수가 있다.

중국 최초의 통일제국 진(秦)의 통치세력은 중앙집권적 대제국의 건설과 유지를 위해 사상의 통일을 중핵적 과제의 하나로 인식했다. 재상인 이사(李斯)는 진기(秦記)를 제외한 모든 역사적 기록과 의약, 점서(占筮), 종수(種樹)에 관한 책을 제외한 모든 문헌을 불태워야 한다고 제의했다. 진시황은 이를 받아들여 BC 213년 분서(焚書)를 명했다. 이로써 진제국은 법가(法家)

사상으로 사상적 무장을 했다. 그러나 엄혹한 법가사상에 기초한 폭정으로 진제국은 3대 15년만에 멸망했다.

진이 망하고 한(漢)제국이 섰다. 제자백가(諸子百家)의 저작들이 다시 햇빛을 보게 되었다. 한의 군주들 역시 정치적 통일을 유지하기 위한 사상통일의 필요성을 느꼈다. 이윽고 무제(武帝)에 이르러 동중서(董仲舒)의 제의에 따라 유가사상을 통치 이데올로기로 삼았다. 동중서는 다음과 같은 상주문을 무제에게 올렸다.

춘추의 대일통(大一統)의 도는 천지의 영원한 경륜이며 고금의 공통된 정의입니다. ……신은 어리석은 생각인지 모르나 이(百家들이 말하는) 모든 것이 육예(六藝)의 분과와 공자의 학술에 들어있지 않다고 봅니다. 그러하오니 그(백가) 도를 모두 끊어버리고 병진시키지 마셔야 합니다(『前漢書』「권56」).

동중서는 통치자가 천명에 의해 다스린다는 설을 구체화하고 명확화했다. 그의 이 설은 한제국 통치자에게 명분을 제공했다. 그가 무제를 설득할 수 있었던 게 그 덕분이었다. 무제는 동중서의 제의를 받아들여 유가를 관학으로 공포했다.

봉건시대의 모든 군주는 자기들의 권위를 조상으로부터 물려받았고 심지어 진시황제도 예외는 아니었다. 그러나 한조(漢朝) 시조의 경우는 이와는 달리 평민신분으로 봉기하여 천하의 황제가 되었다. 그러므로 왕조측은 이에 대한 합리적인 변명을 필요로 하였으며 이에 동중서는 그 변명의 구실을 마련해 주었다(풍우란, 1977).

유가사상은 한제국의 통치이념으로 자리잡은 이래 제가(諸家) 가운데 우월적 지위를 계속 유지했다. 그러나 위진(魏晉)분열시기와 수당(隋唐)을 거치면서 도교와 불교가 큰 정치세력으로 등장했다. 이에 비해 유가의 경학(經學)은 사상적 독창성을 잃고 훈고(訓詁)를 일삼았다. 게다가 당 고종(高

宗)이 영휘(永徽) 5년(654)에 '오경정의(五經正義)'를 공포, 모든 경전해석을 그에 따르게 함으로써 경학은 죽은 학문이 되고 말았다(장현근, 1997).

그 후로도 오랜 세월이 흘러서야 한유(韓愈, 768-824)와 이고(李翺)가 유학을 부흥시키겠다고 나섰다. 이들은 요순으로부터 전하여 내려오는 도통(道統)을 자신들이 이어 받았다고 주장했다. 한유와 이고는 원시유학의 의리적 측면을 이어받았으며 특히 맹자의 신비주의적 경향을 계승했다. 이에 따라 이들은 도학자(道學者)로 통했고 이들의 철학은 도학이라고 일컬어졌다. 그러나 유학을 새롭게 하는 데까지는 이르지 못했다.

이들에서 비롯된 도학은 세 갈래의 사상을 원천으로 하고 있다. 첫째가 유가 그 자체이고, 둘째는 불가(佛家)이다. 이들에게는 선종(禪宗)과 불학(佛學)이 동의어였다. 풍우란(馮友蘭)은 신유학(新儒學, 즉 도학)이 어떤 의미에서는 선종의 논리적 발전이라고 평가한다. 셋째는 도교로서, 신유학자의 우주론은 주로 이 사상노선에 이어졌다. 이 세 갈래의 사상체계를 통합하는 데 오랜 세월이 필요했다. "이 회통은 단순한 절충이 아니라 동질적인 총체로 형성되는 순수한 체계이기 때문(풍우란, 1977)"이었다.

진정한 의미에서 독창적 체계를 지닌 새로운 유학의 길이 열린 것은 소위 '북송5자(北宋五子)' 즉 소옹(邵雍), 주돈이(周敦頤), 장재(張載), 정호(程顥), 정이(程頤)(『송사宋史』「도학전」)라는 천재 사상가들의 출현과 관련이 있다(장현근, 1997).

유학의 새로운 경향은 송초3선생(宋初三先生)에서 이들을 거쳐 주희(朱熹, 1130~1200)에 이르러 집대성된다. 이른바 주자학이다. 주희는 장재와 2정의 도체론(道體論)을 계승했다.

자연현상과 사회의 배후에 있는 본체 문제에 대해 장(張)은 '태허즉기(太虛卽氣)'를 최고범주로 삼았고, 2정(二程)은 '이(理)'를 최고범주로 삼는다. 자연, 사회, 인생의 '소이연(所以然)'과 '소당연(所當然)'을 추구했던 주희는 이(理)를 그 기초로 삼았다(장현근, 1997).

주자학은 이미 송대에 보편화했고 원대에는 허형(許衡)에 의해 왕조의 중심사상으로 자리잡는다. 원의 인종(仁宗) 황경(皇慶) 2년(1313) 10월에 과거 시행이 논의되었고, 연우(延祐) 2년(1315) 회시를 통해 진사를 선발했는데 여기에 주자의『사서집주(四書集註)』가 표준서로 채택되었고 이로써 주자학은 관학의 길에 들어섰다.

주자학이 관학화된 것은 당시 학술이 주자학으로 귀결되어 학문의 주류가 되었다는 점 외에도 주자학 자체에 군주전제정치체제에 합당한 통치이데올로기를 내재하고 있었기 때문일 것이다. 주자학의 최고 개념은 이(理)이다. ……논리적으로는 그렇지만 현실적으로 지존무상의 황제를 상정하면 이 말은 거꾸로 모든 이치의 근원에 황제가 존재하게 된다. ……넷째, 주자는『대학』을 강조하고 제가·치국·평천하를 학자의 임무라 한다(장현근, 1997).

우리나라에 유교사상이 들어온 것은 중국의 전국시대(BC 403~BC 221) 때였을 것으로 추정된다. 4세기 후반에는 이미 학교를 세워 유교경전을 가르칠 만큼 뿌리를 내리고 있었다. 고구려에서 AD 372년 태학이 세워졌고 중심 교과목은 유교경전이었다. 백제에서는 375년에 박사 고흥(高興)이 한문으로 역사서『서기(書記)』를 지었다. 또 근초고왕 때 아직기(阿直岐)와 왕인(王仁)이『논어』와『천자문』을 일본에 전수했다. 훨씬 후대 사람이지만 7세기의 신라인 강수(强首)와 설총(薛聰)은 유학자로 유명하다. 신라에서는 당나라에서 공자와 72제자의 초상을 구해와서 대학에 모셨다. 이는 문묘제도가 성립되었음을 뜻한다. 신라는 또 788년 '독서 3품과'라는 과거제도를 실시했는데『논어』,『효경』을 필수과목으로 했다.

고려시대에도 불교가 성행했지만 국가 통치원리는 유교를 바탕으로 했다. 고려 태조는 '훈요10조'의 제10조에서 '널리 경사(經史)를 보아 지금을 경계할 것'을 당부하고 있다. 4대 광종은 958년에 과거제도를 실시했는데 유교경전으로 시험을 봤다. 성종 때는 전국의 지방에 학교를 세워 유교 교육을 시켰다. 문종 때는 해동공자(海東孔子)로 일컬어진 최충(崔冲)을 비롯, 12명의 유학자들이 사립학교를 열었다.

고려 후기 충렬왕 때(1290) 안향(安珦)이 원나라에 가서 중국 송나라의 유명한 유학자 주자의 저술을 가져오고, 1305년 백이정(白頤正)이 역시 원나라에서 정자(程子)와 주자의 저술을 가져와 전했다. 고려 말에 정몽주(鄭夢周)는 주자의 『가례』를 실천함으로써 유교의 가정의례를 전파시켰다. 또 성균관에서 주자의 경전주석에 따라 강의함으로서 주자학풍을 일으켰다.

조선왕조의 수립 과정에 참여한 유학자들은 유교정통주의를 왕조의 통치 이념으로 자리매김시켰다. 그 중심인물인 정도전(鄭道傳)은 불교 교리를 도학의 철학적 체계인 성리학의 입장에서 비판했고, 유교의 통치원리를 체계적으로 규정한 저술을 남겼다. 또 권근(權近)은 유교 경전을 주석하고 도학의 체계에서 유학의 입문서를 도형으로 요약했다.

유교 이념·유교적 제도·유교 의례의 정착을 위한 노력은 특히 세종대왕에 의해 적극적으로 기울여졌다. 세종은 집현전을 설치, 많은 전문학자를 양성했다. 또 의례상정소(儀禮詳定所)로 하여금 『대명집례(大明集禮)』를 참작, 길례 흉례 군례 빈례 가례 등 『국조오례의(國朝五禮儀)』의 기초를 이루게 했다. 세종은 음악을 통한 유교적 교화에도 관심을 기울여 다수의 악곡을 직접 지어 의례와 음악이 갖춰진 유교정치의 기반을 확립했다. 그 뿐만 아니라 훈민정음을 창제해서 '건국의 정당성을 유교적 이념으로 노래한' 『용비어천가(龍飛御天歌)』를 지어 보급했고 역시 유교적 도덕규범서인 『삼강행실도(三綱行實圖)』를 발간했다.

민간학자들의 연구는 16세기에 두드러졌다. 대표적인 학자로는 개성의 서경덕(徐敬德), 경주의 이언적(李彦迪), 합천의 조식(曺植), 정읍의 이항(李恒), 장성의 김인후(金麟厚), 안동의 이황(李滉), 서울의 이이(李珥) 등이 꼽힌다. 이들에 의해 조선조 도학은 철학적인 깊이를 더했다.

16세기 말에 임진왜란을 겪으면서 도학의 정통질서는 더욱 강화되었지만 다른 한편 도학에 대한 회의도 확산되었다. 이에 따라 양명학(陽明學), 서학(西學) 및 실학(實學)이 유학자들의 관심을 끌면서 새로운 학풍으로서 자리잡기 시작했다.

17세기에도 성리학은 지속적으로 발전했는데 특히 예학이 발달했다. 도학의 입장에서 보면 이때는 예학의 시대였다. 이 시대에 유교의 가정의례에 관한 연구가 활발했다. 유교의 의례는 국가의례에서부터 서민대중의 의례로 확산되었다. 예학파의 기본 고전은 주자의 『가례』였다. 의례의 해석을 둘러싼 논쟁이 도덕적 정당성의 문제와 결부되면서 권력의 변동까지 초래할 정도에 이르렀다.

도학은 우주와 인간에 대한 궁극적 문제를 추구하는 성리학과 인간의 삶과 행동에서 정당성의 원리를 확인하는 의리학, 그리고 구체적인 행동양식을 구명하는 예학 및 사회 속에 실현을 도모하는 경세론 등의 분야를 포함하고 있다. 이 도학은 엄격한 자기성찰의 수양론을 기초로 하면서 이념적 정통성에 대한 확신에 따라 배타적인 벽이단론(闢異端論)을 내포한다(금장태, 1989).

이색(李穡)이 '동방이학의 시조'라고 칭송했던 고려말의 대표적 도학자 정몽주는 왕조를 향한 절의를 지켜 순절함으로써 '의리'의 진면목을 보였다. 그는 또 처음으로 주자가례를 도입해서 가묘를 세우고 3년상을 실행했다. 의례에서도 선구적 역할을 했던 것이다. 정몽주와 길재(吉再)는 절의를 지켜 이성계(李成桂)의 신왕조 수립에 저항했지만 역시 도학자였던 정도전과 권근 등은 적극적으로 참여했다. 전자는 의리를 지키고자 했고 후자는 도학의 사회적 구현을 추구했다고 하겠다.

양측이 다 나름대로는 명분을 갖췄지만 조선의 도학자들, 심지어 왕조조차도 절의를 더 중시했다. 여말선초의 유학자로서 문묘에 배향된 사람은 정몽주뿐이었다. 세종시대 왕명에 의해 편찬된 『삼강행실도(三綱行實圖, 1431)』에도 정몽주와 길재가 올라 있었다. 이 같은 도학의 의리정신이 조선조를 관통하면서 선비정신, 선비의 덕목으로 이어져왔다.

2) 굴절된 가치관

우주의 원리에 대한 궁구와 의리와 예의 실천을 핵심적 가치로 했던 도학의 전통은 오늘에도 이어지고 있는 게 사실이다. 문제는 그 긍정적인 측면은 묻혀버리고 형해만 남았다는 데 있다. 그 때문에 도학적 전통은 민주정치의 발전에 순기능을 하기보다는 오히려 역기능을 해왔다.

공리공론이 만연하고 흑백논리가 분위기를 압도하는 정치권과 그 주변의 풍토는 조선 유교의 전통을 겉모양만 흉내 내온 탓일 것이다. 정치적 명망가나 실력자에 대한 무비판적 추종과 이로 인해 형성된 1인 지배 정당체제 및 가신정치는 의리의 굴절된 형태다. 힘센 자에 대한 과공과 약한 자에 대한 오만은 예의 심한 왜곡이다. 물론 유교의 가천하(家天下)적 사고의 전통도 우리의 역사를 통해 그대로 이어져 한국적 사정치를 초래하는 데 일조했다.

이는 유교나 도학 그 자체의 문제가 아니라 우리 정치환경의 급격한 변화와, 그에 대한 정치인들의 미숙한 인식 및 대응에서 빚어진 현상이다. 이를테면 선거라는 형식절차를 거치는 것으로 정당성의 근거가 확보된다는 인식에서 수단방법을 안 가리고 선거 승리를 추구하는 각 정당과 후보자들의 행태가 그 예다. 일단 당선만 되면 그것이 과거뿐 아니라 미래의 정당성까지도 담보한다고 여기는 것도 그렇다.

이른바 보스들의 인식이나 행태도 다를 바 없다. 이들은 가정치(家政治) 또는 사정치적 전통을 적절히 이용하고 있다. 가부장적 권위의식으로 군림하며 충성을 요구할 줄만 알았지 자신이 국민에 대한 봉사자라는 사실은 잊어버리고 만다. 자신을 중심으로 형성된 정치적 동아리 안에서 절대적 복종과 존경과 헌신을 그 추종자들에게 요구한다. 그 대가는 불확실한 장래의 관직이다.

이 점에 있어서는 봉건적 질서구조와 유사하고 이 때문에 한국정치는 일본정치의 복사판이라는 지적도 있지만 봉건시대를 거쳐본 경험이 전혀 없는 한국정치가 파벌정치, 더 직설적으로는 패거리 정치에 그처럼 쉽게 익숙해 진 것은 나름대로의 역사적 배경을 갖고 있기 때문이라고 보는 게 더 자연스럽다. 치열한 자기 수양을 통한 도덕적 자기 완성 노력은 외면하면서 겉으로 드러나는 인간관계의 외형만을 흉내 내기 때문에 빚어지는 현상이 한국적 붕당정치, 보스정당정치라 할 수 있다. 법을 잘 지키지 않으면서 법 만능주의 행태를 드러내는 까닭도 다르지 않다. 고통스런 수양을 법이나 제도가 대신해줄 수 있다고 여기는 것이다.

그 때문에 한국의 정치인들은 법에 대한 존경심, 민주정치에 대한 신념이 없으면서도 법 절차의 외양을 갖추는 데는 남다른 신경을 쓴다. 바꿔 말하면 법이 정한 요건을 갖췄다고 주장할 핑계만 만들면 무슨 짓이든 다 할 수 있다고 생각하는 사람들이 한국의 정치인이다(물론 전부가 그런 것은 아니다. 전반적으로 그런 인상을 준다는 뜻이다). 국회 표결 과정에서 걸핏하면 되풀이된 이른바 '날치기 처리'가 그 같은 인식의 전형적 표출이라고 하겠다.

법에 대한 피지배자들의 피해의식 및 저항의식도 한국정치현상의 한 특성을 이룬다. 왕조시대의 법은 치자측의 통치수단이었다. 통치자가 백성의 신망을 얻는 동안은 법에 대한 피치자의 신뢰가 확보될 수 있었다. 그러나 통치자 또는 지배집단이 학정을 일삼을 때, 백성은 법을 불신하고 저항을 정의로운 행동으로 인식했다. 조선 후기 '삼정의 문란'은 제도와 법의 권위 및 신뢰성을 전면적으로 실추시켰다.

조선왕조는 실정의 누적으로 인해 자멸해버렸다. 조선말기, 또는 구한말의 혼란상을 열강세력의 침투와 조선에서의 패권다툼 탓으로만 돌리는 것은 책임 회피 및 전가라는 지적을 면키 어렵다. 조선은 스스로 몰락해 가고 있었다. 백성들의 왕조와 지배집단에 대한 원망 불신은 위험수위를 넘었다. 지배집단은 권력의 장악과 유지 욕구에 발목잡힌 무능력자들이었다. 그들은 백성을 수탈하고 권력을 탐하는 이외의 어떠한 능력도 갖지 못했다. 일제는 쇠약할 대로 쇠약해진 왕조의 목을 약간의 힘을 가해 죄기만 하는 것으로 국권을 빼앗을 수가 있었다. 이민족(異民族)의 강압통치는 더더욱 국법에 대한 저항의식을 북돋웠다.

3) 조선 후기와 구한말의 신사조들

한국정치의 성격에 영향을 준 또 다른 요인으로 서학 동학 그리고 실학
과 개화사상 및 위정척사론을 간과할 수 없다. 일제의 식민통치와 남북분
단 및 미군정 등도 일정한 영향을 미쳤다.

(1) 서학

천주교는 주로 연경사신(燕京使臣)을 통해 소개되었고, 이에 따라 연구도
시도되었다. 이수광(李睟光)은 『지봉유설(芝峰類說)』(광해군 6년인 1614년에
지어 인조 때 간행)에서 이태리의 중국 선교사 마테오 리치(Matteo Ricci)를
소개하고 그의 저서인 『천주실의(天主實義)』도 요약, 해설했다. 허균(許筠)
도 1603년(선조 36년) 북경에 가서 천주교를 알게 되어 이를 신봉하며 연구
했다. 병자호란 때 인질로 잡혀갔던 소현세자(昭顯世子)는 북경에서 선교사
아담 샬(Adam Schall)과 친교를 맺었으며, 1641년(인조 23년) 귀국할 때 서양
학문과 함께 천주교 서적과 천주상을 갖고 왔다.

천주교는 처음에 학문으로서 연구되다가 차차 종교로 전파되었다. 영조
말, 당시 정권에서 밀려났던 이벽(李檗), 권일신(權日身), 이가환(李家煥), 정
약종(丁若鍾) 3형제 등 남인의 유력자들이 천주학에 심취, 이를 신앙화했다.
이들은 대개 이익(李瀷)의 문인들이었다. 여기에 김범우(金範禹)와 같은 중
인계급이 섞였다. 즉, 양반 중에서는 정권에 참여하지 못한 남인의 학자,
신분적으로는 양반보다 중인이 서학을 많이 믿었다.

이들은 소수 벌열(閥閱)의 집권에 따른 사회적 정치적 모순을 극복하는
길을 서학에서 찾으려 했다. 또 사상 및 학문적으로는 성리학 지상주의에
대한 도전이었다. 이들은 새로운 사상체계 하에서 벌열정치의 질곡을 벗고
새로운 세상을 열게 되기를 희망했다.

자연 많은 지식인이 천주교에 심취했다. 그리고 부녀자들이 적극적으로 입교했다. 성리학의 철저한 가부장적 질서, 즉 남존여비의 사회구조에서 불우한 삶을 강요당했던 부녀자들에게 새로운 학문 및 사조와 평등의 교리는 그 자체가 구원이었다. 더욱이 당시 주자학은 극도의 관념론 형식주의로 침체해 있었다. 거기에 서구의 과학기술과 함께 들어 온 천주교는 새로운 대안으로 인식되기에 부족함이 없었다.

천주교가 당초 외국의 선교사들에 의해서가 아니라 우리 내부의 열의로 전파되기 시작했던 점이나 지식인들이 그 소개 및 연구에 앞장섰다는 점에서도 당시 지식인들의 기존 가치체계 및 질서에 대한 실망감 좌절감을 뚜렷하게 읽을 수가 있다.

그러나 서학, 즉 천주교는 혹독한 탄압의 과정을 거쳐야 했다. 사상 및 질서체계가 근저에서부터 흔들리는 위기에 처한 지배세력이 가만히 앉아서 당하려 할 까닭이 없었다. 이들은 기득권을 유지하기 위해 천주교를 가혹하게 탄압했다. 1871년까지 1만 명에 가까운 천주교인이 목숨을 잃었다. 1886년 조(朝)·프랑스 수호조약 체결로 천주교는 포교의 자유를 얻었다. 그러나 1901년 제주도에서 또 한 차례의 교난이 발생해서 700여 명의 교인이 희생당했다.

오랜 기간 동안의 처절한 고난 속에서도 천주교인들은 굴하지 않았다. 물론 탄압이 심할 때는 지하로 숨어들기도 했다. 그러나 대부분의 교인들은 죽음 앞에서도 신앙을 지켰다. 배교하는 사람이 적었다는 사실은 순교자가 많았던 점에서 역으로 추정할 수 있다. 이들은 의연히 순교했다. 특히 부녀자들은 열렬히 순교해갔다. 조선인들의 순교는 가톨릭 사상 유례가 드문 것이었다. 그 숫자에서도 그렇지만 그 열렬함에서 타의 추종을 불허했다.

오랜 성리학적 질서의 질곡에서 새로운 가능성을 발견한 사람들의 정열이 작용했을 것이다. 그들은 해방을 희구했고 그것을 위해 목숨을 바쳤다. 그러나 이것만으로는 한국인의 순교정신을 설명하기에 부족하다. 그 밑바탕에 있는 한국인의 신앙적 특성이 작용했을 것임에 틀림없다. 이 같은 현상은 동학교도들에게서도 유사하게 나타났다. 이와 관련해서는 별도의 연구가 필요하겠지만 어쨌든 종교인들의 순교정신과 종교적 신념에 따른 정치투쟁은 한국정치운동의 한 특성으로 자리 매김 했다.

단적인 예로 3·1운동을 주도한 사람들은 종교인들이었다. 해방 이후 역대 독재정권에 강력히, 그러면서도 끈질기게 저항한 사람들도 종교지도자들이었다. 뿐만 아니라 국내법의 금지조항들에도 불구하고 통일운동을 앞장서 벌였던 사람들도 역시 종교인들이었다. 물론 대한민국 수립 이후의 저항적 정치운동 주체는 대학생들이었다고 할 수 있다. 그러나 종교인들의 저항이 때로는 이들을 이끌고 때로는 이들을 밀어주고 또 때로는 함께 걷는 양상으로 전개되었던 게 사실이다. 그리고 종교는 저항정치인들의 보호막이 되기도 했다.

우리만의 예는 아니지만 우리의 경우 그 같은 현상이 더 뚜렷했음을 부인하기 어렵다. 독재자들도 종교에 대해서는 극히 조심스런 태도를 취했다. '성역'에 대한 경외와 금기의 정신이 의식 속에 깊이 각인되고 유전된 때문일 것이다.

(2) 실학

조선 후기에 들어서면서 왕조체제를 떠받치고 있던 성리학적 사상체계 및 질서에 대한 비판이 시도되기 시작했다. 세도정치에 대한 지식인층의 저항의식, 피지배대중의 의식 성장, 상공업 발전 등을 통한 사회구조의 변화에 따른 신사조였다.

강만길은 실학 발달의 역사적 조건으로 내재적 요인과 외래적 요인으로 구분해서 설명한다(강만길, 1994). 요약하면 다음과 같다.

△내재적 요인 = ① 전쟁 후의 조선왕조 사회가 직면하고 있던 통치질서의 경직화 현상 — 집권층의 벌열화, 수취체제의 붕괴, 신분체제의 동요, 농본주의 생산체제의 일부 변화 등. ② 조선왕조 지배원리였던 성리학의 반역사성 — 조선 후기 전면적이고 본질적인 개혁의 요구에 부응하지 못함. ③ 조선 후기 사

회의 경제적 변화와 발전— 전쟁피해 복구 과정에서 민중들의 활동에 의해 일부 경제적 발전을 이룸. 이를 촉진 고취하고 대변하는 사상으로서 실학이 형성됨. ④ 계급의 사회적 변동— 전쟁 이후 중세적 신분질서가 비교적 폭넓게 붕괴되어감. ⑤왕조사회가 축적해온 학문적 전통—특히 왕조 전기의 과학부문 업적이나 실용적 학풍들이 실학자들에게 참고가 됨.

△ 외래적 요인 = ① 서학의 영향— 17세기이래 중국에서 간행된 각종 서학 서적들이 전래됨. 수학 천문학 농학 등 과학기술 계통의 서적 및 천주교 교리서 등이 진보적 사상가들을 자극. ② 청대의 학문— 명말청초 중국의 실학적 학풍과 청대의 고증학이 실학사상 형성에 영향을 미침. 명말청초의 학술사상에는 민족의식과 민본의식, 그리고 현실개혁의식이 나타남.

이기백은 실학의 발생 배경을 △벌열정치와 소수 양반가문의 권력 독점, △이로 인한 몰락양반의 양산, △광작에 따른 부농의 등장과 유민의 증가, △도매상인들의 상공업 지배와 영세상인의 몰락 및 이 와중에서의 물가 앙등 등으로 정리했다(이기백, 1996).

김한식(金漢植)은 실학사상이 대두하게 된 정치상황적 배경을 '16세기 이후 한반도에서 일어났던 특수 여건(즉 각각 두 차례의 왜란과 호란)'을 전제로 해서 다음과 같이 설명한다(김한식, 1979).

① 민중의 극심한 생계난→ 사회체제에 대한 무관심 혹은 반감 유발→ 기존 질서에서의 이탈 또는 변혁의 계기로 작용. ② 민중의 극심한 생계난으로 인한 인구이동의 증가→ 농민 결합의 계기가 됨→ 무력 저항으로 발전. ③ 전후 복구과정에서 경지면적의 증대→ 생산력 확대로 화폐경제의 발달 및 임금노동 성행→ 어용상인층 형성→ 시장경제의 확대 및 수공업의 발전→ 농민의 조직적 의사표시 기회 확대 및 수공업 발전으로 인한 자유인의 증대→ 이 같은 변화는 곧 정치참여를 의식하는 계층의 확산을 의미. ④ 계층질서의 두드러진 변화. ⑤ 정치지도층의 민중에 대한 지도력 미미→ 민중에게 뚜렷한 비전을 제시하지 못함→ 왕도사상(王道思想)과 한국적 '메시아이즘'을 바탕으로 천지개벽의 박두를 단언하면서 요순시대의 '유토피아' 도래를 선포한 각종 혁명적 저항세력에 대해서 지도층이 아무런 대책을 강구하지 못함.

그럼에도 불구하고 실학은 한국 정치의 구조와 한국인의 정치의식을 근본적으로 바꾸어놓는 데 실패했다. 실학뿐만 아니라 서학 동학 개화사상 등의 경우도 마찬가지였다. 충격은 컸으되 구조적 변화의 동인으로 작용하지는 못했다.

이기백은 실학에 대해 이렇게 설명하고 있다.

> 실학자들은 주로 정치·경제·사회 등의 역사와 현실을 밝히는 데 큰 관심을 가지고 있었다. ……그러나 실학의 연구 대상은 반드시 정치·경제 등 사회과학 분야에만 국한된 것은 아니었다. 그들은 경학·역사학·지리학·자연과학·농학 등 여러 방면에 걸친 광범한 연구를 하였다. 그들의 학문적 관심은 거의 모든 분야에 걸쳐 있었다고 해도 지나친 말은 아니다(이기백, 1996).

실학자들의 연구분야는 이처럼 광범위했지만 그 기반은 하나였다. 이들의 학문은 현실에서 출발했다. 이들의 관심사는 이기설(理氣說)이 아니라 사회과학이나 자연과학 또는 기술학이었다. 자연 이들의 연구방법은 실증적이었다. 그리고 민족적 성격을 띠었다. 실학자들의 경세치용(經世致用), 실사구시(實事求是), 이용후생(利用厚生)의 학풍이 성리학의 울타리를 확실하게 뛰어넘을 수 있었다면, 그들의 근대지향성과 민족의식을 왕조가 수용할 수 있었다면, 조선 후기의 정치사는 다른 방향으로 진전되었을지도 모른다.

그러나 실학을 주도한 사람들은 왕조적 질서의 테두리에 갇혀 성리학적인 가치관을 청산하지 못하는 한계성을 드러냈다. 이들은 과감히 성리학적 질서체계를 극복해내지 못한 것이다. 게다가 조선말부터 서양문화가 밀려들어오자 이에 압도당하고 말았다. 그럼에도 불구하고 실학사상은 개화사상의 인적·인식적 토대가 되었다.

(3) 개화

개화사상은 실학에 있어서의 북학론(北學論)의 전통을 이어 받은(이기백,

1996) 것이었다. 북학파의 박제가(朴齊家)는 이미 민간상인의 외국 무역을 허용하고 서양인 선교사를 초빙해서 그 기술을 배워야 한다고 주장했고, 19세기 중엽에는 이규경(李圭景), 최한기(崔漢綺) 등이 서양 여러 나라와의 통상론을 제기하기에 이르렀다. 이처럼 개화사상가들은 서양의 기술도입, 서양과의 통상 등을 추구했다. 개화 지식인들은 기술 중에서도 강병을 위한 신식무기의 제조 및 무장과 부국을 위한 농업기술의 도입에 관심을 기울였다.

이렇게 시작된 개화사상은 점차 정치와 사회의 개혁을 중시하는 급진적 개혁사상으로 변모해갔다. 이 같은 경향을 주도한 사람은 김옥균(金玉均)이었다. 그를 중심으로 한 급진개혁파는 임오군란 후 재집권한 민씨(閔氏) 정권의 압박에 위기의식을 느껴 정변을 계획했다. 이들은 1884년 12월 4일 우정국 개국 축하연을 기회로 정변을 일으켰다. 그러나 원세개(袁世凱)가 지휘하는 1,500명의 청국군이 개입함으로써 정변은 3일만에 끝났다.

그들은 윤태준(尹泰駿) 한규직(韓圭稷) 이조연(李祖淵) 민영목(閔泳穆) 민태호(閔台鎬) 조영하(趙寧夏) 등을 죽이고 민영익(閔泳翊)에게는 중상을 입혔다. H. N. 알렌의『조선견문기(朝鮮見聞記)』에 따르면 민영익은 동맥을 끊기고 머리와 몸에 일곱 군데나 칼에 찔려 빈사지경에 빠졌는데 알렌이 3개월간 그를 치료해서 건강을 회복시켰다.

정권을 장악한 개화파는 새로운 정부를 조직하고 정강정책을 발표했다. 주요 내용은 청에 대한 종속관계 청산, 문벌 폐지와 인민 평등권 제정, 능력에 따른 인재 등용, 지조법(地租法) 개혁, 탐관오리 처벌, 백성들의 빚진 환상미(還上米)의 영원한 탕감, 모든 재정의 호조 관할, 경찰제도 실시, 혜상공국(惠商工局)의 혁파 등이었다. 당시로서는 혁신적인 방안이었다.

그렇지만 이 정강에 대해 회의적인 분석도 있다.

이 「정강」의 출처는 『갑신일록』이지만, 이것은 야마베 겐타로(山邊健太郎) 씨가 「갑신일록연구」(≪조선학보≫ 제17집) 속에서 지적하고 있는 것과 같이,

김옥균이 일본에 망명 후 일본인에게 보이기 위해 쓴 것으로, 자료로서는 극히 애매한 것으로서, 신빙하기 어려운 점도 있는 것이다. 더구나 갑신일록은 김옥균이 일본 망명 중에, 일본 조야인사들에게 비밀히 배포한 관계로 아직 그 원본조차 발견되지 않았다. 현존한 『갑신일록』은 5~6종이 있으나 이것은 모두 사본이다(신국주, 1985).

갑신정변에 대한 평가는 극단적으로 엇갈린다. 박일근은 '낙후된 조국을 근대화하기 위한 것'(박일근, 1985)으로 보는 반면 신국주는 '쿠데타로 친일정권을 수립하려 한 정치적 음모 사건'으로 규정하고 있다(신국주, 1985). 최영호는 개화당의 성급함과 국왕에 대한 무례함에는 비판적 시각을 보이면서도 목적은 고귀했다고 평가한다(최영호, 1995).

이들의 개화와 개혁의 대의는 바람직했다고 할 수 있다. 그렇지만 개화파에 대한 긍정적 평가는 어느 일면에서는 민족적 자존심에 부추겨진 미화라는 인상을 주기도 한다. 즉 우리나라에도 일본 못지 않게 일찍부터 근대화 추구세력이 있었다는 것을 확인함으로써 위안 받고 싶어한 이들에 의해 고(高)평가된 측면도 있었을 것이다.

어쨌건 개화당의 정권은 3일만에 끝났다. 김옥균 등 몇 사람만이 인천을 거쳐 일본으로 망명하고 홍영식(洪英植) 등 나머지 개화파는 처형당했다. 갑신정변의 주동자 중 한 사람이었다가 망명해서 살아남았던 서재필(徐載弼)은 훗날 가장 큰 패인을 '까닭도 모르고 반대하는 일반 민중의 무지몰각'에 돌렸다. 그렇지만 개화파가 민중세계에 뿌리박지 못한 위로부터의 급진적 개혁운동이었다는 게 실패의 더 큰 요인이었다.

개화파의 의식 가운데 주목할 만한 것은 외국의 정체(政體)에 관심을 보인 점이다. 개화파가 발간한 ≪한성순보(漢城旬報)≫는 제10호(1884년 음력 1월 3일자)에서 군민동치(君民同治)와 합중공화(合衆共和)의 입헌정체를 소개하면서 우리에게는 군민동치가 적당하다는 입장을 피력했다. 또 박영효는 일본 망명 중에 「내정개혁 상소」를 올려 '군주권의 약화'를 건의했다. 이에 앞서 1883년 9월 서울 유생 고영문은 개화를 주장하는 시무소(時務疏)

에서 7개 조항의 혁신책을 건의하면서 '공의당(公議堂)'이라는 이름으로 '의회'의 특설을 주장한 바 있다. 그러나 개화파의 이런 주장들은 대중적 관심을 이끌어내는 데까지는 이르지 못했다. 개화 지도자들의 민중에 대한 인식도 빈약했다. 이들은 유교적 인식체계를 뿌리로 한 근대화 추구세력이었다고 정리할 수 있겠다.

또 한 가지 갑신정변에 대한 평가 여하간에 일본 수비대가 조선 왕궁을 포위한 가운데 정부대신 6명을 암살한 다음 주동자들이 정권을 장악한 점을 주시할 필요가 있다. 후에도 문제를 이런 식으로 해결하려는 시도가 있었고, 이들은 성공했다. 박정희와 전두환의 경우다.

(4) 척사위정

척사위정파(斥邪衛正派)는 유림을 중심으로 한 기존 사상체계 및 질서의 수호세력이었다. 이들은 외세에 대해 극도의 반감을 표출했다. 이들의 의식을 단적으로 드러내는 것이 「지부복궐척화의소(持斧伏闕斥和議疏)」(최익현이 1876년 1월 23일 도끼를 들고 궁궐 앞에 엎드려 조일수호조규朝日修好條規의 체결 교섭을 반대하며 올린 상소문)이다.

(전략) ……대저 정자(程子)와 주자(朱子)는 아성들인지라 그들의 말은 가히 믿을 만하고 마땅히 오늘날 군자들의 소견보다도 나을 것입니다. 그런데 정자는 강화하는 것은 중화의 도를 어지럽히는 길이라고 하고, 주자는 강화하는 계책을 결행한 즉 삼강이 무너지고 만사를 망치게 될 것이니 이는 큰 환란의 근본이라고 하였습니다(후략).

「영남만인소(嶺南萬人疏)」 또한 척사위정파의 인식과 의식을 전형적으로 표출하고 있다.

(전략)……신 등이 그 소위 『사의조선책략(私擬朝鮮策略)』이라고 하는 책을 다시 들어 조목조목 말씀드리고자 합니다. 말하기를 '조선의 금일의 급무는 러

시아를 막는 것이 최우선'이라고 하고, 그 방법으로는 '친중국(親中國)·결일본(結日本)·연미국(聯美國)'이 가장 먼저 이루어져야 한다고 하였습니다. 무릇 중국은 우리가 신하로 섬기는 나라입니다. 해마다 요동을 거쳐 북경까지 옥과 비단을 보내고 삼가 분수를 지켜 번방(藩邦)의 직무를 공경스러이 수행해온 지 이에 2백년이 되었습니다. 그런데 일본 천황이 짐이니 하는 존칭을 써서 보내온 국서를 우리가 하루아침에 안이하게 받아들여 그 사신을 가까이 하고 그 글을 보관할 경우, 중국이 이를 짚어서 문책해 온다면 전하는 장차 이를 어떻게 해명할 것입니까? 이것이 첫째로 이해가 명백한 점입니다(후략).

이처럼 척사위정파는 중국에 대한 사대의 예를 존중하는 유학자들이었다. 대표적인 인물은 이항로(李恒老)였다. 그는 고종 3년(1866) 동부승지(同副承旨)를 사직하고 겸하여 소회를 진언한 소를 통해 화의론을 배격하면서 주전론을 내세웠다. 그는 외세의 침략을 배격하는 외양(外攘)과 함께 이를 위한 내수(內修)의 필요성을 역설했다. 그는 내수가 있은 연후에 외양이 가능하다고 생각했다. 그는 또 의병을 조직, 관군과 호응하여 외적과 싸울 것을 주장하기도 했다. 훗날의 의병운동은 그의 주장에서 비롯되었다.

척사위정사상은 강화도조약 이후 서양뿐 아니라 일본에 대해서도 적용되었다. 최익현은 「5불가소(五不可疏)」(고종 13년, 1876)에서 왜양일체론(倭洋一體論)을 주장했다. 척사위정파의 운동 목적이 민족주체성의 확립에 있었다고 보기는 어렵다. 그들은 성리학을 정학(正學)으로 신봉하는 유학자들이었다. 기존의 왕조체제와 정치 및 사회질서를 유지하고 성리학의 사상체계를 지키려는 의도가 더 컸을 것이다. 척사위정론은 적극적인 반외세를 주장했고 그 점에선 어느 정도 당시 민중들의 감정에 대해 호소력을 가졌던 게 사실이다. 그러나 봉건질서 유지를 목표로 했으며 근대화에 역행하는 태도를 취했다는 점에서 전근대적인 사고체계라는 지적을 면키 어렵다.

그렇지만 이들의 정통론, 의리론, 반외세, 적극적인 저항 등의 의식은 훗날까지 그 영향을 미쳤다. 이를테면 오늘날의 정치에서도 정통성, 의리, 반외세 등의 심리가 밑바탕에 깔려 있고, 이 같은 의식이 정치리더십의 주요 제약요인이 되고 있는 것은 왕조말 성리학자들의 그 같은 호국의 정신에서 연유한 것으로 볼 수 있다.

(5) 동학

경주 출신의 유학자 최제우(崔濟愚)는 1860년 동토(東土) 조선(朝鮮)의 종교라는 뜻의 '동학'을 창도했다. 유교와 불교의 타락, 외세의 침입에 대한 우려, 서학인 천주교의 팽창에 대한 종교적 대응이었다. 최제우는 유·불·선 3교의 장점을 취해 서학에 대항한다고 했다. 그러나 동학의 교리 속에는 천주교나 무속신앙에서 취한 것도 있다.

그는 인내천(人乃天), 즉 사람은 곧 하늘(神)이라 하여 이 둘을 한 가지로 생각하였다. 그에 의하면 인심은 곧 천심이요, 사람을 섬기는 것은 곧 하늘을 섬기는 것과 같았다. 이러한 사상은 사회적인 신분이나 계급을 초월한 모든 인간의 평등을 부르짖은 것이었다(이기백, 1996).

최제우 자신은 동학을 가리켜 이렇게 말하고 있다.

……오도(吾道)는 사람성(性) 자연을 근본한 것인 고로 무위이화(無爲而化)로 되는 것이니 나에게 있는 한울 마음을 지키고 한울 기운을 받고, 한울 성품을 거느리고 한울 가르침을 받으면 기화(氣化)가 자연의 가운데서 나와서 사람과 한울이 둘이 아니요 한울 기운이 내 기운이 되어 서로 떠나지 못하는 그 이치를 가지게 하는 것이라(신복룡, 1985).

2세 교주 최시형(崔時亨)은 수운(水雲)의 인본주의 사상을 실생활에서 어떻게 실천할 것인가를 내수도문(內修道文)을 통해 가르치고 있다.

① 집안 식구를 한울같이 공경하라. 며느리를 사랑하라. 우마육축을 학대하지 말라. …… ④ 사람이 오거든 한울님이 온다 하라. 어린 아해를 때리지 말라. 이는 한울님을 치는 것이니라. ⑥ 다른 사람과 시비하지 말라. 이는 한울과

시비하는 것이니라(신복룡, 1985).

수운의 창도 동기는 질병의 구제였다. 그는 신체적 질병, 정신적 질병, 사회적 질병을 구제하기 위해 동학을 창도한 것이다. 그는 질병 구제의 과정을 4단계로 설정했다. 1단계는 포덕천하(布德天下), 2단계는 도성덕립(道成德立), 3단계는 개벽(開闢), 마지막 4단계는 보국안민(輔國安民)을 통한 지상천국의 건설이다(신복룡, 1985).

동학이 농민 속으로 급속히 확산되어갈 수 있었던 것이 바로 질병구제라는 현실적 유인과 사람을 하느님처럼 공경하라는 시천주(侍天主), 즉 인내천(人乃天) 사상 때문이었다. 동학은 주문(呪文)을 외고 산제(山祭)를 지내는 등 농민들의 전통 신앙과 유사성을 보임으로써 이들에게 친밀감을 주었다. 동학은 단지 종교운동뿐 아니라 사회운동을 시도하기도 했다. 동학은 보국안민을 내세우고 부패한 정치의 개혁을 주장했다. 이 때문에 최제우는 철종 14년(1863) 체포되어 이듬해 사형을 당했다. 그가 갑자년에 좋은 소식이 있을 것이라고 주장했으므로 조정에서는 그 전해에 체포한 것이다. 교주의 죽음으로 한 때 교세가 약화되기도 했으나 최시형이『동경대전(東京大典)』『용담유사(龍潭遺詞)』등을 편찬, 교리를 정리하고 각지에 포(包)·접(接)이라는 조직망을 설치하는 등의 노력을 기울여 교세를 회복시켰다.

양반제라는 신분제의 질곡에 고통을 당하던 민중들에겐 '사람이 곧 하늘'이라는 인본주의·평등주의 교리가 위안이고 구원이었다. 그래서 교세가 크게 일었지만 동학혁명의 좌절로 심각한 좌절에 빠졌다. 지도부에게는 이것이 정치적 투쟁의 실패였지만 교도들에게는 신뢰의 붕괴였다. 신앙으로서 동학을 믿었던 교도들에게는 동학혁명군의 패퇴와 지도부의 괴멸, 그 이전 전투과정에서의 숱한 인명피해가 믿음의 기저를 뒤흔드는 충격이 되었을 것이다.

동학은 3대 교주 손병희(孫秉熙)에 의해 천도교(天道敎)로 개칭되어 인본주의적 민족주의적 종교로서 그 맥을 이어갔다. 특히 이들의 민족주의는

1919년의 3·1운동에서 그 진면목을 보였다. 조선의 전민중적 전지역적 독립투쟁의 본격적인 개막이자 횃불이 되었던 이 운동에 천도교는 중핵적 역할을 했던 것이다.

한편 동학혁명군의 패배로 인한 민중적 좌절감 속에서 반사적으로 부상한 것이 미륵신앙을 바탕으로 한 강일순(姜一淳)의 증산교(甑山教) 및 서백일(徐白一)의 용화교(龍華教)였다. 미륵보살(彌勒菩薩)은 석가모니불(釋迦牟尼佛)이 열반에 드신 후 56억 7000만 년이 지나 미륵정토인 도솔천(兜率天)으로부터 내려와 현세에 출현한다는 미래불이다. 민중은 죽어서 서방정토에 왕생한다는 막연한 기대보다는 현실세계에 정토가 이루어지는 확실한 약속에 기대를 걸었다. 증산교는 여타 종교들, 즉 유·불·도에 단군사상(檀君思想)과 기독교(基督教) 교리까지 접목시켰으며 한말·일제시대에 한 때 교세가 크게 확장되었으나 지나친 교파분리, 총독부의 강제와 압력 등으로 침체에 빠지게 되었다. 그러다 1980년대에 와서 민족전통사상 재조명의 분위기를 타고 민중의 관심을 끌기도 했다.

제2절 개인적 사회적 고찰

1. 개인적 배경

1) 출생 — 성장기

(1) 긴 칼 차고 싶어한 시골 수재 — 박정희

박정희는 1917년 11월 14일(음력 9월 30일) 가난했으나 양반의식을 잃지 않은 농민 부부의 5남 2녀 가운데 막내로 태어났다. 출생지는 경상북도 선산군 구미면의 산간마을 상모리(上毛里)였다. 그의 아버지 박성빈(朴成彬)은 1914년 가솔을 이끌고 성주(星州)에서 상모리로 이사했고 거기서 처가인

수원백씨(水原白氏) 집안의 묘지를 돌보며 그 대가로 논 여덟 마지기를 부쳤다. 그 3년 후에 박정희가 태어났다.

박정희 자신은 아버지에 대해 이렇게 기억하고 있다.

선친께서는 소시에 무과과거에 합격하여 효력부위(效力副尉)란 벼슬까지 받은 바 있으나 원래 성격이 호방한데다가 당시 이조말엽 척도정치(戚道政治)와 부패정치에 환멸도 느끼고 반항도 하여 20대에는 동학혁명에도 가담하였다가 체포되어 처형직전에 천운으로 사면되어 구명하였다고 한다(김종신, 1997).

식민지 벽촌 소작농의, 자식 줄줄이 딸린 아낙에게 가난은 자식의 출생을 두려워해야 할 만큼 힘겹고 악착스러웠을 터이다. 당시, 또는 그 이후 1950년대까지만 해도 가난한 어머니들의 눈물겨운 태아살해 기도는 그리 드문 일이 아니었다. 물론 '살해'라는 의식은 없었다. 다만 '지운다'는 생각이었다. 게다가 박정희 어머니의 경우, 늦둥이를 가진 것이 장성한 자식들이나 이웃들에게도 아주 부담스러웠을 터이다. 그래서 태아를 지우려고 시도했던 적이 여러 번 있었다고 한다.

이에 대한 일화는 전기의 작가들에 따라 다르고, 또 시간이 갈수록 내용이 더 보태진다. 간장 마시기, 높은 곳에서 뛰어내리기, 장작더미 위에서 곤두박질치기, 버들개지 뿌리 달여 마시기, 디딜방아 확에 누워 공이로 배를 찧게 하기 등을 시도했다는 것인데 곧이곧대로 믿기는 어렵다. 민간전승의 낙태 방법을 아는 대로 나열한 인상이 짙다. 어쩌면 "그야 말로 태아와 어머니와의 처절한 사투였고 그 사투에서의 승자는 후에 '박정희'라는 이름이 붙여진 바로 그 태아였다(김석야, 1997)"고 비장하게 말하고 싶어서 과장을 했을지도 모른다. 이 비화들은 박정희의 출생을 극적인 사건으로 만드는 데는 유용하지만 그러나 어머니의 이미지를 너무 희생시키고 있다. 박정희 자신의 기억은 심상해서 "어머니께서는 만산에 딸과 같은 해에 임신을 했다고 해서 매우 쑥스러워 하셨다고 하며 나를 낳으면 이불에 싸서 부엌에 갖다버리려고 했다고 가끔 농담을 하셨다"는 게 고작이다(김종신, 1997).

어쨌든 남들보다는 많은 곡절을 겪으며 그는 조선시대적 전통 관습 의식 그리고 생활양식이 그대로 보존되고 있던 시골 마을의 가난한, 그러나 양반으로서의 자존심은 여전한 농부의 막내아들로 자랐다. 그는 만득이었던 데다 신체적으로도 왜소했다. 이럴 경우 인격형성의 방향을 두 갈래로 상정해 볼 수 있다. 소극적 수동적 염세적 도피적 성격을 가진 허약한 남자로 성장하는 게 그 하나다. 반대로 적극적 능동적 공격적 과시적 성격으로 무장된 강인한 체력의 소유자로 커 가는 길도 있다. 이와 관련해서 양성철은 다음과 같이 쓰고 있다.

어린이에 대한 관찰과 발달심리학은 극단적인 경우 늦게 태어난 어린아이는 형들의 공격에 대항하여 그의 소유를 지켜야 하는 야만적 세계에 대한 상상을 갖게 될 수도 있다고 밝히고 있다. 또한 늦게 태어난 어린아이는 그의 윗 형제들과 자신을 비교했을 때 무력감을 느낄 수 있다. ……또한 늦게 태어난 아이들은 그의 준거점이 어른들과 아이들의 행동을 포함하기 때문에 보다 현실적이다. 그들은 대개 그의 부모를 형제들과 공유하고 있는 세계에 있기 때문에 강력한 애정의 상실을 두려워하지 않는다. 더 나아가 그들은 성질이 보다 까다롭고 부모에게 보다 자주 도움을 청하고 잘 울고 뾰루퉁해지며 골을 잘 낸다(양성철, 1992).

양성철은 또 서튼-스미드(Sutton-Smith)와 로젠버그(Rosenberg)의 「이부모 형제자매 가족구조에서의 부부재(父不在) 효과(Father-absence Effects in Families of Different Sibling Composition)」 제하의 연구 내용을 다음과 같이 인용하고 있다.

늦게 태어난 아이들이 칭얼거림과 불평으로 부모의 보호를 호소하고 도움을 청하는 것은 정치의 세계에서 자신의 작은 힘을 인식하고 보다 강한 힘과 연대하려는 경향과 일치한다(양성철, 1992).

양성철은 이와 연관시켜 "박정희가 일찍부터 미국이나 일본과 밀접한 정치적·경제적·안보적 관련을 맺었던 것은 위의 사실과 비슷하다"고 분석한다. 그렇게 볼 수도 있겠지만 이 경우엔 특별히 그 같은 학설을 인용해가며 설명해야 할 만큼 중요한 인과관계가 있다고 하기는 어렵다. 박정희가 아니었다 해도 당시의 한국 상황에서는 미국과 일본에 의존하지 않고 자력으로 국방력 강화와 경제발전을 이루기는 불가능했다. 어쩌면 양성철은 북한의 김일성과 대비해서 그 같이 지적했을지도 모른다. 그러나 애초에 남한은 대미의존적 체제로서 출범했던 사실이 감안될 필요가 있다. 그리고 김일성조차도 한동안은 구소련과 중국의 원조에 의존해서 산업화를 추진했다.

박정희가 초등학교에 입학했던 1920년대쯤이면 아직도 서당이 많이 남아 있을 때였다. 신식교육이 광범위하게 시행되지도 않았다. 더욱이 박정희가 태어나 자란 상모리는 선산군 구미면의 산간마을이었다. 서당이 있었다 하더라도 변변치는 못했을 것이다. 셋째 아들을 학교에 보낸 경험이 있던 박성빈 부부는 막내도 신식교육을 받게 하고 싶었을 것이다. 상모리에서 같은 시기에 왕복 30~40리 길을 걸어 초등학교에 다닌 아이가 박정희말고도 둘 더 있었다는 사실로 미루어서도 당시의 시류를 읽을 수가 있다.

이와 관련, 최영은 "바로 여기에 박성빈과 그의 아들 박정희의 '마름의식'이 자리잡은 근거가 있는 것"이라고 말한다. 출세 영달을 통해 '평생의 한'을 풀려 했다는 것인데 역시 억지가 보인다. 소작농이든 아니든 어렵게 사는 사람에게는 잘 살아보고 싶다는 소망이 있게 마련이다. 힘이 없어 남에게 핍박받는 사람에게는 힘을 키워 그 처지에서 벗어날 뿐만 아니라 가능하면 복수까지 하고자 하는 열망이 일어나는 게 극히 자연스런 현상이다.

소작농 박성빈과 그 아들 박정희였으니까 마름이 되어 지주 대신 거들먹거려보고 싶은, 또는 지주처럼 행세하며 한을 풀어보고 싶은 '마름의식'을 가졌을 것이라는 분석 또는 판단은 애초에 특정인을 이미 상정된 특정 이미지에 꿰어 맞추려는 시도라는 인상을 주기 십상이다. 이런 식이라면 당시 한국의 농민 대다수가 이 같은 '마름의식'을 가졌다는 뜻이 된다. 정말 그런가. 또 농민 대다수의 의식이 그랬다고 할 때는 유독 박성빈과 그의 막내아들 박정희만이 비난을 받아야 할 이유가 없다.

박정희는 1926년 4월 1일 초등학교에 입학했다. 그는 초등학교 시절 성적이 우수한 어린이였다. 마이클 컨(Michael Keon)은 박정희가 1학년 때부터 졸업할 때까지 평균 60여 명의 반 어린이 중에서 4학년 때 2등을 한 것을 제외하고는 늘 1등을 했으며 반장을 맡았다고 기술했다(Keon, 1978). 그러나 양성철은 다른 자료를 인용, 박정희의 성적이 3학년 때까지는 평균정도였고 4학년 이후 35명 남짓한 반에서 줄곧 최고를 유지했으며 반장을 맡았다고 적었다. 어느 쪽을 따르든 그는 영리한 아동이었다.

초등학교를 졸업한 후 박정희는 대구사범에 진학했다. 구미보통학교 개교이래 대구사범 진학은 그가 처음이었다. 그러나 사범학교 시절은 그에게 좌절의 시기였다. 입학 후 성적은 점점 떨어졌다. 특히 아버지의 강권으로 결혼을 한 이후에는 공부와 더 멀어졌다. 결혼하던 4학년 때는 성적이 최하수준으로 떨어졌다. 박정희는 이 해 여름방학 때 경북 선산군 도개면의 김호남과 결혼했다. 호적에는 졸업 이듬해인 1938년 9월 9일 결혼한 것으로 기재되었다. 그는 방학 한 달 동안 상모리 본가에서 신혼생활을 했다. 이때가 박정희-김호남의 가장 오랜 동거기간이었다(김석야, 1997).

송효빈은 박정희가 대구사범 시절 구미읍에서 신문사 지국을 차리고 있던 셋째형 상희(相熙)에게서 빌린 춘원 이광수의 소설 『이순신』을 읽으면서 큰 감명을 받았고 이때부터 민족의식이 뚜렷해졌다고 기술했다(송효빈, 1977). 그럴 수도 있었다. 그러나 박정희에게서 '민족의식'이라는 것은 이후 그의 행적에 비추어 별로 믿을 만한 게 못된다. 물론 그 책을 읽고 감명받았을 수는 있겠지만 그것이 박정희의 '민족의식'까지 일깨웠다고 추측하기는 무리다. 그가 이후 보통학교 교사, 만주군관학교, 일본육군사관학교, 만주의 일본군 소위-중위를 거치는 동안 '민족의식'이라는 것을 특별히 표출해보였다는 기록은 없다.

박정희는 1937년 봄 만 20세 때 대구사범을 졸업하고 경북 문경공립보통학교 교사로 부임했다. 여기서 그는 3년 간 근무했다. 점심을 싸오지 못하는 학생에게 도시락을 나눠주고 가난한 학생의 수업료를 대신 내주는 자상한 선생님이었다. 하숙비 등을 제하고 난 월급은 고향의 부모에게 꼬박 꼬박 보냈다. 어느 날 학교 시찰을 나온 도 장학사 데라다(寺田)가 자기보다 나이가 많고 급수도 높은 교장 아리마(有馬)에 대해 불손하게 구는 태도를 보고 교육계에 혐오를 느껴 교사직을 사임했다.

그는 1940년 만주 신경(新京: 현재의 長春)에 있던 만주 일본군 군관학교에 입학했다. 송효빈은 "어릴 때 목검으로 전쟁놀이를 잘 하던 그가 군인의 길을 택한 것이다"라고 했다. '그 길이야말로 박정희가 가기로 예정된 길'이라는 기분으로 썼겠지만 박정희 자신은 특별한 신념이나 각오를 가지고 택한 길이 아니었던 듯하다. 어차피 징병을 피할 길이 없었다고 할 때 이왕이면 장교로 가고싶다는 생각을 했을 수 있다. 교사가 사병으로 끌려간다는 것을 수치로 여겼음직도 하다.

김종신은 다음과 같이 이때의 상황을 밝히고 있다.

　　어떤 작가는 박 대통령이 만주 군관학교에 간 것을 독립운동을 염두에 두고 광복군에 들어가기 위한 것으로 썼는데, 그 또한 이치에 맞지 않는 주장이었다. 대통령 본인의 말에 의하면, 만주군관학교에 입교한 것은 일본인 밑에서 억눌린 교사생활을 하기보다, 긴칼을 차 보았으면 하는 소박한 동기에서였다.

　　……나는 대통령에게 실제로 일어난 어린 시절 일들과 전기에 쓰인 내용에 대해 직접 물어보기로 하였다. 대통령은 내게 어린 시절의 일들을 소상히 말해주며 그 자신도 어린 시절부터 애국이나 독립 사상들과 결부시키는 것을 쑥스러워하며 못마땅해 했다(김종신, 1997).

박정희는 식민지 시대에 성장했으면서도 개인적 반항감은 있었으되 민족적 저항의식을 가진 청년은 아니었다. 그는 자신과 가족 그리고 주변에 대한 관심 이상을 가졌던 것 같지 않다. 이 점은 후에 고찰하겠지만 김영삼·김대중의 경우도 대동소이했다. 일본식 이름이 다카기(高木正雄)였던 박정희는 군관학교에서 모범적인 학생이었다. 학우였던 중국인(臺灣) 가오칭인

(高慶印) 씨는 박정희가 졸업 때 최우등으로 만주황제 부의(溥儀)로부터 금시계를 탔고 졸업생을 대표해서 졸업논문을 낭독한 것으로 기억했다.

박정희는 1944년 4월 일본 육군사관학교에서 2년 동안 본과 과정을 마치고 소위로 임관되었다. 일본 육군사관학교에서도 그는 모범생이었다. 그러나 말이 없고 친구들과도 어울리지 않는 모습을 보였다.

중앙일보 특별취재팀이 엮은 『실록 박정희』는 박정희가 전투에 참가한 적이 없고, 또 '광복군 비밀요원'으로 활동했다느니 '비밀 광복군을 조직'했다느니 하는 일부의 주장들은 진실이 아니라고 지적하고 있다. 다만 일본이 패망한 데 따라 조선인 장교들은 현지에서 중국인 장교들에 의해 무장해제를 당한 뒤 베이징에 가서 해방 후 재편성된 광복군 3지대 평진(平津)대대에 편입되었다는 것이다. 거기서 만군시절의 계급에 따라 신현준 상위가 제1대대장, 이주일 중위가 1중대장, 박정희 중위가 2중대장을 맡았다고 한다. 그러나 이들은 미군정청의 인정을 받지 못했다. 어쩔 수 없이 해방 다음해 6월 박정희는 텐진(天津)에서 미군 LST선을 타고 부산항을 통해 귀국했다(양성철, 1992). 5월 6일 텐진을 떠나 이틀 후인 8일 부산에 도착했다는 기록도 있다(중앙일보 특별취재팀, 1998).

보통학교 교사만으로도 당시 시골의 가난한 농가 자식으로서는 큰 출세였다. 양반 자손의 자존심을 위안 받기에도 적절한 직업이었다. 그러나 교사에겐 일정한 권위는 있었으되 권력은 없었다. 게다가 교사의 권위가, 박정희의 인식으로는 상급자들에 의해 너무 쉽게 상처받을 수 있는 허상에 불과했다. 그는 보다 확실한 출세로 시골의 수재에 대한 부모의 기대와 마을의 선망에 답해주고 싶었을 것이다. 그리고 식민지 청년교사의 한계를 극복하고 지배계층의 일원이 되고자 하는 열망을 갖기도 했을 터이다. 누구나 가질 수 있는 희망이지만 그것을 실천에 옮길 수 있는 사람은 상대적으로 적다. 박정희는 그 소수에 속했다. 해방이후 한동안의 방황기를 거쳐 그가 택한 것은 역시 군대였다.

1946년 9월 고향에서 서울로 올라온 박정희 청년은 제2기 육군 사관학교에 들어갔다. 그는 3개월 간의 단기 교육을 받고 소위로 임관, 1947년에 대위로 승진했다. 고대하던 조국의 육군장교가 된 것이다(송효빈, 1977).

(2) 늘 자신감 넘친 부잣집 외동아들 — 김영삼

김영삼은 1927년 12월 20일 경상남도 거제도의 장목면(長木面) 외포리 (外浦里) 대계(大鷄)에서 태어났다. 김시흥(金時興)을 시조로 하는 김령(金寧) 김씨 충정공파(忠正公派) 28세손이다. 그의 10대조 김진원(金進遠)이 200여 년 전 충청북도 진천(鎭川)에서 거제로 이주했다고 한다.

가문에 대해서는 김대중의 경우와는 달리 김영삼의 기록은 상당히 자세하다. 가문에 대해 남다른 긍지를 가졌다는 뜻이다. 섬에서 부잣집 외동아들로 태어나 자라면서 가문에 대해 긍지를 느꼈다는 뜻이다. 이 사실이 그의 인격형성에 어떤 영향을 미쳤을 것인지는 짐작하기 어렵잖다.

그의 10대조, 즉 김진원은 형제가 함께 거제도로 이주했다. 형은 큰닭섬 (大鷄島)에, 아우는 작은닭섬(小鷄島)에 정착했다. 아우 쪽은 자손이 번창했으나 형 쪽은 자손이 귀했다. 조부 김동옥(金東玉)의 손자녀 가운데 손자는 김영삼과 큰아버지의 아들인 사촌동생(泳昊)뿐이었다. 그는 아버지 김홍조 (金洪祚)와 어머니 박부련(朴富連)의 맏이였다. 아래로는 딸만 다섯이었다. 이를테면 소왕국의 왕자였다.

그의 조부는 어장을 개척해서 인근에 소문이 날 만큼의 부자가 되었다. '정치망 건어망 어장과 10여 척의 배를 소유한' 그의 집안은 대계섬 경제활동의 중심이었다. 그는 민간신앙의 뿌리가 깊었던 포구 외포리에 신명교회(新明敎會)를 세웠다. 그만큼 독실한 기독교인이라는 뜻도 되지만 한편으로는 고집이 남달랐음을 알 수 있다. 그 할아버지 슬하에서 김영삼은 사랑과 기대를 한 몸에 받으며 자랐다.

그는 다섯 살 때 동네 서당에 들어갔다. 그리고 일곱 살 때 외포리 간이 소학교에 입학했다. 집에선 산길로 3~4km 거리였다. 4학년 무렵에는 면 소재지의 장목소학교로 전학했다. 그의 아버지는 가업을 이어 어장을 운영했다. "어장에서는 해마다 커다란 부가 형성되었지만……"이라고 그가 적은 것으로 미루어 아주 부유한 성장기를 보냈음을 짐작할 수 있다.

어장의 산출은 대부분 나의 정치생활에 투입되었고, 내가 오랜 독재 치하에서도 꿋꿋이 버텨나갈 수 있는 커다란 버팀목이 되었다. 해마다 명절이면 나는 거제에서 잡은 멸치를 야당 정치인과 재야인사, 그리고 지인들과 한 포씩 나누어 먹었는데, 캄캄한 군사정권 시절 멸치 한 포, 한 포에는 포근한 인정이 흘렀다. '민주멸치'는 내 정치인생의 명함 비슷하게 알려졌지만 사실은 모두가 아버지께서 내려주신 자식 사랑의 표시였다(김영삼, 2000).

정치자금의 굴레를 쓸 필요가 없었다는 것은 정치인으로서 대단한 행운이었다. 김영삼은 아버지의 경제적 지원 덕분에 정치역정에서, 적어도 부패의 덫은 피할 수 있었다. 그의 아버지가 어장의 수입을 장성한 아들의 정치활동에 지속적으로 투입한 데서 한국인의 정서를 읽을 수가 있다. 부모의 자식에 대한 끝없는 염려와 사랑, 그리고 자식의 출세를 자기 생애의 보람과 목표로 인식하는 것은 한국인의 전통적 의식이다. 선대가 육지에서 섬으로 이주했다는 점에서 보면 일종의 권토중래(捲土重來) 희구 심리도 작용했을 법하다.

어머니는 한없이 수더분하고 자애롭고 넉넉하고 괄괄하고 통이 큰 분이셨다. 어머니는 몸도 건장할 뿐만 아니라 건강도 좋으셨다. 남자들이 하는 힘든 일까지 거침없이 하는 분이셨다. 외포리뿐만 아니라 장목, 심지어는 거제도 전체에서도 어머니는 인정 많고 도량 넓으신 분으로 널리 알려져 있었다(김영삼, 2000).

그의 기억에 의존해서 추측한다면 어머니는 남성적 개성과 이미지를 가졌던 듯하다. "어머니는 천상 바닷사람, 바다에 어울리는 덕성을 지닌 분"이었다는 그의 술회에서 떠오르는 인상도 그렇다. "어려운 일에 부딪쳐도 마다하지 않고 손수 일을 만들어서 해내시면서, 오히려 일에 파묻혀 있을 적에 즐거움을 느끼는 분"이었다는 그의 어머니에 대한 기억은 바로 자신의 성격이나 행동에 대한 설명처럼 들린다. 그가 어머니를 많이 닮았음을 알 수 있다.

그는 장목소학교로 전학하면서 그때부터 하숙생활을 했고, 이를 통해 자립심과 인내, 그리고 용기 같은 것을 체득할 수 있었다고 기억한다. 1943년 그는 통영중학교에 입학했다. 애초엔 동래중학에 응시했지만 낙방을 해서 장승포에 있던 심상소학교에 다니며 재수를 하기도 했다.

통영중학 같은 학년의 학생은 일본인 40명, 한국인 20명이었다. 키순으로 정한 번호가 60명 가운데 29번으로 작은 편이었다. 그렇지만 씨름은 언제나 1, 2등이었다고 한다. 수영 재주는 뛰어나서 특히 원거리 수영에서 '최고 수준인 3급'을 땄던 것으로 자신은 기억한다. 그의 자신감 넘치는 언행과 저돌성 등의 배경을 이해하게 하는 기억들이다. 그는 긍정적이고 적극적인 성격 및 행동양식을 보여왔다. 그의 정치행태도 그랬다.

> 장목 소학교 고학년 시절에는 이미 조선어가 시간표에서 사라졌다. 조선어 사용 금지령에 이어 창씨개명령(創氏改名令)이 내려졌다. 동네 어른들은 저녁마다 모이면 수군거렸다. 일본식 이름은 해방되는 날까지 6년 동안 우리의 몸에 덧씌운 무거운 갑옷과 같았다(김영삼, 2000).

김영삼의 창씨개명 후 이름은 '가네무라(金村康右)'였다(≪한겨레≫ 1992. 9. 9). 박정희의 경우는 아예 일본군 장교가 되었지만 김영삼, 김대중도 일제 식민지배에 대한 뚜렷한 저항의식은 가졌던 것 같지가 않다. 물론 이들셋이 산간마을이나 섬에서 자랐다는 점은 감안되어야 한다. 남다른 민족의식을 가질 환경이 아니었다고 할 수 있다. 소년기를 거쳐 청년기까지도 이들이 일제에 대한 저항의식을 확고하게 갖지 않았다던가, 독립투쟁 지향성을 보이지 않았다고 해서 정치리더로서 심각한 결격사유를 가졌다고 말할수는 없다. 그러나 정치지도자에게 요구되는 덕목을 제대로 못 갖췄다는지적 또한 피하기 어렵다.

통영중학 2학년 때 입만 열면 한국인을 욕하거나 멸시하고, 아이들이 김치를 도시락 반찬으로 싸오면 빼앗아서 내던져버리곤 하던 일본인 교장에게 앙갚음을 했던 것을 그는 자랑스레 기억하고 있다. 평소 한국인들에게 '온갖 못된 짓'을 다하고 한국 학생들을 멸시하던 일본인 반장을 '흠씬 두들겨 패주고' 정학을 받은 일도 그에겐 자랑거리다. 일본에 대한 그의 저항은 이 정도였다. 정학은 해방이 되는 바람에 흐지부지 되었다. 그는 이 당시 문학가가 되겠다는 생각을 가졌는데 이것이 일제에 대한 반감 때문이었다고 했다. 그에게 그 같은 영향을 준 사람은 할아버지로, 언제나 한복 두루마기 차림이었고 왜정 관청에는 절대 출입하지 않았다고 한다.

그때 나는 할아버지를 졸라 일본어판 세계문학전집을 몽땅 샀다. 셰익스피어 전집도 갖고 있었다. 밤잠을 안 자고 세계문학전집을 읽었다(김영삼, 2000).

중학교 저학년 학생이 책을 읽고 싶다고 전집을 한꺼번에 다 샀다면 그가 얼마나 유복한 환경에서 자랐는지 짐작키 어렵잖다. 그리고 (아마도) 어느 날 갑자기 마음이 내켜서 선택했을 듯한 문학가에의 길을 위해 문학전집 한 질을 샀다는 점에서 그가 상당히 즉흥적이고 충동적인 성격의 소년이었음을 짐작할 수 있다.

한편 김영삼은 통영중학 시절 '학생들에게 인정스럽게 대했던' 와타나베 선생과 정부수립 이후에도 서신왕래 등 연락을 이어왔다. 3대 국회 때는 통영중학 동창들과 와타나베 선생을 한국으로 초청하여 국내 여행을 시켜주기도 했다. 그는 또 대통령 재임 시에 이미 고인이 된 와타나베의 아들 내외와 두 딸을 청와대로 초청했고, 오사카에서 열린 아시아·태평양 경제협력체(APEC) 정상회의에 참석했을 때 이들을 다시 만났다. 자신의 담임이었으면서 역사를 가르쳤던 우루시마 선생에 대해서도 좋은 기억을 갖고 있다. 그는 퇴임 후 회고록을 쓰던 중에 일본에서 치과병원을 하는 우루시마의 딸 내외를 상도동으로 초청하기도 했다. 그는 일제와 일본인을 구분해서 봤다고 하나 일제의 식민통치에 대해서 그가 특별히 반감을 갖고 저항의식을 드러내보인 적이 있었다는 기록은 없다.

해방이 되자 많은 일본인 학생들이 떠나갔다. 이 때문에 학교마다 자리가 비었다. 김영삼은 부산의 경남중학 3학년으로 편입했다. 여기서 그는 축구부에 들어가 졸업할 때까지 학교 대표선수로 활약했다. 그리고 정치에 관심을 기울이기 시작했다. "그래서 나는 이왕 나라를 위해서 뭔가 기여를 하려면 대통령의 꿈을 가져야겠다고 생각했다. 지금 생각해 봐도 정치의식 면에서는 남달리 조숙했던 것 같다"고 그는 기억한다. 하숙방에 '미래의 대통령 김영삼'이라고 붓글씨로 써붙여 놓았다. 친구들이 두 번씩이나 떼어버렸지만 그가 화를 내면서 못하게 한 이후로 그런 일이 없었다고 했다. '해방된 조국에 대한 기여' 여하간에 그는 언제나 우두머리가 되고 싶어했던, 어이없이 자신감 넘치는 소년이었다.

1947년 9월 그는 서울대학교 문리과대학 철학과에 입학했다. 문교부와 대학에서 주관하는 시험을 각각 한 차례씩 치렀다고 한다. 그러나 김영삼은 선거 때마다 학력문제로 시달렸다. 서울대학에 바로 들어간 것이 아니라 편입한 것이었다느니 서울대학에서 정규학생으로서가 아니라 청강생으로 공부했다는 소문들이 나돌았고 한 일간지가 청강생 관련 자료를 제시하기도 했다(≪한겨레≫, 1995. 11. 25).

학창시절 그가 관심을 가졌던 정치인은 이승만과 김구였다. 그는 단독정부 수립과 관련해서는 이승만의 견해를 지지했다고 한다.

이 박사의 견해가 더 낫다기보다는 단독정부 수립이 현실적으로 불가피한 선택이라고 보았다. 자칫 영원히 독립의 기회를 잃어버리거나 북한에 선전공세의 기회를 주어, 우리나라가 공산화될 수도 있다고 우려했다. 남북협상론에 비판적인 것은 아니었으나 처음부터 어려울 것으로 느꼈다(김영삼, 2000).

여기서도 드러나듯 그는 이상주의자가 아니라 현실주의자였다. 이는 그후 정치인 김영삼이 보인 행태와 다르지 않다. 그는 철학과 출신이었음에도 불구하고 이상을 추구하는 사람이 아니었다. 현실에서 투쟁하는 투사였고, 현실 상황에 대응하는 행동주의자였다.

그는 1964년 말에 펴낸『우리가 기댈 언덕은 없다』는 제목의 저서에 실린 서문을 회고록에 소개하고 있다. 박종홍(朴鍾鴻) 교수의 글이었다.

순후한 가운데 웅지를 품은 그의 비범한 태도는 학창생활에 있어서도 역력히 볼 수 있었고, 그만치 철학적으로 터득한 이상을 정치적인 현실에 구현할 사람이 바로 이 분이라고 생각되어 그에 대한 기대가 컸었다(김영삼, 2000).

정치적으로 성공한 옛 제자의 저서에 서문을 쓰면서 인색할 수는 없는 일이다. 그래서 아마 '추어주기' 글이 되었겠지만 학창시절에도 그가 현실 정치에 관심을 많이 갖고, 어쩌면 정치를 하고자 하는 뜻을 표나게 드러냈었음을 짐작할 수 있게 하는 글이다.

그는 정치인이 되려면 웅변을 잘해야 한다고 여겨 열심히 연습했다. 그리고 서울 명동 시공관에서 열린 정부수립 기념 웅변대회에 참가해서 2등에 입상했다. 1등은 당시 고려대 학생이던 송원영(宋元英)이 차지했다. 김영삼은 2등 상으로 외무장관상을 받았는데 당시 외무장관이 장택상(張澤相)이었다. 그는 3학년 때이던 1950년 4월 초순 장택상의 선거캠프에 참여했다. 현장정치를 경험하기 시작한 것이다.

서울에서 6·25와 맞닥뜨린 그는 같은 집 하숙생을 따라 이 사람의 고향인 경기도 이천에서 3개월 여 피신해 있다가 서울을 거쳐 부산으로 내려갔다. 거기서 그는 친구들과 학도의용군에 입대했다고 한다. 그러나 정식으로 입대하지 않았기 때문에 그의 군 경력을 두고도 선거 때 시비가 많았다. 1987년 11월 6일에 열린 관훈클럽 토론에서 김영삼은 군 경력에 대해 질문을 받고 해명했는데 한 토론자가 'E-135'(회고록에는 'E-134'로 기술)는 존재하지 않는다고 말했다. 이에 대해 그는 후에 학도의용군에 근무한 사람을 구제하고 군번을 부여한 것도 자신이 제3대 국회에서 주도적으로 병역

법을 개정했기 때문에 가능했다고 설명했다(관훈클럽, 1987).

어쨌든 그가 기록한 대로라면 그는 문리대 사학과 주임에서 국방부 정훈국장으로 옮긴 이선근(李瑄根) 박사와의 인연으로 국방부 정훈국 대북방송 담당요원으로 배치되었다. 그 일을 한지 수 개월이 되던 때 창랑의 부름을 받고 이 일을 그만두었다. 정식 또는 그에 버금가는 군인 신분이 아니었음을 이로써 알 수가 있다. 1952년 봄 창랑은 국무총리가 되었고 김영삼도 그를 따라가서 국무총리 비서가 되었다. 이때 이미 정계진출을 꿈꾸었던 그는 대인관계에 적극성을 보였다.

이에 앞서 그가 국회부의장 비서로 있던 1951년 3월 6일 마산 문창교회(文昌敎會)에서 그는 마산의 '경향고무'라는 고무신 공장을 경영하던 손상호(孫相鎬)의 2남 7녀 중 맏딸인 명순(明順)과 결혼했다. 그의 아내는 당시 이화여대 약학과 3학년에 재학 중이었다. 이화여대는 학칙으로 재학 중 결혼을 금했다. 그런데 그의 아내는 학교에 다니면서 결혼했을 뿐 아니라 첫 아이를 출산하기까지 했으나 무사히 졸업할 수가 있었다. 그가 엄격한 원칙주의자는 아니었음을 짐작케 하는 대목이다.

(3) 정치에 관심 많았던 섬 소년 — 김대중

김대중은 전남 신안군 하의면(荷衣面) 후광리(後廣里)에서 태어났다. 후광리에서도 원후광이라고 불리던 곳이다. 목포에서 직선거리로 34km거리에 있는 섬이다. 이 곳에서 그는 부친 김운식(金雲植), 모친 장수금(張守錦) 사이의 4남 중 차남으로 태어났다.

그는 1997년 11월 15일, 제15대 대통령 선거를 한달 여 앞둔 시점에 내놓은 자서전 『나의 삶 나의 길』에서 고향과 어린 시절에 대한 기억을 다음과 같이 되살리고 있다.

최근 한 일간지에서 어떤 풍수지리가는 하의도의 형상을 달팽이가 양쪽 더듬이를 내밀고 물가로 나오는 모습과 흡사하다고 했다. 그리고 지금은 밭이 되어 주춧돌만 몇 개 남아 있는 형편이지만 내가 태어난 생가는 왼쪽 더듬이 중심부에 자리하고 있다고 한다. 나는 풍수를 특별히 신봉하는 편은 아니다. 그러나 곤충이나 기타 갑각류 동물에서 다른 부위가 아닌 더듬이의 위치에서 태어났다는 것은 내가 살아오고 겪어온 일생에 비추어 보면 한편으로는 그럴 듯하다는 생각도 든다(김대중, 1997).

이 말에서 어떤 상징성을 읽을 수 있다. 자신의 생가 터가 아주 중요하고 의미 있는 곳임을 강조한 점이 우선 눈길을 끈다. 이는 자신에게 하늘로부터 특별한 운명적 임무가 주어졌거나 그러기로 예정되어 있었다고 말하고자하는 심리의 표출이다.

또 한 가지, 그는 가톨릭 신자임에도 불구하고 풍수지리에 대한 관심을 억제하지 못했다. 그는 1995년 경기도 용인시 이동면 묘봉리 산 156의 1에 가족묘원을 마련, 부모와 전처, 여동생의 묘를 이장했다. 그런데 이 용인 묘소의 터를 잡아준 사람이 이름난 지관이었던 손석우(孫錫佑) 씨였다고 알려졌다. 이와 관련해서는 1996년 5월 22일 발매된 시사주간지 ≪NEWS+≫에 상세히 소개되어 있다

손씨는 이 천선하강(天仙下降) 터가 말년 뒤끝도 좋은 명당이나 다만 한 가지, 돈 때문에 끊임없이 문제가 될 수 있다고 말한 것으로 이 기사는 전한다. 우연의 일치이겠지만 2002년 봄 그의 세 아들과 관련된 비리의혹이 일제히 터져나왔다.

한 번은 그 언덕에서 바다 저쪽으로 일본 군함이 몇 척 떠 있는 걸 본 적이 있다. 큰 배라고 해봐야 십몇 톤에 불과한 우리 고깃배들만 보아왔던 내게 그 군함은 그저 엄청나고 놀라울 뿐이었다. "아, 일본은 위대한 나라로구나!" 외경심에 가득 차서 나는 그렇게 중얼거렸다(김대중, 1997).

큰 것에 대한 그의 동경과 도전정신이 아마도 이 같은 유년기의 기억에서 싹트고 굳어졌을 것이다.

그는 자신의 아버지를 '정이 많았고 예술적인 소양이 참 많은 분'으로 떠

올린다. 아버지는 또 하의도 소작 반대투쟁의 지도자로서도 그의 기억 속에 살아있다. 아버지는 마을 이장으로 정치에도 많은 관심을 가졌었다고 그는 회고한다.

아버지는 일본에 대한 반발심도 대단해서 일왕 히로히토를 당시 모든 사람들이 부른 '아라히토가미(現人神)' 대신에 '유징(裕仁)이라는 이름으로 불렀다는 것이 그의 기억이다. 그게 섬 마을의 농민으로서도 대단한 용기가 필요한 일이었는지는 알 수 없지만, 그의 아버지도 그 자신도 일본의 식민통치에 대한 직접적인 저항을 시도한 적은 없었다.

그는 아버지의 자상한 면도 기록했다. 어느 날 외출하려다가 아들이 나무로 군함을 만드는 것을 보고는 그 자리에 주저앉아 반나절을 대신 만들어 주었다고 한다. 아마 대단히 감격했던 듯 각별한 기분으로 술회하고 있다. 반면 아버지의 생활력에 대해선 별로 평가하지 않았다. "만일 생활력이 강하셨던 어머니가 계시지 않았다면 우리 가정은 보전되지 않았을지도 모른다는 생각이 든다(김대중, 1997)"고 말하는 것으로 미루어 아버지는 거의 가사를 돌보지 않았던 듯하다.

그러나 ≪한겨레≫가 1995년 11월 25일자에서 보도한 바로는 그의 아버지가 농사 말고도 염전 인부들을 상대로 대금업을 하기도 하고 양조장도 운영했다. 그의 기억이 잘못이거나 한겨레의 오보일 것이지만 아버지에 대한 그의 기억이나 기술에는 미화와 축약의 의도가 개입되어 있다는 느낌을 주는 게 사실이다.

아버지가 다정다감했던 반면 어머니는 엄했다고 그는 기억한다. "이래저래 나는 양친 부모의 혜택을 고루, 그리고 듬뿍 받은 셈이다. 어머니로부터는 강한 독립심과 함께 정사(正邪)와 선악의 구별을 명확히 하는 기질을 물려받았다. 그리고 아버지에게서는 민족적 정신과 더불어 소작쟁의를 통해서 본 것과 같은 올바른 사고력, 그리고 정치적인 접근법 등을 배웠다(김대중, 1997)." 전통적 의식과 기술방식으로 부모님의 은혜를 기리는 게 아니라면 이 역시 의도적 미화라는 느낌을 주는 묘사다.

그는 일곱 살 나던 해 초봄에 초암(草庵)선생 서당에서 글을 배우기 시작, 그 해 가을 서당의 시험에서 장원을 했다. 이듬해 하의도에도 보통학교가 생겨서 그는 2학년으로 입학했다. 그러나 이 학교는 4년제였다. 그는 4학년 9월에 목포 제일보통학교로 전학을 갔다. 그의 어머니가 아버지를 설득, 집안 전체가 목포로 이사를 갔다. 하의도에서 상당한 재산가였으나 가산 모두를 정리하고 떠났다고 했다. "따지고 보면 오늘의 내가 있는 것은 그 때 결단을 단행한 어머니의 덕분이다(김용운, 1999)"고 그는 술회한다.

목포로 이사간 뒤 처음엔 항구에서 가까운 곳의 '영신여관'을 사서 운영했다. 전학한 학교에서 전교수석으로 졸업한 그는 1939년 4월 목포상업고등학교에 수석으로 들어갔다. 동기생은 모두 164명이었고 한국인, 일본인이 반반 정도였다. 그는 장차 실업가가 되겠다는 꿈을 가지고 상업학교에 입학했지만 후에 점차 '정치에 마음이 끌려' 그 꿈은 사라졌다. 그는 2학년 때 창씨개명을 강요받았다. 그의 기억으로는 이 해가 1940년이었다. 창씨개명 후 그의 이름은 '토요타(豊田大中)'였다.

지금도 나는 더러 일본인들로부터 그때 창씨개명을 어떻게 했는지 질문을 받을 때가 있다. 물론 그들은 단순한 호기심이거나 아니면 화제를 이끄는 데서 가벼운 맞장구로 여기고 물어본다. 그러나 내 경우는 다르다. 언제나 굴욕감을 느끼기 때문이다. 그래서 나는 그때마다 말하기 싫다고 대답한다(김대중, 1997).

그는 창씨개명에 어떤 저항도 하지 않았다. 이런 회고록 기술태도를 통해 김대중으로부터 받는 인상은 '자기 과시욕이 강한 사람, 자기 합리화에 능한 사람, 권위주의적 성향을 가진 사람'이다.

그는 목포상고 1, 2학년 때는 늘 반장이었고 성적도 좋았다. 3학년 때는 대학진학을 결심, 취직반 반장을 그만두고 진학반으로 갔다. 일본에 가서 대학에 진학하기 위해서였다. 다른 데도 아닌 일본으로! 그런데 미 해군의 해상 봉쇄로 일본 도항의 꿈이 좌절되었다. 그래서 '자포자기의 심정'으로 공부를 게을리 했고, 그 때문에 4학년 때부터는 성적이 점점 떨어졌다. 게다가 독서와 견문을 쌓으며 시야를 넓히느라 공부를 게을리 한 측면도 있었다. 또 일본인 학생들의 까닭 없는 시비에 맞서 싸우다가 '문제가 있는' 또는 '요 경계'학생으로 지목되어 미움을 받았고 그 탓에 공부를 잘해도 좋은 성적을 받을 수 없게 되었다. 졸업 성적은 164명 가운데 39등이었다.

이와 같은 과다 해명이 그의 성격을 드러내 보여준다. 그는 성적이 떨어진 데 대해서 남이 충분히 수긍을 할 것이라고 믿어질 때까지 이유를 제시한다. 정치인으로서 김대중의 행태도 유사하게 드러나는 경우가 잦았다. 그는 이유를 만들기를 좋아했다. 정계 은퇴를 선언할 때도, 다시 재개할 때도 그는 그럴 듯한 이유를 제시하기에 골몰하는 모습을 보였다.

그는 1944년 졸업할 예정이었으나 전시특별조치로 1943년 가을에 졸업했다. 만주 건국대학에 진학하려다가 일제 징용을 피하기 위해 일본인이 경영하는 해운회사에 취직했다. 그의 정규적인 학교교육은 이로써 끝났다. 이 점, 즉 학력이 고등학교 졸업에 그친 게 두고두고 그에겐 아쉬움으로 남았던 듯하다.

어떤 한 텔레비전 토크 프로그램에서 내게 난데없이 불쑥 물었던 적이 있다.
"김 총재께서는 다시 20대로 돌아갈 수 있다면 무슨 일들을 하시겠습니까?"
"아, 스무 살 시절 말입니까?"
"예."
"저는 정상적으로 대학생활을 해보지 못했던 게 한으로 남아 있습니다. 그래서 우선 열심히 공부해서 대학에 가고 싶습니다(김대중, 1997)."

'한'이라고 표현할 정도면 그의 학력에 대한 콤플렉스는 대단했다고 봐야 한다.

학력 문제와 관련해서는 선거시 논란거리가 되기도 했다. 1987년 10월 30일 '관훈클럽토론'에서 패널로 나온 조선일보 김대중 논설위원이 선관위의 당선자 명단을 인용, 문제를 제기했다. 그의 학력이 4가지, 즉 일본 법정대학, 건국대학, 경희대학 또는 동 대학원으로 나와 있다는 것이었다. 그는 자신이 법정대학이나 만주 건국대학을 나왔다고 말한 적이 없다며, 다만 부산에 건국대학이 있었는데 3학년으로 편입한 일이 잠깐 있었다고 해명했다. 경희대학의 경우는 경영대학원 석사과정을 마쳤지만 대학을 졸업하지 못했기 때문에 석사학위는 받지 못했다고 밝혔다. 그러면서도 외국유명대학에서의 연구활동이나 명예박사 학위 취득 사실을 덧붙였다. 그렇다면 선관위가 마음대로 남의 학력을 지어서 기재했다는 뜻이 되는데 이건 더 이상하다.

해운회사에 취직해 있을 무렵 그의 아버지는 아들을 군대에 보내지 않으려고 호적 정정 신청을 내서 생년월일을 원래의 1924년 1월 6일(음력 1923년 12월 3일)에서 1925년 12월 3일로 바꿨다. 그 바람에 징병 연령은 2년이 늦어져 1기로 갈 것을 3기로 가게 되었다. 1945년 봄 그는 징병검사를 본적지인 하의도에서 받았다. 징병검사를 받은 후인 그 해 4월 9일 김대중은 만 20세의 나이로 차용애(車容愛)와 결혼했다. 그리고 8·15해방을 맞았다. 일본 군대에 끌려가지 않아도 좋게 된 것이다.

김대중의 출생 및 성장기와 관련해서는 이한두(李澣斗)가 『박정희와 김영삼과 김대중』에서 상세히 기록하고 있다. 1986년에 초판이 발행되고 이듬해 재판이 나왔다는 점에서는 다분히 대선을 겨냥하거나 의식하고 쓴 글이라는 인상을 주지만 당사자들의 공개적인 반박이나 사법적 대응이 없었던 것으로 미루어 터무니없는 허위 또는 왜곡이라고 보기도 어렵다.

이한두에 따르면 김대중의 어머니 장노도(張鹵島)는 세번째 남편으로 김운식(金云式)을 만났고 이때 이미 임신한 상태였다. 물론 김운식에게는 본처가 있었다고 한다. 사실이든 아니든 그게 정치리더로서의 자격에 흠이 되는 것은 아니다. 오히려 역경을 딛고 일어서서 마침내 대통령까지 되었다는 점에서 모범적 성공사례, 시쳇말로 '인간승리'일 수 있다. 다만 한국적 혈통의식에 비추어서는 약점인 게 사실이다.

그러나 이 글에서 이 점을 주목하는 이유는 달리 있다. 이한두는 공화당 정권의 고위인사 주도로 조사되었던 이 사실이 덮여지게 된 이유를 이렇게 설명한다.

　　……이에 비해 (공개를) 그만두자는 측의 말을 들어보면 자칫 잘못하면 국민
에게 대통령후보자를 악의적으로 중상모략한다는 인상을 주어 도리어 역효과를
불러일으킬 염려가 있는 것이고, 또 이 나라에서 과거 시행한 선거의 예를 보아
적자(嫡子) 출신과 서자(庶子) 출신이 경쟁을 하게 되면 언제나 서자 출신이 이
겼다는 것이다. 서자 출신은 인간차별에 대한 한(恨)이 있어 악착같이 의지가
강한데다 또 서자 출신 국민이 은연중 단결되어 같은 처지에 있는 입후보자를
동정하여 뭉치는 경향이 많았다는 것이다(이한두, 1987).

이 글이 김대중의 출생 배경에 대해 관심을 두는 까닭은 위의 인용문이
설명해주고 있다. 즉 서자 또는 유사한 처지에 있는 사람이 출세, 그리고
'공식적' '정규적' 학력 경력 신분 같은 것에 강하게 집착하는 경향이 있다
는 사실에 주목하는 것이다. 물론 출생 배경만이 판단의 근거가 되는 것은
아니다. 그렇지만 중요한 단서가 되는 것은 틀림없다.

만약 김대중의 출생과 성장에 우여곡절이 있었다면 그의 정치적 출세,
특히 대통령직에 대해 초인적인 집착을 보였던 이유를 파악하기가 한결 쉬
워진다. 또 그가 학력에 대한 논란을 의도적이든 우연이든 초래한 까닭도
설명이 된다. 그는 모스크바의 외교아카데미에서 박사학위를 취득하기 전
공사석에서 자신이 받게 될 것이 '명예박사'가 아닌 '정식박사'라는 점을
각별히 강조했다. 그간 세계 유수의 대학에서 여러 차례 명예박사를 받았
고 국제적으로 저명한 정치지도자가 되어있으면서도 '정규학력'에 대한
콤플렉스를 극복하지 못했다는 뜻이 된다.

2) 정치 속으로

(1) 쿠데타군 이끌고 한강 건넌 소장 — 박정희
박정희는, 성장과정을 통해 이미 살펴본 바 있지만 어렸을 때부터 권력

지향적이었다. 그는 '큰 칼을 차고 싶어서' 만주의 일본 군관학교에 들어갔다. 하긴 다른 길이 있었으면 꼭 군관학교를 택하지 않을 수도 있었을 것이다. 그러나 식민지의 시골 보통학교 교사에게는 비약적 신분상승의 기회라는 것이 있을 리 없었다. 게다가 일본이 중일전쟁에 깊이 빠져들면서 식민지 청년들에게도 징병의 압력이 가중되기 시작했다.

만군(滿軍) 중위 박정희(1945년 7월 1일 진급)가 속해 있던 보병 8단은 소련군 참전으로 인해 8월 14일 저녁부터 5관구 사령부가 있던 청더(承德)로 이동 중이었다. 이들이 일본의 무조건 항복 소식을 들은 것은 8월 16일이었다. 그날 오후 군관학교 동기생인 가오칭인을 만난 박 중위는 "이제 일본이 망했는데 어떻게 하면 좋겠느냐"며 앞일을 걱정했다(중앙일보 특별취재팀, 1998). 대일본제국의 육군 장교로서 전공을 세워 출세를 하려고 생각했던 그에게 일본의 패망은 엄청난 충격이었을 것이다. 의식이 무중력상태에 빠졌을 법하다.

박정희는 어머니의 각별한 사랑 속에서 성장했다고 하지만 상당히 반항적인 성격의 소유자였다. 특히 대구사범시절에 그의 반항적 기질이 자주 노출되었다. 그는 보통학교 때는 우등생이었으나 대구사범으로 진학한 후에는 성적 불량 학생이 되었다. 결석도 잦았다. 그러면서도 검도와 교련에서는 두각을 나타냈다. 자신의 가난, 수재집단에서 앞서지 못하는 데 대한 무력감에 대해 스스로 저항한 때문이었을 것이다.

성장해서도 이런 성격은 바뀌지 않았다. 교사시절엔 '겐카 다이쇼(싸움대장'이라는 별명을 얻을 정도로 자주 일본인 교사들과 싸우기도 했다(중앙일보 특별취재팀, 1998). 가난한 생활형편, 가정에 대한 아버지의 무관심, 만득의 막내라는 처지, 왜소한 체격, 자존심 강한 성격 등이 어우러져 은연중에 그 같은 성격을 만들어냈을 것으로 추측할 수가 있다. 박정희가 힘에 대해 집착하고 공격성 투쟁성 등을 심하게 드러내보인 것과 관련, 한 정신과 의사는 무능하나 폭군적이었던 아버지에 대한 오이디푸스적 갈등으로 설명하고 있다(신용구, 2000).

박정희는 만주에서 귀국한지 3개월 후인 1946년 9월 제2기 육군 사관학교에 들어가서 3개월 간의 단기교육을 마치고 소위로 임관했다. 그리고 1947년에는 대위로 승진했다. 그가 육군사관학교 전신인 조선경비사관학교에 입학했던 9월 24일로부터 1주일이 지난 10월 1일 대구에서 '10·1폭동사건'이 발생했다. 이 와중에 그의 셋째 형 상희(相熙)가 사망했다. 한참 후에 이 소식을 듣고 고향에 내려간 박정희는 유족들을 돌봐주고 있던 남로당 군사부 책임자 이재복을 만났다. 그리고 그의 권유와 "형의 원수를 갚아야 한다"는 충동질에 의해 남로당에 가입하게 되었다(김석야, 1997).

박정희 자신은 이 일과 관련해서 다음과 같이 술회하고 있다.

형님 가운데 사상적으로 이상한 사람이 한 분 있었어. ……육군사관학교 교관으로 있을 때 그 형님의 친구 되는 분이 찾아와 다음 일요일 모 장소에서 향우회가 있다면서 나더러 꼭 참석해달라 했어. ……뒤에 안 일이지만 그 날 향우회에 참석한 사람은 모두 좌익계열의 조직에 집어넣고 도장까지 파 찍었던 것인가봐. 그로 인해 숙군 때 붙들려가 군법회의에 회부되어 중형을 선고받았지. 만주군관학교 출신 선배장교들이 나의 억울함을 알고 노력을 해서 풀려나오게 된 것이야(김종신, 1997).

그는 1948년 10월 20일 발생한 '여순반란사건'에 연루되어 이 해 11월 11일 군수사당국에 의해 연행되었다. 이때 수사실무 담당자는 김창룡(金昌龍)이었다. 박정희는 서대문 형무소에 수감되었다. 당시 수사를 총괄하던 육군본부 정보국 특무과의 김안일 소령은 박정희와 동기생이었다. 그는 박정희가 이념적 공산주의자는 아니라는 확신을 갖고 있었다. 마침 김창룡이 박정희를 살려주자고 말한 데 힘입어 1949년 초 백선엽(白善燁) 정보국장에게 박정희 구명을 건의했다. 박정희가 조사과정에서 군내 침투 좌익조직을 수사하는 데 적극적인 협조를 했다는 점을 강조했다(김석야, 1997). 박정희는 백선엽의 배려에 힘입어 형집행정지로 풀려났을 뿐 아니라 육군 정보국에서 문관으로 근무할 수 있게 되었다.

박 소령은 한참을 묵묵히 앉아 있다가 입을 열었다. "나를 도와주실 수 없겠습니까?" 작업복 차림의 그는 측은한 모습이었다. 그러나 면담 도중 전혀 비굴하지 않고 시종 의연한 자세를 잃지 않았다. ……"도와드리지요." 참으로 무심결에 이러한 대답이 나의 입에서 흘러나왔다(백선엽, 1989).

박정희가 육군본부 정보국 전투정보과에서 문관으로 있을 때인 1949년 5월 김종필(金鍾泌) 등 육사 8기생들이 5개월간의 교육을 마치고 그곳으로 배속되어왔다. 백선엽의 회고로는 성적 우수자 가운데 1차로 15명을 선발해서 정보국에 근무토록 했고, 그 가운데 김종필을 포함한 10명은 전투정보과로 배속했다. 거기서 훗날 5·16쿠데타를 주도했던 박정희와 김종필이 처음으로 대면한 것이다.

1950년 6월 25일 새벽 전쟁이 발발했다. 박정희는 고향 상모리에서 정보국장 장도영(張都暎) 대령의 전보를 통해 이 소식을 들었다. 그날 낮 12시경이었다. 그는 어머니의 소상을 지내러 고향에 내려가 있던 중이었다. 그는 27일 오전 용산에 도착했다. 다음날 서울은 북한군에게 점령되었다. 육군본부는 수원으로 이동했고 정보국은 수원국민학교에 설치되었다. 장도영은 자신의 회고록에서 박정희가 거기에 도착해 있는 것을 보고 그에 대한 사상적 의심을 버렸다고 했다. 그곳에서 박정희는 소령으로 복직했다.

박정희는 7월 14일 전투정보과장으로 임명되었다. 그 다음날 같은 과에 근무 중이던 송재천 소위의 소개로 부산 영도에서 피난생활을 하던 육영수와 처음 만났다. 9월 15일 박정희는 중령으로 진급했고, 10월 25일엔 대전의 제9사단 참모장이 되었다. 옥천으로 돌아간 육영수와는 지속적인 교제를 거쳐 12월 12일 결혼식을 올렸다. 그는 1953년 2월 육군 준장으로 2군단 포병사령관이 되었으며 1958년 6월엔 소장으로 진급하면서 1군 참모장직을 맡았다. 이어 1959년 7월 6관구 사령관, 60년 1월 군수기지사령관, 7월 1관구 사령관, 9월 육군본부 작전참모부장을 역임했다. 이 해 12월 2군 부사령관으로 밀려났는데 이 곳에서 쿠데타를 일으켰다.

박정희에게는 성장기부터 시작, 군에서 입지를 확보할 때까지의 과정이 결코 순탄치가 못했다. 그렇기는커녕 어느 누구보다도 험난한 길을 걸었다. 특히 '좌익' 전력 올가미가 그를 죄었다. 미국 측의 의심이 더 그를 괴롭혔다. 심지어 5·16은 박정희가 좌익 콤플렉스의 벼랑에서 탈출구로 시도한 일대 모험이었다는 주장까지 나올 정도였다(중앙일보 특별취재팀, 1998).

일제의 식민통치에서 벗어난 신생 대한민국에서 가장 잘 조직화되고 가장 잘 관리되던 집단이 군대였다. 그리고 이들은 사회의 다른 어떤 조직보다 강고한 결속력을 가진 거대한 집단이었다. 한국군은 6·25전쟁을 계기로 급격히 팽창해서 휴전 당시에는 '자유진영 제4위의 대병력, 즉 60만 대군'으로 성장해 있었다. 이에 따라 장교집단도 거대화했다. 그리고 장교들은, 군은 물론 사회적으로도 엘리트집단으로서의 지위를 확보했다. 이들은 민간의 지식인 그룹, 즉 대학인들과 함께 국가적 엘리트 집단의 양축을 형성했다.

1953년 7월 27일 휴전협정이 조인됨으로써 전쟁은 끝났다. 평화시의 거대 상비군 조직은 '국토방위'라는 대의명분에도 불구하고 일면에서는 국가적 부담이 되게 마련이다. 전쟁 중에는 전쟁수행이라는 현실적 과업과 승리라는 당면의 목표가 있었다. 물론 창군 때부터 군의 부정부패는 시작되었고 전쟁 중에도 근절되지 않았지만 휴전 이후 급속히 만연했다.

군의 상층부는 그들의 강력한 세력을 이용, 조직 내외에서 사리사욕을 채우기에 몰두했다. 신생국인데다 전쟁까지 휩쓸고 지나간 나라의 거대한 군대였다. 기강과 긴장이 풀리자 부정부패와 비리가 전군적으로 만연했다. 최고 상층부에서부터 말단 사병에 이르기까지 부정부패가 오히려 군조직을 지배하는 질서가 되다시피 했다. 사회적으로 엄청난 파장을 불러일으킨 대형사건만 해도 헤아리기 어려울 정도로 많았다. 국민방위군 사건, 거창 사건, 김창룡 사건, 남북교역 사건, 원면 사건, 탈모비누 사건, 환금장유(丸金醬油) 사건, 첩보미(諜報米) 사건, 김은배(金銀培) 부정사건, 외인주택건설 부정사건, 3관구 휘발유 사건, 6관구 석탄 사건, 1관구 군량미 사건 등이 그 대표적인 예다.

군의 부정부패와 기강해이가 정도를 넘어서자 군 내부에서 저항의 분위기가 번지기 시작했다. 이 기운이 심상찮게 고조되던 시기에 이승만 정권의 독재정치도 한계점에 이르고 있었다. 반란을 꿈꾸던 젊은 장교그룹을 자극하기에 충분한 명분과 평계를 당시의 군 상층부와 자유당 정권이 제공한 것이다.

박정희, 그리고 김종필 등 육사 8기생 일부의 쿠데타 모의는 1960년 2월부터 시작되었다. 당시 부산 군수기지사령관이던 박정희를 중심으로 일단의 육사 8기생 영관급 장교들이 해운대, 동래온천, 불국사 등지에서 거사계획을 논의했다. 이들은 참모총장의 도미예정일에서 3일 후인 5월 8일 쿠데타를 일으키기로 결의했다. 그러나 쿠데타 예정일에 앞서 4·19가 일어났다.

대의명분은 직접적인 동인이 되기 어렵다. 사람은 자신의 이해에 직결되는 문제에 대해서 더 적극적으로 또 즉각적으로 반응하게 마련이다. 이 점에서 이들에게는 동기가 뚜렷했다. 박정희의 군대생활은 평탄하지가 못했다. 그의 좌익 전력이 군대생활 내내 따라다니며 목을 죄었다. 특히 4·19 이후 미국은 한국군 내의 사상검열을 강화하도록 요구했고, 박정희는 감시의 대상이 되었다. 쿠데타 모의 가능성과 좌익 전력 때문이었다. 그는 강제예편의 위기에 처했다. 나름대로 구명운동을 시도해보기도 했으나 1960년 12월 8일 휘하 병력이 전무했던 2군 부사령관으로 밀려나고 말았다. 좌절감이 극단적인 선택을 부추겼을 수 있다. 게다가 그는 젊은 시절부터 남달리 반항적 기질을 드러내보이던 사람이었다.

당연히 부패정권 부패군부가 그의 정의감을 자극했다. 무능한 사람들이 무리를 지어 온갖 부정한 방법으로 이익을 독점하고 있다고 생각했을 것이다. 또 이들에 대한 증오를 통해 자신을 정당화시키고자 하는 욕구도 있었을 터이다.

그는 좌익활동 혐의로 군법회의에서 사형을 선고받은 바 있다. 정강(鄭剛)은 김종신에게 이렇게 말한다. "자네도 알다시피 나는 숙군을 담당했던 사람들 중의 하나야. 여순반란사건 후 그는 사상관계로 사형을 선고받았고 무기형으로 감형되었다가 집행정지 처분을 받아 풀려나왔고, 민주당 정권 때 8군 '요시찰 인물' 중에 포함되어 있었지(김종신, 1997)."

목숨을 부지하고 군에 복귀까지 할 수 있었지만 그에겐 고통스러운 기억이었다. 한 쪽만 배반한 게 아니었다. 좌익에 대해서는 그 조직을 파악 검거하는 데 적극적으로 협력했고 그에 힘입어 감형을 받았다는 부채의식을 가질 수밖에 없는 입장이었다. 이쪽에도 저쪽에도 그는 주변적 인물이었다. 그 같은 처지에서 벗어나 한 쪽의 주류에 속하고 싶었을 것이다. 그는 조직의 중심을 형성하고 있던 사람들의 부도덕성을 공격하는 데서 그 가능성을 찾았다. 자신보다 훨씬 부도덕하고 부정직한 부패인사들이 군 요직을 점거하고 정통성을 주장해 왔다는 것을 폭로함으로써 자신의 과오 같은 것은 이들에 비해 문제될 게 없었음을 확인받고 싶었을 것이라고 추측할 수가 있다.

김종필 등 육사 8기 출신 영관급 장교들 역시 현실에 대해 강한 불만을 품고 있었다. 이들은 정부 수립 후 처음으로 배출된 장교들이었던 데다 교육기간도 앞의 다른 기에 비해 비교적 긴 6개월이었다. 또 전쟁시 야전 소총소대장 및 중대장으로서 실전경험을 남달리 쌓았으며 동기생들끼리 단합도 잘되었다. 엘리트 의식이 충만했던 이들은, 그러나 인사에서는 크게 불이익을 받고 있었다. 위로 적체가 심했던 데다 8기생들은 수가 많았다. 승진의 문은 그만큼 좁았고 당연히 불만이 부풀어오르게 마련이었다. 8기생 가운데 5·16 이전까지 대령으로 진급한 사람은 8명에 그쳤다. 물론 장성은 없었고 전망마저 극히 어두웠다. 엎친 데 덮친 격으로 정부는 군 감축을 추진하고 있었다.

이는 같은 육사 8기로 김종필 등보다 앞서 대령으로 진급했던 강창성(姜昌成)의 상황분석이다. 5·16에 동참하지 않은 8기생으로서 참여자들의 동기에 대해 긍정적으로 기술하긴 쉽지 않겠지만 어쨌든 사건에 대한 평가가 아니라 구체적인 사실에 대한 서술의 경우는 그 내용의 진실성을 의심할 이유가 없을 것이다.

김종필 등은 박정희에게 희망을 걸었다. 박정희는 3·15 부정선거에 대해 거부감을 공공연히 드러냈다. 당시 군수기지사령관이던 박정희는 투표일 바로 전날 부산의 군인표를 모으기 위해 서울에서 파견된 CIC 대령과 심한 언쟁을 했다. 그리고 책상서랍에서 투표용지를 한 뭉치 꺼내 **쫙쫙** 찢은 다음 이를 난로 속으로 집어던졌다(Keon, 1978). 또 4·19 후에는 송요찬 육군참모총장 겸 계엄사령관에게 사임을 요구하기도 했다. 이 같은 박정희의 용기에 감명받은 육군본부 내의 육사 8기생들이 자연스레 모이게 되었다. 박정희의 조카사위 김종필을 비롯, 김형욱(金炯旭) 길재호(吉在號) 신윤창(申允昌) 석창희(石昌熙) 최준명(崔俊明) 오상균(吳常均) 옥창호(玉昌鎬) 등이었다.

김종필은 동기생들과 함께 5월 8일 정군을 위한 연판장을 참모총장에게 내자는 데 합의했다. 정군을 요구하며 그 방법론을 제시하는 내용이었다. 그러나 연판장을 내기도 전에 체포되었다. 주동자 8명 가운데 서명을 하지 않은 3명은 무사했으나 김종필 김형욱 옥창호 석창희 최준명 등 5명이 방첩대(후의 보안사령부)에 끌려가서 조사를 받고 구속되었다. 죄명은 쿠데타 음모와 국가 반란죄였다. 장성들은 이를 하극상이라고 규정했으나 젊은 장교들은 오히려 이들의 주장에 동조하고 나섰다. 참모총장 송요찬(宋堯讚)은 방첩대 유치장에 구속 중이던 연판장 사건 관련자 5명을 총장실에서 면담했다. 이 자리에서 이들은 송 총장의 사임을 요구했다. 송요찬은 이를 받아들여 다음날 사퇴했다.

이 후 이들의 정군운동은 계속되었다. 그리고 박정희는 이들의 편을 들었다. 김종필 등은 1960년 9월 10일 충무로 일식집 '충무장'에 모였다. 5·16쿠데타의 첫 모의가 이렇게 시작되었다. 이 자리에 모인 육사 8기생들은 마지막으로 국방장관을 만나보고 여의치 않으면 정군이 아니라 쿠데타를 일으킨다는 데 의견을 같이 했다.

김석야는 "당시 한국 군부의 젊은 장교들은 이집트의 낫세르 혁명에 상당히 고무되어 있었다. 또 하나는 미국 상원외교위원회에 제출된 콜론 보고서에 상당한 불만을 가지고 있었는데 그런 분위기가 일사불란하게 혁명을 모의하게 된 원인(遠因)의 하나가 되었다"고 지적한다. 여기서 말하는 「콜론 보고서— 미국의 대(對)아시아정책」은 1959년 11월 1일에 제출된 것으로 ≪사상계≫ 1960년 1월호에 소개되어 있다.

　……넓은 의미에서 한국이 타국의 예를 따라 군사지배가 정당을 대체하는 그런 사태가 있을 수 있나 하는 의문은 정당한 것이다. 이것은 있을 법한 일지만 적어도 당분간 그럴 가능성은 적다. 현재 한국에는 커다란 정치적 신망이나 조직력을 가진 군인은 없다. 육군 내부에는 많은 야심가가 있다. 현재까지에 있어서 육군은 정부의 주인이 아니었고 그의 도구였다. 그것은 부분적으로 자유당 정부 특히 이 대통령의 군부조종의 기술에 기인한다. ……만일 정당정부가 완전히 실패하면 언제나 한번은 군사지배가 출현할 것이라는 것은 확실히 가능하다. 그러나 가까운 장래에 그것이 발생될 것 같지는 않다…….

　정군파는 다음날 국방장관을 찾아갔으나 면담에 실패했다. 정부와 군 수뇌부는 이들을 무시했을 뿐 아니라 이들이 기대를 걸고 있던 박정희를 육본 작전참모부장에서 한직인 제2군 부사령관으로 밀어내 버렸다. 거기에서 끝나지 않고 김종필, 석정선(石正善)은 1961년 2월 15일 군복을 벗어야 했다. 그 3일 후, 즉 1961년 2월 18일 정군파는 김종필의 집에 모여 쿠데타를 일으키기로 하고 지도자로 박정희를 추대한다는 데 합의했다. 다음날인 19일 김종필은 제2군 부사령관으로 있던 박정희를 만나기 위해 대구로 갔다. 이날 숙소에서 박정희를 만난 김종필은 쿠데타에 앞장을 서줄 것을 요청, 수락을 받았다.

　박정희 소장을 중심으로 한 쿠데타 기도세력은 '4·19' 1주년 기념일에 있을 것으로 예상되었던 학생데모나 민중봉기를 이용해 거사하기로 계획을 세웠다. 폭동 진압을 위해 출동한 쿠데타군이 정부 각 기관을 점령하고 정부 요인을 체포하여 정권을 장악한다는 내용이었다. 전국적으로 약 6,000명의 병력을 동원키로 했다. 그러나 4·19 1주년은 조용히 넘어갔다. 이들의 쿠데타는 좌절되고 말았다.

이들은 다시 5월 12일을 거사일로 잡았다. 그런데 이번에는 이종태(李鍾泰) 대령이 비밀을 누설하는 바람에 또 중지하지 않을 수 없었다. 이미 비밀이 탄로 난 상태에서 마냥 미룰 수만은 없게 되었다. 14일은 일요일이었고, 15일은 장면 총리가 제1군 창설 기념식에 참석하는 날이었다. 따라서 거사일은 16일로 잡혔다.

쿠데타 기도자들은 12일 '경북'주점에 모여 구체적인 행동방안을 수립한 데 이어 13일엔 김종필의 형 김종락(金鍾洛)의 집에서 거사계획을 확정했다. 쿠데타군의 서울 진주에 관한 구체적인 사항 및 임무가 이때 마련되었다.

즉 ① 5월 16일 영시를 기하여 행동을 개시, 봉화작전(烽火作戰)이라 명명한 비상작전을 수행하여 3시까지 계획된 목표를 완전 점령한다. ② 행동대의 지휘관 및 임무 △제1공수단 박치옥(朴致玉) 대령(단장) = 제1선두대로서 반도호텔 통신·방송기관 중앙청 국회의사당 점령, △해병대 김윤근 준장(여단장) = 제2대로서 내무부 치안국 시경 점령, △제33예비사단 이병엽(李秉燁) 대령(연대장) = 제3대로서 HLKA방송국 국제전신전화국 중앙전화국 마포형무소 점령이라는 내용이었다.

15일 쿠데타군 주동부대 가운데 하나였던 제30사단의 박상훈(朴常勳), 이갑영(李甲榮) 대령이 사단장에게 거사계획을 누설함으로써 장도영 육군참모총장에게까지 알려졌다. 장 총장은 ① 박정희 소장의 거처를 탐색 미행하여 보고할 것, ② 제6관구 사령부에 집결 중인 쿠데타 지도급 장교 20여명을 즉시 체포할 것, ③ 비상대기병 100명을 출동시켜 한강교 상에서 저지할 것을 긴급 지시했다. 이때가 15일 밤 10시 40분 경이었다.

이날 밤 박정희는 30사단의 출동이 불가능하고 다른 부대의 출동도 난관에 빠졌다는 보고를 받고 '방해분자 제거'를 지시했다. 쿠데타 주역들은 이날 밤 11시에 제6관구 사령부에 모여 12시에 박정희로부터 최종지시를 받기로 되어 있었다. 이 시간에 쿠데타 진압 명령을 받은 장교들도 이곳에 집결했다.

16일 0시 15분, 박정희 소장이 6관구에 도착했다. 김재춘(金在春) 대령으로부터 출동이 가능한 부대는 해병대와 공수단뿐이라는 보고를 받은 박정희는 장 총장에게 방해를 말아달라는 사신을 보내고 자신은 해병대와 공수단의 출동을 독려하기 위해 김포로 갔다. 작전본부의 지휘는 김재춘에게 맡겨졌다.

쿠데타 주역들을 체포하기 위해 70여 명의 CID(방첩대) 대원들을 이끌고 6관구에 도착한 이광선(李光善) 대령이 김재춘의 설득으로 도리어 쿠데타에 참여키로 했다. 서종철(徐鍾喆) 6관구 사령관과 헌병감 조흥만(曺興萬) 준장도 협조를 약속했다.

이날 장도영 참모총장의 지시로 3,600발의 실탄을 휴대하고 7대의 트럭에 분승한 50명의 헌병이 새벽 2시 10분께 한강 인도교에 이르렀다. 이들은 GMC로 삼중의 저지선을 치고 쿠데타군이 제3선에 이르면 총격으로 저지할 계획이었다. 3시를 전후해서 박정희의 독려 하에 해병대를 선두로 공수부대와 뒤늦게는 제33사단까지 10여 리에 이르는 대열을 지어 한강을 건너기 시작했다. 헌병들이 총격을 가하며 저지했지만 역부족이었다. 쿠데타군은 예정목표를 바꾸어 공수부대 일부로 우선 방송국을 점령하고 뒤이어 국회의사당과 중앙청 등을 점령했다. 이때 이미 제6군단 포병대는 육군본부를 점령한 뒤였다. 쿠데타군은 예정시간보다 1시간 늦은 4시경에는 주요 목표물을 거의 대부분 점령했다.

쿠데타군은 5시에 중앙방송국의 첫 방송을 통해 쿠데타 사실을 국민에게 알렸다. 또 오전 9시를 기해 군사혁명위원회 포고 제1호로 전국에 비상계엄을 선포하고, 포고 4호로 오전 7시를 기해 장면 정권을 인수한다고 선언했다. 이로써 박정희는 육군 소장에서 정치인으로 갑자기 탈바꿈했다. 그것도 단번에 정권을 장악한 집권자로 등장한 것이다(5·16 쿠데타 과정의 배경 및 과정에 대해서는 주로 김석야·고다니 히데지로의 『실록 박정희와 김종필』, 합동통신의 『합동연감 1964』를 참고함).

(2) 40대 기수론의 주역 — 김영삼

김영삼의 정계 입문 동기는 간단 명료하다. 그는 어릴 때부터 이미 정치에 뜻을 두고 있었고, 대학 재학 때 장택상의 비서가 됨으로써 자연스레 정치에 입문했다. 창랑(滄浪)을 도와 1950년 5·30선거운동을 펼쳤고 이 선거에서 장택상은 크게 이겼다. 성격으로 미루어 아마 장택상의 승리에서 김영삼 자신의 정치계 진출에 대한 자신감을 얻게 되었을 것이다.

그는 1954년 제3대 국회의원 총선 때 자유당 공천을 받아 거제에서 출마했고, 만 26세의 나이로 당선되었다. 이로부터 그는 본격적으로 정치생활을 해나가게 된다. 최연소 의원의 기록이 지금도 유지되고 있지만 이처럼 김영삼은 순탄한 성장기를 거쳐 아주 무난하게 정치권에 진입했다. 이러한 성장환경과 정치 입문과정이 자기중심적, 자기만족형 리더십의 배경이 되었을 것이다.

제3대 국회에 진출한 김영삼은 이승만의 장기집권을 위한 개헌 움직임에 정면으로 맞섰다. 그는 이 대통령을 만나 개헌을 해서는 안 된다고 주장했다. 그리고 이 뜻을 발표하기도 했다. 이기붕이 자신의 집을 수 차례 찾아와 개헌 지지를 당부했으나 거절했다고 그는 술회하고 있다. 당시 자유당 의원으로서 개헌 반대의사를 가진 사람은 24명에 이르렀다(박권흠, 1992).

정부는 1954년 9월 8일 개헌안을 국회에 제출했고 국회는 11월 27일 이를 표결에 부쳐 부결시켰다. 총 투표 202표 가운데 가135, 부60, 기권 7표였다. 그러나 부결이 선포된 지 이틀만인 29일 정부와 여당은 이른바 '사사오입(四捨五入)'의 산출방식을 동원, 개헌안이 가결된 것으로 선포했다.

김영삼은 동료의원 12명과 함께 자유당을 탈당, 호헌동지회에 참여했다. 이 호헌동지회를 주축으로 범야 신당 창당운동이 전개되었고, 그 결과로 1955년 9월 18일 신익희(申翼熙)를 대표최고위원으로 하는 민주당(民主黨)이 창당되었다. 김영삼은 민주당 신당 발기준비위원 33명 가운데 한 사람으로 참여했다.

그는 1958년 제4대 총선 때, 중앙당의 종용에 따라 선거구를 거제에서 부산 서갑(西甲)으로 옮겨 출마했다. 5월 2일 투표에서 그는 자유당 이상룡 후보에게 패배했다. 그는 '환표(換票) 부정사건'이라며 부산지방법원에 투표함 증거보전 신청을 냈다. 그러나 대법원에서 선거부정이 없었다는 판결이 나왔다. 그는 처음이자 마지막으로 국회의원 낙선을 경험했다.

1960년 4·19혁명 후 내각책임제 개헌안이 마련되어 6월 15일 국회를 통과했다. 7월 29일 민·참의원 선거가 치러졌다. 김영삼은 부산 서구에서 제5대 민의원 의원으로 당선되었다. 그는 민주당 구파(舊派)를 주축으로 1961년 2월 20일 창당한 신민당에서 원내부총무 겸 중앙당 청년부장을 맡았다. 그는 당시 자신이 33세였다는 점을 강조한다. 그가 지위과시형 성격의 소유자임을 읽게 하는 단면이다. 그와 김대중은 대통령직을 집요하게 추구한 정치인이다. 그러나 그 욕망의 성격에는 차이가 있었다. 김영삼이 자신의 위상 또는 역할을 과시하는 데 관심을 가졌다면 김대중은 신분 자체를 차지하는 데 집착하는 인상을 주었다.

김영삼은 신민당 소장파 의원, 무소속의 민정구락부 의원 등과 함께 '청조회(淸潮會)'를 결성하고 1961년 1월 26일 '청조운동'을 선언했다. '우리 사회에 청신한 기풍을 진작시키고 정치적으로 노장파 중심의 정국 운용에 새로운 바람을 불어넣고자' 시작한 운동이었다.

1961년 5월 16일 군사쿠데타가 일어났다. 군정 측은 김영삼에게 쿠데타 지지성명서 서명을 요구하는가 하면 공화당 창당 참여를 회유하기도 했으나 그는 굴복하지 않았다고 회고한다. 그는 백조그릴 사건, 즉 '민주 구국 선언 사건'으로 22일간 서대문 형무소에 수감되기도 했다.

백조그릴 사건이란 1963년 3월 22일 무교동 백조그릴에서 정계인사 88명이 '민주구국선언'을 하고 가두시위를 벌인 사건을 말한다. 윤보선 변영태(卞榮泰) 김준연(金俊淵) 김도연(金度演) 박순천(朴順天) 정해영(鄭海泳) 서범석(徐範錫) 유진산(柳珍山) 등이 참여했다. 김영삼은 이 일로 22일간 서대문 형무소에 수감되었다.

그는 군정의 정치활동 허용 이후 민정당(民政黨)에 참여해서 2년간 대변인을 맡았다. 민정당은 1963년 5월 14일 창당대회를 거쳐 6월 28일자로 중앙선거관리위원회에 정당등록을 했다. 이 해 10월 15일 실시된 대통령선거에서 민정당의 윤보선은 공화당의 박정희 후보에게 패배했다.

1965년 민정당·자유민주당(自由民主黨)·국민의 당이 통합, 6월 14일 민중당(民衆黨)을 창당했다. 이 정당은 6월 22일 한일협정(韓日協定)이 조인되고 8월 13일 한일협정특별위원회에서 비준안이 원안대로 통과된데 항의, 소속의원 61명 전원이 사퇴서를 이효상 국회의장에게 제출했다. 민중당은 10월 11일 국회에 복귀했고, 김영삼은 탈당한 정성태(鄭成太) 원내총무 후임 총무로 10월 12일 의원총회에서 당선되었다. 김영삼은 이후 69년 5월 26일 신민당 원내총무로 지명되기까지 5차례나 총무로 뽑혔다.

유진오가 이끌던 민중당과 윤보선이 이끌던 신한당이 1967년 2월 7일 통합해서 신민당을 출범시켰다. 김영삼은 여기서 다시 원내총무를 맡았다. 신민당은 67년 5월 3일의 제6대 대통령선거에 윤보선을 후보로 내세웠으나 또 박정희에게 패배했다(박정희 568만8,666표, 윤보선 452만 6,541표). 이어 6월 8일 7대 국회의원 총선이 있었고 김영삼은 4선 의원이 되었다. 그는 1967년 11월 29일 의원총회에서 다시 원내총무에 선출되었다.

유진오 신민당 총재는 1968년 6월 5일 원내총무로 김대중을 지명하고 의원총회의 인준을 요청했다. 투표결과 41명의 의원 중 김대중 인준 찬성 16표, 반대 23표, 기권 2표로 부결되었다.

김대중의 원내총무 지명을 나는 끝까지 반대했다. 당시 당내에서는 모두들 김대중이 총무가 되기를 바라지 않는 분위기였다. 무엇보다도 그는 동료의원들로부터 인간적 신뢰감을 얻지 못했다. 김대중은 내가 원내총무로 있을 때 상도동 우리 집에 가장 많이 찾아 온 국회의원 중의 한 사람이었다. 특히 분과위원회를 배정할 때면 자주 찾아 왔다. 그는 언제나 재경분과위원회를 원했다. 재경위는 모든 국회의원이 바라던 상임위 중에서도 노른자위로 알려져 있었다(김영삼, 2000).

김영삼의 이 같은 기술은 그 진위를 떠나 두 김씨의 관계를 짐작토록 하는 아주 적절한 대목이다.

유 총재는 6월 10일 2차로 정성태를 지명했으나 역시 인준을 받는 데 실패했다. 그러나 오후 속개된 의원총회에서 김영삼이 만장일치 인준을 요청해 정성태가 인준을 받았다. 정성태는 11월 6일 총무직을 사퇴했고 이에 따라 11월 8일 열린 의원 총회에서 김영삼이 네번째 야당 원내총무로 선출되었다.

그는 1969년 '40대 기수론'을 내걸고 신민당 대통령후보 지명대회에 나설 것을 선언했다. "11월 8일, 나는 아무런 예고도 없이 대통령 후보 지명전에 나설 것을 전격 선언했다. 내 나이 41세였다"고 그는 자랑스럽게 술회한다. 김영삼은 이날 기자회견을 통해 발표한 성명서에서 "우리는 박정희 씨의 삼선의 길을 트는 개헌을 막는 데는 실패했지만, 삼선 자체를 막을 수 있는 기회는 유보하고 있다"고 역설했다.

조연하(趙淵夏)는 자신의 40년 정치인생을 정리한『세상에 이럴 수가…』에서 1970년의 정치상황을 이렇게 그리고 있다.

1970년. 새해벽두부터 꽁꽁 얼어붙어 서울지역은 영하 20도를 기록하고 영동과 전남은 폭설로 교통이 두절되는 이변을 낳고 있었다. 이러한 이변은 곧 바로 정치의 장에서도 나타났다.

이변(異變)이란 '이상한 변고'를 가리키는 것으로, 지금 시점에서 보면 두 가지의 두드러진 변고가 있었다.

첫째는, 그때까지의 정치관행과 질서가 무너지며 전통이 와해되어 버리는 변이 발생했고, 약한 것이 큰 것을 삼켜버리는 기이한 현상이 나타났다.

둘째는, 오늘날 민주정치가 정치부재의 독과점으로 흐르면서 민생동기는 외면하고 권력동기만을 앞세워 금전과 족벌의 비정한 경쟁성만을 찾고 망국적인 지방색을 드러내게 하는 비극의 씨앗을 움트게 한 계기의 변으로 볼 수 있다."

어쨌든 김영삼의 도전 선언에 대해 당 원로와 중진들은 보수질서에 대한 정면도전으로 받아들이면서 냉소적인 반응을 보였다. "특히 진산의 태도는 격노 그것이었다. 진산은 나를 겨냥해 '입에서 젖비린내가 나는(口尙乳臭) 아이들이 무슨 대통령이냐'고 비난했다. 그는 자파 당원들에게 나의 지명 운동에 동조하지 말도록 지시했고, 이재형(李載瀅) 정일형(鄭一亨) 씨 등 다른 파벌의 노장층도 여기에 대해서 진산과 보조를 같이 했다. 노장층에서 나를 지지해준 사람은 서범석 의원 정도였다." 김영삼은 그렇게 기억하고 있다.

노장층의 비판 조소 외면에도 불구하고 '40대 기수론'은 야당 지도층의 세대교체를 극적으로 이루어내는 계기가 되었다. 이후 야당은 김영삼, 김대중, 이철승(李哲承) 등 40대 리더들에 의해 주도되기 시작했다.

이철승은 1970년 2월 12일에 귀국했다. 그는 유엔대표로 참석하기 위해 미국에 갔다가 돌아오던 중 일본 도쿄에서 5·16 소식을 듣고 미국으로 되돌아갔다. 이철승은 자신의 부재 중 '소석(素石) 지지자 그룹'을 만들어 관리해온 조연하에게 김대중의 대통령 후보 지명전 출마 선언에 대한 당내 반응을 물었다. 그는 모두가 웃기는 소리라고 일축하는 분위기라고 전했다. "그렇지 않습니까. 이제 2선 의원 밖에 되지 않은 데다 당내 원로인사들이 수두룩하니 그럴 수밖에 없지요 그리고 정치가 아무리 경쟁이라 해도 지켜야 할 도리가 있는 것 아닙니까?" 조연하 자신이 했다는 말이다.

조연하는 유진산과 이철승이 "김대중의 비중은 논할 것이 못된다고 생각했고, 김영삼의 존재도 가볍게만 여겼다"고 회고록에 적고 있다.

당시 항간에서는 김영삼에 대해 부정선거의 시초라는 평이 돌았다. 자유당 소속이었던 그가 민주당으로 말을 갈아탔기 때문에 좋게 보질 않았고, 당내에서는 그를 상당히 경솔한 인물로 치부하고 있었다.

김영삼은 약관의 나이로 국회의원이 되어 원내에 진출하면서 나이가 많은 원로의원들에게 함부로 행동했다. '객지 벗 10년, 국회의원 벗 20년'이라고 누구에게나 반말을 즐겨한데다 특히 경상도의 말투가 그랬기 때문에 오해를 받고 있었다(조연하, 1992).

김영삼의 회고록 가운데 눈길을 끄는 부분이 있다. 정치자금에 관한 이 야기다.

　나도 야당의 총재가 된 1970년대 중반부터는 많은 애로를 겪었지만, 다행히 집안의 도움으로 8대 국회 때까지는 정치자금 조달에 커다란 불편을 겪지 않아도 되었다. 내가 1960년대까지 정치자금을 조달하는 가장 손쉬운 방법으로 사용했던 것이 바로 아버지께서 사주신 집을 팔아치우는 것이었다(김영삼, 2000).

당시만 해도 정치인이 성장하는 데는 자금의 뒷받침이 절대적이었다. 자금조달 능력이 곧 그 사람의 정치적 지위를 결정했다. 김영삼이라고 예외였을 리 없다. 자금이 없었다면 오랫동안 정치적 파벌을 유지하기가 거의 불가능했을 것이다. 그 자금원이 부친의 어장이었다. 그는 남다른 배경을 가졌던 셈이다. 이 점에서 김대중은 상대적으로 불리했다. 김대중이 정치적 성장과 정에서, 또 야당의 지도자가 된 이후에도 돈과 관련한 구설수에 자주 올랐던 게 그 때문이었을 수 있다. 김영삼의 다음과 같은 기술도 흥미롭다.

　또 한 가지 흥미 있는 일은 미국에는 당수가 없다는 점이다. ……4년 동안 실력을 길러 누구든지 대통령후보에 나설 수 있다. 따라서 당내 활동의 궁극의 목표는 대통령후보가 되는 것이다.
　미국식 패턴으로 만들어진 우리나라의 정치제도에도 마땅히 이러한 제도를 함께 도입해야 옳았다. 정부형태는 미국식이고 정당제도는 영국풍을 닮았으니 앞뒤가 맞지 않는 느낌이다. 특히 해마다 전당대회를 열어 부질없는 감투싸움이나 파벌싸움을 벌이는 우리 정당의 폐단은 과감히 시정해야겠다는 신념이 굳어졌다(김영삼, 2000).

1968년 미국의 공화당과 민주당 전당대회를 참관하고 난 소감이었다. 그는 문제의 핵심을 보았다. 그러나 그것으로 그만이었다. 그는 국내 정당정치의 구조를 바꾸기 위한 노력을 기울이지 않았다. 그러기는커녕 그는 보스정당체제를 구축하고 고수하는 데 앞장선 대표적 정치인이 되었다. 위의 인용문은 그가 자신의 '40대 기수론'을 정당화하기 위해 썼을 뿐이라는 인상을 준다. 그는 자신의 행동이 미국식 대통령제와 닮았다는 것을, 즉 자신의 정치의식이 남보다 앞섰다는 것을 강조하기 위해 자신의 또 다른 면을 부정하는 모순된 기술을 한 것이다.

김영삼은 1960년대 말 자신의 화두가 '지도자'였다고 한다. 몽고메리 원수가 저술한 『지도자의 길(The Path to Leadership)』을 자신이 번역했다는 데 큰 의미를 부여하고 있다. 그는 이 저서의 몇 대목을 특별히 자신의 회고록에 옮겨 적었다. 그 가운데는 이런 문장들이 있다.

지도자는 타고나는 것이 아니라 만들어지는 것이며, 우리는 위대한 지도자들로부터 받은 유산을 손상됨 없이 오늘의 청년들에게 넘겨주려고 노력해야 한다.

이해하고, 다음에 결단하고, 실행하지 않으면 안 된다. 지도자는 분명하게 말하지 않으면 안 된다. 지도자의 자질은 결단력과 인간성에 대한 이해를 가진 고도의 리더십이다. 지도자는 먼저 된다. 간단한 말로 자기의 생각을 표현하지 못해서는 안 된다.

그의 정서에 딱 들어맞았을 듯한 이 문장들을 인용한 다음 그는 이렇게 덧붙인다.

나는 지금도 훌륭한 지도자로 성장하고 싶어하는 이들에게 이 명저를 한 번쯤 읽어볼 것을 권한다.

김영삼이 '40대 기수론'을 선창하자 김대중이 이어서 신민당 대통령 후보 지명전 출마 의사를 표명했다. 1970년 1월 24일이었다. 뒤늦게 입당한 이철승도 후보경쟁에 가세했다. 이들 3명은 김영삼의 제의로 1970년 7월 24일 인천의 올림프스호텔에서 만나 지명대회까지의 협력과 '40대 후보 단일화'를 다짐했다. 그리고 역시 김영삼의 제의로 고흥문(高興門) 사무총장과 세 후보측 대표가 40대 후보 조정을 위한 기구를 구성했다.

그러나 김영삼과는 달리 조연하는 그 해 8월이 되어서야 이들의 후보 경쟁이 '40대 기수론'으로 나타났다고 기억한다. 유진산은 구상유취라며 40대들이 서로 싸우다 결국엔 자신을 찾아와 "물러나겠습니다"며 투항할 것이라고 믿었다던가.

9월 7일, 40대 후보조정을 위한 '후보단일화 전권위'가 구성되었다. 고흥문 사무총장과 김영삼이 추천한 서범석, 김대중이 추천한 조영규(曹泳珪), 이철승이 추천한 홍익표(洪翼杓) 등 4명의 전권대표가 활동을 시작했다. 그러나 9월 24일 김대중의 대표인 조영규가 '4인 전권위'에 불참함으로써 40대들의 후보 단일화는 결렬되고 말았다. 한편 9월 8일엔 후보 사전조정을 위한 당공식기구로서 '12인위'가 정무회의 의결로 구성되었다. 그러나 이 기구 또한 지명대회 하루전의 최종회합에서도 후보조정안을 내놓지 못하고 유진산 당수의 불출마의사에 반대하는 입장만 보인 채 역할을 끝내고 말았다.

9월 25일 유진산은 40대 3인을 상도동 자택으로 불러, 자신이 출마를 포기하는 대신 후보 지명권을 요구했다. 이철승과 김영삼은 즉석에서 수락했으나 김대중은 지지자들과 상의할 시간을 달라고 했다. 이런 식의 거절은 훗날 1987년의 대선을 앞두고 벌였던 김영삼과의 단일화 협상 때도 되풀이되었다. 김대중으로서는 유진산이 자신을 지명해줄 가능성이 없었던 만큼 그의 제의를 수락할 이유가 없었다. 애초에 경선 의지를 굳히고 있었던 것이다. 유진산은 전당대회 하루 전인 9월 28일 오후 중앙상위에서의 연설끝에 "나는 당수로서 김영삼 의원을 대통령 후보로 여러분 앞에 추천한다"고 공개적으로 발표했다.

9월 29일 후보지명전에서 2차까지 가는 투표 끝에 김영삼은 김대중에게 패배했다. 이와 관련해서는 다음에 기술할 '김대중' 부분에서 상술하겠지만 김영삼의 표현으로는(김영삼, 2000) "1차 투표 직후 김대중과 이철승 사이에 당권을 건 흥정이 있었기 때문"이었다.

김대중은 1차 투표가 끝나자마자 이철승과 거래를 시도했다. 김대중은 이철승의 총참모 조연하와 대회장 입구의 장막 뒤에서 만나 자신의 명함 뒤에 각서를 써 주었다. 이철승의 표를 자신에게 몰아 줄 경우 두 달 뒤인 "11월 정기 전당대회에서 당수로 이철승 씨를 지지하기로 상호 합의각서를 교환한다"는 내용이었다.

김영삼은 투표결과에 승복했다.

오늘 우리는 새로운 역사를 창조했습니다. 김대중 씨의 승리는 우리들의 승리이며 나의 승리입니다. 나는 김대중 씨를 위해 거제도에서 무주구천동까지 전국 방방곡곡 어디든지 갈 것입니다.

이에 대해 김대중의 오랜 측근인 김옥두는 『다시 김대중을 위하여』에서 아주 달리 기억하고 있다.

김영삼 후보는 당연히 자신이 당선될 줄 알고 후보수락 연설문을 준비하고, 신민당사 안에다 축하 음식물과 맥주를 수십 박스째 들여다놓았다. 그러나 김대중 후보가 당선되자 "김대중씨의 승리는 우리들의 승리이며, 나의 승리다. 김대중 씨를 앞세우고 정권교체를 위해 어디든지 함께 다닐 것을 약속한다"라는 축하 인사말과 달리, 준비한 음식물과 맥주상자를 송두리째 치워버려 씁쓸함을 안겨주었다(김옥두, 1995).

그러나 김옥두 역시 제2차 투표 직전의 상황에 대해서는 기술하지 않고 있다. 다만 "김대중 후보는 2차 투표에 들어갔을 때 기자들에게 승리를 장담했다. 왜냐하면 2차 투표에서 이철승계의 표가 김 후보를 지지하기로 약속되어 있었던 것이다"라고 적고 있을 뿐이다. 김대중의 기술방식을 답습한 것이다. 그러면서도 김영삼 측이 더 적극적으로 당선을 축하해주지 않았던 사실을 비난하고 있다. 이런 태도가 바로 아전인수라 하겠다.

한편 김영삼은 1차 투표에서 1위를 차지한 자신에게 김대중 후보측으로부터 선거대책본부장을 맡아달라는 제의가 올 것으로 기대하면서 이를 흔쾌히 수용할 결심을 하고 있었으나 김대중은 정일형 씨에게 이를 맡겼다고 술회했다. 당 안팎에서 큰 기반을 갖고 있던 자신과 이철승은 당의 선거조직 전면에 나서지 못하게 되었다는 점을 그는 자신의 회고록에 적고 있다.

김영삼은 1971년 대선의 가장 중요했던 순간은 4월 18일 오후 장충단에서 열린 야당의 유세였다고 지적하고 자신은 김대중 후보 선거대책본부의 지시에 따라 충남 아산의 면소재지에서 비를 맞으며 유세를 해야 했다고 불만을 토로한다. 그 같은 선거대책본부의 실책들이 선거의 패인이었다고 말하고 싶어하는 인상이다.

김영삼은 이때 비록 김대중에게 패했으나 당시의 대통령 후보 지명대회는 그에게도 정치적 부상의 중요한 계기가 되었다. 그는 '40대 기수론'으로 국민의 의식에 깊이 각인되었다. 그리고 그가 유세기간 중 김대중 후보측에 의해 의도적으로 따돌림 받았다고 회고하고 있지만 그 역시 선거운동을 자기 선전의 기회로 이용한 게 사실이다. 그는 전국을 돌면서 김대중 후보 지지 호소보다는 자신을 알리는 데 더 열중하는 모습을 보였다고 전해진다.

김영삼은 절망하거나 좌절할 줄 모르는 자신의 성격과 의지를 과시했다. 그때 이미 그 다음의 대선 준비에 착수했던 것이다. 이후 수많은 계기를 통해 그는 앞만 보고 달리는 정치인, 회의하지 않는 정치인, 자신감에 넘치는 저돌적 정치인의 모습을 국민들의 의식 속에 뚜렷이 심었다.

김영삼의 정치행태가 주는 인상은 거대한 풍차를 향해 애마 로시난테를 휘몰아 돌진해가는 돈키호테의 모습 그것이다. 그는 언제나 앞장섰다. 그의 추종자들은 대부분의 경우 그를 뒤따라가기에도 숨가빠 했다. 그는 추종자들의 의표를 찌르기를 좋아했고 자신이 선봉에 나서는 것을 자랑스러워했다. 그는 늘 선봉장이었다.

(3) 집요한 도전자 — 김대중

김대중은 해방직후 정치에 관심을 갖고 관련단체에 가입, 정치적 활동을 시작했다.

나는 우리 민족이 독립하여 건국준비를 한다는 소식을 듣고 곧바로 건국준비
위원회 목포지부에 가담했다. 이제부터 새로운 나라를 만든다는 취지에서 너무
나 기쁜 나머지 즉시 참여한 것이다. 건국준비위원회의 지부는 중앙과는 달리
이데올로기에 관계없이 좌·우익 모두가 참여했다. 다만 친일파 그룹은 제외시
킨 것 같았다(김용운, 1999).

그는 이 조직에서 그 자신의 표현대로라면 '말단 심부름'을 맡아서 했다.
목포 건준은 처음에 이남규(李南圭) 목사를 중심으로 조직되었으나 곧 공산
주의자가 득세했다고 그는 기억하고 있다.

일제통치 말기 공산주의자가 일본제국주의의 반대투쟁에 주도적인 역할을 담
당했으며 투옥된 애국지사 중 상당수가 공산주의자라는 실적이 있었기 때문이
었다. 그래서 당시 대부분의 청년층은 공산주의에 관심을 갖고 있었다고 해도
좋을 것이다. 솔직히 아직 스물에 불과한 나는 민주주의가 무엇인지, 공산주의
가 무엇인지에 대해 잘 알지 못했다. 오직 미래에 대한 희망과 의욕, 정열에 불
타 건국준비위원회에 참가한 것이다. 그렇기 때문에 당시 공산주의를 잘 알지
못한 상태에서 긍정적인 시각을 갖고도 있었다(김용운, 1999).

김대중은 건준이 '조선인민공화국' 선포 이후 인민위원회가 되었을 때도
목포지부에 남아 있었다. 그는 미소공동위원회가 무기한 휴회에 들어가고
좌우합작운동이 일어날 무렵 건준을 떠나 '좌우합작을 표방하는' 조선신민
당에 적을 두었다. 그는 좌우합작을 목적으로 한다고 해서 입당했으나 입
당 후 신민당도 공산당 계열임을 알게되었다. 그는 토론 중에 "소련을 조
국이라고 하고, 적기(赤旗)를 국기라고 하는 놈들은 때려죽여야 한다"고 발
언한 것으로 다투었고 이를 계기로 이 당에서 떠났으며 공산당과도 관계를
끊었다. 이렇게 결심하게 된 데는 한국민주당 목포지부 부지부장을 맡고
있던 자신의 장인, 차보륜의 영향도 컸다고 그는 회고한다.

김대중은 해운업과 관련된 새 사업 일로 서울에 출장을 가 있던 중에 6·
25를 만났다. 서울을 탈출해 목포에 갔으나 인민위원회가 장악하고 있던
경찰에 연행되어 형무소로 보내졌다. 9월 18일 형무소에서 처형이 시작되
었는데, 트럭이 고장나는 바람에 처형을 면했다. 그날 밤 그는 형무소에서
만난 동생과 함께 탈출에 성공했다. 그 후 집 천장에서 동생과 숨어 지냈
다. 그 해 연말 그는 '해상방위대'에 참가, 전라도 부사령관까지 올랐다. 그
러나 해상방위대는 국민방위군 사건이 터지는 바람에 해산되고 말았다.

이 같은 김대중의 기억과는 다른 이야기도 있다. 우선 해상방위대 부사
령관이라는 직책이 있었는지, 그것이 공식직책에 준할 만한 것이었는지가
아직 명확히 밝혀지지 않았다. 그리고 인민군에 검거되어 죽을 뻔하다가
살았다는 기록에 대해서도 이설이 있다. 6·25가 터지자 당국에서 보도연맹
원들을 처형 대상자로 분류하여 사살하려고 했는데 김대중은 다른 사람 행
세를 해서 살아났다는 주장이 그것이다(≪월간조선≫, 2002년 4월호).

김대중은 1951년 가을 부산으로 이사했다. 그리고 해운업을 시작했다.
화물선 10여 척을 거느릴 정도로 사업은 번창했다. 목포에서 일간신문을
발행하던 '목포일보사'를 소유하기도 했다. 그러나 정치를 하기 위해 사업
을 버렸다.

그는 1954년 목포에서 제3대 민의원 총선에 출마했으나 낙선했다. "8명
의 입후보자 중에서 4위였는지 5위였는지 기억이 나지 않을 만큼 참담한
패배였다"고 그는 술회한다. 1956년 5월 15일의 제3대 정부통령 선거 후
에 그는 정식으로 민주당에 입당했다. 이와 관련해서 조연하의 말은 다르
다. 조연하는 자신이 조직부장으로 있던 1958년 김대중이 민주당에 입당했
다고 기억하고 있다.

당시 나는 민주당 조직부차장으로 있었을 때였다. 장 박사의 정치비서나 다
름없던 김철규 신부로부터 만나자는 연락이 와 삼청동의 한 식당으로 갔을 때
그 자리에는 처음 보는 젊은 친구가 앉아 있었다.
"서로 인사나 하시오. 우리 천주교의 신자인데 장 박사께서 조 군에게 부탁

해 입당시키라고 하셨습니다."

"저는 김대중이라고 합니다."

술이 몇 순배 돌고,

"입당이라면 굳이 저에게 부탁할 필요가 없지 않습니까?"

"그래서 이렇게 모신 것이 아니오. 이 분은 젊기는 하지만 앞으로 큰 재목이 될 것이니 중앙상무위원을 시키시오!(조연하, 1992)."

장면(張勉)의 눈에 정말로 김대중이 대단한 인재로 보여서 특별대우를 지시했을 수 있다. 그렇지만 처음으로 입당하면서 중앙상무위원을 원했다는 것은 상식적으로 볼 때 과한 욕심이었다고 할 수밖에 없다.

어느 쪽 기억이 옳든 김대중은 부통령으로 당선된 장면 계열에서 정당활동을 시작했으며 장면을 대부로 천주교에 입교했다. 명동성당에서 세례를 받았는데 세례명은 토마스 모어였다. 우연이겠지만 그의 정치적 장래를 암시하는 이름을 얻은 것이다.

그는 1958년 5월의 제4대 민의원 선거 때 강원도 인제에서 출마하려고 했으나 뜻을 이루지 못했다. 자유당 후보 나상근 측의 조작과 인제군 선거구 선거위원회의 일방적 자유당 후보 편들기 때문이었다고 한다. 그는 인제군 선거구 선거위원회 위원장 김수근을 상대로 선거무효소송을 제기했다. 이 소송은 1950년 3월 11일 대법원 특별부에서 선거무효 판결이 내림으로써 원고의 승소로 끝났다. 그는 다시 6월 5일에 실시된 보궐선거에 나섰다. 그러나 그의 주장에 의하면 '흑색선전과 완벽한 부정에 의해' 패배했다.

1960년 7월의 제5대 민의원 선거 때 또 인제에서 출마했으나 고배를 마셨다. 사상 처음으로 부재자 투표가 실시된 선거였다. "그 때문에 토착민들만 상대로 해야 했던 완전한 타향 땅에서의 선거였다. 나를 지지하는 젊은 군인들이 사라지고 없는 곳에서 선거를 하는 바람에 나는 크게 고전했다." 설득력 여하간에 그는 패인을 그렇게 주장했다. 이 선거의 당선자가 3·15 부정선거에 관련된 것으로 밝혀져 의원직을 잃었다. 1961년 5월 13일 보궐선거가 치러졌고 김대중은 비로소 국회의원에 당선되었다. 14일 그는 인제군 선거관리위원회에서 당선증을 받았다. 그리고 15일까지 선거구에 당선인사를 다녔다. 그러나 5·16쿠데타가 발생했고, 군사혁명위원회 포고 제4호로 국회는 해산당하고 말았다.

김대중은 1963년 2월 27일 정치활동 정화법에서 풀려났다. 그 해 11월 선거 때 그는 목포에서 출마, 의원직을 획득했다. 이어 1967년 제7대 국회의원 선거 때도 역시 목포에서 당선되어 선거로는 3선, 원내 진출로는 2선 의원이 되었다. 7대 총선 유세 때 함윤식은 목포 북교국민학교 교정에서 열린 합동정견발표회에서 그의 모습을 봤다면서 당시 김대중의 연설 내용을 다음과 같이 소개하고 있다.

……유달산이여! 너에게 넋이 있으면, 삼학도여! 너에게 정신이 있으면, 영산강이여! 네게 뜻이 있으면 목포에서 자라고 목포에서 커 가지고 그리고 이 나라를 위해서 무엇인가 해보겠다는 이 김대중을 지금 한 나라 정부가 목포 사람도 아닌 외지의 사람들을 보내가지고 나를 죽이고 나를 잡으려 하니 유달산과 삼학도가 넋이 있고 뜻이 있으면 나를 보호해달라는 것을 목포시민 여러분과 같이 호소하는 바입니다(함윤식, 1987).

누구나 선거유세에서는 선동과 과장을 하게 마련이다. 그 점을 감안하더라도 김대중의 연설은 아주 인상적일 만큼 선동적이다. 이 점이 김대중식 정치성향의 한 측면을 형성했음을 부인하기 어려울 것이다. 다시 말해 이 날의 연설은 그가 '선동정치가'로 인식되게 된 배경을 짐작케 하는 요소를 뚜렷이 드러내주었다.

김대중은 재선에 만족하지 않았다. 그는 정치 리더들이 대개 그러하듯이 정치기류의 변화에 민감했다. 1960년대는 한국 현대사상 격동의 시대, 희망의 연대였다. 정체되었던 한국 사회는 박정희 정권의 경제개발계획 추진으로 역동적 변화기에 접어들었다. 정치권에도 당연히 변화의 기류가 흐르기 시작했다. 1971년의 대통령 선거는 정치변화의 중대 계기 또는 전환점이 될 것이었다. 당시 제1야당 신민당 내에서 이른바 '40대 기수론'이 대두

된 것은 이 같은 시대 분위기를 배경으로 한 것이었다. 그리고 김대중 개인에게는 정치적 대도약의 기회가 되었다.

신민당 유진오 총재가 지병으로 직무를 수행할 수 없게 됨에 따라 새 당수를 뽑기 위한 전당대회가 1970년 1월 25일에 열렸다. 총재 선거전은 구파의 유진산, 신파의 정일형, 무소속에서 신파로 옮겨 간 이재형 등 3인 간의 각축전으로 좁혀졌다. 2차 투표까지 가는 접전 끝에 유진산이 승리했다. 전당대회를 이틀 앞둔 1월 24일 김대중이 성명을 발표했다.

> 김대중은 "싸우다 쓰러질 무명의 용사가 될지언정 이익을 위해 사술을 논하는 마키아벨리는 되지 않겠다"는 아리송한 구호를 내세우며 대통령 후보 지명전에 나서겠다고 출마선언을 발표했다(조연하, 1992).

9월 29일 전당대회에서 대통령 후보 선출을 위한 투표가 실시되었다. 885명이 참가한 1차 투표에서는 김영삼이 421표, 김대중이 382표를 각각 얻었고 무효가 82표로 나타났다. 이 무효표는 조연하가 지휘하던 이철승계 대의원들의 표였다. 조연하는 투표가 시작되기 전에 자파 대의원들에게 1차 투표에서는 누구도 찍지 말고 백지투표를 하라고 지시했다. 그렇게 하면 2차 투표에서 판세를 좌우할 수 있다는 판단에서였다. 1차 투표가 끝난 후 '김영삼 측의 이 모 의원이 돈으로 흥정을 해와서' 조연하는 분노를 느꼈다고 했다. 그는 대의원들에게 거듭 단합을 호소했다.

40분간의 휴회시간 가운데 20여분이 흘렀다. 그때 김대중이 조연하를 찾아갔다.

> 조 선배님, 저는 선배님과 고향도 같으려니와 선배님의 도움으로 신민당 생활을 시작하지 않았습니까. 더욱이 김영삼은 경상도입니다. 저를 밀어주십시오(조연하, 1992).

김대중은 향후 전당대회의 총재경합은 물론 다음 대권경쟁이 있을 때에도 이철승에게 모든 것을 양보하겠다고 약속했다. 그러고는 명함을 꺼내 이 같은 내용의 각서를 쓰고 사인을 해서 조연하에게 주었다. 김대중의 후견인 조영규도 역시 각서를 썼다. 김대중의 말에 책임을 지겠다는 것이었다.

그러나 이후의 당권 경쟁에서 김대중은 이 약속을 깨뜨리고 자신이 경쟁 당사자로 나섰다. 김대중이 각서대로 약속을 지켰느냐는 질문에 대해 이철승 자신은 다음과 같이 대답하고 있다.

아니여, 1971년 4·27 대통령선거가 끝나고 곧 8대 국회의원 총선거를 하게 되었어. 대통령 후보를 지낸 김대중 씨와 당수를 대리한 양일동 씨 두 사람이 공천심사를 위임받았는데, 김대중 씨는 자기파 사람들만 밀어놓고 내 사람들은 따돌렸어. (당권을 다투는) 전당대회도 하기 전에 나를 배신한 거여(≪월간조선≫, 2001년 4월호).

1차 투표에서 과반수 득표자가 나오지 않음에 따라 실시된 2차 투표에서는 총투표수 884표 가운데 김대중 458표, 김영삼 410표, 기타 16표로 집계되었다. 김대중이 과반수에서 15표를 더 얻어 후보가 되는 데 성공했다.

이날 밤늦도록 김대중은 조연하와 사무실에서 대화를 나누었다. 김대중은 "조 선배, 오늘의 은공은 나뿐만 아니라 내 자손 대대로 반드시 잊지 않도록 하겠습니다"고 다짐했다. 그러나 조연하는 자신의 회고록에서 김대중에 대한 깊은 배신감을 토로하고 있다.

김대중은 각서와 관련해서는 어떤 기록도 남기지 않았다. 다만 김영삼과의 경선에서 자신이 승리한 사실만 기록하고 있을 뿐이다. 그는 자서전『행동하는 양심으로』에서 자신이 대통령 후보가 되기 위해 얼마나 많은 노력을 기울였는지에 대해서 비교적 상세히 기술했다. 그러나 2차 투표에서 자신이 승리한 데 대해서는 단지 두어 줄로 요약하고 있다.

나는 제2차 투표에 들어갔을 때 신문기자들에게 나의 승리를 예언했다. 왜냐

하면 제2차 투표에서 이철승계의 표가 나에게 돌아오기로 약속되어 있었고 또한 그렇게 되어야만 할 상황이었기 때문이다(김대중, 1985).

그는 이철승 계의 표가 자신에게 와야만 할 상황이었다면서도 그 이유는 설명하지 않았다. 표를 몰아준 조연하의 기억과는 차이가 난다. 김대중은 표를 흥정하고 각서를 써준 것을 의도적으로 기록에서 빠뜨린 것이다. 이는 자신의 행동이 당당하지 못했다는 것을 스스로 토로하는 것이나 다를 바 없다.

그는 '사술을 논하는 마키아벨리'가 되지 않겠다고 공언했으나 이 말과는 달리 대단한 책략을 발휘해서 야당의 대통령 후보직을 차지했다. 그게 문제될 것은 없다. 대통령 후보지명전은 경쟁이기 때문이다. 문제는 술책을 다 동원하면서도 겉으로는 아닌 척하는 당사자들의 의식이다. 이게 바로 마키아벨리스트적인 행태다. 아마도 한국사회 지도층의 전통적 의식에 뿌리를 두고 있을 정치인들의 이 같은 의식, 즉 과시적 순결주의(誇示的 純潔主義)가 한국 민주정치의 성숙에 장애요인이 되어왔을 것이다.

그는 '40대 기수론'에 대해서도 이미 당초부터 부정적인 인식을 갖고 있었다고 말한다. "의식적인 세대교체는 민주주의를 거역하는 것"이라고 했다. "그게 어떤 것이 되었든 민주주의 원칙에 어긋나는 것이면 나는 우선 반대를 한다. '민주(民主)'는 그렇게 내가 평생을 단 한 번도 잊은 적이 없는 내 꿈의 하나다(김대중, 1997)"라고 자서전에서 강조하고 있다.

이와 관련해서는 조연하의 말에 귀를 기울일 필요가 있겠다.

당시 김대중의 입장은 거론할 가치조차 없었다. 사람들은 그의 설침을 그 다운 '영웅심의 발로'라고 도외시 해버리고 좋게 말해서 '다음 정치장래를 위해서'라고 말하고 있었다(조연하, 1992).

김대중의 당시 위상이야 시각에 따라 달랐겠지만 당내에서 잘 알려지지 않았던 김대중이 정치적 도약을 위해 눈에 띄는 행동을 하지 않을 수 없었으리라는 점은 짐작할 수 있다. 그 점에서 '40대 기수론'도 구호로 삼을 만했다. 그러나 자신은 민주주의를 신봉했기 때문에 '명백히 반대'했다고 한다.

바로 이 말이 그의 신뢰성을 훼손하고 있다. 그는 마키아벨리스트가 되지 않겠다고 기염을 토했으나 이철승 계의 표를 확보하는 데는 마키아벨리스트의 기질을 놀라울 정도로 능란하게 발휘해 보였다. 그리고 그는 '40대 기수론'에 편승, 그 분위기를 십분 활용해서 마침내 야당의 대통령 후보가 되었으면서도 이를 '명백히 반대'했다고 주장한다. '민주'가 평생 단 한 번도 잊은 적이 없는 자신의 꿈이기 때문이라는 말도 덧붙였다. 그는 자신이 취한 방법, 즉 명함 메모를 통한 이철승 계와의 '표 거래 행위'가 민주적인 방식인지 아닌지에 대해서는 전혀 생각해보지 않은 듯한 기술태도를 보이고 있다.

누가 어떻게 평가하든 김대중은 격전을 거쳐 제1야당의 대통령 후보로 지명되었고, 변화를 희망하는 국민적 여망 속에 선거에서 대약진을 이루었다. 비록 당선에는 이르지 못했지만 그는 박정희를 위협할 정도의 득표력을 과시했다. 만약 박정희가 집권자의 프리미엄을 십분 활용하지 않았다면, 다시 말해 선거가 명실상부한 공명선거로 치러졌다면 결과는 뒤바뀌었으리라는 말이 나왔을 정도로 김대중의 기세는 대단했다. 대통령 선거를 거치면서 김대중은 이미 박정희의 대안으로 성장해 있었다. 정치변화를 바라던 국민들에게 그는 희망이었다. 그리고 그는 정치적 세대교체의 한 상징이 되었다. 이제 한 시대가 마감하고 막 새 시대가 열리기 시작했다. 김대중은 그 선두 주자로 부상했다.

신민당은 1971년 4·27 대선 및 5·25 총선이 끝난 다음 당조직 정비를 위한 전당대회를 7월 20일 개최했다. 그 이전에 김대중은 총선에서 지역구 출마를 포기하고 전국구로 나선 유진산 당수를 제명하고 자신이 총재권한 대행을 맡겠다고 나섰다. 이로 인해 당 내분이 심각해졌고 결국 전당대회 의장이던 김홍일(金弘壹)을 당수권한대행으로 하는 과도체제로 총선을 치를 수밖에 없었다.

상황이 이렇게 귀결되자 폭력사태가 벌어졌다. 이때 일을 김영삼은 다음과 같이 전한다.

5백여 명을 헤아리는 깡패와 청년들은 김대중의 패배에 항의, '죽여라'하면서 시민회관 안으로 난입(亂入)했다. 이들은 김홍일 당수의 사진을 떼어 내 불살랐다. 나와 이철승 서범석 등 주류파 간부들이 대회장을 나서자 이들 중 수십 명이 각목을 휘두르며 대들었고, 이를 막아서던 최형우 의원 등 주류 계 대의원들이 몽둥이와 돌에 맞아 다쳐 메디컬센터에 입원하기까지 했다. …… 김대중은 이 폭력사태를 "자연발생적인 것으로 우리측과는 아무런 관계가 없다"고 해명했다. 그러나 이러한 해명을 곧이곧대로 믿는 사람은 아무도 없었다(김영삼, 2000).

이에 앞서 5월 6일 이른바 '진산 파동'이 일어났다. 유진산 당수가 자신의 지역구(영등포 갑구)를 포기하고 전국구 1번 후보로 중앙선관위에 등록한 것이 발단이 되었다. 당원 100여 명이 유진산의 상도동 자택을 습격해서 난장판으로 만들었다. 이철승에 따르면 김대중계의 소행이었다.

"소석, 내 일생 일대의 어려운 상황이야. 자네 빨리 좀 상도동으로 와주게." 진산은 여간 다급하지 않으면 그런 말을 할 사람이 아녀. 목소리도 다 죽어 가는 송장 소리여(자택에 난입한 당원들로부터 당수직 사표를 쓰라는 강요를 받은 진산은 당 간부와 협의해서 결정하겠다고 말하고 있었다). …… 김대중 직계 이모가 총지휘자야. 신발 신고 들어와 다 때려부숴. 밖에서는 횃불을 들고 난리라.……(≪월간조선≫, 2001년 4월호).

김대중은 당시에 당권을 장악하는 데는 실패했다. 그러나 재선의원에 불과했던 그는 김영삼의 '40대 기수론'으로 촉발된 세대교체 기운에 편승해서 야당의 대통령 후보가 되어 박정희와 접전을 벌이면서 갑자기 정치적으로 부상했다. 그리고 어느새 야당의 당권을 다투는 당내의 실력자가 되어 있었던 것이다.

지지자들의 폭력행사를 그 자신이 부추기지는 않았겠지만 대신 적극적으로 저지한 흔적도 없다. 이 점도 그의 퍼스낼리티를 짐작케 하는 여러 요소들 가운데 하나일 수가 있다.

3) 개인적 리더십 결정 요인

박정희는 양반의식은 가졌지만 살림살이가 영락한 농촌 가정의 7남매 가운데 막내로 늦둥이 막내로 태어났다. 가정은 몹시 어려웠고 더욱이 외가쪽 문중의 위토답을 부치는 처지가 자존심에 많은 상처를 주었으리라는 점은 충분히 짐작할 수가 있다. 그의 아버지가 무과에 급제했고 일시적으로라도 벼슬살이를 한 적이 있었다면 아마 그 상처는 더 컸을 것이다.

그러나 어려운 살림살이에도 셋째형과 그는 보통학교에 진학할 수 있었다. 그때의 성적으로 미루어 아주 똑똑한 어린이였다. 구미보통학교 개교 (1920) 이래 처음으로 대구사범에 진학한 학생이었다면 수재라 할만했다. 그러나 도시의 벽은 높았다. 대구사범 시절의 성적이 좌절감을 가질 만큼 안 좋았다. 이런 상황이 그의 저항심을 더 키워놨을 것이다.

이후의 삶도 그에게는 모질었다. 그 자신은 삶에 아주 진지했으며 대단한 노력가였다. 그는 자신의 노력에 의해 교사가 되었고, 만주의 일본군 군관학교에서 수석으로 졸업한 데 이어 일본 육사에서도 좋은 성적을 올렸다. 김석야는 박정희의 일본 육사 졸업성적이 3등이었던 것으로 적고 있다. 그는 일본군 장교가 됨으로써 마침내 자신이 꿈꾸던 '긴 칼' 찬 신분으로 도약했다.

이 같은 노력에도 불구하고 환경과 여건은 언제나 그를 괴롭히기만 했다. 아버지부터 그에게 수치심 좌절감을 안겨주었다. 그의 아버지는 가문의 명예를 지키지 못하는 소작농이었던 데다, 쉽게 말하자면 동네에서 호가 난 호주(豪酒)였다. 게다가 살림은 거들떠보지도 않았다. 그러면서도 그를 일방적으로 장가들이는 등 가부장의 지위는 고수했다. 이런 아버지에 대해 불만과 저항감이 컸으리라는 것은 자연스런 추측이다.

그리고 아버지는 강한 것, 기성질서를 의미한다. "아버지는 태양, 영(靈), 남성원리이자 여성적이고 직관적인 본능의 힘에 대립하는 것이며, 법과 질서의 체제적인 힘이다. 신화나 전설에서 아버지의 모습은 육체적, 정신적, 영적인 면의 우월성을 상징한다." 이는 쿠퍼(J. C. Cooper)의 『그림으로 보는 세계 상징 사전』의 설명이다. 그렇지 않아도 대구사범 재학시절 열등감에 빠져 있던 그로서는 '시골의 조혼풍습'을 자신이 따라야 한다는 데 대해 심한 반발을 느꼈을 법하다.

또 겨우 '긴 칼'을 차게 되자 일본이 패망해버리고 말았다. 디디고 선 땅이 꺼져버린 것이다. 이것은 자신의 의지와는 상관없이 운명처럼 일어난 일이었다. 운명에 대한 반발심은 사람을 자포자기적 저항으로 몰아갈 수가 있다.

조국으로 돌아와 다시 군에서 일정한 지위에 올랐으나 이번에도 엉뚱한 곳에서 운명은 꼬여갔다. 그는 형 상희의 죽음으로 깊은 충격을 받았지만 그 때문에 복수를 해야 하겠다고 생각하진 않았던 듯하다. 다만 형에 대한 의리 때문에 남로당에 가입했을 뿐인데 이것이 다시 엄청난 시련을 덮어씌웠다. 그는 사형을 선고받는 상황에까지 이르렀고 요행히 목숨은 건졌으나 이 전력은 끈질기게 따라다니며 그의 앞길을 비틀어 놨다.

그는 이런 여건 속에서도 포기하고 주저앉지는 않았다. 어쩌면 거듭되는 시련에 '이제 더 나빠질 것은 없다. 아주 운이 나쁘기는 하지만 운명도 나를 파멸로 몰아가지는 못한다'는 자기 신뢰 같은 것이 생겼을 수도 있겠다. 그게 없었다면 그는 쿠데타와 같은 위험한 도전을 할 생각을 못했을지도 모른다. '운명에 대한 도전의지'는 훗날 그가 '조국 근대화'라는 목표를 세우고 '하면 된다'는 의지로 '국가재건'의 과제를 밀어붙인 원동력이 되었을 것으로 추측할 수가 있다.

한편 그는 성장과정을 통틀어 권위주의적 체제, 왕조시대적 질서체계 속에서 살았다. 그는 유가적 전통과 의식이 짙게 밴 가정에서 태어나 자랐고,

이미 초등학교 때부터 일제 군국주의의 질서 속에서 세상을 인식하기 시작했다. 그리고 잠깐 동안의 교사생활— 이 마저도 '군사부일체(君師父一體)'라는 의식이 사라지지 않았을 때의 경험이었지만— 을 거쳐 바로 군인의 길에 들어섰다. 이후 그는 군인으로서의 길만 걷다가 쿠데타를 일으켜 하루아침에 집권자가 되었다.

따라서 그가 민주적인 의식을 갖추거나 민주정치를 경험할 기회는 거의 없었다. 그에게서 집권자라면 과거의 왕이나 다를 바 없었다. 그는 집권해서도 민주정치에 대해서는 서툴렀을 뿐 아니라 이에 대해 심한 거부감을 보였다. 그럼에도 불구하고 그는 집권 후 사적인 동기의 한계를 뛰어 넘어 공적인 목표를 끈질기게 추구했다. 이 점에서 그는 적어도 일정부분에서는, 즉 경제성장의 측면에서는 성공적인 리더가 될 수 있었다.

김영삼은 거제도에서 어장주의 귀염둥이 손자로 자라나면서 고집 세고 지기 싫어하는 어린 대장으로 성장했다. 특히 그의 어머니에게서 강한 체력과 함께 낙천적이면서도 직선적인 성격을 물려받은 듯하다. 그는 체력에서 남보다 앞서기를 원했고 우두머리 지위를 추구했다. 남에게 지고는 못 사는 성격의 소유자로 자라났다. 이것이 자신보다 강한 자에 대한 끊임없는, 집요한 도전으로 표출되었다.

장목중학 시절 일본인 반장을 흠씬 두들겨 주었다던가, 한국인을 멸시하는 교장의 이삿짐을 나르며 설탕부대에 구멍을 내버리는 식으로 맞선 것도 같은 맥락에서 이해할 수가 있다. 정치인이 되어서도 그는 아무에게나 말을 놓는 등 언제나 남의 위에 서려고 했다. 그는 늘 자신감에 넘쳤고 아주 낙천적이어서 장래에 대해 두려움을 보이지 않았다.

이를테면 '대장 신드롬'이라 할 수 있는 그의 성격이 공적인 사명감과 책임의식에 뒷받침될 수 있었다면 그는 아마 정치적 리더십을 보다 공적인 방향으로 발휘할 수 있었을 것이다. 그러나 그는 성장기를 통해 진지하게 고민할 수 있는 기회를 갖지 못했다. 경제적으로 부유했고, 가정 내에서 떠받들려 키워진데다 성격 또한 단순명쾌했던 게 아마 그로 하여금 복잡한 것, 진지해야 하는 것을 참지 못하게 했을 것이다. 이 때문에 그는 우두머리의 자리를 추구했을 뿐 그 자리가 진실로 무엇을 의미하는 지에 대해서는 빈약한 인식을 드러냈다. 박정희의 경우와는 성격이 달랐다 하더라도 그 또한 '싸움대장'이었다.

김대중의 경우는 '정규(正規)'에 대한 갈망이 일생을 지배했다고 할 수 있다. 그는 육지에서 멀리 떨어진 섬 출신이었고 정상적인 가정환경에서 출생해 자라지도 못했다. 게다가 학업도 상업고등학교 졸업으로 끝내야 했다. 아마 그가 해방정국에서 쉽게 좌익계열의 단체에 투신했던 것도 이 같은 출생 및 성장환경과 무관치 않았을 것이다. 기성질서를 전복시킴으로써 자신의 콤플렉스를 보상받고 싶었을 수가 있다. 그가 좌익단체를 떠난 것은 결혼 후였다. 장인이 지역사회에서 상당한 부와 명망을 가졌던 인물이라는 점이 이를 가능케 했다. 어느 정도 보상을 받았다고 여겼을 것이기 때문이다.

그러나 김대중은 자신의 여러 조건들을 수용하고 그 한계 내에서 주저앉기를 거부했다. 그는 끊임없이 출세를 지향했다. 그것만이 그를 정규의 계층, 정규의 사회에 편입시켜줄 수 있을 것이었다. 해방어간의 분위기는 김대중과 같은 야심만만한 젊은이들을 충동질하기에 부족함이 없었다. 잘만 하면 신분이나 학벌 같은 것의 배경이 없이도 출세를 할 수 있는 자유의 세상이 열린 것이다.

권력을 추구하는 사람 대다수가 유사한 동기와 목적을 갖게 마련이라고 하더라도 개인적인 동기, 목표에 집착하는 정도는 다르다. 김대중의 경우 그 집요함은 남달랐다. 그는 일생 동안 권력을 추구했고, 집권해서도 박정희나 김영삼에 비해 더욱 사적 관심사에 집착하는 모습을 보였다. '대북 비밀 송금'사건이 그 단적인 예다.

박정희와 두 김씨의 정치리더십과 관련해서는 라스웰(H. D. Lasswell)의 다음과 같은 인격형 분석 및 평가를 음미할 만하다.

정치무대에서 특별한 역할을 하는 데서 기쁨을 찾고자 하는 인격형은 특히 중요한 형의 인간인데 이는 타고난 본성과 어렸을 적의 체험으로써 그러한 경향을 갖게 된다. 이를테면 선동가가 그러한 형에 속하는데 그는 자기와 동시대의 사람들로부터 누구보다도 먼저 높은 존경을 받고자 하는 생각이 강하기 때문에……. 또 한편 정서적인 반응을 그렇게 바라지 않는 사람들은 세상의 이목에 그리 개의치 않는 조직가로 된다. 선동가는 위기가 그 절정에 달했을 때에 본래의 면목을 발휘하는 데 반해서 조직가는 위기와 위기와의 중간기에 그 능력을 발휘한다.

이 두 가지 인격형에만 한정해서 말한다면 두 김씨는 선동가형에 가깝다. 반면 박정희는 오히려 후자 쪽이다. 물론 그는 '긴칼'을 차고 싶어했고 그 점에서는 선동가적 인격형도 함께 가졌다고 볼 수 있겠다.

라스웰의 언급은 이어진다.

이 세상에는 또한 폭력을 난폭하게 휘두르기가 쉬운 인격형이 있다. 그러한 형에 속하는 사람은 안하무인격인 태도로서 자기의 의사가 관철되는 것을 경험을 통해서 배운 사람들이다. 또한 이런 사람들은 가치박탈에 대한 자기의 분노를 구체적으로 외면화시킴으로써 지배권을 장악할 수가 있었으니…….

이와 관련해서 연상되는 인물은 박정희다. 그러나 김대중도 남다른 가치박탈의 분노를 마음에 품고 살았다. 그는 난폭한 대신 집요한 권력에의 집착을 보였다.

라스웰은 '정치적 인격형'에 대해 이렇게 매듭짓는다.

비록 어떤 특수한 정치적 표현방법을 취한다 할지라도 그와 같은 정치적 인격형에 공통되는 특색은 각별히 사회적 존경을 갈망한다는 점이다. 그런데 그와 같은 심적 동기가 사람을 교묘하게 조종하는 기능과 또한 적절한 정세와 잘 결부되어질 때 비로소 유능한 정치가가 나타나게 된다. 그러한 정치적 인격이 충분히 발전되어질 때 비로소 그는 공공의 복지라는 이름 밑에 정치세계에서 자기의 운명을 개척해가게 된다. 즉 그는 집단의 이익이라는 명목 아래 사적인 동기를 공적인 대상물에 전위(轉位)시킨다(라스웰, 번역본, 1960).

세 사람 다 사적인 동기를 공적인 목적과 결부시키는 데는 성공했다. 그
랬기 때문에 남다른 리더십을 발휘할 수 있었던 것이다. 그러나 그 진지성
진실성에서는 차이가 있었다고 할 수밖에 없다. 이는 물론 단정할 수 있는
게 아니다. 다만 앞으로 전개될 3인의 정치리더십 고찰 과정에서 어렵지
않게 간파할 수는 있을 것이다.

2. 사회적 배경

1) 성장기의 정치환경

(역사적 사실은 주로 강만길의 『고쳐쓴 한국현대사』와 『고쳐쓴 한국근대사』,
송건호의 『한국현대사론』, 『국역 다산시문집 5』 등을 참조함)

박정희, 김영삼, 김대중의 성장기라면 1920년에서 1940년대의 기간이
된다. 박정희는 1927년, 김대중은 1923년, 김영삼은 1928년에 출생했다.
이들 가운데 박정희와 김대중은 1920년대의 경험을 함께 했고 1930년대
이후는 세 사람이 함께 같은 시대를 살았다. 그리고 이들은 1940년대를 통
해 성년기에 들어선다. 5∼6세씩의 나이 차이에도 불구하고 성장기를 공유
했다고 할 수 있다.

한 마디로 이들은 일제 식민통치기간 중에 태어나 식민지 원주민으로 성
장했다. 이런 상황에서 성장한 정치리더라면 으레 "어릴 적부터 식민통치
세력에 대한 저항감과 독립투쟁의 의지를 키우며 자랐다"는 따위의 전설이
따르게 마련이지만, 이들에게서는 그런 기억도 기록도 없다. 이들에게 왜
남다른 민족의식이 없었던가를 따지는 것은 무리다. 박정희는 궁벽한 산골
마을에서 자랐다. 김대중 김영삼은 섬 소년들이었다. 그들이 식민지 상황의
의미를 깨닫기엔 식민상황의 현장과 너무 떨어져 있었던 것이다. 그럼에도
불구하고 이들의 성장기, 다시 말해 일제 식민통치기간을 고찰하는 것은

성장기의 사회구조와 질서가 이들의 정치의식 형성에 심대한 영향을 미쳤으리라고 판단되기 때문이다.

이들 가운데 어느 누구도 성장기에 식민통치의 극복을 적극적이고 구체적으로 생각해본 적이 있었던 것 같지 않다. 적어도 기록상으로는 그렇다. 이들이 관심을 가졌던 것은 개인적인 출세였을 뿐이다. 사적인 동기가 정치리더십의 기저를 형성하고 있었다는 사실은 이들의 정치행태를 설명하는 중요한 근거가 될 수 있다는 점에서 기억해둘 만하다.

1919년 3월 1일을 기해 시작된 국권회복운동은 한민족 구성원들에게 자주민족으로서의 자각과 독립의식을 깊이 심었다. 그리고 이를 계기로 일제의 식민통치는 이른바 '문화정치'로 탈바꿈하기 시작했다. '무단정치(武斷政治)'가 되레 한민족의 민족의식을 자극해서 3·1운동과 같은 대규모의 저항 독립운동을 초래하자 일제는 식민통치구조 및 방법의 정교화를 기도한 것이다. 이는 표면적인 유화정책, 내용적인 민족분열정책으로 추진되었다.

분열정책은 친일파를 양산하는 책략이었다. 친일여론을 조성하기 위한 단체로 교풍회, 국민협회, 대동동지회 등이 조직되었고 대지주계급과 예속자본가들의 친일단체로 대정친목회(大正親睦會), 유민회(維民會) 등이, 또 유생들의 친일단체로 대동사문회(大東斯文會), 유도진흥회(儒道振興會)가, 농민 어용단체로 조선인소작회상조회(朝鮮人小作會相助會) 등이 만들어졌다. 그리고 역시 민족분열책동의 하나로 참정권, 자치권을 부여하는 시늉을 했다. 그러나 중앙정치에 참여하는 것은 배제되고 다만 지방행정의 자문기관에 참여시킨다는 방식이었다. 부협의회(府協議會), 면협의회, 도평의회, 학교평의회가 그것이었다. 이 같은 책략은 적어도 일부 조선인들의 출세욕구를 자극하는 효과를 거두었음을 부인하기 어렵다.

일제의 문화정치는 또 민족해방운동의 열기를 문화운동 쪽으로 유도하는 방식으로도 추진되었다. 그들은 종교운동 수양운동 사교운동 생활개선운동 농촌계몽운동을 적극 장려하면서 그 주동자들을 포섭해 나갔다. 사회주의 운동의 대두로 방향성에 혼란을 일으켰던 일부 우파 민족주의자들이 이러한 책략의 희생자가 되었다. 이들은 타협주의의 길을 걷게 되었고 그것이 '민족성 개량' '실력양성' '자치주의'의 형태로 표출되었다.

문화정치라는 이름의 기만정책, 특히 정치참여 확대의 유혹은 많은 조선인들의 신분상승 욕구를 자극했다. 이미 조선에는 1894년 갑오경장으로 신분제가 공식적으로 철폐되어 있었다. 이제 누구나 출세를 꿈꿀 수 있게 되었다. 그러나 조선말의 혼란과 뒤이은 일제와의 합병, 그리고 무단정치 등으로 실제적인 기회는 주어지지 않았다. 문화정치가 표방됨으로써 그 가능성이 열리는 듯했다. 농경사회에서 출세란 관직에 나아가는 것이었다. 전통적으로 그것은 독서인의 차지였다. 당연히 학구열이 불붙기 시작했고 일제의 문화정치에 따라 교육기회가 다소라도 확대됨으로써 신분상승의 욕구가 더 부추겨 졌다. 물론 일제의 기만에 불과했지만 어쨌든 출세희구 심리를 부추긴 것은 사실이다.

일제는 1931년의 만주사변으로 대륙 침략을 시작했고 1937년에는 중일전쟁을 일으키면서 제국주의적 침략전쟁을 본격적으로 감행했다. 1941년 일제는 마침내 미국을 상대로 전쟁을 도발함으로써 4년에 걸친 태평양전쟁을 발발시켰다. 이 전쟁 기간 동안 일제는 본격적인 경제수탈을 자행하고 강제징병도 실시했다.

일제는 당초엔 조선 청년을 무장시키는 데 따르는 위험부담 때문에 징집제를 실시하지 못했다. 그러다 중일전쟁이 전개되기 시작하면서 병력의 확보가 필요하게 되자 1938년 2월 육군특별지원병령을 공포했다. 1943년까지 약 1만 8천 명 가량의 조선 청년이 일본군에 지원, 입소했다. 일제는 태평양전쟁이 치열해지자 지원병제를 징병제로 바꾸었다. 이후 종전 때까지 다시 20만 명이 징집되었다. 또 강제 연행된 조선인 노무자는 1939~1945년 사이에 약 113만 명에 달했다.

일제는 1937년 말 남경 공략 후 서주(徐州)작전이 전개될 무렵부터 조선 내의 어용 뚜쟁이들에게 지시, 조선의 여성들을 데려가 '위안소' '간이위안소' '육군오락소' 등의 명칭을 가진 시설에 배치하고 일본군의 성적 노리개로 삼았다. 그 수가 1938년 초부터 가을까지 약 3~4만 명에 이르렀다. 그리고 1941년부터는 뚜쟁이들이 아니라 총독부→ 도지사→ 시장→ 면장의 계통으로 명령을 내려 8천 명에서 1만 명에 이르는 조선처녀들을 꾀어 관동군의 위안부로 보냈다. 일제는 1944년 8월에 여자정신대근로법(女子挺身隊勤勞法)을 제정, 공포하고 강제로 연행해갔다. 1943년부터 45년 종전까지 일제가 정신대로 연행해간 조선인 여성의 수는 한 조사 기록에는 20만 명으로 추산되었고 이 가운데 약 5만 명 내지 7만 명이 위안부로 보내진 것으로 계산되었다.

이처럼 식민통치가 강화되고 수탈이 확대되면서 그 영향은 전국 곳곳에 미쳤을 것이 틀림없다. 특히 농민에 관련된 사건들로서는 소작쟁의를 들 수 있다. 1930년대 내내 지속된 소작쟁의는 30년대 중반 이후엔 매년 수만 건에 이르렀다. 그러나 박정희 김영삼 김대중은 이 시대를 치열하게 살지는 않았다.

박정희는 소작농의 5남 2녀 가운데 막내로 태어나 가난을 온 몸으로 겪으며 살았지만 그건 식민지 백성으로서가 아니라 조선 농민들의 운명 같은 것이었다. 그는 정작 보통학교 교사로 재직하면서 '일제'보다는 '일본인 도장학사'에게 저항감을 느껴 사임했다. 그리고 그러한 사람을 눌러버릴 수 있는 '긴 칼'을 차는 길을 택했다. 민족적 동기가 아닌 사적 동기에 떠밀린 것이다.

김대중은 아버지가 마을 이장으로서 소작쟁의에 앞장섰던 것을 자랑스레 회고하고 있지만 그 자신이 민족적 울분을 느꼈던 기억은 갖지 않았다. 너무 어렸기 때문이다. 그리고 그가 고등학교를 졸업한지 2년 만에 해방이 되었다. 그의 학창생활 기간 중에는 사회적으로 특별한 사건이 없었던 만큼 그도 꿈 많은 학생으로 생활했을 뿐 조국의 운명 같은 것을 두고 고민할 계기는 없었던 듯하다.

김영삼은 세 사람 가운데 가장 유복한 성장기를 보냈다. 그는 부잣집 외동아들이었다. 일제에 대한 반감으로 문학가가 되고 싶었고, 그래서 일본어판 세계문학전집을 몽땅 샀다고 했다. 당시의 상황으로 보면 정말 낭만적이고 여유 있는 애국심이라 하지 않을 수 없다. 그는 무난히 자랐고, 해방 후 당초 자신이 진학하려다 좌절당했던 경남중학교에 편입할 수 있었다. 그리고 책상 앞에다 '장래의 대통령 김영삼'을 적어 놓고 의기양양해 했다. 그는 어느 모로든 식민지의 고민 많은 젊은이가 아니라 언제나 자신만만한 부잣집 외동아들이었을 뿐이다.

한편 일제의 책략에 대항해서 국내외의 독립운동도 본격적으로 조직화 체계화했다. 3·1운동을 전후해서 국내외의 3곳에 각각 임시정부가 조직되었다. 그 하나는 연해주 블라디보스토크에서 성립된 대한민국의회(大韓民國議會, 1919. 2)였다. 이는 교포사회를 바탕으로 활동 중이던 한족중앙총회(韓族中央總會)가 개편되어 정부형태를 갖춘 조직이었다. 두번째로 수립된 것이 상해임시정부였다. 이곳엔 이미 신한청년당(新韓靑年黨)이 조직되어 활동하고 있었다. 3·1운동 이후 독립운동가들이 망명해 오면서 함께 '독립임시사무소(獨立臨時事務所)'를 설치하고 1천여 명이 모여 이 해 4월 10일 임시의정원을 구성했다. 그리고 세번째 임시정부는 3·1운동 직후 서울에서 조직된 것으로 세칭 한성정부(漢城政府)였다.

후에 상해임시정부로 통합되는 이들 3개 임시정부는 모두 '민주공화제'를 표방했다. 이의 조선내적(朝鮮內的) 연원은 다산 정약용에까지 거슬러 올라갈 수 있다. 그는 원목(原木) 및 탕론(湯論)에서 민주적 인식의 일단을 피력하고 있다.

옛날에야 백성이 있었을 뿐 무슨 목민자가 있었던가. 백성들이 옹기종기 살면서 한 사람이 이웃과 다투다가 해결을 보지 못한 것을 공언(公言)을 잘하는 장자(長者)가 있었으므로 그에게 가서야 해결을 보고 사린(四隣)이 모두 감복한 나머지 그를 추대하여 높이 모시고 이름을 이정(里正)이라 하였고, 또 여러 마을 백성들이 자기 마을에서 해결 못한 다툼거리를 가지고 준수하고 식견이 많은 장자를 찾아가……(정약용, 1996).

다산은 이정 → 당정(黨正) → 주장(州長) → 국군(國君) → 방백(方伯) → 황왕(皇王)이 이 같은 방식으로 추대되었다고 말한다. 그의 논리에 따르면 법 역시 민망(民望)에 의하여 제정되었다. '탕론'에서도 같은 이치가 다시 강조된다.

대저 천자의 지위는 어떻게 해서 소유한 것인가? 생겨진 근원을 더듬어보면 이러하다. 5가(家)가 1린(隣)이고 5가에서 장(長)으로 추대한 사람이 인장(隣長)이 된다. 5린이 1리(里)이고 5린에서 장으로 추대된 사람이 이장(里長)이 된다. 5비(鄙)가 1현(縣)이고……(정약용, 1996).

이렇게 현장이 나오고 여기서 제후가, 그 위에 천자가 추대된다. 같은 이치로 추대권을 가진 사람들은 장을 바꿀 수도 있다. 천자도 잘못하면 구후(九侯)와 팔백(八伯)이 의논하여 개정할 수 있다는 것이 다산의 논리이다.

다산의 이 이론이 확산 정착될 수 있었다면 조선의 정치사상사는 달리 쓰여졌을 것이다. 그러나 이 사상은 계승되지 못했다. 지식인들의 의식 속으로는 그러한 인식이 이어졌다 하더라도 본격적으로 추구되어 정치사상의 주류로 자리매김되지는 못했던 것이다.

19세기 말엽의 개화사상이 실학을 부분적으로 계승한 것이라 해도 다산의 적극적인 민본주의 또는 (원시)민주주의의 의식 및 논리까지를 수용하지는 못했다. 이는 개화주의자들이 혁명적인 수단을 동원하긴 했으나 사상적으로는 변법자강(變法自彊)의 범주를 벗어나지 못했기 때문이었을 것이다. 이들이 제시한 정치개혁안은 다산의 정치사상을 반영하지 못하고 기존의 왕조적 질서를 인정하는 선에서 왕권의 일정한 양보를 요구하는 성격이었다.

개화당은 1884년 12월 4일 우정국 개국 축하연을 기회로 정변(甲申政變)을 일으켜 집권했다. 이들이 마련한 정강정책은 실천되지 못한 채 김옥균이 일본 망명 중에 저술한 『갑신일록(甲申日錄)』에 실려 전해졌다. 이 개혁안 중 특히 정치개혁을 직접 규정한 것은 제2조와 제13조다. 제2조에선 "문벌을 폐지하여 인민평등의 권(權)을 제정하고, 사람으로써 관을 택하게 하고 관으로써 사람을 택하게 하지 말 것"이라고 선언했다. 또 13조에선 "대신과 참찬(參贊)은 매일 합문(閤門) 안의 의정소(議政所)에서 회의하여 의논 결정해서 정령을 포행(布行)할 것"이라고 규정했다. 국민 사이의 신분적 차별의 철폐와 함께 군주권의 제한을 시도한 것이다. 당시로서는 혁신적인 개혁안이었으나 전통적인 군주제의 한계에서 벗어나지는 못했다.

또 개화파에 의해 발간된 ≪한성순보≫는 군민동치(君民同治)와 합중공화(合衆共和)의 입헌정체(立憲政體)를 소개하면서 이것이 우리에게 적합하다고 지적했다. 그리고 뒷날 일본에 망명 중이던 박영효(朴泳孝)는 왕에게 올린 '내정개혁 상소'에서 "진실로 한 나라의 부강을 이루어서 모든 나라들과 대치하려 하면 군주권을 다소 약화시키고 인민이 응분의 자유를 얻어 각기 나라에 이바지하고 점차적으로 문명되게 하는 것만 같지 못하다"고 역설했다.

직접적인 정책제안서는 아니었지만 역시 개화파의 일원이었던 유길준은 1895년에 간행한 『서유견문』에서 보다 본격적으로 해외 각국의 정부형태와 정치제도를 소개했다. 그는 정부의 종류를 '임금이 마음대로 하는 정치체제' '임금이 명령하는 정치체제' '귀족이 주장하는 정치체제' '임금과 국민이 함께 다스리는 정치체제' '국민들이 함께 다스리는 정치체제'의 다섯 가지로 소개했다. 그리고 정체에 대해 다음과 같이 평가하고 있다.

여기에 하나의 커다란 준칙이 있는데, 우리가 상세히 요구할 것은 유럽과 아메리카 두 주에 있는 여러 나라가 아시아주 여러 나라에 비하여 백 배나 부강하다는 사실이다. ……아시아주의 황색인을 유럽이나 아메리카주의 백색인과 비교할 때에, 그 자질에 모자람이 없다는 것은 분명하다(유길준, 1995).

이승만도 1904년 옥중에서 집필한 「독립정신」에서 정치제도에 관해 소개했다.

「독립정신」에서 이승만이 대안으로 생각한 정치체제는 국민들의 자유와 평

등권이 보장되는 입헌군주제나 민주공화제였던 것으로 보인다. 정치제도를 전제
군주제, 입헌군주제, 민주공화제로 나눈 다음 전제군주제는 쇠퇴할 수밖에 없는
것임을 분명히 하고 영국이나 일본 같은 입헌군주제를 당시의 현실에 맞는 것
이라고 밝힌다(이한우, 1995).

이들의 예에서 보듯 당시의 지식인들에겐 정치체제의 개혁이 부국강병과
독립유지의 선결과제로 인식되었다. 이들 개화인사들의 정치에 대한 인식
이 그대로 지식인층과 독립운동가들에게 전해졌다. 그러나 이미 조선왕조
가 한일합방으로 와해되고 만 후의 대안은 입헌군주제일 수가 없었다. 민
주공화제의 선택은 불가피하면서도 당연한 귀결이었다.

한편 러시아 극동지역에 살던 조선인들 사이에 1917년 10월의 소련혁명
후 공산당운동이 시작되었다. 이동휘(李東輝), 박애(朴愛), 김립(金立) 등 볼
셰비키 지지자들이 조선인으로서는 처음으로 1918년 5월 10일 공산주의
단체인 조선인사회당(朝鮮人社會黨)을 결성했다. 이후 국내외에서 수많은
한인 공산당이 생겨났다. 이들 단체들은 전체 한족사회의 통일공산당을 조
직하기 위해 노력했으나 결국 사회주의 혁명을 우선적으로 지향하는 이르
꾸츠쿠파 고려공산당(高麗共産黨, 1921. 5)과, 민족해방을 우선적 과제로 하
는 상해파 고려공산당(1921. 5)으로 갈라졌다.

국내에선 3·1운동 이후 사회주의 단체들이 우후죽순 격으로 생겨났다.
주로 지식인 청년 학생 및 선진적 노동자들이 중심이 되었다. 1926년 현재
사상단체 수는 무려 3,380개에 이르렀다. 이들 단체들을 기반으로 해서
1925년 4월 17일에는 제1차 조선공산당이 비밀리에 조직되었다. 이 무렵
신문 잡지들도 적극적으로 사회주의 사상을 다루었다. 《동아일보》, 조선
일보 등의 일간지가 '마르크스 사상의 개요' '마르크스의 유물사관' 등을 연
재했고, 《신생활》 《신천지》 《개벽》 《조선지광(朝鮮之光)》 등의 출판
물이 사회주의 사상을 소개했다.

식민지배 하의 조선 지식인들이 왜 공산주의 또는 사회주의에 경도되었
는지를 한마디로 명쾌하게 설명하기는 어렵다. 다만 님 웨일즈의 『아리랑』

이 소개하는 혁명가 김산(金山)의 회상에서 상징성이 풍부한 편린을 볼 수가 있다.

1919년 어느 가을 날, 조국을 빠져나오면서 나는 조국을 원망했다. 그리고 울음소리가 투쟁의 함성으로 바뀔 때까지는 절대로 돌아가지 않겠다고 굳게 맹세했다. 조선은 평화를 원했으며, 그래서 평화를 얻었다. 저 '평화적 시위'가 피를 뿌리며 산산이 부서져버리고 난 이후에……. 조선은 멍청하게도 세계열강을 향하여 '국제정의'의 실현과 '민족자결주의'의 약속 이행을 애원하고 있는 어리석은 늙은 할망구였다. 결국 우리는 배반당하고 말았다. 하필이면 조선 땅에 태어나서 수치스럽게도 이와 같이 버림받은 신세가 되어버렸을까? 나는 분개했다. 러시아와 시베리아에서는 남자건 여자건 모두가 싸우고 있었고, 또한 이기고 있었다. 그 사람들은 자유를 구걸하지 않았다. 그들은 치열한 투쟁이라는 권리를 행사하여 자유를 쟁취하였다. 나는 그 곳에 가서 인간해방의 비책을 배우고 싶었다. 그런 후에 돌아와서 만주와 시베리아에 있는 2백만의 조선 유민들을 지도하여 조국을 탈환하겠다고 생각했다(님 웨일즈, 1995).

이 글을 통해 조선의 지식인들이 공산주의 또는 공산주의적 방식에서 희망을 얻으려 한 이유를, 그들이 무장투쟁을 선택한 까닭을 짐작할 수가 있다. 아마도 수많은 다른 조선 공산주의자들의 의식과 동기도 유사했을 것이다.

미국이나 유럽의 자본주의 국가들은 말만 앞세웠을 뿐 약소 식민지 국가의 해방에는 실질적인 도움을 주지 못했고 줄 의지도 없었다. '민족자결주의'를 제창함으로써 조선인들에게 독립의 희망과 열정을 불어넣고 마침내 3·1운동까지 일으키게 했던 미국부터가 관심조차 갖지 않았다. 기실 그들 서구국가들이 바로 제국주의적 침략·식민정책의 종가였다.

게다가 해방은 평화적인 방법 따위로는 애초에 이루어질 수 있는 것이 아니었다. 공산주의자들의 인식으로는 볼셰비키가 혁명을 통해 짜르의 전제정치를 타도했듯 오직 투쟁을 통해서만 조국의 해방은 쟁취될 수 있을 것이었다. 그리고 러시아는 제(諸) 민족의 해방을 약속하고 있었다.

노동자와 농민의 10월 혁명은 노예해방이라는 공통의 기치 아래 시작되었다. 농민은 지주의 권력으로부터 해방되었다. 지주적인 토지소유는 이미 사라졌다. 그것은 폐지되었기 때문이다. 병사와 수병은 전제적인 장군의 권력으로부터 해방되었다. 이제부터는 장군을 선거하고 또한 그를 파면할 수 있게 되었기 때문이다. 노동자는 자본가의 전횡으로부터 해방되었다. 이제부터 공장과 제조소는 노동자의 감독을 받게 되었기 때문이다. 무릇 살아있는 모든 것은 증오의 뿌리로부터 해방되었다. 남아 있는 것은 러시아의 여러 민족뿐이다. 이들은 억압과 전제로 고통을 받아왔으며 지금도 고통을 받고 있다. 지금 곧 바로 이들을 해방하기 위한 사업에 달라붙지 않으면 안 된다(소련과학아카데미, 1990).

1917년 12월 2일(러시아력: 양력으로는 15일) 인민위원회에서 채택한 '러시아에 사는 모든 민족의 평등과 주권'은 그와 같이 선언했다. 호치민은 이렇게 말하고 있다.

레닌은 식민지 문제에 대해 올바른 해결책을 제시하는 것이 세계혁명에 기여하는 중대한 것으로 인식하고 강조한 최초의 인물이었으며…… 식민지 민중을 혁명운동으로 이끄는 것의 중요성을 확실히 인식하고 인정했던 최초의 사람이었다. ……레닌은 타고난 통찰력으로 식민지에서의 과업을 성공적으로 완수하기 위해서는 이 나라들에서 발전하고 있는 민족해방운동을 충분히 활용할 줄 알아야 함을 인식했으며……(남풍 편집부, 1988).

러시아의 10월 혁명은 확실히 억압받는 계급과 식민통치 하의 피지배 민족에겐 희망이기에 족했다. 식민지 지식인들이 공산주의 혁명에서 대안을 찾으려 한 것은 전혀 이상할 것이 없는 일이었다. 1919년 2월 도쿄에서 한국학생들이 기초한 '독립선언문'은 당시 지식인들의, 혁명과 소비에트 정부 수립에 대한 인식을 반영하고 있다.

새로운 국가, 최초의 진보적 민주주의 국가, 자유와 정의의 원칙에 입각한 국가의 수립 이래로 한국인민들은 한민족도 인류의 문화유산에 기여하고 평화와 정의의 대의에 공헌할 수 있으리라는 희망을 갖게 되었다(남풍 편집부, 1988).

이상에서 일별한 대로 개화파의 맥을 이은 세력과 공산주의라는 새로운 사조와 혁명운동에 경도된 세력에 의해 독립운동 세력은 좌우로 분열되었다. 통일전선운동이 거듭되었으나 이렇다 할 성과를 거두지 못한 채 해방을 맞았다. 해방 이후에도 통일전선운동은 임정(臨政)과 인공(人共)의 합작운동으로, 그 후엔 좌우합작운동 및 1948년의 남북협상으로 이어졌지만 아무런 결실을 거두지 못한 채 결국은 남북 양쪽의 단독정부 수립에 의해 분단이 고착화했다.

이 시기, 3인의 기억 속에는 분단에 대한 고뇌가 있었던 것 같지 않다. 박정희는 각고의 노력 끝에 달 수 있었던 일본군 중위 계급장을 잃고 심한 좌절감과 상실감에 빠졌다. 그러다 다시 군대를 찾았다. 그로서는 다른 길을 찾기가 어려웠기 때문이었을 것이다.

김대중은 만 20세가 되던 해에 결혼했고 해방을 맞았다. 그는 1943년 가을 목포상고를 졸업했다. 일본 유학이 좌절된 후 만주 건국대학에 진학하려 했으나 일제의 징용을 피하기 위해 일본인이 경영하는 해운회사에 취직했다. 징용기피도 일제의 식민통치에 대한 저항일 수는 있었으나 역시 공적인 사명감이라기보다는 사적인 진로 문제로 고민하는 청년이었다. 그리고 일찍이 건준 목포지부를 비롯한 정치적 조직, 그것도 좌익계에 가입하는 등 정치에 적극적인 관심을 기울인 야심만만한 젊은이였다.

김영삼은 경남중학교에서 좋아하는 축구선수가 되어 마음껏 뛰며 신나는 시기를 보냈다. 그는 언제나 힘과 자신감이 넘쳤다. 해방정국의 민족사적 의의 같은 것은, 생각할 나이도 못되었지만 관심사도 아니었다. 그는 사색적인 학생이 아니라 행동적인 학생이었다. 그는 언제나 대장이었다. 그에게 장애물이란 없었다. 그는 아주 낭만적인 그러나 배짱이 두둑한 출세지향의 젊은이로 성장했다.

해방정국은 어수선하기 이를 데 없었지만 야심 넘치는 젊은이들에게는 기회이기도 했다. 이제 출세에 어떠한 제약도 없어졌다. 능력만 갖추면 누구나 출세를 할 수 있었다. 아주 높은 자리인 국회의원도 가능하고, 더 나아가 옛

날의 왕인 대통령도 가능할 것이었다. 아마도 정부 수립 이후에 나타난 현상이었겠지만 부모들은 아들들에게 "커서 무엇이 되고 싶으냐?"고 물은 다음 "대통령!"이라는 판에 박힌, 그렇지만 언제나 당당한 대답을 듣고는 아주 흐뭇해 할 만큼 모든 높은 공직은 국민의 눈앞에 다가와 있었다. 출신 성분이나 계급 제한 같은 것도 없었지만 과거의 족쇄에 묶일 필요도 없었다. 이 도전의 시대에 세 젊은이는 각기 다른 모습으로 다른 길에 들어섰다. 그러나 훗날 이 길은 정치라는 하나의 장(場)에서 조우할 것이었다.

2) 정치입문기의 상황과 여건

(역사적 사실은 주로 송남헌의 『한국현대정치사』, 한국일보사의 『한국의 정당』, 강만길의 『고쳐쓴 한국현대사』 등을 참고함)

박정희는 1961년 5·16쿠데타를 통해 정치권에 진입하지만 김영삼·김대중은 1954년 제3대 민의원 총선 출마를 통해 정계에 본격적으로 입문했다. 이 선거에서 김영삼은 당선되어 비교적 순탄한 정치생활의 길로 들어선 대신 김대중은 낙선의 고배를 마시면서 험난한 정치역정의 첫걸음을 내디뎠다.

이들이 정치를 시작한 때는 해방과 정부수립 및 6·25가 이어지는 격동기였다. 해방은 '이념과 정치(정치적 욕구 및 활동)의 분출'을 가져왔다. 이 땅의 지배세력을 형성하고 권력을 오로지 했던 일제가 패주하고 미군이 일단 지배권을 장악했다. 그러나 미구에 우리가 정부와 의회를 비롯, 국가 관리체계를 갖출 것이었다. 다시 권력구조와 지배계층이 형성된다는 사실이 지식인 부자 야심가들의 마음을 뒤흔들어 놓았다. 누구나 실력만 있으면 과거의 신분에 상관없이 높은 지위에 오를 수 있는 시대였다. 격정과 격돌의 시대는 그렇게 열렸다.

해방이 가까워 오면서 정치세력들은 좌우로 나뉘어 세를 결집하기 시작했다. 앞장 선 사람들이 여운형(呂運亨) 등 좌파세력이었다. 이들은 1944년

8월 10일 사회주의적 경향을 가진 비밀결사 건국동맹을 조직했다. 여운형은 1945년 8월 15일 건국동맹을 모체로 안재홍(安在鴻) 등의 협력을 얻어 건국준비위원회를 조직하고 진보적인 중도노선을 제시했다. 건준은 우익인사들을 배제하고 좌익일색으로 조직을 확대, 남한에 145개의 인민위원회를 결성했다. 이 해 9월 6일 박헌영(朴憲永)이 이끌던 조선공산당은 건준의 해산파와 합작, 조선인민공화국(朝鮮人民共和國)을 조직했다. 그러나 미군은 인공(人共)을 인정하지 않고 군정을 실시했다. 이로써 건준 및 인공은 통일민족국가 수립의 모체 역할을 다할 수가 없었다.

한편 민족진영측 지도자들도 건준의 독주에 대처할 목적으로 세력을 결집, 9월 16일 민족진영 단일정당으로 한국민주당(韓國民主黨) 결성대회를 갖고 중경임정(重慶臨政) 지지를 표명했다.

9월 8일 남한에 진주한 미군은 포고령을 통해 이에 저촉되지 않는 한 언론 집회 결사의 자유를 부여한다고 밝혔다. 이에 따라 정당 및 단체의 결성이 활기를 띠기 시작했다. 특히 9월 17일 하지 중장이 정당 단체 지도자들과 정례회견 방침을 발표하면서 폭발적으로 늘어났다. 하지 중장이 서울에 왔을 때만 해도 8, 9개 정도에 그쳤던 정당과 단체가 한달 후에는 70여 개로 늘었고, 11월 1일 미군정청에 등록된 수는 250개에 이르렀다. 말 그대로 우후죽순 격이었다.

한편 1946년 3월 20일부터 서울에서 열린 제1차 미소공동위원회는 모스크바 삼상회의 결정사항을 수락하는 정당·사회단체만을 협의대상으로 한다는 결정(1946. 4. 18)을 내렸는데 이때 미국측 대표가 제출한 남한측의 초청대상단체는 20개였다. 그러던 것이 1947년 5월 21일부터 개최된 제2차 공동위원회 참가를 위해 등록한 정당 및 단체는 425개에 달했다.

이처럼 난립한 정당·단체들은 좌우익간의 대결, 미군정청과 좌익 정당들 간의 대립으로 사회를 혼란에 밀어 넣었다. 1946년 5월 15일 '정판사 위조지폐사건'으로 공산당 기관지 ≪해방일보≫가 정간되고(5. 18) 공산당 간부들에 대한 검거령이 내리자 공산당은 지하로 숨어들었다. 좌익세력은 1946년 7월

26일 신전술을 채택, 미군정청에 대한 투쟁노선으로 선회했다. 이들은 '9월 총파업'을 주도했고 10월 1일엔 대규모 민중항쟁(또는 대구폭동)을 일으켰다. 이로써 미군정청과 좌익세력간의 대립과 마찰은 더 심화했다.

설사 좌익세력이 미군정청에 적극 협조했다 하더라도 그들이 남한에서 정권을 장악한다는 것은 애초에 불가능한 일이었다. 남한 지역은 미군의 점령지였다. 거기에 소련식의 공산주의 정권이 들어서는 것을 미국이 용인할 리 없었다. 미국은 다만 민주주의 원칙에 따라 언론 집회 결사의 자유를 인정한 것일 뿐이며, 그것조차도 자신들의 점령정책(즉 포고령)에 위배될 때는 제한했다.

사회주의 사상은 일찍부터 조선의 진보적 지식인들에게 파고들었다. 그리고 노동자와 농민들에게 희망의 메시지가 되었다. 그러나 그 희망은 미국의 강대한 군사력에 의해 좌절될 위기에 놓였다. 사회주의자들에겐 미국 역시 친일지주계급, 반동세력의 이익을 보호해주는 제국주의자 국가에 불과했다. 이들의 좌절감이 후에 남한 각지에서의 무장반란과 유격투쟁의 주요 동인이 되었다.

남한에서 공산주의 혹은 사회주의가 억압받았던 것보다 더 직접적으로, 더 단호하게 북한에서는 자본주의 및 자유민주주의 사상이 압살 당했다. 거기서는 소련식의 공산주의만이 유일한 대안이었다. 김구(金九)·김규식(金奎植) 등 민족주의자들이 남북협상을 통한 통일정부 수립운동을 벌였으나 그것은 애초에 가능한 일이 아니었다. 그들의 통일노력은 순수하긴 했으되 현실적이지는 못했다.

한반도 문제는 미소공동위원회 → 유엔총회 이관 → 유엔 정치위원회 남북한 총선거안 결의 → 소련의 유엔한국위원단 입북 거부 → 남한 단독 총선거 및 단정(單政)수립이라는 방식으로 정리되었다. 남북한 양 지역에선 점령과 함께 이미 예정되었던 대로 각 점령국들의 체제에 맞춰 그 복제정체가 들어선 것이다.

이 전쟁은 과거의 전쟁과 같지 않습니다. 누구나 한 영토를 점령하는 자는 자기 자신의 사회제도를 그 곳에다 강요합니다. 누구나 자기의 군대가 그렇게 할 힘을 가지는 한 자기 자신의 사회를 강요하는 것입니다. 그것은 그렇게 될 수밖에 없는 일입니다(류재갑, 1990).

제2차세계대전 중 모스크바를 방문한 유고슬로비아 사절단원 밀로반 질라스(Milovan Djilas; 공산당 부당수)와의 면담에서 스탈린이 한 말이다. 미국이라고 달랐을 리가 없다.

이념체계와 정치체제의 이 같은 일방적 강제적 이식은 당연히 저항을 초래했다. 그것을 양 체제는 물리적 힘을 앞세워 폭력적으로 억눌렀다. 저항의식은 안으로 응축되어 폭발의 기회를 노리게 되었다.

남한 정부 성립이후 각 지역에서 일어난 반란이나 무장유격투쟁 등이 바로 그러한 저항의식의 발현이었다고 할 수 있다. 사회주의자들의 오랜 소망을 실현시킬 계기가 6·25전쟁으로 마련되었지만 3년간에 걸친 민족 자해적 대량살상 및 소모전으로 끝났다. 이어서 극도의 반공주의가 남한의 유일한 사상체계로 자리잡았다. 자유민주주의 이외의 사상 이념체계는 죄악으로 단정되었다.

이러한 억압이 많은 지식인들에게는 부채의식을 심어주었다. 그리고 이 같은 심리상태는 민족분단에 따른 원죄의식과 결부되면서 내연했다. 1980년대 후반 정치적 자유화가 급격히 진전되면서부터 90년대 초반까지 남한 사회를 격동상황에 몰아 넣었던 재야 및 학생세력의 반외세운동, 이념투쟁이 부분적으로는 이 원죄의식 혹은 부채의식의 표현이었다고 할 수 있다.

이상에서 본 것처럼 1945년의 해방에서부터 1950년대 초반까지의 남한 사회는 사상 체제를 둘러싼 마찰과 대결이 수많은 정치세력들 사이에서 격렬하게 전개되던 시기였다. 그리고 마침내 3년에 걸친 민족간의 대상잔극으로 폭발했다. 이제 분단상황은 앞으로 장기간에 걸쳐 상호 무장대치로 이어질 것이었다.

그러나 다른 한편으로 이 시기는 식민지배에서 벗어난 한국인들 특히 그

중에서도 야심만만한 청장년들에게는 새로운 기회이기도 했다. 독립민족국가 수립에는 많은 인재가 소용되게 마련이다. 그리고 한국인들에게 관직(및 공직)은 곧 출세의 상징이었다. 일본인들이 장악하고 있던 고위 관직과 새로 생겨날 많은 선출공직이 유능한 인재를 필요로 했다. 게다가 신분제도 폐지된 만큼 누구든 능력이 있는 사람에게는 열린 기회였다.

한편으로는 민족적 이념적 고뇌, 다른 한편으로는 신분상승과 출세에 대한 기대감으로 청장년들의 가슴이 부풀어오르던 시절, 박정희와 김영삼·김대중 역시 인생의 전환기를 맞고 있었다. 만주에서 어렵게 달았던 일본군 중위 계급장을 잃어버리고 귀국해야 했던 박정희로서는 새로운, 그러면서도 자존심을 지켜갈 진로를 모색하는 게 급선무였다. 그는 다시 군에서 좌절에 대한 보상을 받고자 했다.

'보통학교 시절부터 정치에 대한 관심을 가졌던' 김대중은 건준에, 또 조선신민당에 가입하는 등 정치권 진입을 시도하기 시작했다. 그의 회고로는 6·25전쟁을 겪으면서 정치인이 될 뜻을 굳히고 번창하던 사업도 정리하고 마침내 1954년 3대 민의원 총선 때 목포에서 출마하게 된다.

중학교 시절부터 대통령 되기를 꿈꿨다는 김영삼도 1952년 봄 장택상 국무총리의 비서가 되면서 정치의 길에 들어섰다. 그는 고향에서 멸치 어장을 경영하던 집안의 부와 영향력을 배경으로 1954년 3대 민의원 선거 때 26세의 나이로 당선되었다. 김대중에 비해서는 훨씬 순조로운 출발이었다.

이들도 나름대로는 시대의 아픔을 겪었을 것이지만 남북 분단이나 이념 때문에 심각히 고뇌했던 흔적은 거의 없다. 이들은 이미 그때부터 이념가가 아니라 행동가였다. 김대중이 좌익계열의 정치단체들에 한 때 투신한 적이 있었지만 그의 회고에 따르면 이념 때문이 아니라 단지 정치에 대한 관심 때문이었다. 김영삼의 경우는 해방 당시 중학생이었으니까 그나마의 경험도 할 기회가 없었다. 박정희가 남로당에 가입했던 것도 자신의 뜻이 아니었거나 일시적인 충동이었을 뿐 이념과는 무관했다.

사실 그들에게는 이념적 갈등을 겪을 계기가 없었다. 박정희는 일본군 장교였다. 자유민주주의든 사회주의든 그에게는 관심사가 아니었다. 그는 오직 군인이었을 뿐이다. 그리고 김영삼·김대중은 어린 시절을 섬에서 자랐다. 청년기에는 각각 부산과 목포에서 살았지만 사상의 혼란 갈등 마찰은 서울의 상황이었다. 이들은 그 흐름의 밖에 있었던 것이다. 훗날 김대중이 진보적 성향을 표출해 보였다 해도 그것은 당시의 상황에 이끌린 것이었다기보다는 개인적인 경험이나 선호, 아니면 목적에 바탕을 둔 것이었다는 게 옳다.

그리고 박정희는 군인이었으니까 당연히 전쟁을 몸으로 치를 수밖에 없었지만 김영삼·김대중의 경우는 특별히 조국애가 넘쳐서 전쟁을 온몸으로 감당하겠다는 생각이 있었던 것 같지는 않다. 그들은 나름대로 전쟁에 참여해서 일익을 담당했다고 기억하고 있으나 그 말을 전적으로 믿는다 해도 참전이었다고 말하기는 어렵다. 국민의 의무를 기피하지 않으면서도 위험을 최소화할 수 있는 방법을 찾아 자신과 남을 설득시킬 명분을 갖추고자 했을 정도였다.

이들이 해방 1세대 리더들과 다른 점이 이것이다. 이들에게는 열사적 지사적 정열이나 사명감이 상대적으로 적거나 없었다. 반면 개인주의적 기질은 더 뚜렷해졌다. 각개 약진의 시대, 출세지향의 시대 제1세대가 바로 이들이었다.

건국 1세대들은 대다수가 직접적으로 독립운동에 뛰어든 경험을 갖고 있었다. 이들은 일제의 식민통치 아래에서 국권을 회복한다는 일념으로 싸웠다. 이들도 어느 정도는 명망을 좇고 지위를 추구했겠지만 그 한계가 너무 분명하다는 것을 충분히 인식하고 있었다. 그리고 자신들의 생애에 독립이 되리라는 뚜렷한 전망도 없었다. 따라서 그들의 독립운동에는 사적인 동기보다 공적인, 민족적인 동기가 훨씬 더 크게 작용했다고 볼 수 있다. 이윽고 해방이 되었을 때 그들이 정치에 뛰어든 것은 당연한 일이었다. 그들은 자신들이 새로운 나라의 틀을 만들어 후손들에게 끼쳐야 할 민족사적 책임을 갖고 있다고 여겼을 것이다. 이들 가운데 많은 수가 훗날 개인의 명망

위상 권력 지위 따위에 집착하게 된 것은 사실이지만 그것은 정치인들의 속성 같은 것이다. 또 그렇다고 해도 이들의 경우는 당초 동기가 순수했다.

이에 비해 해방 이후 세대들은 개인적인 욕구가 정계투신의 동기가 되었다. 이들은 해방을 쟁취한 것이 아니라 주어진 조건으로서 인식하는 입장이었다. 그들은 기회를 최대한 이용하려는 열망에 불탔다. 그 과정에서 자기합리화, 이론적 무장, 리더십 확보를 위해 공적인 동기와 목적을 갖추었을 뿐이다. 훗날 이들은 정치 선배들에 대해 공격을 가하게 되지만 그들에게 빚을 지고 있다는 점은 잊고 있었다.

3) 사회적 리더십 결정 요인

한국 정치리더십의 병폐로 지적되고 있는 것이 권위주의, 분파주의, 연고주의, 소집단주의 등이다. 이른바 '3김 정치'가 함축하고 있는 내용도 다르지 않다. 즉 지역할거정치, 가신(家臣)정치, 패거리정치, 돈정치, 대결정치, 보스정치 그리고 권위주의적 정치 등이 3김 정치의 전형적 국면으로 지적되고 있다. 물론 학문적으로 개념정의가 된 용어는 아니다. 현장정치의 용어이자 매스컴의 용어이고, 한 시대의 정치적 유행어다. 그러나 이미 일반명사화했을 정도로 그 상징성은 분명해졌다. 따라서 '3김 정치' 또는 '양김 정치'를 학문적으로도 명확히 규정할 필요가 있다.

실제로 양김의 정치의식과 스타일 그리고 행태는 특정적 리더십으로 규정되어야 할만큼 차별적이고 특징적이다. 미시적으로는 김영삼과 김대중이라는 서로 다른 인격의 서로 다른 의식과 행태를 바탕으로 성립되는 것이 '양김 정치'다. 그러나 시야를 넓히면 이들은 한 묶음 안에 들어서 다른 사람들과 구별된다. 이때부터 이들은 '양김(혹은 2김)'을 형성한다. 더 흔하게는 '3김'이라고 불리지만 김종필의 경우, 김영삼·김대중과의 동질성보다는 이질성이 훨씬 뚜렷하고 그 범위도 넓다. 즉 김종필은 부정적 측면에서만 양김과 스타일 행태 등을 공유하고 있다.

물론 '양김'에서 다시 시야를 넓히면 '3김'이 들어온다. 그리고 대상을 더욱 확대하면 박정희와 3김의 리더십이 한 묶음에 들어간다. 눈을 더 멀리 둘 때 한국 근대사의 리더십이라는 큰 덩어리 속에 이들이 포함되고, 또 한국사 속에서 모두가 모이게 된다. 일종의 프랙탈(fractal) 구조, 또는 동심원 구조라고 하겠다. 그러나 이렇게만 말하면 박정희, 김영삼, 김대중의 리더십을 도출해내는 것이 무의미해지고 만다. 따라서 이는 단지 비유적인 표현일 뿐이다. 정작 강조하려는 것은 이들의 리더십 또한 한국인의 정치사, 정신사, 그리고 성장환경, 당시의 사회상 등에서 결정적인 영향을 받았다는 점이다. 뿐만 아니라 상호간에도 이 같은 영향력의 교환은 이루어졌다. 다시 말해 박정희의 리더십이 양김 리더십에 대해 일정부분 한계, 또는 조건으로 작용한 점이 그렇다.

박정희나 양김이나 우리 정치리더들의 전통적 인식 및 행태에서 벗어나지 못했다. 출세주의적 인간형, 권위주의적 인격형을 함께 드러내보였다. 그러면서도 기성질서에 대해서는 저항적 태도를 보였고, 자기 중심의 질서체계에 대해서는 남달리 집착했다. 자신이 우두머리가 되지 않는 집단에는 속하기 싫어하는 속성도 닮았다. 이는 해방어간에 우후죽순처럼 등장한 정당 사회단체의 예가 이미 보여준 바, 한국 정치 또는 정치적 리더들의 속성 같은 것이다.

특히 양김의 리더십과 관련해서 지적되는 지역주의도 이미 조선시대 붕당정치가 뿌리깊은 선례가 되었다. 정부수립 이후의 정당정치사에서 보자면 1971년의 대통령 선거가 정치적 지역주의의 기폭제가 되었다고 할 수 있다. 박정희는 영남, 김대중은 호남에서 절대적인 지지를 받았다. 이후 박정희 정권이 김대중을 박해함에 따라 지역간 대결구도는 더 굳어졌다. 그리고 양김이 이들 두 지역 출신인데 따라 정당과 정치인의 지역할거 현상은 아주 깊어졌다.

특히 1987년 대선을 앞두고 김대중이 평민당을 만들어 민주당에서 떨어져 나간 것을 계기로 정당이 공공연하게 영남당과 호남당으로 갈라졌다.

이 같은 극도로 왜곡된 현상, 즉 지역당 구조는 1997년 대선에서 김대중이 제15대 대통령으로 당선될 때까지 지속되었다. 정당 가운데서도 김대중이 이끌던 새정치국민회의가 특히 지역당적 성격을 뚜렷이 하고 있었다. 그가 과거 통일민주당에서 분당해 갈 때 그랬던 것처럼 이때도 민주당(김대중이 이끌던 신민당과 이기택이 이끌던 민주당이 합당해서 성립시킨 민주당)에서 동교동계를 빼나가서 정당을 만들었기 때문이다. 그는 대통령으로 재임중이던 2000년 1월 전국정당, 국민정당을 지향한다면서 새천년민주당을 창당했지만 이 역시 국민회의 후신 이상의 의미를 갖지는 못했다.

측근정치 또는 패거리정치라는 것도 역시 조선시대 붕당의 전통이 이어진 것이라고 할 수 있다. 특히 양김은 자신을 중심으로 한 소집단, 이른바 상도동계와 동교동계를 정치적 근거 및 도약대로 활용했다. 정책이나 이념으로 뭉친 정치결사였다면 아마도 정치발전에 상당한 기여를 할 수 있었을 것이다. 그러나 이들은 전적으로 인격적 결합이었다. 한마디로 이는 봉건시대의 주군-가신 관계와 같은 것이었다. 이야말로 사정치의 전형적인 형태라 하겠다. 물론 이 또한 왕조시대의 정치 전통에서 유래한 것이다.

이처럼 두 김씨가 주도한 정당은 소집단의 확대판 정도였다. 가신들만이 아니라 많은 다른 많은 정치인들도 참여했지만 붕당의 한계를 극복하지는 못했다. 보스정당, 1인 또는 과두지배의 정당체제는 되레 더 굳어졌다. 물론 1인 지배 정당체제는 이승만의 자유당, 그리고 박정희의 민주공화당이 그 선례를 보였지만 김영삼, 김대중의 정당은 아예 사당화하고 말았다.

파벌정치에는 필연적으로 많은 정치자금이 소요되게 마련이다. 자신의 집권을 위한 정치상비군 성격의 조직인 만큼 보스에게는 그 유지비용을 감당해야 할 책임이 있었다. 이 또한 봉건 질서 그대로였다. 가신들은 주군에게 충성을 다하고 대신 주군은 이들의 지위와 생계를 책임지는 구조가 그것이다. 남에게 얻어 쓰는 정치자금에 '적정규모'라는 것은 있을 수 없다. 말 그대로 다다익선이다. 돈이 많이 생기면 그만큼 씀씀이가 커지고, 씀씀이가 커지면 쓸데가 많아지는 것이 정치자금이다. 이 역시 이들에게서 비롯된 것은 아니라 하더라도 이를 한국정치의 체질처럼 만든 데는 이들의 책임이 적다고 할 수 없다.

가신을 거느린 주군의 의식구조가 권위주의적일 것임은 정한 이치다. 이들은 민주화 투쟁조차도 상도동계, 동교동계라는 가신조직을 기반으로 전개했다. 이들의 민주화 투쟁이라는 것은 박정희, 후에는 전두환으로 하여금 정권을 내놓게 하고, 그것을 민주적 방법으로 자신들이 차지하기 위한 집권 투쟁의 성격을 강하게 표출했다. 따라서 '민주화'는 그것이 투쟁의 내용을 이룬다기보다는 구호와 명분이라는 측면이 더 뚜렷했다. 목표는 집권이었고, 민주화는 투쟁의 명분 및 수단이었던 셈이다.

이것은 물론 양김에게만 책임을 물을 수 있는 것이 아니다. 이들 또한 역사적 사회적 환경을 초월할 수는 없다. 이를 보완할 수 있는 것이 교육이라고 할 때, 이 점에서도 이들의 여건은 아주 좋지 않았다. 세 사람 가운데 가장 나이가 적은 김영삼 조차도 성장기를 일제하에서 보냈다. 그리고 당시에는 학교 교육 이외의 교육기회라는 것은 아예 없었다. 다만 경험만이 있었을 뿐이다. 이들이 경험한 것은 앞에서 일별한 일제의 식민통치, 그리고 해방 이후의 혼란과 출세주의자들의 맹활약이었다.

당시 정치 리더군에서 민주주의·민주정치를 가장 가까이, 가장 오래 동안 보고 겪었던 이승만조차도 민주적 소양을 제대로 갖추지 못했을 정도로 신생 대한민국의 이념적 사상적 토양은 척박했다. 거기서 이들이 민주적 리더십을 체질화하지 못했다고 비난하는 것은 지나치다. 다만 오랜 정치생활 동안, 특히 1970년 '40대 기수론'을 계기로 국민적 정치리더가 된 이후 30년의 세월동안에도 민주리더로 탈바꿈하지 못한 책임은 전적으로 각자의 몫이다. 국민적 비난이 가해지고 있는 것도 그 때문이다. 몰라서, 형편이 안 되어서 그런 것은 용인될 수가 있다. 그러나 민주적으로 자각할 충분한 시간과 주변환경의 변화가 주어졌는데도 권위주의적 리더십에 안주했던 점에 대해서는 비판을 면할 길이 없다.

제4장 권위주의적 리더십의 형성과 전개

이 장에서는 한국 근대정치의 성립과정과 이 시기를 이끈 정치리더십을 '이승만의 후계자 박정희'라는 구도로 고찰한다. 물론 박정희는 이승만의 통치방법에서 배웠으되 그보다 훨씬 정교하고 과격한 수단을 구사했다. 그러나 리더십의 바탕과 구조는 유사했다.

한국현대정치사는 1945년 8월 15일의 해방과 함께 열렸다. 해방은 연합국의 승리, 즉 일본의 패망에 따라 갑자기 안겨졌다. 광복주도세력 및 쟁취세력이 부재한 가운데 주어진 해방은 필연적으로 내부의 엄청난 권력투쟁을 야기했다. 남한에서는 이것이 이념대결의 양상으로 격화되었다. 그렇지만 민족내부 역량으로 해결될 일은 애초에 아니었다. 미국이 3년에 걸친 군정을 실시했기 때문이다.

미군정기를 거쳐 미국의 정치제도를 근간으로 하는 정치체제, 곧 대한민국이 성립했다. 왕조시대 및 일제식민통치에 이어 남의 힘으로 열린 민주정치의 시대는 장기간에 걸친 대립과 갈등의 요인을 내재하고 있었다. 대한민국은 제1공화국에서 시작, 제2공화국 → 제3공화국 → 제4(유신)공화국 → 제5공화국 → 제6공화국 → 문민정부 → 국민의 정부에 이어 2003년 2월 참여정부에까지 이르렀다. 그리고 이 동안에 헌법은 9차례나 개정되었다. 이것만으로도 한국현대정치사의 굴곡이 얼마나 심했는지를 충분히 짐작할 수가 있다.

박정희는 앞에서 지적한 것처럼 권위주의적 리더십에 관한 한 이승만의 후계자 또는 상속자였다. 박정희 리더십의 특징은 그의 집권기 중, 그의 결단 또는 결심이 직접적으로 작용했던 사건 및 계기들을 통해서 파악된다. 박정희는 이승만으로부터 배웠지만 더욱 강력하게 통치기구와 수단들을 갖추고 정권을 사유화함으로써 근대적 사정치의 전형을 만들어냈다. 그리고 사정치의 틀에서 벗어나지 못했다는 점에서 그는 김영삼·김대중을 리더십의 계승자로 거느렸다고 할 수 있다. 물론 박정희가 의도했던 것은 아니다. 두 김씨가 그와 흡사한 리더십을 드러내 보였을 뿐이다.

전반부에서는 일반적으로 인식되어 온 한국정치에서의 권위주의적 리더십의 실상을 살펴본다. 박정희 다음에 기술하게 될 두 김씨의 민주화투쟁 리더십과 대비하기 위해서다. '박정희와 양김은 다르다'는 일반적 인식에서 출발, 그 리더십의 근친성을 찾아내는 것이 이 글의 관심사이자 목표이기 때문이다.

그리고 후반부는 두 김씨에 대한 기술과 꼭 같은 구조를 갖게 될 것이다. 양측 리더십의 근친성을 제시하고 입증하는 부분인 만큼 동일한 기준 또는 잣대를 사용하는 것은 필수적이다.

제1절 한국 현대정치의 개막과 정치리더십의 형성

1. 해방 어간

1) 떠안겨진 해방

대한민국은 1948년 8월 15일 정부수립과 함께 독립국가로 출범했다. 이 말은 역사에 단애(斷崖)가 생겼다는 뜻이다. 1910년 조선왕조가 일본에 국

권을 빼앗긴 후 1945년까지 35년 간을 일제의 식민통치 아래서 신음해야
했다. 왕조를 비롯한 기존의 지배층은 와해되었다. 그것도 피지배자들의 불
신과 원망 속에서 무너져 버린 것이다.

　이들 가운데 일부는 일제에 대해 목숨을 바쳐 저항했다. 그렇지만 그 수
는 극히 일부에 불과했다. 나머지는 대다수가 일제의 통치기구에 수용되어
그들의 하수인 역할을 했다. 구지배층은 철저히 국민들로부터 외면당했다.
지도부의 공백상태가 된 것이다. 현실에서는 물론 국민들의 의식 속에서도
신뢰할 만한 리더는 거의 없었다. 다만 해외에 조국의 독립을 위해 투쟁하
는 사람들이 있다는 것을 위안으로 삼을 수밖에 없었다.

　결코 끝날 것 같지 않던 일제의 식민통치가 어느 날 갑자기 종언을 고했
다. 그러나 우리의 힘으로 쟁취한 독립이 아니었다. 미국의 승전, 일본의
패전으로 떠안긴 해방이었다. 일제의 압제로 인해 비로소 민족의식이 국민
의 가슴 속에 뚜렷이 각인되긴 했지만 국민 사이에 불신과 원망의 골이 너
무 깊어졌다. 어떠한 준비도 못한 상태에서 닥쳐온 독립은 필연적으로 엄
청난 후유증을 몰고 올 것이었다.

　게다가 해방은 분단과 함께 왔다. 미군과 소련군은 북위 38도선을 경계
로 한반도를 분할 점령했다. 반도의 남쪽이 미군정 하에서 격렬한 사상적
충돌을 겪고 있는 동안 북쪽에서는 급속히 소련식 체제가 확립되어 가고
있었다. 북한의 주민들에겐 선택의 여지가 없었다. 이념적 다양성은 전혀
인정되지 않았다. 소련식의 사회주의체제만이 그들이 유일하게 선택할 수
있는 대안이었다.

　반면 남한에서는 미군정의 상당히 유연한 통치가 국민 사이에 사상적 대
립을 부추겼다. 당연한 일이긴 하지만 미국이 소련식 사회주의체제까지를
수용할 것이 아니었던 만큼 이는 오히려 후유증을 내연시키는 무책임한 온
정주의에 불과했다.

　미국은 점령 초기부터 점령 당국에 대해 민주주의적 이상과 원칙을 보급하기

위해 선전 홍보 활동을 강화할 것을 지시하였는데, 이는 미·소공동위원회가 개최된 후 신탁통치와 임시정부의 수립을 둘러싸고 소련과 대결하게 되고 국내 좌우파의 대립이 격화된 것을 계기로 더욱 본격화되었다. ……이를 위해 라디오 프로그램과 영화도 적극 활용하였으며, 미국식 자유민주주의를 소개, 선전하는 정치 교육 프로그램들을 적극 활용하였다(김영명, 1999).

결국은 예정된 길을 걸어 자유민주주의적 제도를 채택하게 되었지만 사상·이념적 대립으로 인한 민족자해적 충돌과정을 거쳐야 했다. 그리고 그 끝에는 민족상잔의 대 비극이 기다리고 있었다. 남에게서 얻은 해방은 이처럼 민족 구성원간에 씻을 수 없는 깊은 상처를 남겼다. 이 과정에서 다시 정치·사회적 리더들에 대한 국민의 불신은 덧쌓였다.

2) 지식인들의 신국가 구상

우익과 좌익이 첨예하게 맞서는 가운데서 신민족주의 또는 연합성 민주주의 등 중간파 이론이 주창되기도 했다. 『한국사 시민강좌』는 제17집에서 '해방 직후 신국가 구상들'이라는 주제로 당시 지식인 및 사회운동가들이 제시한 국가 지도이념들을 소개·설명하고 있다. 새로운 정치상황에서 당혹스러워하고 고뇌하면서 한편으로는 의욕을 과시하는 지식인들의 모습을 추측케 하는 내용들이다.

안재홍은 '신민족주의 국가상'을 제시했다. 그는 인류의 역사를 투쟁의 역사로 보면서도 새로운 통합민족국가를 건설하는 데는 계급적 투쟁의 요소가 지양되어야 한다고 봤다. 그는 균등경제를 실현하는 것이 진정한 민주주의라면서 '삼균제도(三均制度) 혹은 삼균주의'가 신민주주의의 기본요소라고 했다. 그는 또 민족의 총 역량이 외적의 침략을 막아낼 수 있을 만한 때에 한해서 계급투쟁이 허용될 수 있다는 입장이었다.

박헌영은 마르크스·레닌주의를 절대적 진리라고 굳게 믿었다. 그는 유물사관과 계급투쟁에 입각해서 역사를 분석하고 인식했으며, 해방정국에서의 여러 활동도 이를 토대로 해서 추진했다. 그는 국내의 혁명세력이 아직은 미약하다는 판단 하에 혁명단계 설정에서 부르주아 민주주의 혁명을 주장했다.

백남운(白南雲)은 자신과 신민당의 건국노선으로 '조선민족의 진로'를 발표했다(≪서울신문≫, 1946. 4. 1). 이 글에서 그는 자본주의 독립국가들이 일반적으로 '사회혁명'의 단일 과업을 지니는 반면, 식민지를 경험한 '조선민족에게 부과된 정치적 사명'은 '민족해방'과 '사회해방'이란 '2중의 혁명 대상'을 지닌다고 주장했다. 백남운은 중국 마오쩌둥(毛澤東)의 신민주주의 론을 흡수해서 연합성 민주주의론을 제시했다.

배성룡(裵成龍)은 8·15이후 좌우의 대립현상을 비판하고, 미국이나 소련 중 어느 특정국가에 대한 편향외교를 비판했다. 그는 신국가 건설운동의 지도이론으로서 '신형민주주의론'을 제시했다. 그는 조선식의 신형민주주의를 미국과 소련의 민주주의를 절충하는 방향에서 찾을 수 있다고 봤다.

신생 대한민국의 헌법을 초안한 유진오(兪鎭午)는 미국식 권력분립제가 비실제적이며 비현대적이라고 인식했다. 대통령제는 집행부의 우월화 경향이 불가피하다는 것이었다. 이에 따라 그는 영국식 의원내각제를 선호했다.

그리고 김재준(金在俊)은 기독교적 국가를 구상했다. 그는 "하나님의 뜻이 인간의 전 생활에 군림하여 성령의 감화가 생활의 전 부문을 지배하는 때 그에게는 하나님나라가 임한 것이며, 이것이 전 사회에 삼투되며 사선(死線)을 넘어 미래세계에까지 생생발전하여 우주적 대극(大極)의 대 낙원의 날을 기다리는 것이 곧 하나님나라의 전모일 것"이라고 밝혔다.

해방은 곧 국권회복이었다. 그러나 담당 주체가 부재한 상태였다. 왕조는 몰락했고 구 지배층 또한 철저히 국민들에게서 외면당했다. 이런 상황은 정치적 야심가들에게는 가슴 부푸는 절호의 기회였다. 자칭 타칭의 정치가들은 경쟁적으로 권력욕구를 드러냈고 지식인들은 누구의 눈에도 실현성이 있어 보이지 않는 이상만을 좇았다. 게다가 저마다 자기의 주장만 내세웠을 뿐 국민적 지혜를 모으기 위한 진지한 논의는 없었다. 지식인이나 정치인이나 사회운동가들이나 다 만찬가지로 분파성, 배타성은 유전형질처럼 전해지고 표출되었다. 이것이 해방 당시 한국사회의 분위기였다. 이들의 의지가 어떤 것이든, 정치체제는 미국식 또는 서구식으로 결정될 것이었다. 사회주의라든지, '사회주의와의 절충'이라는 것은 단지 사회운동의 구호, 지식인들의 지적 관심에 머물 수밖에 없었다.

정치리더 가운데 이념적인 측면에서 자신의 구상을 실현할 수 있는 가장 유리한 입장에 있었던 사람은 이승만이었다. 그는 오랜 세월 미국에서 생활하고 공부했으며 프린스턴대학에서 박사학위까지 취득한 기독교인이었다. 학위논문 제목은 「미국에 영향을 받은 중립(Neutrality as Influenced by the United States)」였다. 그가 오래 동안 국내에서 철학박사로 알려졌던 것은 아마도 'Ph. D'라는 표기 때문이었을 것이다. 어쨌든 그의 정치적 지향 또한 미국식이었다.

유영익(柳永益)은 이승만의 건국사상이 대한민국의 건국이념인 반일·반공민족주의, 자유민주주의, 국제평화주의, 사회균등주의 등으로 제시되고 있다고 하면서도 이는 대다수 우익 독립운동가들이 공통적으로 추구했던 정치이념으로써 이승만의 고유이념이라 하기는 어렵다고 지적한다.

이승만은 임시정부 초대 대통령을 지냈고 신생 대한민국의 초대 국회의장을 거쳐 초대 대통령에 취임, 12년 간(1948~60) 집권했다. 유영익은 이승만의 건국이상이 '기독교국가의 건설'이었다고 주장한다. 그는 이승만이 1899년 기독교에 귀의한 이래 꾸준히 선교활동을 하면서 밝힌 그의 국가관이나 건국구상들을 근거로 들고 있다. 예를 들면 이런 내용이다.

3·1운동 발발 후 미국의 장로교 출신 대통령 윌슨이 한국민의 독립열망을 매정하게 외면하자 이승만은 미국 교회에 대해 크게 실망했다. 그럼에도 불구하고 그는 기독교 신앙을 견지하면서 장차 한국을 '완전한 예수교 나라'로 만들 구상을 추구하였다(유영익, 1999).

그러나 이승만이 종교국가를 건설하려 했다고 생각하기는 어렵다. 그는 유교적 가풍과 사회환경 속에서 성장했지만 조선왕조의 몰락과정을 지켜보면서 새로운 사상적·이념적 대안을 희구하였을 것이다. 그는 '1899년 한성감옥서에 투옥된 다음' 기독교에 귀의했다. 그리고 1904년 출옥한 뒤 미국으로 건너가서 1905년부터 5년 간 조지 워싱턴대, 하버드대, 그리고 프린스턴대 등 미국 동부의 유수 대학에서 학부 및 대학원 과정을 거쳐 박사학위를 취득했다. 그는 미국의 대학에서 주로 국제법, 정치학, 서양사 및 신학 등을 배웠다. 그리고 유학기간 중 미국 동부의 미국인 교회와 YMCA를 찾아다니며 설교나 강연을 하고 기독교 선교에 열중했다.

이승만은 시대의 대세를 이끄는 것은 서구의 기독교 국가들이라는 것을 확인했을 것이다. 따라서 동양의 유교문화권은 사상·종교적으로 서구화되지 않으면 안 된다는 인식을 가졌을 것으로 추측할 수 있다. 그는 기독교 국가를 세우려 했다기보다는 조선을 기독교 문화권에 편입시켜야 한다는 생각을 가졌다고 보는 게 무난할 것이다.

이승만이 정작 제도적으로 따르려 했던 것은 미국식 정체였다. 그는 1919년 4월 15일 서재필과 협력하여 필라델피아에서 '한인총대표회'를 열었다. 여기서 '한국인의 목표와 희망(Aims and Aspirations of the Korean People)'이라는 10개조 선언문 — 일명 '종지(Cardinal Principle)' — 을 채택했다. 이는 이날 대회에 참석했던 140명의 재미·재멕시코 한인 독립운동가들의 신국가 건설구상을 담은 일종의 헌법대강이었다. 이 '종지'의 10개조 가운데 국가 건설 구상은 제2조에 담겨있다.

우리는 할 수 있는 데까지 미국의 정체를 모방한 정부를 세우기로 제의함. ……앞으로 오는 10년 동안에는 필요한 경우를 따라서 권세를 정부로 더욱 집중하며 또 국민인 자 교육이 발전되고 자치상의 경험이 증가할진대 그에게 대하여 관리상 책임의 공권을 더욱 허락할 일(유영익, 1999).

2. 외래제도의 이식

유진오가 주도한 헌법기초위원회의 위원 대다수는 당초 내각책임제 헌법 초안을 마련했다. 그러나 이승만은 6월 20일 전후에 두 번이나 위원회의 회의장에 나타나 대통령제로 바꾸도록 압력을 가했고, 7월 6일의 국회 본회의 헌법심의 제2독회에서 간접적인 영향력을 행사하여 국무위원 임명에 대한 국무총리의 추천권을 삭제케 함으로써 대통령의 권한을 강화했다. 이로 미루어 이승만은 기독교적 정치문화의 토양 위에 미국식 민주주의를 착근시키는 것을 목표로 했다고 추측할 수 있다. 유영익이 이승만의 독특한 정치치념이라며 제시한 것으로 '일민주의(一民主義)'가 있다.

앞에서 살핀 바대로, 이승만은 집권 후 1949년에 이르러 점증하는 공산주의의 위협에 대처할 목적으로 아래의 '4대 강령'에 기초한 '일민주의'를 제창, 이를 대한민국의 국시로 삼아 국민운동을 통해 보급하려 하였다(유영익, 1999).

유영익은 '일민주의의 핵심이 국수적 민족주의와 이승만 특유의 평등주의 사상을 결합시킨 것'이라고 말한다. 그러나 이 일민주의라는 것은 이승만의 국민에 대한 설득논리, 공산세력에 대한 대응논리였지 그 자체가 정치체제의 변화를 전제로 한 별도의 정치이념이었다고 보기는 어렵다. 다시 말해서 이는 대통령으로서의 '통치철학' 또는 '정치이상'이었다고 할 수 있겠다.

어쨌든 이승만은 미국식 정체를 선호했다. 이와 관련, 그는 국회 본회의에서 헌법심의 제2독회가 열리고 있던 1948년 7월 6일 기자 간담회를 통해 내각제와 미국식 대통령책임제에 대한 자신의 입장을 피력했다.

현재 기초중인 헌법의 내각제는 국무총리를 둘 책임내각으로 되어 있으나…… 나 개인으로는 미국식 삼권분립 대통령책임제를 찬성한다. 지금 영국이나 일본에서 하고 있는 제도가 책임내각제라 할 것인데, 영국이나 일본에서는 군주정체로 뿌리가 깊이 박힌 나라일 뿐만 아니라 갑자기 왕제도를 없앨 수 없는 관계로 그러한 군주국제도를 사용하고 있는 것이나, 우리나라에서는 그러한 제도와 관념은 이미 없어지고 40여 년 전에 민주정부를 수립할 것을 세계에 공포한 이상 우리는 민주정체로서 민주정치를 실현하여야 할 것이다. 대통령을 국왕과 같이 신성불가침하게 앉혀놓고 수상이 모든 일을 책임진다는 것은 비민주제도일 것이다. 이와 같이 하면 히틀러·뭇솔리니·스탈린과 같은 독재정치가 될 우려가 있으므로 나는 찬성하지 않는 것이다. 민중이 대통령을 선출한 이상 모든 일을 잘 하든지 못 하든지 대통령이 책임을 지고 일을 하여나가야 할 것이지 그렇지 않다면 사리에 맞지 않는 일이라고 아니할 수가 없다(유영익, 1999).

이에 앞서 이승만은 헌법기초위원회가 6월 12일 채택한 내각책임제 헌법안에 대해 6월 15일 동위원회에 출석, 그 부당성을 강력히 주장하며 대통령책임제로 바꿀 것을 요구했다. 이와 관련, 내각제안이 당시 유일정당이던 한민당의 집권욕구에 의한 것이었다는 시각도 있다.

사실 내각책임제의 문제점은 이승만만이 제기한 것은 아니었다. 당시 무소속의 조봉암(曺奉岩)은 유진오에게 사석에서 보다 직설적으로 자기는 "이론상으로는 내각책임제가 옳다고 생각하지만 한민당계가 정계를 좌지우지하는 한 반대한다"는 말을 했다고 한다. 따지고 보면 사실 그 당시 새로운 제3의 정치세력이 등장하지 않는 한, 한민당이 주장한 내각제의 정부형태였다면 현실적으로 한민당은 상당기간 정권을 잡게 될 여건이 아닐 수 없었다(유영익, 1999).

당시는 김구와 김규식이 단정수립에 반대하고 있던 때였다. 따라서 대통령 후보는 이승만이 유일한 대안이었다. 한민당도 이 같은 현실을 인정하지 않을 수 없어서 6월 22일 제17차 기초위원회에서 대통령제 정부형태를 수용했다. 이 때문에 제헌헌법은 대통령제와 내각제 절충형의 모양을 하게 된 것이다.

결국 제헌헌법은 이승만과 한민당간 타협의 산물이었던 셈이다. 그러나 큰 틀에서 말하자면 이는 신생 대한민국 헌법의 근본적인 한계이기도 했다.

8·15해방으로 독립의 기회를 맞긴 했으나 한반도는 남북으로 분단되어 각각 미군과 소련군에 점령당했다. 이로써 남쪽엔 미국 또는 구미식의 자유민주주의 정체가, 북쪽엔 소련식의 사회주의 정체가 들어서기로 결정된 것이나 마찬가지였다. 대통령제냐 내각제냐 정도의 선택여지는 있었지만 자유민주주의 체제냐 사회주의 혹은 공산주의 체제냐의 선택은 불가능했다. 이 점에서 비록 제헌헌법이 대한민국 국회에서 기초되고 심의·통과되었다 해도 '이식된 제도'일 뿐이었다.

이는 중요한 의미를 갖는다. 임시정부에서는 이미 경험한 바이지만 그 대상은 극히 일부에 불과했다. 대다수 국민에게는 일찍이 경험한 적도 들어 본 적도 없는 생소한 제도였다. 당연히 전혀 훈련도 되어있지 않았다. 그건 고사하고 인식조차도 없었다. 다만 독립국가 성립의 조건으로서 헌법이 필요하다는 정도만 알았을 뿐이라고 해서 과언이 아닐 것이다. 따라서 대한민국 헌법에는 애초에 국민적 준봉(遵奉)이 담보되지 않았다. 그것은 급급히 둘러쳐진 울타리 같은 것이었다.

민주헌법과 제도가 오랜 전통과 관습으로 확립된 서구에서의 울타리는 내재적인 것이라 할 수 있다. 그것은 국민 각자의 마음 속에 자기 규율의 기준으로서, 또는 자신의 권리장전으로서 새겨둔 것이었던 만큼 준수도 당연히 담보되었다. 그러나 한국에서처럼 외형적 울타리로 둘러쳐졌을 때는 '속박' '제한'으로 인식되게 마련이었다. 특히 전통적 권위 및 특권의식에 젖어 있던 사회적 상부계층과 고위공직자, 관료, 그리고 누구보다 권력자들은 이를 최소한의 도덕률이 아닌 형식상의 자기 합리화 도구로 인식했다. 법의 명문 규정을 피할 수만 있다면 어떤 행위라도 정당하다는 생각을 하게 된 것이다. 다시 말해 헌법을 비롯한 각종 법률을 공동체 유지의 필수 불가결한 공동규약으로서가 아니라 자신들의 특권과 이익을 보호하는 수단으로서, 또는 성가시지만 자기행위에 대한 정당화의 근거로 인식했다.

1948년 제헌 이래 1987년까지 무려 아홉 차례나 헌법이 개정된 사실이 이를 말해준다. 이승만부터가 헌법개정을 자신의 필요에 따라 자행했다. 민주정치의 원리에 충실할 생각보다는 자신의 의지나 행동을 제약하는 법 조항을 고치는 데만 관심을 기울인 것이다. 이것이 한국 정치리더들의 법의식이었다. 법치주의라니까, 또 법을 어기면 국민의 저항이 두렵고 역사의 기록이 겁나니까 합법성을 인위적으로 조작해낸 것이다. 이승만의 직선제 개헌, 연임제 제한규정 폐지를 위한 개헌, 박정희의 3선을 위한 개헌 및 종신집권을 위한 유신개헌 등이 그 전형적인 예다.

이러한 의식은 형태를 다소 달리했을 뿐 김영삼이나 김대중에 의해서도 그대로 복제되었다. 이들은 헌법을 개정하는 대신(그것은 못하게 되었으니까) 정당을 만들었다 부쉈다 하는 식으로 자신들의 입지를 확보하고 위상을 높이며 권한을 강화했다. 넓은 의미에서, 자신들이 제도의 취지에 적응해 가는 것이 아니라 제도를 자신들의 이익에 맞도록 고치는 것이 한국 정치리더들의 특기였다. 특히 그 점에서 타의 추종을 불허한 사람들이 바로 박정희와 양김이었다.

미·소공동위원회가 교착상태에서 풀려나갈 기미를 안 보인데 따라 미국은 한반도 문제를 자신들이 주도권을 행사하던 유엔에 이관했다. 유엔총회 임시위원회(小總會)는 1948년 2월 26일, 미국의 안을 수용, 남한만의 총선거 실시를 결의했다. 한국 임시위원단은 이에 따라 5월 10일 이내에 선거를 실시키로 결정했다. 제헌의회 구성을 위한 총선은 예정대로 치러졌다.

총선을 통해 성립한 제헌의회의 의장이 된 이승만은, 이미 앞에서 일별한 대로 미국식 대통령 중심제 정부를 선호했다. 반면 한민당은 내각 책임제를 고집했다. 한민당은 건국 이전 이승만을 지지해서 단정수립에 일익을 담당했다. 일단 단정이 실현되자 한민당은 이승만을 명목상의 국가 원수로 내세우고 실권은 자신들이 장악하기를 희망했다. 그러나 이승만은 대통령제를 고집했다. 그 자신 국부적 지위를 갖고자 했기 때문이다.

이 같은 양측의 대립으로 인해 타협적 정부형태가 불가피해졌다. 당초 유진오가 기초하고 헌법 위원회 위원 대다수의 찬성으로 기안된 헌법 초안은 내각책임제 권력구조를 채택했다. 이것이 이승만의 강력한 요구에 부딪처 대통령 중심제로 하되 내각제의 요소를 가미하는 형태로 변형되었다. 즉 대통령은 국회에서 선출되지만 국회의 동의 없이 각료를 임명할 수 있게 하는 절충적 구조를 취했다. 국무총리제를 두어 대통령이 임명하고 국회가 승인토록 했으나, 국무총리의 국무위원 임명 제청권은 이승만의 요구로 삭제되었다.

대한민국 초대 대통령 이승만은 서구문명을 향해 국민의 눈과 의식을 열어놓은 선각자의 한 사람이었지만 그는 역시 전통적 한국문화와 정신세계에 뿌리를 둔 사람이었다. 그는 왕조적 권위를 추구했다. 미국 교육을 받고 오래 동안 그 사회에서 활동했으나 그의 의식구조 중 특정 부분, 이를테면 가부장적 권위주의는 조선인의 그것으로 고착되어 있었다.

그는 하와이 시절이나 신생 대한민국 대통령 시절이나 결코 민주적 리더였던 적이 없다. 하긴 이승만의 경우만이 그랬던 것은 아니다. 신생국의 독립지도자로 집권해서 독재정치로 악명을 떨친 많은 사람들이 유럽이나 미국에서의 수학 경험을 가졌음은 익히 알려진 사실이다. 선진국에서의 수학이 자민족에 대한 자신의 지적·문화적·문명적 우월감을 부추겼을 것이다.

게다가 신생 대한민국의 국민은 서구적 민주정치에 대한 경험이 거의 없었다. 경험은커녕 지식도 갖지 못했다. 임시정부는 민주공화제를 채택했지만 한반도 내의 겨레 모두는 일제의 식민통치 하에 있었다. 소수의 선각자들 이외에는 군주제 아닌 새로운 정치체제가 있을 수 있다는 사실 자체를 몰랐을 게 뻔하다. 따라서 대한민국이 민주공화제를 채택했다고 하나, 그것은 제도의 외양을 흉내낸 것에 불과했다. 서구의 민주정치는 그 나름의 배경 역사 전통 관습을 통해 발전하고 성숙했을 것이지만 우리는 단지 문자로 표시된 제도의 형식만을 도입했던 것이다.

그것이 전통적인 가치관과 관행, 그리고 분단 → 전쟁이라는 현실에 부딪치면서 극도로 왜곡, 변질되는 과정이 곧 한국 헌정사의 한 측면이기도 했다. 그 점에서 '민주회복'이란 현실을 적절히 표현한 말이다. 초기가 가장 서구적 원리에 충실했던 시기였다. 그 이후 한국적으로 변형 변질되어왔다.

그런 점에서 보면 '민주회복'이라는 말이 적어도 제도적 측면에서는 '정치발전'이라는 말보다 더 진실에 가깝다.

한편 해방 무렵은 출세욕구 분출의 시기이기도 했다. 누구나 수완만 좋으면 과거엔 꿈에도 기대할 수 없었던 지위와 신분을 차지할 수가 있는 세상이 도래했다. 국가와 겨레를 위해 원대한 포부를 가진 사람들도 물론 적지 않았을 것이다. 그러나 애국심, 민족애 같은 것은 교육의 산물이다. 그같은 사명감을 심어줄 교육의 기회를 갖지 못했던 사람에게 기회는 곧 개인적인 입신양명, 신분상승을 위한 것이었을 뿐이다. 박정희나 김영삼·김대중의 리더십은 이와 같은 시대상황의 소산이기도 하다.

이승만의 장기독재정권이 4·19에 의해 무너지고 민주당 주도의 제2공화국이 등장했으나, 이듬해 5월 박정희·김종필 등의 군사 쿠데타로 막을 내렸다. 박정희는 쿠데타로 정권을 잡아 2년간 군정을 실시한 후 1963년 자신의 주도하에 민정이양이라는 형식적 절차를 거쳐 제3공화국을 출범시켰다. 쿠데타 정권의 연장이라는 한계에도 불구하고 그는 형식상으로는 제1공화국 때의 헌정구조로 복귀하는 모습을 보였다. 이승만이 비록 권위주의적 통치로 일관했지만 헌법의 구조는 서구적 민주제도를 옮겨놓고 있었다.

3. 군주형의 정치리더

1) 박정희 쿠데타 정권의 등장

16일 새벽 4시경 돌연 서울시내 용산방면과 중심지에서 요란스러운 총성이 일어나 서울시내의 정적을 깨뜨렸으며 상오 5시 서울 중앙방송국은 군부가 이 날 미명을 기해서 일제히 행동을 개시하여 "국가의 행정 입법 사법의 3권을 완전히 장악하고 이어 군사혁명위원회를 조직하였다"고 보도하였다.

1961년 5월 16일자 ≪조선일보≫ 1면 머릿기사의 첫 문장이다. 쿠데타군은 이날 새벽 5시 중앙방송국의 첫 방송을 통해 이 사실을 국민에게 알렸다. 다음날인 17일자 ≪조선일보≫ 1면에는 '군부 무혈쿠데타 완전 성공'이라는 2단 통컷 제목의 기사가 '혁명위서 삼권을 장악'을 부제로 해서 실렸다.

군사혁명위 의장인 장도영 중장은 16일 밤 11시 5분 특별담화를 발표하고 군사혁명위가 이날 하오 정부의 권한을 접수하고 정식시무에 들어갔음을 선언했다…….

장면 국무총리는 쿠데타 3일 만인 18일 은신처(혜화동 칼멜 수녀원)에서 나왔다. 그는 제2공화국의 마지막 각의였던 제69차 임시각의를 주재, 계엄령의 추인과 내각 총사퇴 및 군사혁명위원회로의 정권이양을 결의했다. 장면 내각이 총사퇴한 날(5월 18일) 오후 4시 군사혁명위원회는 '혁명위원' 30명과 고문 2명을 선출하고 19일에는 혁명위원회가 '국가재건최고회의'로 개칭, 발족했다.

이석제(李錫濟)에 의하면 최고회의는 김종필의 아이디어였다. 이에 대해 쿠데타 멤버들 가운데 몇몇은 "명칭이 이상하네" "공산국가에서나 즐겨 쓰는 용어 같잖아"라며 고개를 갸우뚱했다고 한다. 김종필은 당초엔 '차관정치'를 제의했다가 반대에 부딪치자 최고회의안을 내놓았다(이석제, 1995).

최고회의는 2년 7개월, 945일 동안 국가 3권을 장악하고 국정을 이끌었다. 국가재건비상조치법은 최고회의를 입법기능·집행기능 및 내각과 법원에 대한 통제기능과 기타 기능을 전담하는 최고통치기관으로 규정했다.

최고회의는 1963년 12월 13일 마지막 상임위원회에서 6건의 법률을 개폐할 때까지 한번도 입법과정을 공개한 적이 없었다. 군정기간에 제정된 법률은 867건으로 정부수립 이후 쿠데타 전까지 15년간 제정된 617건에 비해서도 250건이나 더 많았다. 최고회의는 또 같은 기간 동안 법률안 1,150건 중 1,026건을 가결시켰고 124건을 폐기 내지 철회시켰다. 쿠데타 정권의 독재상황이긴 했지만 이들은 국법의 편의적 개폐를 자행했다. 이들의 입법권 농단은 전체주의 체제의 행태를 그대로 답습한 것이었다.

박정희는 번의에 번의를 거듭한 끝에 1963년 7월 27일 최종적으로 연내 민정이양을 다짐하는 성명을 발표했다. 당연히 정치활동도 자유화했다. 정당의 창당과 이합집산이 다시 본격화했다. 박정희 자신도 8월 30일 전역과 함께 민주공화당에 입당했다. 이어서 다음날에는 공화당 대통령후보 및 공화당 총재지명을 수락했다. 혁명과업을 완수하고 원대복귀하겠다던 '혁명 공약'을 스스로 파기한 것이다.

10월 15일 대통령선거가 치러졌고, 개표결과는 박정희(공화당)가 470만 2,640표를 획득, 454만 6,614표를 얻은 윤보선(민정당)을 15만여 표 차이로 어렵게 이겼다. 영·호남에서의 대승 덕분이었다. 후보별 득표율은 박정희 46.6%, 윤보선은 45.1%였다.

이 선거 때 이효상(李孝祥)은 찬조연설에서 "이번에는 경상도 사람을 대통령으로 뽑아봅시다. 경상도 사람은 신라시대 이후로 임금 한번 못해 보았습니다"고 호소했다(김종신, 1966). 이런 식으로 정치적 지역주의가 고개를 들고 훗날에는 기승을 부리게 되었다. 그러나 제5대 대통령선거 당시에는 이것이 영남과 호남을 가르는 구호는 아니었다.

이어 11월 26일에는 제6대 국회의원 총선이 실시되었다. 기권율이 30.2%로 전례 없이 높았다. 이 선거에서 민주공화당은 구자유당 세력과 결합했다. 선거결과 공화당은 34% 득표율에 63%의 의석을 차지했다. 야당들은 66% 득표율을 올리고도 37%의 의석을 확보하는 데 그쳤다. 야당의 난립 때문이었다. 이로써 민정이양을 위한 준비는 마무리되었다. 이는 쿠데타 세력에 의한 군정의 마감을 뜻하는 것이기도 했다.

제3공화국 출범 후 편집된 『합동연감』 1964년판은 '혁명의 의의' 제하의 기사에서 군정기간을 비교적 냉정하게 평가하고 있다. 이 연감은 쿠데타 당시의 기록이라는 점에서 의의가 있다. 시일이 지날수록 시야는 넓어질 수 있겠지만 사태발생 당시의 상황과 민심 동향 및 사회 분위기 묘사의 정확성 생동감은 떨어지게 마련이다. 현장기록 당시기록이 중요하게 인식되어야 할 까닭이 여기에 있다.

4·19를 혁명이라고 부르는 데에 이의가 있듯이 5·16을 혁명이라고 부르는 데에도 이의가 없지 않다. 그러나 분명히 말할 수 있는 것은 '프랑스'대혁명·영국혁명·미국독립혁명·'러시아'혁명으로 대표되는 전형적 혁명과는 그 유형이 다르다는 점이다(『합동연감』, 1964).

4·19는 그 이후의 정치과정이 합헌적으로 진행되었다는 점에서 혁명이라고 보기가 어려운 면도 있지만 그러나 거시적으로 역사적 관점에서 볼 때 이는 '근대화에의 민권혁명'이었다고 이 연감은 지적하고 있다. 4·19에 대한 이 같은 긍정적이고 적극적인 평가와는 달리 5·16에 대한 평가는 상당히 인색하다.

군사혁명은 60만 대군을 배경으로 하는 조직적 주체세력으로 무장되었으나 대중적 기반이 전혀 없었고 그를 위한 이상적 철학적 배경이 너무도 빈약했다.

이어서 이 연감은 결론적으로 말한다.

한 마디로 말해서 혁명공약 자체가 혁명적인 것이 아니었다. 그것은 숱한 정당 정파에 의해서 되풀이된 평범한 주장의 집약이었던 것이며 다만 군정이란 절차에서 그 실천의 특이성을 체험케 했을 뿐이다.

제5대 대통령에 당선된 박정희는 1963년 12월 17일 취임했다. 이로써 제3공화국시대가 열렸다. 이 날 개정헌법이 발효되고 제6대 국회도 개원되었다.

박정희는 합법성의 요건을 갖추거나 정당 등 제도에 의한 정치를 하려는 자세를 보이긴 했지만 이는 자기 합리화 수단에 불과했다. 그 이전에 법을 만드는 과정, 정당을 만드는 과정에선 민주적 절차를 아예 무시해버렸다.

정권을 장악하고 행사할 수단이 필요하다고 여겨서 그것을 강권적 방법으로 확보한 것일 뿐이었다. 이념적·제도적 관점에서 그의 리더십은 반민주형이었던 것이다. 쿠데타를 일으킨 명분이 어떤 것이었든 그는 결과적으로 자신의 집권을 위해 합헌정부를 전복시켰다. 즉 동기와 목적의 측면에서는 사정치형 리더십의 전형을 보였다고 하겠다.

박정희의 제3공화국은, 제1공화국 헌법체계를 승계함으로써 적어도 형식에 있어서는 민주정이라 할 만했다. 그러나 내용적으로는 권위주의적 정치리더십 상속의 구도였다. 박정희 정권은 이승만 정권의 후신이었으며 강권정치의 정도는 제1공화국을 능가했다. 그는 이승만의 전철을 밟아 3선 개헌을 탈법적 방법으로 감행했고 끝내 유신이라는 쿠데타적 수단을 동원해서 종신집권의 길을 열었다. 그리고 일찍이 없었던 철권정치를 행함으로써 정치의 빙하기를 초래했다. 권위주의적 리더십이라는 측면에서는 박정희가 이승만의 상속자였다고 하더라도 그 수법과 장치는 더 정교하고 강고했다. 이 점에서 한국의 권위주의적 통치행태 및 리더십의 전형은 박정희에게서 찾을 수밖에 없다.

2) 대통령 전제(專制)의 권력구조

1972년 10월 17일 하오 6시 박정희 대통령은 청와대에서 긴급 국무회의를 소집했다. 여당인 민주공화당도 이날 하오 6시 긴급 당무회의를 소집했다. 이 국무회의가 끝난 후 박정희는 이날 오후 7시를 기해 전국에 비상계엄령을 선포했다. 이어 그는 전국에 중계된 라디오 방송을 통해 육성으로 '10·17대통령 특별선언'을 발표했다. 이른바 '10월유신'은 이렇게 시작되었다. 유신체제의 성격내용은 유신헌법에 적나라하게 표현되었다.

유신헌법과 관련, 박일경은 『유신헌법』 '머리말'에서 그 '통치구조 내지 정부형태'를 다음과 같이 정의하고 있다.

유신헌법의 해설에 있어 저자가 가장 고심한 점은 그 통치구조 내지 정부형
태를 어떻게 정의할 것이냐의 문제였다. 그래서 저자는 유신헌법은 평화적 통일
과 위기의 극복이라는 말하자면 '화전양양(和戰兩樣)'의 목적을 위하여 대통령
을 국정의 지도자로 하는 '영도적 권력융화주의' 내지 '영도적 대통령제'를 채
용하였다고 풀이하게 되었다(박일경, 1972).

그리고 유신헌법의 성격에 대해 갈봉근(葛奉根)은『통일주체국민회의론』
에서 다음과 같이 설명한다.

유신헌법은 한 자연인을 위한 것이 결코 아니다. 이는 대한민국의 존속과 대
한민국의 생존을 위한 민주헌법인 것이다. 일찍이 프랑스 제5공화국 헌법을 드
골 대통령의 '맞춤 헌법'이라고 혹평까지 하였다. 그러나 이 헌법은 그 당시의
프랑스의 위기를 극복케 하였다. 드골은 가도 그 헌법은 그대로 있다. 유신헌법
의 사명은 바로 여기에 있으며 모든 국민이 이를 수호해야 할 이유도 여기에서
찾아지는 것이다(갈봉근, 1978).

이들의 기술에서 유신헌법의 두 가지 분명한 특징을 찾아낼 수 있다. 우
선 이 헌법은 대통령 통치권의 강화 및 보장 수단이라는 점이다. 이후 '영
도적 대통령제'라고 불리기는 했지만 기실은 '전단적 대통령제'라 할 수 있
을 만큼 대통령에게 절대적 통치권을 부여한 헌법이었다.

또 하나는 이것이 프랑스의 '드골 헌법'에서 시사 받은 바 크다는 사실이
다. 드골 헌법 또는 제5공화국 헌법은 대통령의 권한이 특별히 강조·강화
된 점을 특징으로 하고 있다. 유신헌법은 이에서 대안을 찾았지만 대통령
의 권한을 강화하는 점에서는 이보다 훨씬 더 나아갔다. 그리고 대통령의
국정전단을 뒷받침하기 위한 통치기구 구성에서는 구소련을 비롯한 공산권
국가들의 예를 따른 인상을 주고 있으나 이 역시 편의에 따라 심하게 왜곡
시켰다. 백상기가 그 일면을 지적하고 있다.

따라서 제5공화국 헌법은 거의 독재에 가까운 강력한 권한을 대통령에게 부

여하고 있다. 국가의 원수임과 동시에 행정권의 수반이며, 헌법이 존중되는가를 감시하고(헌법 제5조 1항) 사법권 독립을 보장하는 역할을 담당한다(백상기, 1987).

그 이전의 헌법과 유신헌법은 우선 국민의 주권을 '대표자' 및 '국민투표'에 위임하고 있다는 점에서 근본적인 차이를 보인다. 유신헌법은 제1조 2항에서 "대한민국의 주권은 국민에게 있고, 국민은 그 대표자나 국민투표에 의하여 주권을 행사한다"고 규정하고 있다. 그리고 35조에는 "통일주체국민회의는 조국의 평화적 통일을 추진하기 위한 온 국민의 총의에 의한 국민적 조직체로서 조국통일의 신성한 사명을 가진 국민의 주권적 수임기관이다"고 밝힌다. 통일주체국민회의 의장은 대통령이 된다(유신헌법 제36조 3항). 이 기관의 헌법적 권한 및 역할은 '토의 없이 무기명 투표로 대통령을 선출'하고 '대통령의 일괄 추천에 따라 국회의원 정수의 3분의 1을 선출'하며 '국회가 발의·의결한 헌법개정안을 의결·확정'한다(동헌법 제39조, 40조, 41조 각항).

통일주체국민회의의 역할은 이것뿐이다. 구성원이 2,000명 이상 5,000명 이하인(동헌법 제36조 2항) 거대 조직이 거수기식의 표결 말고 달리 할 수 있는 일이 있을 리 없다. 다시 말하자면 통일주체국민회의는 대통령의 국정 농단을 법적으로 뒷받침하는 제도적(그러나 대단히 위험한) 장식물에 지나지 않았다.

게다가 이 기관의 집회 소집권은 대통령에 있다(통일주체국민회의법 제4조). 그리고 회의 및 운영에 대해 전권을 대통령이 가진다. 의안을 부의하고, 회의를 주재하고, 질서를 유지하고, 사무를 통리하고, 기관을 대표하는 것은 의장의 직무다(동법 제6조). 운영위원회나 사무처도 전적으로 의장의 지배하에 놓인다(동법 제7조, 8조).

유신헌법은 또 대통령의 연임금지 조항을 없애 종신 집권의 길을 열어놓고, 무제한적 긴급조치권을 부여했다(유신헌법 제53조 각항). 뿐만 아니라 대통령은 국회해산권(동헌법 제59조 1항)까지 확보했다. 사법부에 대해서는 대법원장 임명의 경우만 국회의 동의(동헌법 제103조 1항)를 필요로 했을 뿐 여타 법관은 모두 '대법원장의 제청에 의해' 대통령이 임명(동헌법 제103조 2항)토록 했다.

요약하자면 이렇다. 대통령은 종신 집권의 가능성을 확보하고, 자체적으로는 아무런 기능도 할 수 없는 통일주체국민회의를 통해 국민의 주권을 위임받았다. 대통령은 여당의 총재로서 뿐만 아니라 국회의원 정수 3분의 1에 대한 전권적 지명권을 갖고, 국회 해산권을 보유함으로써 절대적인 국회 지배권을 장악했다. 그것으로도 부족해서 양당제가 정착된 상황에서 72년 12월 30일 공포된 국회의원 선거법은 1선거구 2인 선출의 중선거구제를 채택(국회의원 선거법 제16조 2항), 국회 지배권을 확고히 하기 위한 법적 장치를 마련했다.

이런 통치구조와 대통령의 초월적 지위는 구소련의 소비에트체제 및 공산당 서기장의 지위와 유사하다. 서구적 민주국가를 표방하면서도 소비에트 체제보다 오히려 더욱 강력한 지배체제를 형성했다는 점에 유신체제의 특징이 있다. 사실 이는 역사상의 어느 한 체제의 모방형으로 한정짓기가 어렵다. 파쇼적 특징을 가졌는가 하면 일본의 메이지 유신체제(維新體制)의 형식을 흉내낸 측면이 있고 전통적인 왕조지배체제의 제왕적 지위를 본뜨려 한 인상도 준다. 또 유난히 국가와 민족을 강조한 점에서는 전체주의적 민족(국가)주의국가를 지향한 인상도 없지 않다.

소비에트 체제의 경우는 프롤레타리아 독재와 이를 위한 수단으로서의 공산당이라는 논리적 구조를 갖추고 있었다. 그러나 박정희의 통일주체국민회의는 객관적으로 수긍할 만한 어떤 논리적·상황적 근거도 없는 조직이었다. 단순한 대통령 선거인단이 아님은 '주권적 수임기관'이라는 법적 정의(定義)로 분명하지만 앞에서 본 바와 같이 이렇다할 역할도 없다. 또 "통일주체국민회의는 조국의 평화적 통일을 추진하기 위한 온 국민의 총의에 의한 국민적 조직체로서 조국통일의 신성한 사명을 가진 국민의 주권적 수

임기관"이라는 유신헌법 제35조의 규정부터가 극히 추상적이다. 명분도 논리적 필연성도 없는 기관을 단지 박정희의 권력을 절대화할 펑계로 만든 것이다.

유신헌법은 이처럼 통치기구 및 구조를 강고화하는 것으로도 부족해서 국민의 주권 및 기본권을 공공연히 제한했다. 국민은 주권을 대표자 및 국민투표를 통해 행사할 수 있게(유신헌법 제1조 2항)함으로써 직접적인 권리주장을 원천봉쇄했다. 이와 관련해서 김철수는 "국민주권의 원칙을 선언하고 간접 민주정치와 직접 민주정치를 혼용할 것을 명백히 하고 있다(김철수, 1988)"고 평가한다. 국민투표를 직접민주정치의 형태로 지적한 것이겠지만 국민투표에 부칠 사안은, 대통령이 제안한 헌법개정안을 비롯, 전적으로 대통령의 판단에 의존한다. 순수 법적인 관점이 아니라 정치적인 관점에서 말한다면 이는 대통령의 국정전단을 뒷받침하는 요식절차일 뿐이다.

한편 국민의 기본권에 대한 헌법상의 보호막은 걷어 버렸다. 즉 "국민의 자유와 권리를 제한하는 경우에도 자유와 권리의 본질적인 내용을 침해할 수 없다"는 제3공화국 헌법 제32조 2항의 규정을 삭제한 것이다. 권력의 필요에 따라서는 본질적 내용도 침해할 수 있는 길을 열어두기 위해서였다.

이와 함께 자유권적 기본권들을 법률에 유보했다. 거주·이전의 자유(유신헌법 제12조), 직업선택의 자유(13조), 주거의 자유(14조), 통신 비밀(15조), 언론·출판·집회·결사의 자유 등을 '법률에 의해' 제한할 수 있도록 함으로써 민주주의의 원칙은 심대하게 훼손되었다. 또 구속 적부심사제도(제3공화국 헌법 제10조 5항)를 폐지하고 긴급구속 요건을 완화하는 한편 검사의 영장 '신청'을 '요구'라는 위압적 용어로 바꾸었다.

박정희의 전횡적 권력행사를 뒷받침하기 위한 장치와 수단들은 헌법에서부터 2중 3중으로 마련되었다. 이는 과거 왕조시대를 포함해 그 어떤 집권자도 가져보지 못한 강력하고 방대한 권력이었다. 박정희는 '개헌안 공고 담화문'에서 이렇게 말하고 있다.

우리는 지금 세계사적인 일대 전환점에서 밖으로는 국제권력정치의 격랑을 헤치고 우리의 국가이익을 최대한으로 수호신장해나가야 하겠으며, 안으로는 모든 면에서 발전을 거듭하고 남북대화를 폭넓게 전개하여 평화통일의 길을 넓히고 다져나가야 할 중대한 민족적 사명을 부여받고 있습니다. 이 사명을 완수하기 위해서 우리는 무엇보다도 먼저 국력배양을 가속화하고 이를 조직화해야 하겠습니다(≪합동연감≫, 1973).

그러자면 일사불란한 지휘체계가 확립되어야 하고, 가장 효율적이라고 그가 확신했던 것은 군대체제였을 터이다. 군대적 질서 및 가치는 분명하다. 신상필벌을 앞세운 냉혹한 명령-복종체계다. 박정희는 그 질서체계에 국민 모두를 몰아넣으려 했다. 그것이 유신체제다. 그는 국가 최고사령관으로 군림해서 명령 한 마디에 전국민이 연병장에서 제식훈련을 하는 병사들처럼 질서정연하게 움직여 주기를 희망한 것이다. 그는 이미 파시스트가 되어 있었다.

박정희의 비서실장을 지낸 김정렴의 기억은 아주 다른 뉘앙스를 풍긴다. 그는 박정희가 1978년 7월 유신헌법 하에 제9대 대통령으로 당선되자 은밀히 대통령 선거방법은 물론 유신헌법 자체의 개정작업을 지시했다고 주장했다(김성진 외, 1994). 입증이 되지 않았지만 박정희가 정권교체를 시도했다는 게 확인되면 그에 대한 정치적 평가도 많이 달라질 수 있을 것이다. 그러나 지금은 아니다.

3) 권력기관 사병화와 강압통치

5·16쿠데타 직후 김종필 중령을 중심으로 비밀정보기관인 중앙정보부가 창설되었다. 중앙정보부는 1961년 6월 10일 공포된 중앙정보부법에 의해 최고회의 직속기관으로 공식화했다. 중앙정보부법은 전문 9조와 부칙 2조의 극히 간략한 체제를 갖추고 있다. 이 법은 제1조에서 "국가안전보장에 관련되는 국내외 정보사항 및 범죄수사와 군을 포함한 정부각부 정보수사

활동을 조정 감독하기 위하여 국가재건최고회의 직속하에 중앙정보부를 둔다"고 밝히고 있다. 이 기관의 성격과 본질을 단적으로 보여주는 것이 제6조 수사권 규정이다. "① 중앙정보부장, 지부장 및 수사관은 소관업무에 관련된 범죄에 관하여 수사권을 갖는다. ② 전항의 수사에 있어서는 검사의 지휘를 받지 아니한다." 제7조도 주목할 만하다. "① 중앙정보부의 직원은 그 업무수행에 있어서 필요한 협조와 지원을 전국가기관으로부터 받을 수 있다. ② 전항의 직원은 그 신분을 증명하는 표지(標識)를 소지하여야 한다."

이것으로 중앙정보부가 어떤 기관인가는 충분히 짐작할 수 있다. '국가안전보장과 관련되는' 사항에서 벗어날 수 있는 일은 거의 없다. 중앙정보부는 모든 일에 간여하고 모든 사건을 독자적으로 수사할 권한을 가진 기관으로 설립되었던 것이다. 그리고 국가의 전기관(全機關)이, 중앙정보부의 요청이 있을 경우 협조하고 지원해야 할 책임을 진다. 더욱이 중앙정보부는 본질적으로 비밀조직이었다. 무소불위의 권력기관으로 만들어졌고 박정희 통치기간 내내 정권보위기관으로서 또 정치사찰 학원탄압기관으로서 악명을 떨쳤다.

초기의 한 사건이 중앙정보부 설치의 의도를 읽는데 도움을 줄 수 있을 것으로 여겨진다. 1962년 3월 27일 언론을 통해 보도된 김지태(金智泰) 사건이다. 부정축재처리법 위반, 국내재산해외도피 등의 혐의로 중앙정보부 부산지부에서 입건 조사중이라는 내용이었다. 그 며칠 후에는 김지태 씨의 부인이 사세법(司稅法) 위반 및 외환관리법 위반 혐의로 구속되었다. 당시 일본에 체재 중이던 그는 '약 2주일 후'에 귀국해서 구속당했다.

중앙정보부가 주장한 혐의 내용이 사실이었는지 아닌지는 이 글의 관심사가 아니다. 다만 그 처리 결과가 흥미롭다.

이 문제가 진행되고 있는 동안 나는 소내에서 측근 모씨로부터 내 기업체 중 문화사업체에서 손을 떼라는 말을 들었다. ……신문사나 방송국은 공영사업이므로 누가 경영하든 이 나라 매스컴 발전에 이바지 할 수만 있다면 된다는 심정으로 협상에 응할 심산이 섰다. ……이렇게 하여 1948년 4월이래 14년간 애지중지 가꾸어 놓은 부산일보와 만 4년 동안 막대한 사재를 들여 궤도에 올려놓은 한국문화방송과 부산문화방송은 1962년 5월 25일 5·16재단으로 넘어가고 말았다. 이 기본재산을 토대로 하여 '5·16장학회'는 그 해 7월 14일에 발족을 보게 되었다. 그리고 이와 동시에 '부일장학회'의 기본재산인 부산시내 토지 10만평도 헌납했다(김지태, 1976).

부정축재 재산을 환수한다 하고서는 남의 재산을 빼앗아 쿠데타를 치장하는 장학재단을 만들었다는 것은 어떤 명분으로도 용인되기 어렵다. 박정희 자신이 1963년 12월 17일 제5대 대통령 취임사에서 "여하한 이유로서도 성서를 읽는다는 명목 아래 촛불을 훔치는 행위가 정당화될 수는 없는 것"이라고 강조한 바 있다. 그런데 중앙정보부는 그 같은 행위를 공공연히 자행했다.

중앙정보부의 정치인 탄압과 관련해서는 '김대중 납치사건'만으로 설명이 부족하지 않다. 1973년 8월 8일 발생한 이 사건은 아직도 공식적으로 수사가 종결되지 않았지만 유신정권의 중앙정보부에 의해 저질러졌다는 점은 사실상 확인되었다. 유신정권은 이 사건으로 인해서 그 부도덕성과 폭력성을 다시 한 번 드러내보였다. 김정렴(金正濂)은 박정희가 이 사실을 전혀 모르고 있었다고 주장한다.

어쨌든 쿠데타를 일으키기가 무섭게 우선 비밀정보기관 설치부터 서둘렀던 쿠데타 세력의 의식도 주목할 만하다. 레닌이 반혁명 및 태업을 탄압하기 위해 설치한 'Cheka(비상위원회: KGB 보안위원회의 전신),' 법적 규제를 초월하여 국가에 위해를 가할 수 있는 모든 대상을 수사하고 단속하는 기관으로 히틀러가 조직한 'Gestapo(비밀국가경찰)'의 냄새를 한국의 중앙정보부에서도 맡게 된다. 물론 탄압의 정도나 규모 면에서는 비교가 안 되지만 그 본질은 유사하다.

박정희 정권이 중앙정보부만 권력의 보위기관으로 이용했던 것은 아니다. 가장 큰 배경은 말할 필요도 없이 군이었다. 군 중에서도 보안사령부는 중앙정보부와 함께 양대 정보권력기관의 축을 형성했다. 당연히 검찰과 경찰도 권력유지장치의 중핵적 지위를 유지했다. 특히 검찰의 지위는 유신헌법이 명시적으로 보여주고 있다. 유신헌법 제10조 ③항은 "체포·구금·수색·압수에는 검사의 요구에 의하여 법관이 발부한 영장을 제시하여야 한다. 다만, 현행범인 경우와 죄를 범하고 도피 또는 증거인멸의 염려가 있을 때에는 사후에 영장을 요구할 수 있다"고 규정하고 있다. 이 가운데 '요구'라는 표현은 아주 위압적이다.

제1공화국 헌법에서는 앞의 '요구'라는 부분이 '법관의 영장'으로 뒤의 '사후에 영장을 요구'가 '청구'로, 제3공화국 헌법에서는 각각 '신청' 및 '청구', 제5공화국 헌법과 제6공화국 헌법에서도 '신청' 및 '청구'로 표현되어 있다. 이러한 예로써 유추한다면 유신헌법이 의도적으로 검찰의 지위를 격상시킨 것임을 알 수 있다. '신청'이나 '청구'라고 할 때는 영장 발부의 주체가 법원이 되지만, '요구'라고 할 때는 검찰이 된다. 법관은 검찰이 요구하면 발부해줘야 하는 하부기관으로 전락한 셈이다.

박정희 정권 권력구조의 가장 뚜렷한 특징이라면 대통령비서실과 경호실의 비대화다. 대통령 비서실의 경우 제1공화국과 제2공화국에서는 이름 그대로 '비서실'에 불과했다. 이승만은 비서관장과 약간 명의 비서만을 두었고 윤보선의 경우는 비서실장 아래 10명의 비서관과 4명의 직원 등 모두 15명의 비서진을 거느렸을 뿐이다. 그러나 박정희 시대에 들어서면서 청와대 비서실은 급격히 팽창하기 시작했다. 1967년 7월에 가면 비서실 인원이 137명으로 늘어났고 1968년부터는 227명 선을 유지했다. 함성득은 이와 같은 비서실의 팽창에 대해 다음과 같이 평가하고 있다.

1963년부터 1979년까지 박정희 대통령(제3, 4공화국)하의 대통령 비서실은 '현대적 대통령(modern presidency)'에 해당하는 대통령 비서실의 구체적 면모를 갖추게 되었다. 다시 말해서 앞에서 지적하였듯이 미국의 '제도적 대통령(institutional presidency)'이 Franklin Roosevelt 대통령부터 시작되었듯이 우리의 경우 박정희 대통령부터 시작되었다(함성득, 1997).

대통령 비서실이 단지 왕조시대의 승정원 수준이 아니라 근대적 관료조직의 체계를 갖추었다는 점에서는 이 같은 평가가 가능하다. 그러나 비서실이 제도화되었다는 것이 반드시 순기능의 확대 강화를 의미하지는 않는다.

함성득은 박정희 비서실의 특징으로서 세 가지를 들고 있다. 첫째가 '대통령의 직접적인 국정 장악의도에 따른 근대적 비서실 체제의 구비'다. 둘째로는 '강력한 리더십 발휘를 위한 최측근 보좌기구의 강화'다. 그리고 셋째는 '경제적 업적을 통해 정치적 정당성을 보충하려고 한 데 따른 능률적이며 강력한 보좌기구의 필요성 대두'다.

이러한 현실적 여건과 필요성을 감안하고 또 이해한다 하더라도 박정희 비서실의 급팽창은 국정 전단의 요구에서 비롯되었음을 부인하기 어렵다. 내각 위에 또 하나의 내각을 두고 그 위에 자신이 위치함으로써 대통령의 권력과 위상을 강화했던 것이다. 이후 이는 청와대의 전통으로 이어졌다.

경호실의 권부화야말로 박정희 정권의 성격 그 자체라 할 수 있다. 박정희 재임기간 동안의 경호실장은 박종규(朴鐘圭)와 차지철(車智澈) 두 사람이었다. 박종규가 1963년부터 1974년까지, 그리고 차지철이 1974년부터 1979년까지 경호실장으로 위세를 떨쳤다. 이들은 이미 쿠데타 당시부터 박정희를 밀착 경호하고 있었다. 그리고 박정희 정권의 몰락을 부채질 한 것이 바로 경호실장 권한의 이상 비대였다. 차지철의 지나친 세력과시가 김재규(金載圭)의 불만 및 불안심리를 자극, '10·26사태'를 초래했고 유신정권은 그 즉시 붕괴되고 말았던 것이다.

1979년 10월 18일 부·마사태를 현장에서 보고 온 김재규 중앙정보부장이 박정희에게 보고를 했다. 비서실장과 경호실장이 함께 저녁 식사를 하고 있는 자리였다. 박정희는 심각한 상황이라는 김재규의 보고에 대해 이렇게 말했다.

부산사태와 같은 것이 또 생기면 이제는 내가 발포 명령을 내리겠다. 자유당 때는 최인규나 곽영주가 발포 명령을 내렸다가 사형되었는데 대통령인 내가 내리는데 누가 나를 사형시킬 수가 있겠는가?(조갑제, 1998)

차지철이 "캄보디아에서는 300만을 죽여도 까딱없는데……"라고 거들었다. 박정희의 강권통치는 그 폭력성으로 인해 파국에 이르러 있었다. 뇌관을 건드려줄 약간의 자극만 필요했을 뿐이다.

비상국무회의는 쿠데타 직후 최고회의와 같은 역할 및 기능을 한 것으로 이 또한 박정희의 법 경시, 제도 경시 의식과 행태를 보여주는 대표적 사례다. 비상국무회의는 1972년 10월 23일 오전 첫 회의를 갖고 '비상국무회의법'부터 심의 통과시켜 이 날자로 공포했다. 이와 함께 개헌안 국민투표에 대비, '국민투표에 관한 특례법'과 동시행령을 의결 공포했다.

10월 26일 2차 비상국무회의에서는 개헌안에 대한 축조심의를 벌였고 다음날 개헌안을 의결, 공고했다. 비상국무회의는 이 외에도 유신헌법 규정에 따라 '통일주체국민회의 대의원 선거법' '통일주체국민회의법' 등 주요 법률과 1973년도 예산을 확정시키기도 했다.

유신 자체가 반민주적 정변이었지만 비상국무회의의 월권은 정도를 넘었다. 그리고 이름만 '비상국무회의'였지 실제로는 박정희의 사병이나 다를 바 없었다. 다시 말해 박정희 자신이 국민의 대표기관인 국회의 역할을 다한 것이다.

박정희의 강권통치를 상징하는 것으로는 역시 긴급조치(緊扱措置)를 지적하지 않을 수 없다. 유신헌법은 제53조에서 대통령에게 거의 무제한적인 긴급조치권을 부여하고 있다. 권력의 자의적 행사에 대한 포괄적 권한을 제도가 승인하고 보장한 것이다. 이는 법의 이름에 의한 법치주의의 부정이었다. 유신헌법은 대통령이 긴급조치를 취했을 때는 국회에 통고만 하면 되도록 규정했다(제53조 3항). 긴급조치는 사법심사의 대상에서 제외되었다 (동 4항). 긴급조치의 원인이 소멸하면 지체없이 해제해야 하도록 규정(동 5

항)하고 있지만 그 판단은 대통령의 몫이었다. 또 국회가 재적의원 과반수의 찬성으로 긴급조치 해제를 건의할 수 있게 했지만 기속력은 부여하지 않았다. "대통령은 특별한 사유가 없는 한 이에 응하여야 한다(동 6항)"고 규정함으로써 역시 판단은 전적으로 대통령에게 일임했다.

1974년 1월 8일, 그 전해부터 일기 시작한 개헌논의에 제동을 걸기 위해 긴급조치 1호가 선포되었다. 장준하(張俊河), 백기완(白基玩) 등이 1호 위반자로 비상군재에 회부되어 징역 15년을 선고받았다. 4호는 4월 3일 소위 '민청학련'사건 처리를 위한 것으로 비상군재는 관련자들에 사형·무기·5년 이상의 유기징역형을 선고했다.

1975년 4월 8일에는 7호가 선포되었다. 고려대학의 시위를 제압하기 위한 조치였다. 이것만으로도 긴급조치권이 얼마나 무분별하게 남용되었는가를 짐작하기에 부족함이 없다. 이어 긴급조치의 결정판이라고 할 수 있는 9호가 이 해 5월 13일 긴급조치 7호의 해제를 위한 8호와 함께 내려졌다. 긴급조치 9호는 유신정권에 도전하거나 위해를 가할 수 있는 일체의 행위를 금지하고 처벌하는 종합적이고 총체적인 긴급조치였다. 또 위반자에 대한 재판을 일반법원의 관할에 둠으로써 긴급조치의 영구화를 예고했다.

언론탄압도 박정희 강권정치의 일면을 유감없이 보여준다. 국가재건최고회의는 1961년 5월 23일 '사이비 언론인 및 언론 기관 정화'를 명분으로 '최고회의 포고 제11호'를 발표했다. 신문과 통신의 발행 요건을 강화하는 내용이었다. 이에 따라 전국 912개 보도기관 중 대부분이 없어지고 일간지 39개사, 일간통신 32개사만 남았다. 월간·계간 등을 합해서 1,170개의 언론사가 폐쇄되었다.

쿠데타가 일어난 날로부터 이듬해 6월 22일까지 기자 신분으로 체포되거나 재판까지 회부된 사람은 960명에 이르렀다. 이 가운데 신문·통신의 제작과정에서 포고령·반공법·기타 법을 어겼다고 해서 구속된 사람이 141명이었다. 이와는 별도로 혁신계 신문이었던 '민족일보'의 간부 8명이 군사재판에 넘겨져 조용수(趙鏞壽) 사장, 송지영(宋志英)과 안신규(安新奎) 등 3

명은 사형선고를 받았다. 조 사장은 61년 12월 21일 형 집행으로 삶을 마감했다.

박정희 정권의 언론탄압은 갖가지 형태로 끈질기게 계속되었지만 그 중에서도 권력의 비열한 횡포가 어디까지 갈 수 있는지를 보여 준 사건이 바로 '동아일보 광고 탄압'이었다. 이 광고탄압은 1974년 12월 16일부터 이듬해 7월 16일까지 7개월이나 계속되었다.

추종자·충성분자들로 구성된 폐쇄적 비밀집단으로서의 권력기관, 이를 통한 강권 통치가 적어도 정치적으로는 박정희 리더십의 특징을 이루었다.

제2절 박정희 리더십의 특성

1. 정당의 사당화

해방과 동시에 사회단체·정당들이 우후죽순처럼 생겨났다. 이들에게는 오직 자신의 입신출세만 중요했지, 사회적 국가적 사명감 같은 것은 염두에 없었다.

> 입법자들의 파벌과 도당은 정치인과 대중을 연결하는 수단이 아니라, 다른 정치인들을 이들 집단에 끌어들이는 도구가 되고 만다. 예를 들면 2차 세계대전 이후 한국에서는 후보자들이 개인적인 배경에 의해 당선된 후 국회에 출석하기 위해 서울에 도착한 다음에야 정당에 가입했다(헌팅턴, 1987).

헌팅턴(Samuel P. Huntington)이 『정치발전론』에서 지적한 당시의 현상이다. 바로 이 같은 의식과 행태가 '한국적 정당'의 전형이 되었다. 이런 정당이 의회정치를 유치단계에서 한 걸음도 나아가지 못하게 할 뿐만 아니라 오히려 퇴행시키는 대표적 요인 가운데 하나로 작용했다.

제헌국회의원 선거에서는 무려 48개의 정당·단체가 후보자를 냈으며 그중 16개 정당·단체가 의석을 확보했다. 2대 총선(1950)에서도 39개 정당·단체가 후보를 내세웠고 11개 정당·단체가 국회에 진출했다.

이승만은 대통령 재선을 희망했으나 선출권을 가진 국회에는 그에 대한 반대파가 우세했다. 초당파적, 국민적 지도자이기를 원했던 그는 이제 자신을 뒷받침할 정당을 필요로 했다. 그는 1951년 8월 15일 광복절 기념사를 통해 대중적인 신당의 조직 시기가 도래했다고 밝혔다. 이어 25일에는 '신당 조직에 관한 담화'를 발표했다. 그가 구상한 정당은 일민주의의 기반 위에 노동자 농민을 중심으로 지방조직까지 갖춘 전국적 규모의 대중정당이었다.

이렇게 해서 성립된 자유당은 이승만의 재선을 위해 조직되었고, 그의 친위세력으로 존속했다. 그리고 1957년부터 1960년까지 후기에는 이승만을 정점으로 하되 사실상 이기붕을 중심으로, 소수 간부들이 과두 지배체제를 형성해서 당을 실질적으로 이끌었다. 이 점에서 자유당은 이승만의 친위정당이자 명사정당 또는 붕당이라 할 수 있다. 국민에 뿌리를 두지 않는 정당, 권력의 기생정당은 단명할 수밖에 없다. 4·19혁명으로 이승만 정권이 붕괴하면서 자유당 또한 와해된 것은 당연한 결과라 하겠다.

그렇다고 해서 이것이 자유당만의 특성이라 할 수는 없다. 한국 정당들의 유전형질이었다는 게 보다 적절한 지적이 될 것이다. 정당정치의 경험이 전무한 상태에서 해방과 함께 외래의 정당제도를 흉내내기 시작했다. 게다가 국민 대다수의 정치 및 정당에 대한 인식도 극히 빈약했던 게 사실이다. 지나치게 단순화하는 느낌이 없지 않지만 당시 국민의 학력이 바로미터 구실을 할 수 있을 것이다. 25세 이상 국민을 기준으로 한 학력 구성비는 다음과 같다.

△1947년 = 초등학교 졸업 이하 95.0%, 중졸(구제 중학) 4.4%, 대졸 0.6%
(※ 1947년의 통계는 15세 이상 기준)

△1955년 = 초등학교 졸업 이하 91.8%, 중졸 5.3%, 고졸 1.7%, 대졸 1.3%
(통계청, 1998).

정당정치의 경험이 없고 국민의 정당정치에 대한 인식 수준도 빈약했던 만큼 국민에 바탕을 둔 정당을 기대할 바가 못되었다. 위로부터의 정당만 생겨났을 뿐이다. 머리만 있고 몸통은 없는 기형적 정당체제가 이때 비롯되어 그 후 한국정당의 한 특성으로서 굳어졌다. 이 점에서는 21세기의 한국 정당들도 크게 다를 바 없다.

그럼에도 불구하고 자유당은 초기 군소정당 난립상을 극복하는 데 일정한 기여를 했다. 자유당이 창당되어 처음으로 선거에 참여한 제3대 총선에서는 14개 정당이 후보자를 냈다. 그리고 오직 자유당과 민국당만이 의석을 확보했다. 이때부터 한국 정당정치는 사실상 양당체제의 구도를 갖추기 시작했다.

한편 '자유당 영구집권·이승만 종신대통령' 기도가 사사오입 개헌(1954년 11월 29일 제2차 개헌) 파동으로 현실화되자 이를 저지하기 위해 민국당 주도로 범야당 연합세력인 '호헌동지회'가 결성되었다. 민국당이 발전적으로 해체하여 주축이 되고, 여기에 장면·정일형 등의 홍사단계와 현석호(玄錫虎) 등의 자유당 탈당계, 무소속 구락부가 규합된 보수 야당으로서 등장한 민주당은 반이승만 세력의 결집체였다. 민주당은 4·19 이후 내각책임제 개헌을 주도하고 총선에서 승리하여 집권당이 되었다. 1960년 7월 29일 실시된 총선에서 민주당은 233석의 민의원 의석 중 175석을 얻었다.

그러나 민주당은 집권하자마자 신·구파로 분열되어 파당싸움을 벌이다가 결국 분당사태를 빚었다. 그리고 양파 함께 5·16쿠데타로 소멸되고 말았다. 민주당은 이승만 정권이 밀려난 자리를 차지해 정권을 장악했지만 한국적 정당의 생태는 바꾸지 못했다. 특정 인사 중심의 붕당체제를 고스란히 계승했고 파벌싸움도 여전했다. 이는 이후 명망가 또는 실력자나 정파의 이해에 따라 정당이 명멸해가는 한국적 정당정치의 두드러진 선례 가운데 하나가 되었다.

5·16쿠데타는 한국의 정치사와 함께 정당사도 바꿔 놓았다. 박정희를 도와 쿠데타를 주도했던 김종필이 중심이 되어 조직한 민주공화당은 종전의 정당과는 달리 당료기구가 강조된 새로운 형태의 정당으로 출현했다.

> 사무국 기구는 공화당의 구조상의 특성 그 자체라고 해도 과언이 아니다. 그
> 것은 지금까지의 한국 정당 조직방식에 비추어 볼 때 당료조직의 혁명이라고
> 할 수 있다(양무목, 1983).

쿠데타 정권의 집권당은 김종필에 의해 비밀리에 조직되었다. 기성 정당과 정치인들의 활동을 금지시켜 둔 가운데 쿠데타 주도자들은 자신들이 앞으로 집권해서 국가를 통치할 수단으로서의 집권당을 조직하고 있었던 것이다.

신당 창당을 위한 조직은 '재건동지회'로 이름 붙여졌다. 1962년 1월 말 50여 명의 후보자를 1차로 선정, 김종필이 직접 설득에 나섰다. 그 해 3월 말에는 120여 명의 재건 동지회원들이 충원되어 중앙조직의 골격이 마련되었다. 이어 지방유지들과 신진들을 끌어들였고, 이 해 말에는 1,200여 명에 이르는 인사들을 재건동지회에 참여시킴으로써 신당의 엘리트 충원작업은 거의 완료되었다.

김종필이 구상한 신당은 자신이 확보한 엘리트 집단으로 구성된 당료조직이 지배하는 정당이었다. 이들에겐 정당정치 자체를 부정하고 배제할 정도의 배짱은 없었다. 이미 정당은 형태·내용 여하간에 한국 정치의 중심권을 형성하고 있었다. 이들도 이승만의 전례에 따라 집권자의 통치권을 뒷받침할 정당의 설립을 시도했다. 당연히 규모 면에서나 지시의 효율성 면에서나 야당을 압도할 수 있어야 할 것이었다.

이 요청에 부응할만한 정당의 모습을, 그 자체가 하나의 거대한 관료조직을 갖춘 국가통치기구였던 구소련의 공산당에서 발견했을 수 있다. 다만

소련은 공산당 자체가 통치기구였던 데 비해 쿠데타 세력이 만들 집권당은 통치기구의 보조수단에 머물러야 했다. 규모나 공권력 또 충성심에서는 구소련의 공산당과 유사하되 국정운영과정에서 권리주장을 하지 않는 조직일 필요가 있었던 것이다.

　　박 대통령은 행정부와 당과의 관계를 다음과 같이 규정한 바 있다. "국회나 당은 정책 입안 및 심의에 관하여 행정부에 협조하고 그 집행을 뒷받침할 뿐 정책의 집행이나 인사문제에 관여해서는 안 된다." ……국회가 행정부의 시녀라면 정당 특히 여당은 행정부의 머슴 역할을 하고 있다고 말하는 것이 적절할는지도 모른다(민준기, 1988).

　　공화당의 기구는 집행기관과 의결기관으로 이원화되고, 당료조직이 의결기관을 지배할 수 있도록 되었다. 집행기관은 당 총재로부터 각 지구당 사무국에 이르는 수직적 명령계통을 이루었다. 의결기관의 경우에도 전당대회에서 지구당위원회에 이르는 수직적 구조를 형성했다. 이처럼 위계가 분명하고 사무국과 위원회 2원 구조를 갖춘 정당은 구소련 공산당에서 그 전형을 찾아 볼 수 있다. 김종필이 소련 공산당 조직 원리를 민주공화당에 적용했다고 봐서 틀림이 없을 것이다.

　　이와 대조되는 게 직전 집권당이었던 민주당의 조직이다. 민주당의 중앙당은 위원회를 상층구조로 했다. 이 때문에 붕당적 성격을 드러내고 파벌정치가 구조화했다. 당시 한국 정당들의 이와 같은 전근대성을 지적하며 그 반성으로 새롭게 시도된 민주공화당의 순기능을 평가하는 측도 있다. 범국민적 대중정당을 지향했다는 점이 특히 강조된다.

　　실제로 집권당인 민주공화당의 경우, 과거 한국 정당들의 명사정당적 행태와 그 병폐를 제거하기 위해서 대중정당을 추구하였다. 당 조직은 인물에 대한 충성을 지양하고, 공익을 위해 충성하도록 하며, 파벌과 계보를 배제하고 선거시와 평상시의 구별없는 계속적인 조직활동을 전개하며, 전국민적 복지를 추구하기 위해 범국민적 대중정당을 지향하였다(김용철, 1989).

외형적으로만 말한다면 그럴 수도 있다. 그러나 당 사무국 조직을 지방에까지 확대해가면서 국민을 대거 정당에 가입시키려 한 것은 민주적 정치참여의 확대를 목표로 한 것이었다고 보기 어렵다. 이는 국민의 조직화를 통한 정권 기반 강화책의 일환이었다는 것이 보다 정확한 평가일 것이다.

공화당의 새로운 조직 원리는 이후 한국 정당의 조직 전범이 되었다. 정당의 관료체제적 속성은 그것대로 유지되고 파당적 성향은 또 그것대로 상존함으로써 여당은 집권자와 그 핵심 추종자들 휘하의 또 다른 관료조직이 되고, 야당 역시 이른바 '오너'와 그 가신집단을 상층부로 한 1인 지배체제의 정치세력으로 굳어졌다. 한국 정당의 한 특징인 당의 사당화와 보스정당체제가, 그리고 정치인 또는 정당의 심한 이합집산이 이에서 비롯된 것이다.

어쨌든 김종필은 남들의 손발을 묶어 둔 상태에서 비밀리에 향후 집권당이 될 정당을 비밀결사 만들 듯 숨어서 조직했다. 이미 앞에서 그 가능성에 주목했지만 소련의 공산당이 1당 독재체제로 계속 집권하고 있는 데서 아이디어를 얻었을 개연성이 충분하다. 쿠데타 정권 통치기구의 명칭을 공산국가의 '최고인민회의'를 연상케 하는 '국가재건 최고회의'로 붙인 것도 김종필이었다.

2. 책략과 기만술

1) 기만적 위기관리

쿠데타 직후 무엇보다 박정희에게 위협이 된 것은 이른바 '반혁명'사건이었다. 어제까지는 '혁명의 동지'였던 사람들을 오늘은 '반혁명 분자'로 체포하고 투옥하는 일이 되풀이 되었다. 자신들과 꼭 닮은 행위에 의해 자신들이 제거될 것이라는 공포감에서 벗어나는 길은 한 가지 뿐이었다. 의심되는 사람은 그 즉시 제거하는 것만이 스스로를 불안감에서 건져주는 위안일 수 있었다.

군정기간 내에 적발된 반혁명사건은 13건에 달했고, 최고회의에 흡수되었던 최고위원 장성들의 상당수가 관련혐의로 제거되어 1963년 2월 최고회의에는 발족 당시 32명 위원 가운데 6명만이 남게 되었다는 사실이 숙청의 여파를 짐작케 한다(≪신동아≫, 1988년 1월 호 별책부록).

강창성은『일본/한국 군벌정치』에서 이를 파벌간의 헤게모니 쟁탈전으로 보고 있다.

혁명 후 성립된 군사정부는 인적 구성에 있어서 여러 가지 색깔을 띠고 있었다. 그러나 이를 단편적으로 분류해 본다면 육사 5기, 육사 8기, 김동하(金東河)의 해병대 세력과 동북파(함경도파), 그리고 혁명 직후 영입된 장도영(張都暎)과 서북파(평안도, 황해도) 등으로 정리할 수 있겠다. 이들 중 혁명정부에서 가장 치밀한 계획하에 헤게모니를 장악해간 것은 김종필을 중심으로 한 육사 8기생들이었다. 그들은 나머지 세력들을 3차에 걸쳐 반혁명세력으로 몰아 혁명정부로부터 축출하는 데 성공한다(강창성, 1991).

쿠데타 정권은 최고회의에서 헌법개정안이 의결되기 하루 전인 1962년 12월 6일 영시를 기해 돌연 계엄령을 해제했다. 1961년 5월 16일 9시 전국에 선포되었던 비상계엄은 그 해 5월 27일 경비계엄으로 대체되었고 계엄선포 569일만에 완전히 해제된 것이다. 그리고 12월 17일 실시된 개헌안 국민투표(투표율 85%)에서는 찬성 78.8%로 개정헌법이 확정되었다. 12월 27일 박정희 의장은 대통령선거 1963년 4월, 국회의원 선거 1963년 5월 실시 등을 골자로 하는 민정이양절차를 발표하면서 대통령 출마의사도 표명했다. 이어 31일에는 정당법이 공포되었다.

박정희 최고회의 의장은 12월 31일 '정당활동 재개에 즈음한 담화'에서

1963년 1월 1일을 기해 정당활동을 허용한다고 선언했다. 이와 함께 정치활동정화법에 묶여 있던 정치인들[1962년 3월 30일과 31일과 4월 15일에 발표된 정정법(政淨法) 대상자는 총 4,374명이었고 이 중 1,336명이 5월 30일 적격판정을 받았고 나머지 3,038명은 정치활동이 금지되었다] 가운데 171명을 해금했다. 1963년 2월 1일의 2차 해금에서는 273명의 구 정치인이 풀렸다.

정당활동이 허용되고 정치인들이 해금되면서 정국은 긴장과 혼란을 더해 갔다. 박정희는 1963년 2월 18일 '정국수습방안'을 제시하면서 모든 정치지도자들이 23일까지 자신의 9개항에 걸친 제안을 수락하면 자신은 민정에 참여하지 않을 것이며 선거도 5월 이후로 연기하고 정정법 해당 구정치인을 전면 해금하겠다고 선언했다.

재야 정치인들이 박정희의 제안을 수락함으로써 2월 27일엔 시민회관에서 재야 정치지도자·정당대표·국방부장관 및 3군수뇌의 시국 수습에 관한 선서식이 공개리에 거행되었다. 그러나 박정희가 민정에 불참키로 함에 따라 정당들은 그때까지의 연합 또는 통합 노력을 포기하고 다시 분열 분파 작용을 노정하기 시작했다. 이 역시 한국 정치인들의 한 속성이다. 기회가 왔다 싶으면 다시 분열상을 보이는 것은 조선시대 붕당정치의 유전적 생리라 할만큼 흡사하다.

박정희는 3월 7일 원주 1군사령부 장병에 대한 훈시를 통해 정치인들이 약속을 안 지키고 나라가 혼란에 빠져 또 국가에 위기가 닥칠 때는 방관하지 않겠다고 말했다. 박정희는 이후락(李厚洛)을 대동하고 원주에 내려가 민기식(閔璣植) 사령관과 술자리를 가졌다. 이 자리에서 민 사령관이 정치에 참여할 것을 설득했으나 박정희는 묵묵부답이었다. 민기식은 박정희가 잠든 사이에 주요 1군 지휘관들을 사령부 연병장에 집합시키고 직접 설득하라고 말했다. 박정희는 집합한 장성들의 눈빛을 보고 용기를 얻어 일장 훈시를 했다. 여기서 그는 민정불참 발언을 뒤집고 참여를 선언했다. 아마도 원주행은 의도된 걸음이었을 것이다. 이석제의 회고다. 이어 이달 15일에는 최고회의 앞 광장에서 군정연장과 박 의장 출마를 요구하는 군인데모가 벌어졌다. 창군이래 초유의 사태였다.

최고회의는 심야회의를 열고 수습책을 논의했다. 3월 16일 오후 4시, 박정희는 '군정 4년 연장'을 최단시일 내에 국민투표에 부치겠다고 밝혔다. 최고회의는 즉시 정치활동을 다시 금지하고 정치적 언론출판을 제한할 것을 목적으로 하는 '비상사태 수습을 위한 임시조치법'을 의결하여 즉각 공포하고 시행에 들어갔다. 재야 정치지도자들의 강력한 반발과 미국측의 압력으로 박정희는 19일 윤보선·장택상·이범석(李範奭)·김도연(金度演)·김준연(金俊淵) 등과 면담한 자리에서 이들의 건의를 받아들여 "3월말까지 군정 연장안의 국민투표 회부를 보류하겠다"고 약속했다. 그러나 야권 정당들은 '3·16성명'의 무조건 철회 때까지 극한 투쟁을 하겠다고 선언했다. 22일 재야 인사들은 '민주구국전선'을 결성, 데모에 나섰다. 같은 날 국군비상지휘관회의는 '3·16성명' 지지결의를 하고 청와대로 행진했다.

박정희는 4월 8일, 군정연장 가부를 묻는 국민투표를 9월말까지 보류하고 정치활동의 허용과 비상사태를 위한 임시조치법의 폐기 등 5가지 조치를 발표했다. 집회·시위·언론 등의 제한도 풀었다. 박정희는 7월 27일 다시 연내 민정이양을 다짐하는 성명을 발표했다. 이로써 박정희의 번의-번의의 번의를 오가는 우왕좌왕은 끝났다.

연내 민정이양이 약속되고 정치활동이 자유화되자 정당의 창당과 이합집산도 다시 본격화했다. 정당들이 말 그대로 우후죽순처럼 생겨났다. 정치적 명망가들이 저마다 당을 만들어 나서는 형국이었다. 이 와중에 박정희는 8월 30일 전역과 함께 민주공화당에 들어갔다. 이어서 다음 날에는 공화당 대통령 후보 및 공화당 총재지명을 수락했다. 당시 범국민정당의 창당에 앞장섰던 김재춘 전 중앙정보부장은 9월 7일 갑자기 외유를 떠났다. 이로써 여권 내의 분열현상은 일단 극복되었다.

군정실시 이후 1963년 2월 18일 '정국 수습방안'을 제시하면서 민정 불참을 선언한 이후에 보인 참여와 불참을 오가는 번의소동은 자신의 정치참여 분위기 조성을 위한 책략적 각본이었다고 보는 게 옳다. 그는 군의 일치

된 지지와 이를 통한 민간 정치세력의 흡수를 기대했을 것이다. 그리고 대단히 성공적이지는 못했다 해도 군의 명시적 지지는 확보했다. 박정희는 이 점에서 기만전술을 유감없이 구사했다.

2) 책략의 정치

쿠데타 세력은 민간정치인들의 정당활동을 금지시켜 둔 상태에서 신당조직을 서둘렀다. 김종필이 이를 주도했다. 이 비밀작업의 의도는 뻔했다. 민간 정치세력을 압도할 수 있는 쿠데타 세력 중심의 정치세력을 만들어 항구적으로 정치를 주도하겠다는 음모였다.

> 나는 공화당 사전조직 문제로 JP와 격돌을 벌였다. 사전조직을 하지 않고도 선거에서 다수 의석을 차지하는 방법이 있다고 JP를 설득했다. 그러나 JP는 나의 의견을 묵살했다. 그는 모든 사안을 부정적인 면에서 출발했다. 민정에 참여하는 혁명주체들이 선거에서 승리하려면 다른 인사들을 정치활동 금지로 묶어 놓은 상황에서 발빠르게 세력화해야 한다는 자신의 주장을 굽히지 않았다(이석제, 1995).

이른바 '혁명주체'의 한 사람이었던 이석제의 술회다. 그 기억이 정확하다면 이야말로 권모술수와 비열한 음모정치의 전형이라 할만하다. 김종필은 중앙정보부장으로 있으면서 공화당 창당을 주도했다. 그는 중정 조직을 활용해서 공화당의 전신인 재건동지회를 만들었다. 이는 비밀결사였다. 가입자들은 "배반과 변심에서 올 일체의 제재를 목숨으로 갚겠다"고 다짐하는 살벌한 서약서에서 서명을 해야 했다. 이 서약서는 회원들의 준수사항으로 3가지를 제시하고 있는데 그 내용은 다음과 같다.

㉮ 나는 국가재건동지회의 회칙을 준수한다. ㉯ 나는 국가재건동지회 회원으로서 지득한 조직활동 및 기타 일체의 비밀을 가족과 친지는 물론 누구에게

도 누설치 않을 것을 맹세한다. ㉕ 나는 맡은 바 사명을 완수하기 위하여 만난을 극복할 것이며 일단 유사시에는 나의 생명을 아낌없이 바치겠다(중앙일보 특별취재팀, 1998).

이는 국민에 바탕을 둔 공당을 만드는 사람들의 조직이라고는 도저히 생각할 수가 없는, 무슨 첩보조직이나 범죄조직을 연상케 하는 내용이다. 이들은 음모가이자 독재자였다. 그 핵심에 박정희가 있었다면 그 역시 음모가, 독재자였음에 틀림없다.

김종필은 1962년 말 '크리스마스 파티' 석상에서 당 조직을 브리핑했다. 최고위원들은 당의 2원적 조직에 대해 반발했다. 이후로 최고위원들과 김종필의 반목이 심해졌고 그 후유증으로 김종필은 1963년 1월 24일 당직을 사퇴하고 2월 25일 '자의반 타의반'의 외유에 나섰다. 그는 박정희가 대통령선거에서 당선되자 출국 8개월 만인 10월 23일 귀국, 공화당의 실질적 리더의 지위를 회복했다.

3) 3선개헌안 처리의 사기극

박정희의 책략적 혹은 권모술수적 통치행태는 '국민투표 정치'에서도 뚜렷이 드러났다. 그는 1963년 3월 15일 수도경비사 장병 80여 명이 최고회의 앞뜰에서 군정연장 요구 시위를 벌인 것을 빌미로 3월 16일 군정 4년 연장안을 국민투표에 부치겠다고 발표했다. 국민투표란 민주적 전통이 충분한 국가들의 경우가 아니라면 집권자의 정치적 수단이 되기 십상이다. 지그문트 노이만(Sigmund Neumann)은 이렇게 말한다.

파시즘의 이론가 파눈찌오(Panunzio)가 간결하게 말한 바와 같이 '플레비시트와 독재와는 동일한 정치적 현실의 양면이다.' ……독재하에서 민중의 투표는 '지도자가 바라는 것을 대중에게도 바라게 하기 위한' 유효한 무기로 되는 것이다(이극찬, 1989).

박정희는 또 1969년 3선 개헌안을 10월 17일 국민투표에 부쳤고 72년 이른바 유신헌법안도 이 해 11월 21일 국민투표에 부쳐 확정시켰다. 이들의 경우는 제도상 필요한 절차였다고 하더라도 1975년의 국민투표는 순전히 박정희 정권의 기반 강화 및 반대세력 억압에 목적을 두고 실시되었다. 유신헌법 제49조는 "대통령은 필요하다고 인정할 때는 국가의 중요한 정책을 국민투표에 부칠 수 있다"고 막연히 규정하고 있다. 따라서 대통령이 그 여부를 전적으로 결정할 권한을 가진 셈이 되었지만 그러나 현행 헌법에 대한 국민의 승인, 대통령과 정부에 대한 신임여부가 국가의 '중요한 정책'인지에 대해서는 논쟁의 여지가 있다. 박정희는 이 국민투표에 자신에 대한 신임까지 포함시켰다. 재야단체들이 이를 저지하고 나섰으나 2월 12일 국민투표는 강행되었고 박정희는 그 결과를 강권정치의 명분으로 삼았다.

그러나 국민투표는 보조적 수단에 불과했다. 박정희가 정권의 강화와 장기화를 위해 적극적으로 동원했던 것은 개헌이었다. 이 점에서 그는 이승만의 복제판이었다. 그는 1963년 12월 17일 제3공화국의 첫 국회 개원식에서 참석해서 '치사'를 할 때만해도 이승만의 장기집권을 위한 개헌에 들러리 노릇을 했던 과거 국회에 대해 통렬한 비판을 서슴지 않았다.

실로 일천한 민주역사에서 국정의 중심을 담당하여 온 이 나라 국회는 무상한 변천과 파란을 겪어 왔던 것입니다. 건국초로부터 산적된 과제를 해결하는 데 국회는 다대한 업적을 쌓아 왔으나, 반면 헌정의 주체로서의 국회는 그 본연의 업무에만 충실하지는 않았던 것입니다. 때로는 다수당의 횡포나 불법적 개헌을 통한 1인, 1당의 항구집권을 합리화하기 위한 하나의 방편으로 전락되었으며 때로는 부질없는 정쟁과 명분 없는 이합집산으로 무위무능한 국회로 변모하였던 영예롭지 못한 전통을 남긴 일조차 있었습니다(『박정희 대통령 연설문집』 제1권).

박정희는 그러나 불과 그 6년 후에 자신이 비난해 마지않았던 그 역할을 국회에 강요했다.

1967년 대통령 선거가 끝나면서 차기, 즉 1971년의 대선에 대해 정치권의 관심이 쏠리기 시작했다. 헌법대로라면 박정희는 출마할 수 없는 만큼 민주공화당은 새로운 주자를 내세우게 될 것이었다. 그러나 박정희는 1회 연임만으로 물러날 생각이 없었다. 반면 공화당 주류는 김종필을 후계자로 해야 한다는 인식을 갖고 있었다. 이 때문에 주류와 비주류의 갈등이 내연하기 시작했다.

이 갈등이 '한국국민복지연구회'사건으로 표출되었다. 주류의 김용태(金龍泰) 의원 등이 복지연구회라는 것을 조직, 당내 청년봉사회원들을 포섭함으로써 물의를 빚게 된 것이다. 김종필을 박정희의 후계자로 옹립하려는 세력이었다. 이 때문에 당의장이던 김종필은 정계은퇴를 선언해야 하는 상황에 몰렸다. 이러한 소동을 겪으면서 집권당의 1971년 전략은 '3선개헌 불가피론'으로 가닥이 잡히게 되었다. 1969년 1월 들면서 이효상 국회의장(3일), 길재호(吉在號) 공화당 사무총장(6일), 윤치영(尹致暎) 공화당 의장서리(7일)가 릴레이 하듯 '개헌'에 대해 언급하기 시작했다. 박정희는 1월 10일 연두기자회견에서 "특별한 사유가 없는 한 내 임기 중 개헌을 안 하는 것이 내 소신이지만 필요가 있다면 연말이나 내년 초 논의해도 늦지 않다"고 말했다. 이미 개헌의지를 내비친 셈이었다.

공화당의 구 주류는 2월 3일 의원총회에서 개헌반대 입장을 분명히 했다. 그러던 중 신민당의 제안으로 권오병(權五炳) 문교부 장관 해임권고 결의안이 4월 8일 국회 본회의 표결에 부쳐졌다. 구 주류는 야당을 도와 권 장관 해임안을 통과시켜 버렸다. 이 항명사건으로 양순직(楊淳稙), 예춘호(芮春浩), 정태성(鄭泰成), 박종태(朴鍾泰), 김달수(金達洙) 등 구 주류의 중견의원 5명이 4월 15일 제명되고 중앙위원, 지구당 위원장 등을 비롯한 구 주류 당원 93명도 7월 12일 제명됨으로써 구 주류는 괴멸적 타격을 입었다.

이들이 '차기 대안'으로 삼았던 김종필은 4월 19일 "안정과 번영으로 나라를 이끌기 위해서는 박 대통령의 강력한 지도력이 절대 필요하다"고 발언했다. 이어 박정희는 25일 기자회견을 통해 "꼭 필요가 있다면 개헌할 수 있으나 그 필요성과 정당한 이유가 문제"라며 개헌의도를 좀 더 뚜렷이 내비쳤다. 그리고 7월 25일 특별담화를 통해 '개헌 추진'을 선언했다. 그는 이 담화에서 자신은 개헌을 하고 싶지 않지만 야당이 떠드니까 개헌을 할 수밖에 없다는 기이한 개헌추진 불가피론을 펼쳤다. 그러면서 개헌 국민투표에 자신과 정부의 신임을 같이 묻겠다고 밝히고 여당에 대해 조속한 개헌발의를 주문하는 등 7개항을 제안했다.

한편 김종필은 7월 25일 박정희와 만나면서 정치활동을 재개하고 비주류 설득에 나섰다. 그는 29일 다시 박정희와 회담하고 비주류에 대한 개헌 찬성 종용을 더욱 적극화했다. 이로써 비주류의 개헌저지 투쟁 전열은 와해되어버렸다. 7월 29일 오전부터 30일 새벽까지 계속된 의원총회 결과 당 소속의원 가운데 끝까지 서명을 거부한 정구영(鄭求瑛)을 제외한 108명의 서명을 받아 냈다. 여기에 정우회(政友會) 의원 11명, 신민당(新民黨) 의원 3명이 가세함으로서 개헌 서명자는 모두 121명이 되었다.

공화당은 9월 9일 헌법개정안과 국민투표법안을 국회 본회의에 상정시켰다. 여야가 개헌안을 표결키로 합의했던 9월 13일, 이효상 의장은 오후 2시 표결을 선포했으나 신민당의 단상 점거로 저지되었다. 이 의장은 밤 12시가 되자 "13일의 본회의는 자정이 넘어 자동 유회되었고 일요일인 14일은 사전 결의 없이 본회의를 열지 못하므로 15일에 열 수밖에 없다"고 신민당에 통고한 후 귀가했다. 신민당 의원들은 이에 안심하고 본회의장에서 잠잘 준비를 하고 있었다.

그러나 공화당은 14일 새벽 2시 30분 제3별관으로 장소를 옮겨 표결을 강행키로 방침을 정해두고 있었다. 공화당 의원들은 뒷길로 몰래 제3별관에 숨어들었다. 그때가 2시 25분이었다. 이들은 이 의장의 사회로, 야당에 통고하지 않은 채 본회의장 변경 결의를 했고 이어 개헌안 투표를 시작 10분만에 완료했다. 새벽 2시 50분 개헌안 가결이 선포되었다. 참석 122명 전원이 가(可)표를 던졌다. 개헌선 재적의원 3분의 2에 6표가 넘었다. 이들은 이어 국민투표법안도 내무부 원안대로 통과시켰다.

10월 17일 개헌안은 국민 투표를 통해 확정되었고 박정희는 3선의 기회를 얻었다. 이후 꼭 3년만인 1972년 10월 17일 이른바 '10월유신'이 단행되었다. 집권자에 의한 정권 연장 쿠데타였다. 집권자가 법질서를 파괴하는 시대였다.

4) 7·4남북공동선언과 10월유신

1972년 10월 17일 하오 6시 박정희 대통령은 청와대에서 긴급 국무회의를 소집했다. 여당인 민주공화당도 이날 하오 6시 긴급 당무회의를 소집했다. 이 당시 국회는 행정부에 대한 정기국정감사를 실시하고 있었으며 야당인 신민당은 당내 파쟁으로 분당상태 속에서 국정감사에 임하고 있었다.

이 국무회의가 끝난 후 박정희는 이날 오후 7시를 기해 전국에 비상계엄령을 선포했다. 이어 그는 전국에 중계된 라디오 방송을 통해 육성으로 '10·17대통령 특별선언'을 발표했다. 국회를 해산하고 모든 정치활동을 중지시키며 '조국의 평화통일을 지향하는 헌법'을 만들겠다는 것이 골자였다.

그리고 유신의 명분 또는 이유는 한반도 주변정세 및 남북한 관계의 변화에 능동적으로 대처함으로써 전쟁재발을 방지하고 평화적 통일의 길을 연다는 것이었다. 그 3개월 보름쯤 전인 7월 4일에 '남북공동성명'이 서울과 평양에서 동시에 발표되었다.

이에 앞서 남한의 이후락 중앙정보부장이 이 해 5월 2일부터 5일까지 비밀리에 평양을 방문, 김일성·김영주(金英柱)와 두 차례씩 회담을 가졌고, 김영주를 대신한 북한 제2부수상 박성철(朴成哲)이 5월 29일부터 6월 1일까지 서울을 방문해서 이후락과 두 차례의 회담을 가졌으며 박정희와도 만났다.

공동성명 발표를 계기로 성립된 남북조절위의 회의가 한창 진행 중이던 때 박정희는 이 같은 남북관계의 급격한 변화를 유신의 명계로 삼았다. 그러면서 정권 측은 우리 사회의 정치적 무질서를 극복해야 할 필요성을 강조했다. 이를 위해 한국 실정에 '가장 알맞은 체제개혁을 단행해야겠다고 결심'했다는 것이었다. 그것이 이른바 '한국적 민주주의'다. 박정희가 이를 구체적으로 언급한 것은 이 해 10월 21일의 '개헌안 공고에 즈음한 대통령 담화문'에서였다.

나는 이 헌법개정안의 공고에 즈음하여 이 땅 위에 한시바삐 우리의 실정에 가장 알맞은 한국적 민주주의가 뿌리를 내려 올바른 헌정질서를 확립하게 되기를 진심으로 기원하면서 우리 국민 모두의 줄기찬 헌신을 촉구하는 바입니다. ……그러기 위해서는 몸에 알맞게 옷을 맞추어서 입는 것과 마찬가지로 우리의 역사와 문화적 전통, 그리고 우리의 현실에 가장 알맞은 국적 있는 민주주의적 정치제도를 창조적으로 발전시켜서 이것을 신념을 갖고 운영해 나가야 할 것이라고 믿습니다(≪합동통신≫, 1973).

한국적 민주주의 이념체계는 그의 증언부언에도 불구하고 명확히 구축되지 못했다. 물론 '민주주의'를 수식어로 고집하지 않았다면 설명은 훨씬 쉬웠을 것이다. 그러나 박정희는 자신의 정권이 민주주의를 포기하지 않았을 뿐 아니라 오히려 민주주의의 토착화를 위해 유신을 감행했다는 주장을 굽히지 않았다. 기실 이는 김종필이 내세웠던 '민족적 민주주의'의 한 변형이었다. 이는 내용을 두고 하는 말이 아니다. 강력한 1인 통치체제를 수립하기 위한 평계를 이 용어에서 찾았을 것이라는 뜻이다.

1968년 1월에 발간된 민주공화당 당원교재에서는 '공화당의 기본이념은 민족적 민주주의이며, 민주주의와 민족주의의 복합체이다' '한국의 민족주의는 자유민주주의의 민족화 및 민족주의의 민주화라는 과업을 동시에 수행하지 않으면 안 된다'고 주장하면서…… 국제시류에 조화된 이성적 민족주의임을 거듭 강조하였다(김용욱, 1996).

3. 독선·독단·독주

1) 계획경제

박정희는 어떤 명분을 내세우든 경제적인 면에서 괄목할 만한 성과를 거두지 못할 경우, 쿠데타의 정당성을 주장할 수 없다는 사실을 깊이 인식하고 있었을 것이다. 당연히 그에게 최대의 당면과제는 경제정책에서 국민을 설득시키고 그 지지를 이끌어 낼만한 실적을 올리는 일이었다.

애초에도 그는 민생고 해결과 경제재건에 쿠데타의 명분을 두었다. 즉 쿠데타군의 '혁명공약'은 제4항에서 "절망과 기아선상에서 허덕이는 민생고를 시급히 해결하고 국가자주경제재건에 총력을 경주한다"고 천명했다. 1963년 대통령 선거 직전에 출판된 『국가와 혁명과 나』에서 박정희는 다음과 같이 언급하고 있다.

> 우리의 지상 목표는 두말할 것 없이 4·19혁명을 계승하고, 경제·정치·사회, 일반문화의 향상과 신민족세력을 배양하는 데 있었다(박정희, 1963).

박정희는 '정치·경제·사회'라는 관용적 표기순서 대신 '경제'를 앞에 내세웠다. 그는 이 책에서는 물론이고 기회 있을 때마다 '민주정치'를 강조했지만 적어도 민주정치의 구현이나 정착을 쿠데타의 명분과 군정의 실적으로 내세울 수 없다는 것은 진작에 분명히 인식하고 있었을 것이다. 이는 6개항의 혁명공약 그 어디에도 '민주주의' 또는 '민주정치'라는 표현이 없는 것으로도 입증이 된다. 박정희는 이른바 '경제재건'에 그 자신과 쿠데타 정권의 명운을 걸었던 셈이다. 다음의 글이 이 점을 명백히 하고 있다.

> 그러나 5·16군사혁명의 핵심은, 민족의 산업혁명화에 있었다는 것을 재강조하고 싶다는 것이다.
> 물론, 이 5·16혁명의 본령이 민족국가의 중흥 창업에 있는 이상, 여기에는

정치혁명·사회혁명·문화혁명 등 각 분야에 대한 개혁이 포함되어 있지 않았던 것은 아니나, 그 중에서도 본인은 경제혁명에 중점을 두었다는 말이다(박정희, 1963).

박정희는 이 '혁명의 목표'를 이루기 위해서 '경제개발 제1차 5개년 계획을 수립하고 실천에 착수'했다. 경제개발 계획은 이미 이승만 정권 때부터 구상·입안되었고 제2공화국 정부는 본격적인 계획안을 만들어냈다. 61년 5월에 마무리된 '제1차 5개년 경제계획'이 그것이다. 그러나 이 계획은 쿠데타로 좌절되었다. 이를 박정희가 쿠데타의 정당성을 확보하고 자신과 정권의 정치적 입지를 다지기 위해서 실시안을 수립, 실천에 옮긴 것이다. 부분적으로 수정이 가해지기는 했으나 근간은 그대로 유지되었다.

훗날 박정희 정권이 민주당 정부의 계획을 마치 자신들의 작품인 양 했다고 비난하는 목소리가 높았지만 기실 그 자신은 전 정부 때부터 시도된 일이었음을 분명히 하고 있다.

구 정권 때 10여 년을 두고도 끝내 궤상(机床)의 안(案)으로 서랍 속에 들어갈 수밖에 없었던 이 계획안은, 장래 성공 여부보다도 우선 안을 완성했다는 그 하나만으로도 충분한 가치가 있는 것이다. 이것은 단적으로 말해서 민족 국가경제 재건에 혁명정부가 얼마나 크나큰 관심을 가지고 있으며, 국민의 사활문제로서 얼마나 중차대한 것인가를 증명하는 본보기라 하여도 좋을 것이다(박정희, 1963).

쿠데타 정권의 경제개발 1차 5개년 계획은 '지도 받는 자본주의체제'로 표방되었다. '개발독재시대'가 시작된 것이다. 이는 순수한 자본주의 경제체제, 즉 시장경제원리를 멀찌감치 비켜가는 것으로서 오히려 사회주의적 계획경제체제와 더 유사한 것으로 보였다. 기업의 자율은 억제되고 정부의 지도력은 강화되었다. 이른바 '혼합경제질서'였다. 자본주의적 기본 틀을 유지하면서 사회주의 계획경제의 방식을 원용한다는 것이었다. 하긴 박정희 정권만의 시도는 아니었다. 당시 경제계획은 인도 등 후진국들의 시대적 공안(公案)이었다.

1차 5개년 계획은 쿠데타정권의 강력한 주도력에 의해 의욕적으로 시작되었지만 곧 난관에 부닥쳤고 결과적으로 실패하고 말았다. 박정희 자신도 이 점을 인정했다.

계획 실천에 대한 과열과 목표 달성에 대한 급박감, 그리고 충분한 검토 없이 강행하게 하였다는 점 등은 이 계획을 성취하는 데 장점도 되었지만, 더러는 차질을 초래한 바도 있다는 것을 솔직히 시인하지 않을 수 없다. 본인은 이 사실에 대하여 심심한 책임을 통감한다(박정희, 1963).

박정희는 집권 초기엔 이처럼 비교적 솔직해지려고 애쓴 게 사실이다. 물론 전적으로 '책임을 통감'하려 하지는 않았다. 다만 부분적인 책임만 자인했지만 '혁명정부 자체내의 실수'까지도 시인했다. 그 첫째가 '화폐개혁 실패'였다. 당초 정부가 기대했던 퇴장자금의 산업자금화는 허사로 돌아가고 오히려 통화가치만 떨어졌다. 다음으로 농어촌 고리채 정리 또한 실패로 끝났다. "이를 메우기 위한 농자금의 방출까지는 좋았으나 이를 회수하는 데 강권을 썼다는 것은 큰 잘못이었다"고 그는 평가했다. 식량문제와 관련, 천재(天災)는 어쩔 수 없었다 하더라도 '행정면에서의 계수 파악 등의 착오와 정책면에서의 조기대책 소홀'의 책임이 크다고 그는 지적했다.

그가 경제정책 차질의 '기타' 요인으로 지적한 것은 '4대 의옥사건(疑獄事件)'과 혁명주체세력 일부의 '반혁명사건' 등이었다. 이에 대해서도 그는 '심심한 유감'을 표명했다. 그가 의옥사건이라고 표현한 세칭 '4대 의혹사건'이란 증권파동사건, 워커힐 부정사건, 회전당구(파칭코)사건, 새나라자동차사건을 가리킨다. 그리고 반혁명사건이란 쿠데타 세력간의 권력투쟁이라는 측면을 가진 일련의 사건들이었다.

박정희는 또 "국민 가운데는 구악 아닌 신악이 되살아나고 있다고 말한다"고 밝혀 당시의 민심에 대해서도 있는 그대로 받아들이는 모습을 보였다.

1963년 2월의 최고회의 보완지시에 따라 5개년 계획의 전면적 수정에 들어갔던 경제기획원은 8월에 수정안을 내놓았다. 계획 제3차연도(1964년)의 경제성장률을 목표 7.3%에서 5%로 대폭 낮추는 등 당초 불균형성장론적 접근방식에서 •균형성장론적 방법으로의 전환이 기조를 이루었다.

암운이 겹쳤던 경제개발계획은 달러 수입(收入)과 외자도입 여건의 호전으로 숨통을 트게 된다. 박정희의 계획경제체제는 이후 계획기간 마다 중점 '개발전략'이 달라지긴 했으나 경제정책과 지도체계의 근간은 그대로 유지되었다. 정부가 지도하고 관이 주도하는 경제체제의 기본 틀에는 변화가 없는 가운데 경제의 규모는 엄청나게 부풀어갔다. 아이가 너무 커버려서 요람에 넣어두고 키울 수 있는 단계를 넘어서까지 정부는 보모 역할을 포기하지 않았다. 이는 정부가 성공 속에 실패의 요인을 키워갔다는 뜻이 된다. 경제의 볼륨이 커지면서 도시화의 급격한 진전, 고등교육의 확대, 지식의 확산 등 경제 사회적 변화가 뒤따랐다.

이 같은 변화는 독재정권의 장기집권 구조에 대한 저항력의 증대를 의미한다. 도시화가 급진전되고 2, 3차 산업 종사자가 크게 늘어남으로써 군중의 형성이 용이해졌다. 자연 그 규모도 커지게 되었다. 이는 국민이 정권에 대해 거부감 반감을 갖게 될 때 그 조직화, 행동화가 쉬워진다는 것을 뜻한다. 도시 노동자의 급격한 증가도 같은 맥락에서 이해할 수가 있다. 국민의 학력 상승은 자각한 민주시민을 양산했다. 국민들은 자신의 권리에 눈뜨게 되고 당연히 권위주의적인 정권에 대해 저항감을 갖게 되었다. 또 고학력자가 늘어남으로써 정치 사회운동 리더군의 비약적 확충이 이루어졌다.

이는 경제성장의 불가피한 결과다. "일반적으로 경제발전은 정치적 민주화를 가져온다고 알려져 있다. 그 이유는 자본주의적 발전에 따라 노동자와 중산층의 기반이 넓어지고 조직화됨에 따라 지배계층이 이들을 정치적으로 배제하기가 점점 더 어려워진다는 것이다. 또한 자본주의적 발전에 따라 민주주의의 가장 큰 반대계층인 토착지주들의 입지를 약화시킨다는 점도 지적되고 있다(유정식, 1997)"는 분석이 말하는 바도 다르지 않다. 최장집 역시 "급속한 자본주의 성장 하에서 교육받은 도시중산층과 노동자를 중심으로 하는 기층대중들이 엄청나게 성장하였고 실제로 이들이 1980년대 민주화를 추동하였던 중심세력이 되었다(최장집, 1996)"고 지적, 경제성장과 정치 민주화의 상관관계를 강조하고 있다.

박정희는 쿠데타의 명분과 정권의 정당성 정통성을 경제성장을 통해 확보하려 했다. 그는 한국인을 그들이 오랜 역사 속에서 숙명처럼 여기며 살아왔던 가난으로부터 구해내는 것을 국가 목표로 설정했다. 그리고 강력한 리더십을 발휘해서 이를 이루어나갔다. 그러나 바로 그 노력이 자신의 권력기반을 취약하게 만들어 가는 과정이 되었다. 이 점은 그도 인식했을 것이다. 그러나 그에겐 다른 길이 없었다. 경제성장을 이루어내지 못한다면 그의 정권은 존속할 이유도 명분도 힘도 없어질 것이기 때문이었다. 그러므로 자신의 종말을 뻔히 보면서도 그 쪽을 향해 달려가지 않을 수 없었던 것이 박정희의 운명이었다고 말할 수 있겠다.

어쩌면 그는 경제적으로 너무 넘치는 성공과 오랜 기간 동안의 강력한 통치권 행사에 익숙해져서 자신의 정권이 끝나는 날이 있다는 사실 자체를 잊어버린 채 살고 있었는지도 모른다. 기실 그의 경제발전 청사진은 하루 이틀, 1, 2년, 대통령의 임기 내, 또는 한 세대 안에 이루어질 수 있는 것이 아니었다.

그는 혁명을 한 국가 내의 정치적·사회적 변동이라고 보기보다는 한 민족의 중흥을 위한 획기적 계기이며, 민족중흥의 과업을 달성하기 위한 과정으로 보았다. 즉 그가 의미하는 혁명은 비교적 짧은 시일에 걸쳐 발생하는 정치·사회적 변화가 아닌, 계속적이며 지속적인 영구혁명을 의미하였다. 따라서 5·16은, 민족중흥의 출발점에 불과하다는 것이었다(김용철, 1989).

박정희는 적어도 경제부흥과 관련해서는, 비록 정권유지의 절대적 조건이긴 했지만 그 동기나 목적이 사적인 차원을 넘어서 있었다. 그에게서 가난을 벗어나는 것은 민족사적 염원이고 과제였다. 이 점에서는 공정치적 의식을 갖고 있었다. 다만 그것을 추진하는 과정이 일방적이었다. 그가 앞서가고 그의 참모와 국민이 뒤따르는 형세를 보였다. 바로 권위주의형 리더십이었다.

2) 반민주적 정치행태

이승만 정권의 문제는 단순하고 분명한 것이었다. 왕조적 통치의식과 구조가 그것이었다. 단지 선출이라는 과정을 거쳐야 할 뿐 대통령은 왕조시대의 군주와 같이 인식되었다. 이승만은 정당을 불가피한 것으로 인식하긴 했겠지만 자신의 휘하에 자유당을 두지 않을 수 없게 될 때까지는 그 자신이 정당에 소속되는 데 대해서 거부감을 보였다. 그는 초월적 존재, 즉 왕의 위치에 있고자 했던 것이다. 과거 조선의 붕당정치구조도 왕을 초월적 정점으로 한 당파간의 정권쟁탈전이었다는 사실로 미루어 본다면 이승만의 가부장적 권위의식은 충분히 짐작할 수가 있다.

학생들의 부정선거 규탄시위에서 촉발된 4·19는 정권교체와 국가권력구조 변경이라는 혁명적 변화를 이루어냈다. 그 자체만으로도 정치의 민주화는 크게 진전되었다. 그러나 민주당이 자력으로 확보한 정권이 아니라는 데서 이미 제2공화국은 태생적 한계를 안고 있었다.

그나마 충분한 시간이 주어졌더라면 그 혼란을 극복하고 정치적 안정기반을 확보했을지도 모른다. 그러나 박정희는 인내심을 발휘하지 않았다. 오히려 그 같은 정권 초기의 혼란상을 쿠데타의 기회로 인식하고 이용했다. 제2공화국 정부, 즉 장면내각은 성립된 지 채 9개월(장면은 60년 8월 19일 국회에서 총리인준을 받았고 23일 조각을 완료, 발표했다)도 채우지 못하고 정권을 쿠데타군에게 접수당하고 말았다. 이로써 정치민주화의 시계도 거꾸로 돌기 시작했다.

단군성조(檀君聖祖)가 천혜의 이 강토 위에 국기(國基)를 닦으신 지 반만년, 연면히 이어온 역사와 전통 위에, 이제 새 공화국을 바로 세우면서, 나는 국헌을 준수하고 나의 신명을 조국과 민족 앞에 바칠 것을 맹세하면서, 겨레가 쌓은 이 성단에 서게 되었습니다(박정희, <제5대 대통령 취임사>).

군정 2년 7개월 여를 거쳐 제5대 대통령에 오른 박정희는 취임사 첫머리에서 이렇게 말했다. 당시만 해도 이 같은 표현은 일반적인 것이었다. 그럼에도 불구하고 이 취임사의 첫 문장이 풍기는 바는 민족주의자의 인상이다. 그는 사실 쿠데타 이후 민족주의를 기회 있을 때마다 강조했다. 민족사적 사명감을 강조하는 권력자는 권위주의적 독선적 리더십을 표출하는 경향이 있다. 민주주의의 보편적 제원칙을 거부할 명분으로 이를 동원하기 때문이다. 아래의 매크리디스(Roy C. Macridis)가 지적하는 바도 다르지 않다.

> 장기적인 요인을 논함에 있어 우리는 민족주의가 동원 이데올로기라는 사실을 항상 알고 있어야 한다. 그것은 국민을 행동하도록 선동하고 순종과 규율을 요구하며, 그리고 범위에 있어서는 전체주의적이다(매크리디스, 1990).

민족주의가 이 글의 주요 관심사는 아니지만 박정희가 쿠데타 이후 유난히 '민족'을 운위했다는 점에서 민족주의의 속성과 민족주의자의 정치적 성향에 대해서 다소간의 관심을 가질 필요는 있다. 헤이스(Carlton J. Hayes)의 다음과 같은 지적도 주목할 만하다.

> 근본적으로 새로운 제국주의는 하나의 민족주의적인 현상이었다. 새로운 제국주의는 강력한 독일과 통일된 이태리를 창건시키고 러시아군을 콘스탄티노플 근교까지 진주시켰으며, 프랑스에서 알사스·로렌을 빼앗아 영국을 놀라게 했던 민족전쟁들의 바로 뒤를 이어 일어났었다. 그것은 민족적 위신을 유지 내지 회복하려는 정치가들의 민족전쟁으로 인한 심리적 반발과 열렬한 욕망을 표시하였다(헤이스, 1972).

민족주의가 밖으로 분출될 때는 제국주의의 추동력이 되지만 안으로 쏠릴 때는 독재정치, 극단적으로는 전체주의의 명분이 된다. 그 예를 아돌프

히틀러의 '인종주의'와 무솔리니의 '파시즘'에서 볼 수 있다. 뿐만 아니라 스탈린식 전체주의의 바탕에도 역시 민족주의가 깔려 있다.

물론 이들 국가의 민족주의와 제3세계, 즉 제2차세계대전 이후 제국주의의 식민지배로부터 독립한 신생국들의 민족주의는 성격을 달리한다. 이들은 식민통치하에서 민족적 자각을 갖게 되었고, 민족의 리더들이 이를 일깨워서 독립투쟁의 원동력이 되게 했으며, 독립 후에는 이를 외세배격 및 국가발전의 추진력으로 전환시키려 했다. 그러나 박정희는 독립투쟁의 경험이 없었다. 그는 민족주의를 자신의 통치를 강화하고 정당화하는 수단으로 들먹인 인상이 짙다.

박정희는 이 날의 취임사에서 또 '민주주의'를 거듭 역설했다. 이 점은 눈 여겨볼 만하다. 이후 그의 정치행태가 권위주의적 편향을 보였다는 점과 관련시키면 이날 그가 강조한 민주정치에 대한 신념은 상당히 과장된 것이었다고 하겠다.

민주주의 정치제도 운용의 역사가 얕다거나, 시행착오라고 하기에는 너무나 막중한 부담과 희생을 지불한 우리들이기에, 여기에 또 다시 강력정치를 빙자한 독재의 등장도, 민주주의를 도용한 무능, 부패의 재현도 단연 용납될 수 없는 것입니다.

훗날의 권위주의적인 통치행태 징후는 이 말의 어느 부분에서도 감지할 수가 없다. 적어도 이 말만을 두고 유추한다면 그는 민주투사의 전력을 가진 사람으로 보이기 십상이었다. 그의 취임사는 이렇게 이어졌다.

여하한 이유로서도 성서를 읽는다는 명목아래 촛불을 훔치는 행위가 정당화될 수는 없는 것입니다. 새 공화국의 대통령으로서 나는 국민 앞에 군림하여, 지배하려 함이 아니오, 겨레의 충복으로 봉사하려는 것입니다.

그의 민주정치론은 이에서 멈추지 않았다. 그는 이 취임사의 상당부분을 민주주의에 대한 신념과 다짐으로 채웠다.

오늘날의 민주주의는 선거에서 패배한 소수자의 의견을 존중하고 또 그를 보호하는 데 더욱 의의가 있는 것입니다. 선거에서 승리한 집권당이 평면적 종다수 의결방식을 근거로 만능, 우월의식에서 독선과 횡포를 자행하며, 소수의 의사를 유린할 때, 이 나라 민주주의 전도에는 또 다른 비극의 씨가 배태될 것입니다.

군사 쿠데타로 합헌정부를 전복시키고 정권을 장악한 무장으로서 국민의 직선에 의해 대통령으로 당선되었다는 사실에 고무되었기 때문이었겠지만 그는 민주정치에 대한 신념을 너무 헤프게 토로했다. '헤펐다'는 말은 취임사에서 강조했던 민주적 가치를 훗날 그는 대부분 외면했고, 자신이 반민주적인 것으로 지목했던 행태들을 거의 대부분 답습했다는 뜻을 담고 있다. 다음과 같은 박정희의 다짐도 식언의 전형이 되기에 부족함이 없다.

그리하여 본인과 새 정부는 정치적 행동양식에 있어서, 보다 높은 윤리규범을 정립하여, 극렬한 증오감과 극단적 대립의식을 불식하고, 여야의 협조를 통해 의정의 질서와 헌정의 상궤를 바로잡을 것이며, 유혈보복으로 점철된 역사적 악유산(惡遺産)을 청산하고, 평화적 정권교체를 위한 복수정당의 발랄한 경쟁과 신사적 정책대결의 정치풍토조성에 선도적 역할을 다할 것입니다.

취임의 의의를 빛내려는 의욕에 넘친 원고작성자의 의도였든, 박정희 자신의 인식이었든 애초에 공허한 내용이고 허황한 다짐이었다. 쿠데타 주도자의 민주주의론을 누가 믿을 수 있겠는가. 물론 처음에는 민주주의를 실천해 보이고 싶었을 수도 있다. 그러나 그는 민주주의를 체득할 기회를 거의 갖지 못한 군인이었다. 민주주의의 원리와 절차는 언제든지 편의 또는 필요에 따라 외면되고 왜곡될 수 있었던 것이다.

그에게서 바람직한 민주주의는 '민족적 민주주의', 훗날의 '한국적 민주주의'였다. 현실주의자, 법가적 의식의 소유자였던 그가 정치를 '공적인 작용'으로 인식할 동안은 그런 대로 민주적 원리들이 작동했다. 그러나 집권기가 길어지고, 권력이 강화되고, 자신감이 부풀어오르면서 그의 의식 속에서 정치는 '사적인 작용'으로 변질되어갔다. 권력의 사적인 보유와 행사야말로 권위주의 정치체제 및 과정의 전형적인 양상이다.

그는 질서를 아주 중요시했다. 인간관계에서의 질서는 곧 서열이다. 그리고 사회적 질서는 규율이다. 그는 이 두 가지를 주요 덕목으로 인식했다. 이는 그가 조선적 윤리·질서체계가 지배하던 시골에서 일제치하에 태어나 자라고 교육받은 다음, 식민지의 시골 초등학교 교사를 거쳐 일본군 장교가 되고, 그 연장으로 신생 대한민국의 장교로서 입신하는 과정에서 자연스레 형성된 그의 가치관일 것이다. 그는 성향적 측면에서 권위주의적 리더십의 소유자였다.

3) 독선·독단적 목표 제시

쿠데타군은 1961년 5월 16일 새벽 5시 중앙방송을 통해 '군사혁명'이 일어났음을 군사혁명위원회 명의로 선포하면서 6개항의 '혁명공약'을 제시했다. 쿠데타군이 내건 대 국민 약속이었으므로 일방적 '선포'가 될 수밖에 없기는 했다. 그러나 국민의사의 수렴과정이 생략된 목표나 과업의 제시와 이에 대한 국민의 추인 또는 참여의 강요 행태는 박정희 집권기 동안 일관된 통치 스타일로 굳어졌다.

우선 반공을 국시의 제1의로 내세운 것은 냉전 구조하의 군대 존립논리를 그대로 국가과제화했다는 지적을 면할 수 없다. 냉전은 경제적 자본주의와 정치적 자유민주주의의 결합형태인 서구의 이념구조 및 정치·경제체제와 사회주의에 공산당 1당 지배체제를 결합한 구소련의 이념 및 체제간의, 포화 없는 전쟁상태를 일컫는다. 이 전쟁을 직접 수행하는 것은 물론 군대가 아니었다. 국가의 경제·외교체계가 그 중심적 역할을 담당했다. 그러나 그 배경은 군사력이었다. 군비경쟁이 치열하게 전개되었다. 당연히 강력한 군대의 존재가 요청되었고 이를 뒷받침하는 논리 또한 강고했다. 그게 바로 '반공(反共)'이었다.

게다가 한반도는 냉전의 열전화(熱戰化) 가능성을 현실상황으로 입증해 보인 지역이다. 3년간에 걸친 대량 살상 및 소모전이 벌어졌었고 그 이후에도 휴전이라는 이름의 준 전쟁 상태가 이어져왔다. 남북 양측 공히 국세(國勢)에 비해 터무니없이 과중한 군대를 유지할 수밖에 없는 이유가 여기에 있었다. 자연히 군의 지위 또한 확고했다. 군의 존립 및 강화 이유는 분명했다. 멸적(滅敵)이 곧 군대의 존립이유이자 책무였다. 따라서 반공을 국시의 제1의로 한 것은 군의 목표 및 목적을 국가의 목적으로 확대한 것이다. 다시 말해서 쿠데타정권은 국민에 대해서까지도 군의 가치와 질서체계를 강요한 셈이었다. 이로써 4·19이후 싹을 보이는 듯하던 '사상의 자유'는 다시 동토 아래 파묻히고 말았다.

혁명공약 제3항의 경우에서도 군사적 인식 및 의식구조와 가치관이 그대로 드러난다. '부패와 구악'을 일소하겠다는 것은 국민의 호응을 받을 만한 다짐이었다. 그러나 '퇴폐한 국민도의와 민족정기'를 바로 잡겠다는 것은 그들만의 판단에 의한 독선·독단이었다. 인간생활의 다양성을 인정할 수 없었던 군인들의 한계였다고 할 수 있다. 이들은 국민의 의식도 획일화 규격화되기를 희망했던 셈이다.

혁명공약의 마지막 제6항, 즉 "이와 같은 우리의 과업이 성취되면 참신하고도 양심적인 정치인들에게 언제든지 정권을 이양하고 우리들 본연의 임무에 복귀할 준비를 갖출 것이다"고 한 다짐도 일방적이기는 다를 바 없다.

김종필이 써온 혁명공약에 박정희는 나중에 논란의 대상이 되는 제6항을 추가했다. ……는 조항은 박정희의 입버릇이 된 '버마식 군부 통치'를 염두에 둔 것이었다. 군대는 병영으로 들어가 대형(大兄)처럼 정치를 감독하다가 마음에 들지 않으면 다시 정치에 개입하여 정리를 해주고 들어가는 식의……(조갑제, 1998).

어떤 의도가 깔려 있었든 박정희는 이 공약을 지키지 않음으로써 국민을 기만했다는 비난을 두고두고 받았다. 그러나 근본적인 문제는 달리 있다. 전항들에서 제시된 과업은 '성취'될 수 있는 게 아니다. 설사 성취될 수 있다고 해도 그들이 '본연의 임무에 복귀'할 수 있을 만큼 짧은 기간에 이루어지기는 불가능한 일이었다. 아마도 박정희 자신, 그리고 동시대인들의 전 생애에 걸친 과제가 될 것이었다. '참신하고도 양심적인 정치인'을 객관적으로 증명할 방법은, 그때는 물론이지만 지금에 와서도 없다. 애초에 지켜질 수가 없는 공약을 내걸었던 것이다.

박정희가 최우선적이고 가장 중요한 과제로 인식했던 것은 경제개발이었다. 쿠데타정권은 이승만 정부와 민주당 정부가 마련해뒀던 경제개발 계획안을 기초로 '경제개발 5개년 계획'을 수립했다. 당초엔 한국은행이 안을 만들었으나 후에 신설된 경제기획원에 넘겨져 확정되었다. 이 계획안이 발표된 것은 1962년 1월 13일이었다. 시일이 촉박했던 데다 추진 주체가 이른바 '혁명정부'인 탓이었겠지만 국민적 의견수렴은 시도조차 되지 않았다. 박정희의 지시에 의해 계획이 정리되었고 그의 재가를 얻는 것으로 확정되었다.

박정희 시대를 특징짓는 또 하나의 국면은 '새마을운동'의 전개다. 박정희 정권이 내세운 국가적 명제 또는 목표는 '조국 근대화'였다. 그리고 이의 주요 견인력 또는 추동력을 새마을운동에서 구하려 했다. 새마을운동은 70년 4월 22일 전국지방장관회의에서 박정희가 처음으로 제창했다. 이는 명칭만으로는 사회적 캠페인이었지만 내용적으로는 국민정치운동이었다.

여기서 정치·경제·사회·문화·역사간의 상관관계를 살펴보아야 할 것 같다. 역사는 민족적 생명력의 자기시현 과정이다. 정치는 역사의 산물이며 또 새로운 역사창조의 원동력이다.

경제와 사회는 정치의 보호와 지도, 통제 아래 존재하며 변화한다. 문화도 경제와 사회의 토대 위에서 성장 개화하나 정치의 규제와 지도를 받지 않을 수 없다. 그러나 역으로 정치변화와 역사창조의 방향을 결정하며 정치변화와 발전에 커다란 영향을 끼친다. 한 마디로 정치는 경제·사회·문화·교육의 발전방향과 성격형성에 영향을 주며 역사창조를 주도한다. 그러니 새마을운동은 정치의 보호와 지도아래 존속하며, 또 정치에 결정적인 영향을 미치는 정치운동이라고 보아야 할 것이다(새마을연구회 편, 1980).

이 글이 박정희의 생각을 그대로 담은 것이라고 보기는 어렵다. 그러나 새마을운동을 주도했던 내무부의 인식이 이와 같았다는 것은 정부가 새마을운동을 정치적 차원에서 이용했다는 뜻이 된다. 새마을운동의 조직원리 이념 및 가치체계가 정치를 이끌게 해야 한다는 논리나 다를 바 없다. 그리고 역사를 '민족적 생명력의 자기시현 과정'으로 정의한 것은 '전체주의적 민족주의'의 교의나 다를 바 없다.

앞의 기술은 다음과 같이 이어진다.

다시 말하면 새마을운동은 생활철학이요 실천철학인 것이다. 때문에 우리는 새마을운동을 가리켜 한국민주주의의 토착화를 위한 실천도장(도장, 도량 어느 쪽으로 읽든 별로 적절한 표현이 아니다: 필자)이라고 이야기해 온 것이다.……
그러나 새마을운동은 4년 또는 6년에 한 번 대통령과 국회의원을 선출하고는 수수방관만 하는 명목상, 형식상의 민주주의가 아니다. 이것은 사회성원이 모든 문제를 결정하는 데 국민대중이 직접 참가하고 협조하는 민주주의를 지향한다.

이 글에서 그려 보이는 한국민주주의란 이를테면 원시공산체제적 성격을 가진 마을공동체 같은 형상이다.

그보다도 훨씬 중요한 것은 국민생활의 조직화와 정신혁명일 것이다. 그러므로 이것을 정치의 주체적 개념으로 받아들일 때 새마을운동은 우리의 현실상황이 요구하는 정치운동이며 고차원의 정치의식에 의하여 뒷받침되어 있는 것이라 아니할 수 없다.

'한국적 민주주의'는 박정희의 정치적 화두였다. 이를 뒷받침하는 데는 두 개의 논리구조가 필요했다. 그 하나는 '민족 주체성의 확립'이고 다른 하나는 '외래 제도의 배격'이었다. 주체성에 대한 그의 인식은 일본의 명치유신(明治維新)에 대한 다음과 같은 평가에서 엿볼 수 있다.

이와 같이 이들은, 자신의 확고한 주체성 위에 정치적인 개혁과 경제적인 향상, 사회적인 개혁을 수행하여 왔기 때문에, 구미 체제에의 편중을 극복할 수도 있었고, 서서히 여유 있는 진행을 보게 된 것이다(박정희, 1963).

그는 또 '직수입 민주주의'에 대한 불신을 집요하다 할 정도로 드러냈다.

말하자면 '우리의 것', '한국적인 것'은 점차 퇴화 소멸하여 가고, 대신 '미국적인 것' '서구적인 것' 그리고 '일본적인 것'이 등장하려는 데는 끝없는 분노를 누를 길이 없었다.

다음과 같이 지적하기도 한다.

누차 언급한 바와 같이, 한국에 있어서의 민주주의는 오늘의 미국이나 프랑스나 영국에 있어서의 민주주의와 맞지 않는 점이 있다고 하는 것은, 이미 모든 식자(識者)가 공인하는 바이다.

그러면서 대안으로 제시한 것이 이른바 '한국적 민주주의'다. 그는 1962년 자신의 저서 『우리 민족의 나아갈 길』에서 다음과 같이 말하고 있다.

우리가 지향하는 민주주의는 서구적인 민주주의가 아닌, 즉 우리의 사회적·정치적 현실에 알맞은 민주주의를 해나가야만 된다고 생각한다. 바로 이러한 민주주의가 다름 아닌 '행정적 민주주의'라고 말할 수 있다(송효빈, 1977).

그러나 박정희의 '민족적 민주주의' 또는 '한국적 민주주의'는 명확한 이론적 틀을 구비하지는 못했다. 기실은 그럴 필요도 없었다. 그는 민정이양

후의 직선에서 대통령에 당선되었다. 4년 중임의 임기를 다 채운 후에는 또 3선 개헌으로 대통령직을 차지했고, 그 다음 번에는 '유신'을 감행해서 종신집권의 길을 열었다. 그가 '한국적 민주주의'를 역설했던 것은 쿠데타 및 그의 집권을 정당화하기 위한, 논리를 갖춘 평계였을 뿐이다.

박정희는 이미 1963년에 '신정치풍토의 마련'을 위한 3대 과제로 ① 사람 중심이 아닌 이념 중심의 정당 및 정치, ② 한국적 신지도이념의 확립, ③ 세대교체를 들었다. 이 가운데 '한국적 지도이념의 확립' 부분에서 이렇게 말한다.

특히 서구적인 민주주의의 직수입이 한국적인 체질에 여하히 작용할 것인가에 이르러서는, 이 지도이념은 바로 애국의 이념과도 통할 수 있는 것이다. 교도 민주주의이건, 규범 민주주의이건, 이것 또한 지도이념에서 택하여질 수 있는 것이다(박정희, 1963).

그는 '조국의 미래상'을 구상하면서 '정치분야'에서 다시 교도정치를 강조하고 있다.

영합, 아부주의가 없는 확고한 지도원리하의 교도정치와 선동·과장·위선·이설(利說) 등의 속임수 없는 진실, 정직, 성실로써 국민을 따라오게 하는 정치 기풍의 확립을 기한다.

그렇다고 이론적 틀 갖추기가 포기된 것은 아니었다. 한국적 민주주의의 구체적 표현이 바로 '10월유신'이었다. 그리고 그 이론적 구조는 유신헌법에 표현되었다. 박정희는 서구의 정치적 민주주의를 수용하려면 건전한 경제적 토대, 진실과 정직과 법률본위의 정치적 토대가 필요하지만 우리에겐 그게 결여되었다고 주장했다. 이와 함께 그는 국민적 토대의 불비도 지적하고 있다.

그리고 건실한 민주주의는 국민 일반의 평행적 지식과 민도의 고도화된 발양 (發揚)의 반영이라야 한다. 그런데, 우리의 경우는 아직 민주주의는 일부 한정된 지식층의 전매특허적 완상물이거나, 직업 정상배의 생활 밑천처럼 되어, 왜곡된 위장 민주주의에 시달린 국민으로 하여금, 의식적인 혐오가 아니면 고통 번민 불평의 배출구처럼 오용되고 있다(박정희, 1963).

그래서 강력한 리더에 의한 지도가 필요하다는 게 그의 논지다. 우리의 현실과 의식에 맞지 않은 민주주의를 고집하기보다는 국민을 잘 살게 하는 것이 진정한 민주주의라고 그는 말하고 싶어했다. 그것을 위해 그가 선택한 것이 쿠데타였다. 그러나 그것으로 끝날 것은 아니었다. 그는 또 다른 준비를 하고 있었다.

하여간 시대나 사람의 사고방식이 그 당시와 지금이 같을 수는 없지만, 일본의 명치 혁명인의 경우는 금후 우리의 혁명 수행에 많은 참고가 될 것은, 부정할 수 없을 것이기 때문에, 본인은 이 방면에 앞으로도 관심을 계속하여 나갈 것이다.

박정희는 쿠데타의 해 11월에 일본을 방문했다(이때의 일화가 중앙일보 특별취재팀의 『실록 박정희』에 소개되어 있다). 그는 12일 도쿄 아카사카의 요정에서 자민당 간부들과 오찬을 가졌다. 그는 참석자들에게 일본식으로 큰절을 했다. 이 자리에서 이시이 미츠지로(石井光次郎)가 통치철학을 묻자 박정희는 "마치 일본 메이지유신을 성공시킨 젊은 지사들과 같은 의욕과 사명감을 가지고 그 분들을 본받아 우리나라를 가난에서 벗어나 부강한 나라로 만들어가려 하고 있는 것입니다"고 대답했다. 이시이는 훗날 이동원 (李東元) 외무장관에게 당시의 감동을 전하며 "메이지 시대 지사들이 그랬지 않았을까 생각했다"고 술회했다.

박정희는 자신이 강조한 것처럼 이후 지속적으로 메이지유신에 대해 관심을 기울였다. 그리고 그 결과로 나타난 것이 1972년 10월 17일의 이른바 '10월유신'이었다. 그는 일본의 메이지(明治)와 같은 개명군주(開明君主)의 지위에 자신을 올려놓은 것이다.

4. 강압적 국정운영

박정희는 정권을 장악하자 곧 대일수교교섭(對日修交交涉)을 시도했다. 인접국과의 수교는 불가피한 과제였고 또 과거 정부 때부터 추진되어 온 일이기는 했지만 박정희가 이를 서둔 까닭은 오직 '돈' 때문이었다. 이는 그의 개인적 또는 정권적 차원의 과제였지만 한편으로는 국가적 과제이기도 했다. 따라서 이를 위해 가능한 한 모든 노력을 기울인다는 것은 정부로서 당연한 책무였다.

그렇더라도 국민의 대일감정에 대한 진지한 고려가 필요했다. 그러나 박정희는 일방적으로 한일수교회담을 몇 달 안에 일괄 해결하겠다고 공언했다. 진실로 국익만을 생각해서 내린 결정이었다고 해도 '독선·독단'이라는 지적은 면할 수가 없다.

박정희의 마음이 급했던 것과는 달리 회담은 기대대로 진전되지 않았다. 1961년 10월 제6차 회담이 시작되긴 했으나 준비단계에서부터 수석대표 선임문제를 둘러싸고 양국은 심각한 갈등을 노출했고 회담 개최일 연기소동을 빚기도 했다. 회담의 진전에 결정적인 계기가 된 것은 이 해 11월 11, 12 양일간의 박정희-이케다(池田勇人) 회담이었다. 이를 바탕으로 최종적 담판이 한국의 김종필 당시 중앙정보부장과 일본의 오히라(大平正芳) 외상 사이에서 이루어졌다. 10월 21일과 11월 12일에 있었던 두 차례의 회담 끝에 이른바 '김-오히라 메모'가 도출되었다. '무상 3억 달러, 유상 2억 달러, 그리고 민간차관 1억 달러 이상'이라는 것이 핵심 내용이었다. 그러나 이 메모에선 자금의 명칭이 배제되어 있었다.

이 메모에서 명목을 밝히지 않았던 것은 한·일 양 정부가 각기 대내적으로 이 돈의 명목을 편의적으로 해석할 수 있는 여지를 남기기 위해서였다.

이후에 분명하게 드러났듯이 한국정부는 이 돈을 '청구권 자금'으로 설명했고, 일본정부는 '경제협력자금 혹은 독립축하금'으로 해석했던 것이다. 추가실무접촉에 의해 확정된 합의문은 "일본의 무상, 유상 자금 제공의 수반적인 결과로서 청구권 문제가 해결되었다"고 밝힘으로써 한국 측이 청구권을 포기했다는 사실을 확인시키고 있다. 10여 년간의 한일회담의 최대 쟁점이던 청구권 문제가 이처럼 한일간의 역사청산이라는 본질과는 괴리된 채 경제협력이라는 왜곡된 형태로 얼버무려지고만 것이다.

박정희는 국가간 공식 협상창구를 배제하고 자신의 심복을 내세워 협상의 타결을 시도했다. 이 같은 편의주의적, 효율 위주의 접근방식은 이후 한국적 리더십의 한 특성으로 이어진다. 이는 또 심복정치의 한 형태라 할 수 있다. 후에 김대중이 통일부 장관을 배제하고 문화관광부 장관을 시켜 남북정상회담 교섭을 벌이게 했던 것이나, 국가정보원장을 대북화해정책의 포스트·김정일과 사이의 메신저로 삼았던 것도 이런 의식 및 행태와 다를 바 없다.

돈의 액수만 중요할 뿐 그 이름은 굳이 따질 바 아니라는 자세 또한 그의 독선적·편의주의적·비밀주의적 리더십의 한 단면을 보여주었다. 이는 정명(正名)을 중시하는 유교적 덕목과는 전혀 다른 자세다. 이를 실용주의적 접근이라고 하기도 어렵다. 책략적 문제해결방식이라는 게 보다 근접한 평가일 것이다. 이 또한 박정희에 국한된 것이 아니라 한국 정치리더들에게서 공통적으로 목격되는 태도다.

박정희의 독단적 정책결정의 대표적 사례로서 또 하나 들 수 있는 것이 베트남 파병이다. 한국은 베트남 전쟁이 치열해지기 시작한 1964년부터 휴전협정이 조인된 1973년까지 8년에 걸쳐 군 병력을 파견했다. 베트남 파병은 1950년대 이승만 정부 때부터 논의되던 과제였다. 1954년 유엔 극동군 사령관 존 헐은 기자회견을 통해 이승만이 베트남 파병을 제의했다고 밝혔다. 이승만은 이후에도 계속 인도차이나에서 공산세력 확대를 막기 위해 프랑스군을 지원하겠다는 의사를 표명했다.

한국군 베트남 파견안은 박정희에 의해 다시 제기되었다. 중앙일보 현대사 연구팀이 발간한 『발굴자료로 쓴 한국 현대사』에 이 과정이 미국 외교문서를 바탕으로 기술되어 있다. 박정희는 1961년 11월 미국을 방문, 케네디 미국 대통령과 두 차례 정상회담을 가졌다. 14일의 첫 회담에서 베트남 파병용의를 피력한 것으로 알려졌다. 다음날 2차 회담에서도 이 문제가 계속 논의되었으나 케네디는 결정을 유보했다. 이승만과 박정희의 파병제의와 관련해서는 정문연(精文硏)에서 펴낸 『1960년대의 대외관계와 남북문제』에 게재된 논문에서도 다루어지고 있다.

이승만의 월남파병 제의를 미국은 수락하지 않았지만 그는 의욕을 버리지 않았다. 1957년 고 딘 디엠 베트남 대통령이 서울을 방문했을 때 이승만은 다시 파병 의사를 밝혔다. 박정희는 아마 이 선례에 주목했을 것이다. 한국정부의 파병제의는 이후에도 집요하게, 적극적으로 이루어졌고 미국의 케네디 정부측은 이를 부담스러워하는 반응을 보였다.

박정희가 파병을 강력하게 희망했던 이유는 군사정권에 대한 미국의 신뢰확보, 한반도 안보위협 제거, 그리고 달러의 확보였던 것으로 지적되고 있다. 결과적으로도 베트남 파병의 효과는 경제적 측면에서 두드러지게 나타났다. 달러화 수입도 막대했지만 국내산업기반 확충에도 크게 기여한 게 사실이다. 1965년부터 1972년까지 베트남전에서 비롯된 여러 부문의 유형적인 총수입은 10억 3,600만 달러로 집계되었다. 이는 1966년에 시작한 제2차 경제개발 5개년 계획의 성공적 추진에 절대적으로 기여했다고 볼 수 있다. 그리고 국민생활 향상에도 큰 도움이 되었다.

그럼에도 불구하고 참전으로 인한 인명피해는 결코 가볍게 보아넘길 수 없는 일이다. 월남전 참전 병력은 육군 2개 사단과 해병 1개 여단을 비롯해서 사령부, 군수지원부대, 공병부대, 의무지원부대를 합쳐 5만 명에 육박했다. 2000년 2월 15일자 ≪전우신문≫에 실린 사단법인 월남참전전우복지회 김문구 이사장의 기고문에 따르면 한국군은 1964년 9월 26일부터 1973년 3월 23일까지 8년 8개월 동안 연 32만 명이 파병되었다. 그리고

4,960명이 사망했고 2만여 명이 부상을 당했다.

한편 정부가 한일회담을 일방적으로 추진하자 이를 반대하는 데모가 범사회적으로 확산되었다. 1964년 3월 6일, 전(全) 야당이 '대일 저자세외교 반대 범국민투쟁위원회'를 결성했고 10일에는 전 야당, 사회·종교·문화단체 대표 200여 명이 '대일 굴욕외교 반대 전국투쟁위원회'를 조직했다. 투쟁위원회 측은 3월 15일부터 회담저지를 위한 전국유세를 시작했다. 학생시위는 전국으로 확대되었다. 이에 대해 박정희는 3월 26일 특별담화를 발표, 이들을 설득 회유하려 했다.

그러나 시위는 계속되어 6월 3일에 이르렀다. 시위는 이제 '박 정권 타도'의 구호를 내걸게 되었고 학생 뿐 아니라 시민도 가담했다. 정부는 저녁 9시 50분 서울 일원에 8시로 소급된 비상계엄령을 선포했다. 박정희는 6월 5일 한일회담의 상징적 인물이던 김종필을 공화당 의장직으로부터 퇴진시키는 것으로 사태수습을 시도하는 한편, 학생들에 대해서는 탄압을 가중시켰다.

정부는 '불꽃회'와 '인민혁명당'이라는 좌익단체가 학생시위를 배후 조종했다고 주장하면서 시위학생 384명을 구속했다. 이들은 군법회의에 회부되었다가 계엄이 해제되면서 민간재판으로 넘겨졌고 일부가 집회시위에 관한 법률 위반혐의로 유죄선고를 받기는 했지만 대다수는 풀려났다.

박정희는 자신이 정한 정책을 반대하는 사람들과의 대화 설득 타협 과정은 배제했다. 강권적 수단으로 목적을 관철한다는 군대 통제식의 사고방식에만 투철했다. 특히 그가 시위 학생들을 내란죄로 기소케 했다는 점은 그의 통치스타일을 짐작케 하기에 부족함이 없다. 그러면서도 조조(曹操)가 보여주었던 교활한 책임전가 방식을 흉내내는 전제군주형, 아니면 마키아벨리스트형의 태도를 드러내보이기도 했다.

조조가 원술(袁術)을 치기 위해 남정(南征)에 나섰다. 그는 십칠 만 군사를 동원, 원술의 수춘성(壽春城)을 공격했다. 그러나 장기전이 되면서 군량이 부족하게 되었다. 그는 관량관(管糧官) 임준(任峻)의 부하 창관(倉官) 왕후(王后)를 시켜 양식배급을 반으로 줄이게 했다. 조조를 원망하는 소리가 높아졌다. 조조는 왕후를 불러 말했다. "내 네게서 물건 한 가지를 빌려 그 것으로 군심을 진정시킬까하니 부디 아끼지 말고 빌려다오." 왕후가 무슨 물건이냐고 묻자 "아무 다른 물건이 아니라 네 머리다"라고 대답했다. 조 조는 도부수를 불러 왕후의 목을 치게 한 후 장대에 높이 달아놓았다. 그리 고 방을 내 붙였다. "왕후가 함부로 배급을 줄여 관량을 훔쳤기로 삼가 군 법에 따라 다스리노라." 군사들의 조조에 대한 원망이 사라졌다.

박정희 정권의 강압적 추진에 힘입어 마침내 1965년 2월 20일 양국 외 무장관 사이에 기본조약 부분이 가조인되었다. 그리고 4월 3일 '청구권 및 경제협력에 관한 협정', '재일 한국인의 법적 지위와 대우에 관한 협정', '어업에 관한 협정' 등에 양측 대표의 서명이 이루어졌다. 이어 6월 22일 일본 도쿄의 수상관저에서 한국의 외무장관 이동원-한일회담 수석대표 김 동조(金東祚), 일본의 외상 시이나 에쓰사부로(椎名悅三郎)-동 수석대표 다 카스기 신이치(高杉晉一) 사이에 '대한민국과 일본국 간의 기본관계에 관한 조약과 이에 부속된 4개의 협정, 25개의 문서가 조인되었다.

이 과정에서 야당과 학생들의 반대운동도 거세졌다. 그러나 박정희 정권 은 8월 11일 밤 11시경 국회 한일협정특별위원회에서 비준안을 힘으로 밀 어붙여 통과시켰다. 이어 14일 야당의원 전원이 불참하고, 공화당 의원들 과 무소속 의원 1명만 참석한 가운데 한·일협정 비준동의안이 국회 본회의 를 통과했다.

국민의 저항이 더욱 거세어지자 박정희는 서울 일원에 위수령을 발동하고 군병력을 진주시켰다. 군대의 힘으로 민족적 자존을 지키자고 외치는 학생 과 지식인들의 입을 봉쇄해버린 것이다. 그의 통치는 설득과 타협을 중시하 는 정치행위가 아니라 '돌격 앞으로!'를 근간으로 하는 지휘행위였다.

박정희의 목적지상주의적 강권통치는 베트남 파병안 결정 과정에서도 그 전형적 양상을 드러내보였다. 미국은 당초 한국군의 베트남전 참전을 바라 지 않았다. 그러나 미국의 동맹국들이 참여를 꺼림으로써 박정희의 적극성이 뚜렷이 부각되기 시작했다. 러스크 미국 국무장관은 1964년 5월 1일 25개 국가의 대사관에 훈령을 보내 도움을 요청했지만 대부분의 나라들이 난색을 표명했다. 한국은 야전병원과 통신지원단을 파병하겠다는 제안을 했다. 그리고 20일 제5차 국가안전보장회의에서 이동외과병원과 태권도 교관단을 파견키로 결정했다. 이 해 9월 22일 101이동외과병원과 태권도 교관단으로 구성된 제1차 베트남 파병단(장교 45명, 사병 119명)이 부산항을 떠나 베트남으로 향했다. 이듬해 2월 14일에는 비둘기부대 선발대 583명이, 3월 10일에는 비둘기부대 본대 1,283명이 베트남으로 떠났다.

이동외과병원과 비둘기부대를 파견할 당시만 해도 이렇다 할 반대의 목소리가 없었다. 그러나 전투부대 파병은 성격이 전혀 다른 문제였다. 국회는 박정희의 채근에 따라 무리하게 '월남지원을 위한 국군부대의 증파에 관한 동의안'을 통과시켰다. 전쟁이 갈수록 확대되자 미국은 전투부대 추가 파병을 요청해왔다. 국군 증파에 대한 동의안이 2월 국회에 제출되었으나 야당의 강력한 반대에 부딪치고 말았다. 국회 국방위의 국군 증파에 대한 논의는 3월 7일부터 시작되어 18일 가결되었다. 그리고 20일엔 본회의를 통과했다.

물론 박정희 정권 나름대로는 불가피한 이유가 있었을 것이고 일정한 명분도 있었던 게 사실이다. 그럼에도 불구하고 박정희가 애초에 자신의 정권이 당면한 정당성 정통성의 위기를 월남파병으로 모면할 구상을 했다는 사실은 별도로 평가되어야 한다. 어떤 명분으로 말하든 전장에 우리의 군대를 파견하겠다고 자발적으로 생각했다는 것은 민주적 리더십이라고 할 수가 없다. 그는 또 이를 공의(公議)에 부치지 않았을 뿐 아니라 비밀리에 미국의 의사를 타진하고 그 사실을 숨겼다. 비밀주의적 음모정치, 힘을 앞세운 강권정치의 면모를 유감없이 보여준 것이다. 박정희의 국회지배, 국회경시, 국회무시 태도는 이후 한국 정치의 한 전통이 되다시피 했다. 가부장적 의식은 끈질기게 한국 정치리더들의 의식 속에서 이어져온 것이다.

5. 편향 인사

박정희는 정권의 정당성 결여 콤플렉스를 언제나 안고 지내야 했고, 그만큼 도전 가능성에 대해 상시적 위협을 느끼며 지냈다고 할 수 있다. 그 때문에 막료들은 충성심이 검증된 인사들로 충원되게 마련이었다. 당연히 권력의 배경인 군에 대한 배려도 있어야 했다. 그러면서도 한편으로는 경제발전을 이끌 수 있는 신뢰할만한 전문가도 요구되었다. 일단 기용한 다음엔 장기적으로 재임케 했다. 믿을 만한 사람을 쉽게 얻기는 어렵기 때문이었을 것이다. 이러한 요인들이 엘리트 충원의 폐쇄성을 초래했고, 또 그것을 바탕으로 정권의 안정기반을 유지하려 했을 것으로 일단 가정할 수가 있다.

즉 개발도상국에서 나타나는 정치엘리트의 충원형태는 지속성보다 단속성, 자연적 성격보다는 인위적인 성격을 더 많이 띤다.

또한 전통적인 가부장적 정치체계에서는 엘리트의 충원이 씨족이나 혈연, 학벌, 지연 등의 귀속적 요인(ascriptive factor)을 중심으로 이루어지고, 또 세습이 역할의 적임성을 정당화한다. 그러나 근대적 정치체계에서는 사회가 요구하는 점을 충족시키는 모든 구성원들에게 충원 기회가 주어지며, 교육정도라든가 정치적 역할의 수행능력, 성취지향성 등의 객관적 요인에 의해 충원되며, 선거제도나 관료임용제 등의 제도적 요인(institutional factor)이 적임성의 기초가 된다.

신명순(申命淳)이 「정치엘리트 충원의 특징」(윤형섭 외, 1989)에서 인용한 셀리그먼(Laster G. Seligman)의 분석이다. 이 지적이 우선 관심을 갖는 것은 그들의 직업적 배경이다. 어떤 경력을 가진 사람들을 기용했는가 하는 점은 정권 또는 리더십의 성격을 유추하는 주요 근거가 될 수 있다. 신명순은 ① 정부수립부터 민주당 정권 말기까지, ② 군사정권부터 1971년 말까지로 기간을 구분해서 정치엘리트(대통령, 부통령, 국무총리, 장관)의 직업배경을 분석하고 있다.

①의 기간 중엔 정치인 출신이 많았다. 이는 제1공화국 초기에 독립운동 가들이 다수 충원된데다 제2공화국의 정체가 내각책임제여서 국회의원이 장관을 겸직한데 따른 현상이다. 군사정권 이후 3공화국 기간 정치엘리트 직업 배경의 두드러진 특징은 군인과 행정가의 대약진이다. 이들 두 직업 출신이 전체의 65%를 차지했다. '군사정권'의 성격을 뚜렷이 해주는 예다. 정부주도의 경제개발계획이 추진되고 있던 때였던 만큼 전문 직업관료가 중용되었음을 보여준다. 군 출신은 민정이양 후 현저히 퇴조했지만 여전히 중요한 충원원(充員源)이었다. 엘리트 충원이 특정 직업출신에 집중된다는 것은 그만큼 인사의 폐쇄성이 짙다는 의미가 된다. 반면 정치인 기용은 급격히 감소했다. 이는 박정희의 기성정치인들에 대한 불신을 반영한다고 볼 수 있다.

군 출신이 군정 때보다 민정이양 이후에 크게 감소한 것은 사실이다. 그에 따라 인사의 편향성이 많이 완화되었다고 할 수도 있지만 보다 정확한 실상을 알기 위해서는 그 내용을 살펴볼 필요가 있다. 만약 부처에 관계없이 고루 군 출신과 민간 엘리트간의 인사형평이 이루어졌다면 박정희의 인사는 민정이양 이후 개방적인 성향을 띠었다고 말해도 좋을 것이다. 그러나 이른바 요직에 군 출신 인사의 점유율이 높고 그 기간이 길다면 인사의 폐쇄성이 여전했다고 할 수밖에 없다. 『연합연감』 2001년판의 '역대기관 임명'에 수록된 내용을 통해 박정희 시대의 엘리트 충원 현황을 고찰해보기로 한다.

국무총리(내각수반 포함)의 경우 쿠데타 이후 10·26까지 8명이 재임했다. 이 가운데 군 출신은 장도영, 송요찬, 정일권, 김종필 등 4명이다. 이 18년 5개월 가운데 군 출신 총리들의 재임기간은 12년 4개월이었다. 나머지 6년여 정도만 민간인 출신 총리가 담당했을 뿐이다. 박정희가 제3공화국 대통령이 된 1963년 12월이래 10·26까지 15년 10개월 간 군 출신 총리는 정일권, 김종필 두 사람이었고 재임기간 합계는 11년 1개월이었다.

박정희 집권기간 동안 경찰과 지방자치단체를 지휘했던 내무부는 당연히 정권 보위의 핵심적인 부처였다. 쿠데타 이후 유신 몰락 때까지 연 13명이 이 직에 있었다. 이들 가운데 박경원(朴璟遠)이 세 차례, 엄민영(嚴敏永)이 두 차례씩 역임했다. 연인원으로 계산해서 이들 가운데 군 출신 인사는 10명이었고 엄민영과 김치열(金致烈)만 민간인 출신이었다. 이들의 연 재임기간은 18년 5개월 가운데 13년 10개월이었다. 총무처는 제3공화국 출범과 함께 신설된 정부의 인사 담당부처로서 10·26까지 4명의 장관이 거쳐갔다. 이들 가운데 2명이 군 출신이었고 이들의 연 재임기간은 초대 장관이 취임한 1963년 12월부터 10·26까지 15년 10개월 중 9년 10개월이었다. 상공부 장관은 박정희 집권기에 수출을 담당하던 기관이었다. 경제에 대한 전문적 지식이나 경험이 필요하긴 하되 경제기획 재무 금융 등의 분야보다는 상대적으로 전문식견 요구 강도가 약하고, 그러면서도 대통령의 신임이 필요했던 이 자리를 거쳐간 사람은 쿠데타~10·26의 18년 5개월 간 연 11명(朴忠勳이 두 번 역임)이었다. 이 가운데 군 출신은 연 4명, 이들의 연 재임기간은 9년 5개월이었다. 교통부 장관 역시 대통령의 정치적 인사에 많이 활용되는 인상을 주던 자리였다. 박정희 집권기 동안 14명의 장관이 기용되었다. 이 가운데 군 출신이 9명, 이들의 연 재임기간은 12년 4개월이었다.

대통령 비서실장은 이후락, 김정렴, 김계원(金桂元) 3인이었다. 이들 가운데 두 명이 군 출신이다. 대통령으로서의 재임기간 15년 10개월 가운데 군 출신 비서실장의 재임기간은 6년 8개월이었다. 상대적으로 민간인 실장의 재임기간이 길었지만 비서실이 권부로서 위세를 떨친 것은 이후락 실장 시절이었다. 김정렴은 경제전문가로서 실무적으로 대통령을 보필했고 김계원은 육군참모총장 출신의 실장이었으나 차지철 경호실장에 눌려 그 위상을 세우지 못했다.

감사원장은 국가 최고 감찰기관의 장이다. 감사원으로 통합되기 전의 심계원장과 감찰위원장까지 합쳐 쿠데타 이후 10·26 때까지 연 7명의 감사원장이 재임했다(李元燁 심계원장, 蔡命新 감찰위원장 포함, 申斗泳 감사원장의 서리경력은 별도로 계산하지 않고 합산함). 이 가운데 군 출신은 연 6명(신두영만이 민간인 출신)이었고 이들은 연 20년 2개월(심계원장과 감찰위원장으로 나뉘어져 있던 때의 1년 9개월을 중복 계산) 가운데 16년 5개월을 재임했다.

중앙정보부장은 박정희 시대 권력의 중핵으로서 8명이 거쳐갔다. 전원이 군 출신이었고 따라서 쿠데타~10·26 전 기간을 이들이 정보부를 장악했다. 국세청 또한 경제발전을 위한 재원 조달의 핵심기관이었다. 1966년 3월 재무부의 외청으로 분가한 이래 10·26 때까지 4명이 이 자리에 앉았다. 군 출신은 2명, 이들의 연 재임기간은 13년 7개월 가운데 9년 4개월이었다. 이밖에도 감안할 필요가 있는 자리는 적지 않지만 위에 든 수치만으로도 당시 정부 인사의 군 출신 편향성, 그리고 군 출신 인사들의 요직 점유 현상을 짐작하기에 부족함이 없을 것이다.

재충원율도 인사의 개방성 또는 폐쇄성을 짐작케 하는 요소가 될 수 있다. 정부 수립부터 민주당 정권 말까지 장관을 역임한 175명 가운데 한번만 재임한 사람이 65.8%(115명), 두번 역임이 21.7%(19명), 세번이 10.3%(6명), 네번이 2.2%(1명) 등으로 나타났다. 이에 비해 군사정권부터 1971년 말까지 장관을 역임한 142명 가운데 한번 재임한 사람은 53.6%(80명), 두번은 19.7%(14명), 세번이 12.7%(6명), 네번이 11.3%(4명)이었다. 앞의 기간 중 34.2%이던 두번 이상 재충원율이 뒤의 기간 중에는 43.7%로 증가한 셈이다. 논란의 여지는 있겠으나 재충원율이 높다는 것은 상대적으로 인사가 덜 개방적이라는 의미가 된다.

같은 방식으로 유신기간 동안의 정치엘리트 충원에 대해서도 분석해 볼 필요가 있겠으나 이 글의 목적은 이에 있지 않다. 다만 박정희 인사스타일의 성향을 알아보려는 것이다. 이 점에서는 이 정도의 자료만으로도 부족하지 않다.

박정희의 인사 관행 또는 스타일로서 무엇보다 주목해야 할 부분은 '지역 편중성'이다. 이것이 역대 정권의 지역차별 정책의 전형적인 양상이자 효시가 되었다고 지적되어왔기 때문이다. 그리고 정치적 지역감정이 이에서 연유한다는 주장도 광범위한 지지를 받아왔다. 그 실태와 편중의 정도를 파악함으로써 이후의 정권, 특히 김영삼·김대중 정부의 인사 성향을 설명할 수가 있게 된다. 즉 이들은 편중인사에서 탈피하려는 노력을 기울였는지 아니면 관행 및 정치적 지역주의와 타협, 과거의 행태를 답습해왔는지를 알게 될 것이다.

장·차관의 출신지역별 분포를 보면 제3공화국 때 서울·경기 18.5%, 충청 14.3%, 호남 11.3%, 영남 27.4%, 이북 24.1%, 강원·기타 4.5%였다. 제4공화국 때는 서울·경기 13.4%, 충청 14.7%, 호남 12.9%, 영남 34.9%, 이북 14.7%, 강원·기타 9.5%였다. 눈에 띄는 것은 제3공화국 때의 이북 출신 인사들의 장·차관 점유율이다. 쿠데타 이후 군 출신 인사들을 대거 기용한데서 비롯된 현상이었을 것이다. 그리고 역시 영남 쪽의 비율이 높았다. 그러나 위의 비율은 지역별 인구차이를 반영하지 않은 단순 비교다.

1960년대 이전 인구비율(1 : 1.5 : 2)을 감안, 충청 호남 영남 출신의 장·차관 분포를 보면 제3공화국 때 각각 14.3%, 7.5%, 13.7%로 나타났다. 그리고 제4공화국 때는 14.7%, 8.6%, 17.5%였다. 3공화국 때는 오히려 충청이 영남보다 장·차관 점유율이 높았다. 그리고 영남 편향성은 단순비교 때보다는 많이 완화되었지만 역시 호남에 비해서는 월등히 높았다.

그런데 중요한 점은 영·호남간의 인사 불균형이 박정희 집권기에 비롯된 것이 아니라는 사실이다. 출신 지역별 단순 비율이지만 제1공화국 때 중앙행정부 차관급 이상 관료 243명 가운데 영남출신은 18.8%인 46명이었던 반면 호남출신은 6.2%인 15명에 그쳤다. 1, 2공화국 사이의 과도정부 때는 영·호남 출신이 각각 20.6%인 7명씩으로 나타났지만 기간이 짧았던 만큼 통계수치로서는 의미를 부여하기 어렵다. 그리고 제2공화국에선 96명 가운데 영남이 25.5%인 25명, 호남이 16.3%인 16명이었다. 역시 대상기간이나 인원이 의미를 부여할 수준에 이르지 못했다. 3, 4공화국의 경우 429명 가운데 영남이 30.1%인 130명, 호남이 13.2%인 57명이었다. 1공화국 때보다는 약간 완화되었지만 역시 영·호남 사이의 차이가 아주 심했다.

이상에서 본 박정희 인사의 특징은 '군 출신 편향성의 폐쇄적 엘리트 충원'으로 요약할 수가 있다. 그리고 갈수록 지역 편향성도 짙어졌다. 이는 정당성·정통성에서 취약점을 안을 수밖에 없었던 박정희 정권의 생존전략과 관련된 것으로 보인다. 또 그의 경제개발 정책이 군사작전과 같은 양상으로 추진된 점과도 밀접한 관련이 있었을 것이다. 어쨌든 이 같은 정치엘리트의 폐쇄적 편향적 충원은 이후 역대정부에서 심각한 악순환을 초래했다. 리더십의 관점에서 보자면 이는 통합형이 아닌 분열형 리더십이었다고 하겠다.

제5장 민주화 투쟁 리더십의 형성과 전개

박정희의 권위주의적 통치와 민주화 세력에 대한 억압은 필연적으로 걸출한 민주화 투사를 탄생시켰다. 박정희가 어떤 의미로든, 우뚝한 존재였다면 그에 저항하는 인물 또한 우뚝해지게 마련이었다. 박정희의 통치기간은 '정치의 겨울'이었다. 특히 유신통치기에는 '정치적 암흑기' 혹은 '정치적 빙하기'라고 부르기에 부족함이 없을 정도의 강압적 정치가 행해졌다.

박정희가 집권 한 이후부터, 유신에도 굴하지 않고 끊임없이 투쟁하며 도전한 사람들 가운데서 대표적인 인물이 김영삼과 김대중이었다. 물론 이 글의 시야와 관심은 정치분야 및 정치권 인사에만 국한한다. 따라서 사회학원 종교 문화분야의 민주화 운동가들은 그 혁혁한 공로에도 불구하고 논의에서 배제될 수밖에 없다.

이미 앞에서 밝힌 바와 같이 한국현대정치사를 이끌어 온 리더십의 특성을 파악하는 것이 이 글의 목적이다. 어느 시대, 어느 사회에서나 정치는, 토인비의 흉내를 내자면 '도전과 응전의 구조'를 가지는 것으로 보인다. 한국의 현대정치사와 정치리더십도 이승만에서 박정희로 이어지는 권위주의적 통치 및 리더십과 양김(兩金)으로 대표되는 민주화 투쟁 및 민주화 리더십간의 도전과 응전이라는 구도 하에서 진전되어왔다고 할 수 있다. 물론 이는 하나의 가정이다. 그리고 이 가정 하에서 이 글은 전개될 것이다. 이

가정은 옳고 그르고의 판단 및 논증의 대상이 아니다. 역사의 진전과정을 어떻게 인식하느냐 하는, 선택의 문제이기 때문이다.

만약에 민주화 투쟁 리더들의 리더십이 이승만, 박정희 등의 권위주의적 리더십과 확연히 구분된다면 한국 정치리더십의 특성은 하나의 괄호 속에 포함될 수가 없다. 바꾸어 말해서 양측의 리더십이 하나의 괄호로 묶일 수가 있다면 한국 정치리더십에는 공유되는 '특성'이라 할 만한 것이 있다고 해도 좋을 것이다. 그리고 한국적 '특성'이 있다고 할 때 그것은 단지 개인 차원의 문제가 아니고 역사적 사회적 배경을 가진 것이 된다.

일단 박정희와 김영삼·김대중의 리더십 특성을 사례를 통해 평가하려는 것이 이 때문이다. 앞의 박정희에 대한 고찰에서 그 리더십의 유형 또는 성격이 대체로 드러났다. 그것은 '제왕적 리더십'이라고 요약할 수가 있다. 그러나 이는 슐레진저(Arthur M. Schlesinger Jr.)가 『미국 역사의 순환』에서 말하는 것과는 다른 의미다. 슐레진저는 다음과 같이 말하고 있다.

> 나는 몇 해 전에 '황제와 같은 대통령직(Imperial Presidency)'라는 용어를 사용했다. 이 용어는 열기와 불길한 전조로 가득 찼던 닉슨 대통령 말기에 썼던 책의 제목이었다. 그 책에서 나는 헌법이 강력한 대통령과 그에 상응하는 강한 책임 체제를 의도하고 있다는 논지를 전개했다. 황제와 같은 대통령직이라는 용어는 대통령의 권력과 책임간의 헌법상 균형이 권력으로 기울어질 경우에 생겨나는 상황을 가리키는 것이었다(슐레진저, 1993).

이는 헌법을 어떻게 이해하느냐, 좀 나쁘게 말한다면 대통령이 헌법을 여하히 자신의 의도에 맞춰 이용하느냐 하는 것과 관계된 문제다. 그렇지만 이 글에서 말하는 제왕적 리더십, 즉 이승만·박정희의 리더십은 초헌법적이다. 말 그대로 전제군주적 리더십이 민주주의라는 아주 얇은 외피에 둘러싸인 형태라 하겠다.

두 김씨는 박정희의 권위주의적 통치와 장기집권에 대항, 민주화 투쟁을 벌이는 과정에서 야권의 대표적인 리더가 되었을 뿐 아니라 국민적 대안으로 부상했다. 적어도 이 점에서는 박정희로 대표되는 권위주의적 리더십과 대척점에 두고 이들의 리더십을 평가하는 게 옳다.

그러나 이들의 투쟁 과정을 들여다보면 이 속에서도 한국적 리더십의 특성, 즉 가부장적이고 자기 과시적이며 독선적인 리더십을 목격하게 된다. 이는 바로 사정치형 리더십이다. 이 점에서 말하자면 이들의 리더십은 복합적 성격을 가졌다고 할 수 있다. 민주주의를 지향하면서도 목적을 자신들의 영달, 나아가 집권에 두고 가부장적 리더십을 발휘한 것이다.

따라서 박정희와 양김의 리더십을 비교하자면 두 차원에서의 접근이 필요하다. 우선 이들 사이의 차이점을 분명히 파악할 필요가 있다. 그간 일반화된 인식으로는 전자가 권위주의형 리더, 후자는 민주화 투쟁형 혹은 민주주의형 리더로 자리매김되었다. 이 같은 차이점이 리더십의 외형에 그치는 것인지 내용에까지 이르는 것인지, 다시 말해서 '이질성'이라고 할만큼 본질적인 차이를 가진 것인지를 먼저 고찰할 필요가 있다. 그런 다음 이들 리더십간의 유사성을 파악할 것이다. 그게 동질성으로 파악된다면 이들의 리더십은 한국 정치리더십의 특성을 공유하고 있다는 뜻이 된다. 이미 고찰한 바 있는 권위주의적 리더십에 대응해서 전반부는 상이성(혹은 이질성), 후반부는 유사성(혹은 동질성)을 다루기로 한다.

두 김씨의 정치적 수난과 리더십 발휘의 과정을 함께 다루는 것은 수난기 또한 야당 리더로서 리더십 발휘의 한 국면이었다는 판단에서다. 통시적(通時的), 전면적 고찰이 되어야 하겠지만 논의 과정과 논지를 비교적 명확화하면서 보다 심도 있는 관찰을 위해 대표적인 계기들을 선택적으로 분석·평가한다.

제1절 민주화 전선의 지휘자

1. 때론 같게 때론 다르게

김영삼은 체질적으로 투쟁가다. 그는 2001년 ≪월간조선≫ 편집장 조갑제 (趙甲濟)와의 인터뷰에서 자신의 과감성을 자랑하듯 하면서 이렇게 말했다.

> 그렇죠. (안기부 자금 수사 이후엔) 한나라당 사람들이 완전히 겁을 집어먹었 어요. 큰일났다고 야단이에요. 날 찾아와 도와달라는데, 강삼재(姜三載) 구속 동 의안 통과 안 될 것입니다. 요사이 난 신이 납니다. 내가 누구입니까. 이승만, 박정희, 전두환, 노태우와 싸워 이긴 사람인데 김대중이 나를 죽이려 들어요? 같잖습니다. 우습지요. 나는 이렇게 싸울 때 제일 기분이 좋습니다. 김대중은 겁 쟁이입니다(≪월간조선≫, 2001년 2월호).

이 한 마디로 그의 성격이나 스타일은 짐작하고도 남는다. 1972년 10월 유신 때 그는 미국에 있었다. 정권측이 그의 측근이던 김동영(金東英), 최형 우(崔炯佑) 의원을 비롯해서 많은 정치인들을 연행하는 상황 속에서 주변의 만류에도 불구하고 귀국을 강행했다. 그는 야당 리더일 때도, 대통령이 되 어서도 '정면승부' 또는 '정면돌파'를 선호하는 '승부사'의 기질을 가진 충 동적 정치인이었다. 그는 극단적이고 전투적인 표현을 쓰기를 좋아했다. 그 는 언제나 투지를 과시했다. 심지어 퇴임 후에도 그는 끊임없이 투쟁의 장 (場)을 열기 위해 애쓰고, 투쟁거리가 생기면 활력이 넘치는 모습을 보였다. 이러한 김영삼의 행태는 자신의 과시욕구와 결합되어 있다.

> "박정희는 언제나 내가 서울에 없을 때 문제를 일으킨다." 내가 가끔 주위 사람들에게 하는 말이다. 5·16쿠데타에 관한 뉴스는 고향 거제의 어로 작업장 에서 들었고, 유신체제는 워싱턴의 호텔에서 들었다. 이번에도 그랬다. 내가 일 본에서 미국으로 건너간 1월 22일 박정희는 느닷없이 유신헌법에 대한 찬반을

묻는 국민투표를 실시하겠다고 발표했다(김영삼, 2000).

이와 같은 그의 기술태도는 김대중의 그것과 흡사하다. 그렇지만 김영삼의 경우가 더 직접적이다. 김대중은 유신 선포 당시에 일본에 있었다.

> 1972년 10월 17일, 나는 그때 고관절 치료를 위해 일본에 가 있었다. 이틀 뒤에는 귀국할 예정이었다. 나중에는 '10월유신'이라고 불렀지만 명목이야 어찌 되었든 실제로는 5·16 군사쿠데타로부터 11년 뒤에 다시 박정희 대통령 자신에 의해 제2의 쿠데타가 자행되었을 때였다. "이런 일은 언제나 내가 서울에 없을 때 일어난다." 나는 호텔 방에서 함께 텔레비전 뉴스를 보던 친구에게 침묵을 깨고 말했다(김대중, 1997).

김대중은 이 말에 이어 "서울에만 있었더라도 어떻게든 싸워볼 수단을 찾을 수 있었을 것이다"고 말한다. 그의 이런 말이 자신의 스타일을 그대로 드러내 보여준다. 말 그대로 잘 다듬어진 '정치적 수사(修辭)'이다. 그는 박정희가 마치 자신을 겁내서 그가 서울을 비웠을 때를 노려 일을 꾸미곤 했던 것처럼 기술하고 있다. 그리고 자신이 서울에 있었더라면 박정희의 계획에 큰 차질이 빚어졌을 듯이 말하고 있지만 그때 김대중은 서울행 대신 정치적 망명을 택했다.

그는 자신의 투쟁 효율성을 염두에 두고 그 같은 결정을 내렸다고 했으나, 정변으로 고초를 겪게 될 야당 정치인들과 민주인사들에 대한 배려에는 인색한 인상을 준 게 사실이다. 그와는 달리 역시 미국을 거쳐 일본에 도착해 있던 김영삼은 귀국을 단행했다. 물론 이는 옳고 그름의 문제라기보다는 스타일의 차이다.

> 당시 도쿄에는 신민당의 양일동, 송원영 의원 등이 머무르고 있어서 나는 그들과도 망명 문제에 대해 상의했다. 김영삼 의원도 도쿄에 있었으므로 몇 번 연락을 해보았지만 그의 행방은 끝내 확인되지 않았다. 그런 뒤 그는 서울로 돌아가 버리고 말았다(김대중, 1997).

김영삼이 일껏 국외로 나왔으면서 망명할 용기가 없으니까 '돌아가 버리고 말았다'는 뉘앙스를 풍기는 표현이다. 김대중은 또 자신의 망명이 혼자만의 결정이 아니라 유력한 야당의원들의 권유를 받은 듯한 느낌을 주도록 기술하고 있다. 아전인수, 자기합리화가 이 몇 문장의 글 속에 그대로 드러난다. 이런 예는 김대중에게서 상대적으로 많이 목격된다. 그의 망명과 관련해서 그의 경호를 담당했던 함윤식(咸允植)은 "내심 돌아오지 않는 김대중 씨가 못내 섭섭하고 야속하기까지 했다"고 『동교동 24시』에서 술회하고 있다. 그렇지만 김대중은 1987년 '관훈토론회'에서 이 책은 함씨가 아니라 안기부가 만든 것이라고 주장했다.

그를 추종하던 측근들은 당황하고 막막했을 것이다. 지도자가 돌아와야 대처방안, 행동방향이 결정될 터였다. 그런데 김대중은 망명을 선언해버렸다. 그는 일본에서 '성명을 발표함으로써 박 정권과 대결할 것임을 분명히(김대중, 1997)'했다. 그는 또 유신에 따른 개헌안이 공고되자 즉각 반대성명을 냈다. 그러면서 이렇게 말한다.

> 다시 또 보도진이 모여들었다. 망명의 길을 선택한 내 자신의 결정이 옳았다는 생각이 들었다. 서울에 그대로 있었더라면 투옥되었거나 아니면 기껏해야 집안에만 틀어박혀 지내야 했을 것이다. 그리고 실제로 당시 서울 정가의 동향이 그렇기도 했다(김대중, 1997).

이 말은 두 가지 의도를 내포하고 있는 인상을 준다. 우선 자신과 자신의 말이 갖는 영향력을 과시하려는 뜻을 내비쳤다. 다음으로 망명을 합리화하고자 했다. 자신의 말처럼 그게 효율적인 투쟁방식이었을 수도 있다. 그러나 정치리더의 선택은 꼭 효율성만을 기준으로 할 수가 없다. 그는 이후 미국으로 가서 성명을 발표하거나 미국인 및 재미교포들을 상대로 강연을 하다가 1973년 1월 다시 일본으로 갔다. 그는 미국에 가서 만난 저명인사, 일본에서 가까워졌던 정치인들의 이름을 한참 열거한 다음 이렇게 말한다.

지금 나는 정치가로 활동하고 있는 일본인 친구들을 자랑하는 것이 아니다. 이런 친구들은 물론 전 세계에 숱하게 있다. 미국뿐만 아니라 영국이나 프랑스, 독일, 캐나다, 그리고 북유럽과 러시아, 중국의 영향력 있는 인물 중에도 이루 다 셀 수 없이 많다. ……다만 역대 정권은 그런 나를 어지간히도 시기하고 또 질투했다. 자기들은 그들을 어쩌다 공식적으로 만날 수 있었을지 몰라도 나처럼 인간관계를 쌓지는 못했기 때문이다(김대중, 1997).

자랑하는 게 아니라면서도 본격적으로 자랑을 하고 있다. 대선을 앞두고 선전용으로 썼을 게 틀림없는 회고록이다. 당연히 자기자랑을 하게 마련이지만 그러나 어떤 것을 자랑거리로 하느냐에 있어선 사람마다 차이가 있을 수 있다. 그는 자신의 해외 인맥을 과시하는 쪽을 선호했다. 그것은 성장기에 자신을 주눅들게 했던 출생신분과 학력 콤플렉스에 대한 보상심리의 발현이었을 수 있다. 그의 일생은 어쩌면 이 콤플렉스와의 끈질긴 투쟁이었을지도 모른다.

그는 다시 미국으로 건너가서 3개월을 보낸 뒤 1973년 7월 초 일본으로 돌아갔다. 그리고 8월 8일 도쿄의 그랜드팔레스호텔로 양일동(梁一東) 민주통일당 당수를 만나러 갔다. 호텔 2211호실에서 양 당수, 그리고 한참 후에 들어 온 통일민주당 소속의 김경인(金敬仁) 의원과 이야기를 나눈 다음 오후 1시 15분에 방을 나섰다. 그곳에서 그는 건장한 남자 5~6명에 의해 납치되었다.

새벽 1시경 큰 배에 바꾸어 태웠다. 500톤 급으로 1,000마력은 넘는 듯했다. 거기서 다시 등에 널빤지를 대고 몸을 묶었다. 5~6명이 작업을 하는 것 같았다. 양쪽 손목에 30~40킬로그램이 넘는 추를 매달았다. '살려주십시오. 나는 아직 못다한 일들이 많습니다. 한국민들을 위해 하지 않으면 안될 일들이 있습니다. 내게 보내준 국민들의 기대에 부응하지 않으면 안 됩니다. 구해주십시오.' 기도는 그 동안 몇천 번도 넘게 했지만 나를 살려달라는 내용의 기도는 처음이었다. 그런데 기도가 끝나자마자 눈을 감았는데도 붉은 광선이 번쩍 비쳐왔다. '비행기다!'(김대중, 1997).

'김대중 납치사건'과 관련, 그 자신의 기억 또는 일반적으로 알려진 것 가운데 일부의 상황은 없었다는 주장이 나오고 있기도 하다. ≪월간조선≫ 2001년 2월호에는 납치공작선 용금호(龍金號)의 선원 임익춘, 이점모, 조시환의 증언을 싣고 있다. 이들은 비행기를 본 적이 없다고 말했다. 또 임익춘은 김대중의 손목에 추를 단 적도, 등에 판자를 대고 온몸을 묶은 적도 없다고 주장했다.

설사 그 말이 맞다고 해도 김대중이 의도적으로 당시 상황을 극화시킨 것이라 단정하기는 어렵다. 당사자로서는 죽음과 마주섰던 순간이었다. 누구든 그 상황 아래서는 정확한 판단이나 기억을 하기가 어려울 수밖에 없다. 어쨌든 그는 납치 엿새째가 되던 8월 13일에 풀려나 집으로 보내졌다.

이 사건에 대해 중앙정보부장을 지냈던 김형욱(金炯旭)은 자신의 회고록 제3부에서 장장 55쪽에 걸쳐 쓰고 있다. 요지는 이 사건을 중앙정보부 이후락 당시 부장이 지휘, 중앙정보부 요원들이 저질렀다는 것이다. 김형욱은 박정희도 이 사실을 알고 있었을 뿐 아니라 그 자신이 지령했다고 주장한다. 어쨌든 이 사건은 박정희 정권에게 엄청난 부담을 안겼다. 그리고 김대중에겐 '신화' 하나가 더해졌다. 참으로 고통스럽고 참담한 경험이었겠으나 전화위복의 계기 가운데 하나가 된 것은 사실이다.

2. 투쟁의 선봉에서

1) 당권 쟁취와 대(對) 정권 투쟁

1974년 4월 28일 유진산 신민당 총재가 암으로 투병하다 한양대 부속병원에서 숨졌다. 29일 오전 10시 김영삼은 이틀째 열린 신민당 임시전당대회에서 총재로 선출되었다.

이제 나는 1955년 민주당 창당이래 한국 정통 보수야당의 명맥을 이어온 신민당의 총재라는 중책을 맡게 되었다. 해공(海公) 신익희 선생은 61세, 유석(維石) 조병옥 박사는 62세, 운석(雲石) 장면 박사는 60세, 민정당의 해위(海葦) 윤보선 선생은 66세, 신민당의 유진산 선생은 65세에 각각 야당의 당수로 취임, 모두 환갑을 넘긴 나이였다. 그러나 나는 불과 46세였다. 이로써 나는 최연소 등원, 최연소 원내총무, 최다선 원내총무에 이어 사상 최연소 야당 당수라는 또 하나의 기록을 보탠 것이다(김영삼, 2000).

회고록의 한 대목이다. 그가 얼마나 자기과시욕이 많은 사람인지를 보여 주는 한 예다. 그는 훗날 대통령이 되어서도 갑작스럽게 ― 세인이나 언론이 '깜짝 쇼'라고 했듯 ― 충격적 조치를 취하고서는 주변 인사들에게 자랑하거나 어린아이처럼 소감을 묻곤 했다.

그는 1974년 10월 7일 신민당 대표질문을 통해 헌법개정심의위원회를 여·야 공동으로 구성할 것을 정식으로 제안했다. 대통령 직선제가 그 골간이었다. 이어 11월 8일 그는 개헌대강을 마련, 개헌운동을 본격화했다. 11월 14일에는 개헌을 위한 원외투쟁을 선언했다. 개헌투쟁은 시·도지부 현판식의 형태로 전개되었다.

그는 이듬해 5월 21일 박정희와 단독회담을 가졌다.

지금은 허물어지고 없는 일제 총독관저, 당시 대통령 집무실에서 나는 박정희와 단독 대좌한 채 커피를 마시고 있었다. 그때 창 밖 나무에 새 한 마리가 날아와 앉았다. 나는 지난해 사고를 당한 부인에 대한 위로를 해야 할 것 같아서, '마음이 얼마나 아프냐'며 조의를 표했다.

박정희는 나의 위로 인사를 받자 망연한 표정을 짓더니 창 밖의 새를 가리키면서, "김 총재, 내 신세가 저 새 같습니다"라고 하고는 바지 앞 주머니에서 손수건을 꺼내 눈물을 닦는 것이었다(김영삼, 2000).

박정희는 절간 같은 청와대에 오래 있을 생각이 없다며, 민주주의를 할 테니까 잠시만 기다려달라고 했다. 김영삼의 기억으로는 그렇다. 그는 박정희의 부탁에 따라 이를 비밀로 했다. 이때의 회담 이후 김영삼은 '밀약설'

에 시달렸다. 그러나 김영삼은 함구로 일관했다.

　박정희와의 회담에 대해 당시 세간에는 밀약설도 나돌았지만 나는 약속을 지
켰다. 박정희란 인물은 정적에 대해서 혹독하기 그지없었고, 나야말로 박정희를
'독재자'로 규탄하면서 '하야'까지 주장했던 최대의 정적이었다. 그럼에도 나는
영수회담 이후에도 한 동안 그가 내게 보여준 모습이 진실이기를 기대했다(김영
삼, 2000).

김영삼이 박정희의 '최대 정적'이었는지 어떤지는 당사자나 남이나 주관
적으로 판단할 수 있는 것이지, 객관적으로 이를 입증할 만한 근거는 없다.
다만 정황적으로 말한다면 김영삼의 이 같은 인식과 표현은 과장된 것이라
고 할 수밖에 없다. 그는 박정희에게 심한 핍박을 받지 않았다. 특히 김대
중의 경우와는 비교할 바가 못되었다. 박정희가 정말 정적에 대해 혹독하
게 대한 것이라면 김영삼은 중요한 정적으로 인식되지 않았다는 뜻이 된다.
　이듬해, 즉 1976년 3월 1일 오후 명동성당에서 '민주구국선언'이 낭독되
었다. 김대중은 "당시 박정희와 김영삼의 '비밀 회담'으로 당수에 대한 의
혹이 부풀어 신민당은 위기에 처해 있었다"고 회고한다. 따라서 신민당에
는 민주회복을 위한 역할을 기대할 바 못되었다는 뜻을 행간에 담은 말이
다. 이 사건으로 인한 재판의 1심에서 김대중은 징역 7년형을 선고받았다.
그 해 12월 20일 그는 최종 진술을 했다.

　정치적 자유, 경제적인 평등, 사회적인 정의는 나의 기본적인 신념이다. ……
나는 재판 결과가 어떻든, 현 정부가 나에게 어떠한 짓을 하든 그러한 것에 좌
우되지는 않겠다. 이 나라의 이 법정이 우리들의 석방 또는 무죄를 결정할 수
없다는 것을 잘 알고 있다. 여하한 결과가 되든 국민과 하느님에 대한 나의 약
속과 의무를 이행할 뿐이다(김대중, 1997).

김대중은 1977년 대법원 판결로 징역 5년, 자격정지 5년이 확정되었다.
그리고 1978년 감금되어 있던 서울대학교 의과대학 부속병원 병실에서 풀

려났다. 그 해 12월 27일이었다. 그 전 7월 6일 박정희가 통일주체국민회의에서 제9대 대통령으로 선출되고 난 후 마지막 특사였다.

김영삼은 1976년 5월의 이른바 '각목전당대회'에서 이철승 등에게 패해서 당권을 내놓아야 했다. 그는 회고록에서 "2년 전 악전고투 속에서 쟁취한 당권을 빼앗긴 것이다"고 적었다. 이 한마디에서도 그는 정치가가 아닌 투쟁가의 면모를 그대로 드러내 보인다. 물론 '자신을 위한 투쟁가'이다.

1979년 5월 30일 신민당 전당대회가 열렸다. 당시 유신통치에 대한 반감이 국민 사이에 확산되어 가고 있었다. 이 때문에 이철승의 '중도통합론'은 국민적 비판에 직면하게 되었다. 김영삼은 '선명성'을 기치로 내걸었다. 이철승은 '사쿠라'라는 비난을 받아가면서도 '중도통합론'을 고수했다. 김영삼은 이 대회에서 이기택(李基澤)의 지원을 받아 다시 당권을 쟁취했다. 선명성으로 승리했던 그는 훗날 노태우·김종필 등, 자신이 쿠데타 세력으로 비판했던 사람들과 '3당 통합'이라는 것을 단행한다. 김대중 역시 김영삼과 합당을 했다가 밀려났던 김종필과 함께 'DJP연합'을 형성했다. 어쨌든 김영삼은 전당대회 승리 후 대의원들 앞에서 다음과 같이 연설했다.

오늘의 결의는 우리 신민당이 곧 여당이 될 수 있음을 보여 준 것이며, 수권준비태세가 되어 있음을 입증하는 것입니다. 이제 민주주의는 개막하기 시작했고, 마침내 새벽이 돌아 왔습니다. 아무리 새벽을 알리는 닭의 모가지를 비틀어도 민주주의의 새벽은 오고 있습니다(김영삼, 2000).

닭의 목을 비틀어 새벽이 오는 것을 지연시키려 한다는 이야기는 이솝우화 가운데 하나다. 주인이 닭 우는 소리만 나면 깨우는 바람에 언제나 고통스러웠던 노예들이 닭을 죽여버렸다. 주인이 시간을 몰라 새벽잠을 깨우지 않으리라는 기대였는데 시간 대중을 못하게 된 주인이 더 일찍 깨우더라는 게 이 우화의 내용이다. 김영삼은 원전과는 정반대의 의미를 가진 구호로 썼고 어쨌든 대단히 성공적이었다.

1979년 8월 9일 저 유명한 'YH사건'이 발생했다. YH무역회사의 폐업으로 실직하게 된 근로자들이 이날 아침 신민당사로 장소를 옮겨 농성에 들어 갔다. 이에 앞서 문동환(文東煥), 이문영(李文永), 고은(高銀) 등이 상도동으로 김영삼을 찾아가 도움을 요청했다. 김영삼은 당사를 농성장소로 제공했다. 200여 명을 신민당사 강당에서 자도록 하고 모포 등을 사주었는가 하면 식사까지 시켜다 주었다. 11일 새벽 경찰이 당사에 진입했다. 경찰은 신민당 당직자들을 폭행하고 여공들을 강제로 끌어냈다. 진압작전은 10여 분만에 완료되었다. 172명의 농성 여공들과 20~30명의 당원들이 기동경찰의 버스로 실려갔다. 이 과정에서 농성여공 김경숙(金景淑)이 창밖으로 뛰어내리다가 사망했다.

신민당이 농성 등으로 강력하게 저항하는 와중에 원외지구당 위원장이던 조일환(曺逸煥), 윤완중(尹完重), 유기준(兪琪濬) 세 사람이 8월 13일 총재단 직무집행정지 가처분 신청을 냈다. 9월 8일, 서울 민사지법 합의 16부는 가처분신청을 받아들이고, 정운갑(鄭雲甲) 전당대회 의장을 총재직무대행자로 선임했다. 9월 26일 정운갑의 총재직무대행 등록을 중앙선관위가 받아들임으로써 김영삼은 당권을 박탈당했다.

그러나 김영삼에게는 이것이 야당 리더로서의 위상을 확고히 하는 계기가 되었다. 반면 이철승 등 비당권파 리더들에게는 정치적 몰락의 기점이 되고 말았다. YH사건, 그리고 총재직무정지 가처분 신청과 관련한 '정권타도 선언'은 김영삼이 전기(戰機)를 감지하고 승기를 포착하는 데 천부적인 능력을 가졌음을 입증하는 대표적 사례가 되었다. 정권 측의 야비한 대응은 신민당을 단결시키고 그 전의를 자극하는 결과를 가져왔다.

이에 앞서 9월 16일자 ≪뉴욕타임스≫지에 "신민당 김영삼 총재는 카터 미행정부에 대해 박정희 대통령 정부에 대한 지지를 종식할 것을 요구했다"로 시작되는 기자회견 기사가 실렸다. 여당 측은 이를 사대주의로 규정, 22일 김 총재에 대한 징계안(제명)을 국회에 제출했고 10월 4일 공화당과 유정회는 이를 국회에서 통과시켜버렸다.

김영삼은 당시 중앙정보부장이던 김재규의 요청으로 10월 3일 그를 만났다고 한다. 그때 김재규는 다음 날 아침 기자실에 들러 ≪뉴욕타임스≫ 회견 내용이 와전된 것이라고만 해달라고 부탁했다는 것이다. 그때 김재규는 "이대로 가다가는, 이 나라도 총재님도 불행해집니다. 어떤 일이 있어도 (김영삼 제명과 구속) 막아야 합니다"는 말을 했다고 그는 기억한다. 이에 대해 그는 "나보다 박정희가 먼저 죽을 거요. 김 부장도 조심하시오"라고 응대했던 것으로 회고하고 있다. 김영삼의 성격이나 스타일로 미루어 있을 수 있는 일이고, 했을 수 있는 말이다. 그리고 비록 감정적으로 한 말이지만 김영삼의 예언은 적중했다.

국회가 자신을 제명하던 날, 그는 미리 준비했던 성명서를 기자들에게 배포했다.

나는 이미 나라와 국민, 그리고 이 나라 민주주의를 위해 몸을 던졌습니다. 순교(殉敎)의 언덕 절두산(切頭山)을 바라보는 이 국회의사당에서 나의 목을 자른 공화당 정권의 폭거는 저 절두산이 준 역사의 의미를 부여할 것입니다. 나는 오늘의 이 수난을 민주회복을 위한 순교로 받아들일 것입니다(김영삼, 2000).

정권 측의 정치적 박해가 김영삼의 사정치형 리더십을 부추긴 요인이 되었을 수도 있다. 모든 것을 자기 중심으로 생각하고 모든 의미를 자신과 결부시키는 계기들이 되었을 것이기 때문이다. 이 점에서는 김대중의 경우도 다를 바 없다.

국회의 김영삼 제명은 부사마태(釜馬事態)를 촉발했고, 이것이 빌미가 되어 10·26사태가 터졌다. 통칭 '부마사태'로 불리는 당시 학생 및 시민들의 대규모적이고 격렬한 시위와 이에 대한 전국적인 호응의 분위기가 유신정권을 막다른 골목으로 몰아갔다. 정권이 극도의 위기 속으로 밀려들어가던 와중에서 1979년 10월 26일 저녁 7시 30분 경 김재규 중앙정보부장이 박정희를 향해 권총 방아쇠를 당겼다. 이로써 유신통치는 끝났다. 유신정권의 몰락은 김영삼의 투사적 면모를 부각시키는 극적인 계기가 되었다.

2) 서울의 봄

박정희의 사망으로 대통령 권한대행을 맡은 최규하(崔圭夏)는 너무 걱정이 많았거나 아니면 은근히 권력에 욕심을 갖고 있었음에 틀림없다. 만약 그가 선의의 관리인으로서의 직책에 충실할 생각이었다면 이미 효력이 정지된 것이나 마찬가지인 유신헌법을 배경으로 굳이 한시적 대통령을 선출하고 그 정부가 개헌을 주도하도록 하겠다고 고집할 까닭이 없었다. 그가 정치일정을 필요 이상으로 늦춘 탓에 전두환(全斗煥) 등 '80년 신군부'는 정권탈취 공작의 충분한 시간을 벌었다. 이 점에서 5공화국 등장 책임의 절반은 최규하 몫이라고 할 수 있다.

물론 김영삼·김대중 두 김씨에 대한 비판도 제기되었다. 이들의 지나친 경쟁은 정치권의 혼란으로 비쳤고, 그 같은 분위기가 신군부에게는 정변의 핑계를 제공했다. 이 점에서 양김은 일정한 책임을 부인할 수가 없다. 그럼에도 불구하고 직접적인 책임을 이들에게 추궁할 근거는 부족하다. 이들은 수동적 입장에서 벗어나지 못했기 때문이다.

최규하는 1979년 12월 6일 장충체육관에서 실시된 제10대 대통령 선거에 단독으로 출마, 통일주체국민회의 재적대의원 2,560명 가운데 2,465명의 압도적인 지지를 받아 당선되었다. 최 대통령은 다음날인 7일 오후 5시 국무회의 의결을 거쳐 대통령 긴급조치 제9호를 8일 0시를 기해 해제한다고 선포했다. 이에 따라 긴급조치 9호 위반으로 구속되어 있던 학생 33명과 일반인 35명 등 68명이 풀려났다. 김대중에 대한 보호관찰조치도 8일 0시를 기해 자동 해제되었다. 이로써 유신정권의 압제수단을 상징하던 제도적 질곡의 하나가 역사에 편입되어갔다.

이어 긴급조치 9호 위반혐의로 불구속 및 구속 기소되었던 김영삼 신민당 총재와 문부식(文富植) 등 3명은 12월 15일 면소 판결을 받았다. 이에 앞서 12월 12일에는 김영삼에 대한 신민당 총재직무정지 가처분 신청이 취하되었다. 정운갑의 직무대행 등록도 말소되었다. 정운갑은 말할 것도 없고 이철승 등 김영삼을 몰아세웠던 인사들은 이후 끝내 위상을 회복하지 못했다.

1979년은 10·26사태에 12·12사태(훗날 김영삼 정권 때 '군사반란'으로 규정된다)까지 겹쳐 어수선하고 불안한 가운데 지나갔다. 신민당은 80년 1월 31일 서울시지부 결성대회를 시발로, 전국 시·도지부 및 지구당 결성 등 조직정비 작업을 적극화했다 서울시지부 결성대회에서 김영삼은 '신민당이 집권하는 것은 역사의 순리'라고 주장했다. 그는 "YH사건 — 야당 총재 제명 — 부마사태 — 10·26에 이르기까지 유신체제를 무너뜨린 장본인은 나와 신민당"이라고 기염을 통했다. 틀린 말은 아니었다. 여야를 통틀어 당시의 정치지도자들 가운데 유신정권의 몰락에 가장 직접적이고 큰 동인을 제공했던 사람으로는 김영삼을 꼽을 수밖에 없다. 그렇다해도 '나와 신민당'이라는 김영삼의 표현은 유의할 만하다. 이것이 김영삼식 화법이다. 그의 의식과 태도의 언어적 표현이다. 그의 자기중심주의, 자기애, 독선적 의식 구조가 그 말에 묻어나온다. 그는 언제나 '나'를 앞세웠다. 그리고 자신이 하는 일은 늘 정의로운 것이어야 했다.

김영삼식 투쟁의 또 한 가지 특징은 '정신의 결여'다. 이는 군부의 강권 통치를 상대로 한 한국 야당 정치리더들의 공통된 투쟁자세였다고 할 수 있다. 이들의 목표는 독재타도 이후의 새로운 민주국가 건설보다는 자신들의 집권에 있었다. 이들은 자신의 집권 가능성을 여는 이외의 국가적 과제들에 대해서는 적극적인 관심을 기울이지 않았다. 그것이 민주화 이후의 정치적 혼란과 갈등을 효과적으로 해소할 수 없었던 주요 이유이다.

김대중은 1979년 10월 27일 새벽 4시에 로스앤젤레스의 아는 사람으로부터 전화를 통해 박정희 암살 소식을 들었다고 한다. 오랜 독재가 끝났으니 다행이 아니냐는 상대방의 말에 그는 "아니오, 아직 내막은 알 수 없지만 그런 식으로 끝날 일은 아닙니다"고 대답한 것으로 자신은 기억하고 있다.

보통 때 같으면 장기 독재정권의 주인공이 죽었으니 반가운 일일지도 모른다. 그러나 나는 그렇게 생각하지 않았다. 민주주의는 국민의 힘으로 쟁취되어야 하는 것이지 암살이나 쿠데타에 의해 이루어질 수는 없는 법이었다. 그게 내 신념이었고 또 그렇게 주장해왔던 것이다(김대중, 1997).

그가 마음으로는 그렇게 생각했을지 모르나 육성으로 한 말은 달랐다. 1980년 4월 18일 동국대학 학생회가 4·19 기념일을 하루 앞두고 주최한 '4·19혁명과 민족통일'이라는 주제의 초청강연회에 나가서 '10·26'의 의미를 설명했다.

……약 5만 명이 모인 동국대학 강연에서 김대중씨는 "10·26사태는 어떤 단체에 의해 이루어진 것도 아니며 독재에 항거해온 전 국민의 혁명"이라고 찬양하면서 "탄압을 받더라도 우리가 끈질기게 저항하면 기필코 성공할 것"이라고 열변을 토했다(함윤식, 1987).

그 1주일 후 서울 태평로 코리아나호텔에서 열린 관훈클럽 초청토론회에 참석해서 다시 '10·26사태'의 의의에 대해 자신의 견해를 밝혔다.

10·26사태는 민중이 주체였던 동학농민혁명, 민족이 주체였던 3·1운동, 민주학생이 주체였던 4·19혁명을 총괄적으로 계승한 민중, 민족, 민주의 국민적 의지의 집약적 표현이라 하겠습니다. 이것은 분명히 자유, 통일을 거부해온 반민중 반민족 반민주 세력에 대한 국민적 투쟁의 결과였습니다(함윤식, 1987).

1980년 봄 최규하 대통령으로서 개헌정국을 주도하려 했고, 김영삼· 김대중 등은 정권쟁취가 눈앞에 이르렀다는 인식 아래 서로 유리한 고지를 점령하기 위해 안간힘을 썼다. 김영삼은 김대중을 자신이 이끌고 있던 신민당에 끌어들임으로써 자신의 지도적 지위를 기정사실화하려는 전술을 구사했다. 이에 대해 김대중은 1970년의 당내 지위, 즉 야권의 대통령 후보 또는 당수직을 보장받거나 쟁취하는 데 집착하는 모습을 보였다. 특히 김대중의 입장에서는 특별하고 확실한 보장이 없이 신민당에 입당한다는 것은 김영삼의 지도적 위상을 인정해주는 게 되는 셈이었다. 그 서열화를 그는 수용할 수 없었을 것이다.

1978년 6월부터 81년 7월까지 주한 미국대사로 재임했던 윌리엄 글라이스틴은 이 당시의 3김을 다음과 같이 기억하고 있다.

3김 모두 자신들이 차기 대통령이 될 전망을 점치기에 바빴다. 김종필은 이전의 부패혐의에 노출될 위험 때문에 12·12 이전보다는 공세적 자세를 누그러뜨렸지만 김영삼과 김대중이 야권 지지표를 분산시키는 경우 자신에게 승산이 있을지도 모른다는 희망을 버리지 못하고 있었다. 김영삼은 현직 야당 총재라는 이점을 살려 야당 당수직을 유지하려 한 반면 김대중은 전에도 그랬던 것처럼 개혁주의자라는 인기를 살려 야당 당권을 손아귀에 넣으려 했다(글라이스틴, 1999).

그 와중에서 정부는 5월 17일 밤 비상국무회의를 열고 이날 밤 12시를 기해 비상계엄의 전국 확대를 의결했다. 그리고 계엄사령부는 다음날 '5·17조치', 즉 '탈구시대(脫舊時代) 정계정화작업'의 일환으로 우선 김종필, 김대중, 이후락 등 26명의 정치인을 연행했다. 권력형 축재와 학원분규 및 노사분규 선동혐의가 그 이유였다. 이때 김영삼은 자택에 연금 당했다. 이로써 신군부는 '3김시대'를 청산한 것으로 생각했다.

이 부분에서 김영삼은 이렇게 말하고 있다.

전두환은 김대중은 내란음모죄로, 김종필은 부정축재혐의로 체포했다. 재야 지도자인 홍남순(洪南淳) 변호사를 비롯 수많은 사람들이 구속되었다. 그러나 나로 인해 비롯된 부마 민중항쟁으로 박정희가 몰락하는 것을 목격한 전두환은 나에 대한 탄압이 불러일으킬 국민들의 저항을 두려워했던 것 같다. 전두환은 나를 구속하지도 못했고, 연금 사실조차 언론에 보도되지 못하도록 철저히 통제했다(김영삼, 2000).

그로서는 다른 요인들이 다 잡혀가던 시절에 자신만 연금에 그쳤던 사실에 대해 그럴 듯한 해명이 필요했을 것이다. 물론 그의 말은 진실의 일면일 수도 있었다.

3) 김대중의 수난

계엄사령부는 80년 7월 2일 광주사태 관련자에 대한 처리방침을 발표한 데 이어 4일 '김대중 내란음모사건' 수사결과를 발표했다. 그리고 12일 계엄사 합동수사반은 김대중 등 9명을 구속송치했고 검찰은 그 달 31일 김대중 등 24명을 기소했다.

김영삼 신민당 총재가 정계은퇴를 선언한 다음날인 8월 14일 김대중 등 24명에 대한 첫 군사재판이 시작되었다. 9월 17일 계엄보통군법회의는 김대중에게 사형, 나머지 피고에게는 징역 20~2년을 선고했다. 그리고 10월 24일에 계엄고등군법회의는 김대중 등의 항소심 첫 공판을 열었다. 11월 3일 계엄고등군법회의는 김대중에게 사형을 선고했다. 그리고 문익환(文益煥) 등 4명은 감형, 김윤식 등 3명은 집행유예, 나머지는 1심 형량대로 선고했다. 김대중 등 12명은 11월 12일 상고했으나 이듬해 1월 23일 대법원은 이를 기각하고 원심을 확정했다.

> 대법원 상고가 기각되었다는 얘기는 아내로부터 들었다. 다음해인 1981년 1월 23일의 일이었다. 사형이 확정된 것이다. 나는 아내의 말을 냉정히 들을 수 있었다. 당시 항간에서는 김대중 피고는 빠르면 연내에라도 상고를 기각시키고 사형을 집행시킨다는 소문이 나돌았다고 한다. 상고가 기각되었으니 사형 집행은 이제 시간문제였다(김대중, 1997).

대법원의 전원합의체(재판장 이영섭 대법원장, 주심 윤운영 대법원 판사)는 법관 전원일치 판결로 김대중 등의 상고를 기각했다. 그리고 같은 날 정부는 국무회의를 열어 김대중을 무기징역으로 감형하고 관련 피고인 11명에 대해서도 형량을 줄이는 등 12명 전원에게 감형조치를 할 것을 결의했다.

사형 확정 직후 정부는 전두환 대통령의 지시로 임시 국무회의를 열어 내 형을 감형하여 무기징역으로 할 것을 결정했다. 아울러 다른 피고인들에게도 각각 감형조치가 취해졌다. 이로써 나는 죽음의 늪으로부터 다섯번째의 생환을 이루었다(김대중, 1997).

그는 한결같이 자신이 독재권력의 살해음모에 빠져 다섯 번이나 죽음의 위기를 겪었어야 했다고 주장해왔다. 그러나 이 가운데는 자기과장 아니면 오해의 경우도 없지 않았다. 물론 그가 독재권력에 의해 핍박받고 부당하게 체포되었으며 재판에 회부되어 극형을 선고받는 등 남다른 형극의 길을 걸었음에는 틀림없다. 그러하다 해도 그의 자기과장 및 과시형 행태는 그의 고난과 구분되어야 한다.

그리고 앞에서 일별한 바 있지만 김대중은 사세 불리할 때는 김영삼 등 다른 민주운동 리더들에게 의지해서 자신의 영향력을 유지시켜 가다가 자신에게 유리한 국면이 돌아오면 이들을 비판하면서 자신의 존재를 부각시키는 전략을 구사하곤 했다. 이를테면 1980년 정국에서의 처신이 그 예라 할 수 있다. 그는 복권이 되기 전에는 김영삼이 주도하던 신민당에 고문의 직함을 얻었다. 김영삼과 동격의 고문이었다. 그러다가 복권이 되자 신민당과 김영삼을 비판하면서 민주화운동의 주도권을 장악하려 했고, 이 여세를 몰아 독자 정당을 형성하려 했다.

이 같은 김대중식 정치행태는 이후 민주화추진협의회(민추협)의 결성(1984년 5월 18일, 김영삼의 주도로 그의 단식투쟁 1주년이 되던 이날에 발족)과 이를 모체로 한 신한민주당(신민당) 창당(1985년 1월 18일)의 과정에서도 그대로 드러났다. 그는 미국에 있으면서도 민추협 공동의장이라는 이름으로 직접 투쟁일선에서 활약하던 김영삼과 같은 지위를 누렸고, 민주화 분위기가 고조되던 1985년 2월 8일 귀국하자 다시 김영삼과 공조 속 경쟁관계를 형성하면서 야권 지도력 장악을 추구했다. 그리고 1987년 대통령 선거를 앞두고 그는 마침내 평화민주당을 만들어 나가면서 김영삼과 결별하게 된다.

집권을 꿈꾸는 정치리더가 목적을 달성하기 위해 가능한 모든 수단을 동원하고 구사하는 것을 잘못이라고 할 수는 없다. 특정 정치인의 정치행태를 도덕주의적인 잣대로 재단할 수 없는 것도 사실이다. 그러나 같은 맥락에서, 집권을 최대의 가치로 여기고 이를 위해 과정 또는 수단의 도덕성을 경시한 사람들에 대해서, 그의 정치적 영향력이나 훗날의 성공에 구애되어 도덕적 정당성까지 부여하는 것 또한 옳지 못하다.

김대중은 1982년 12월 10일 도미(渡美) 치료를 제의받게 된다. 다른 수감자들을 풀어주기로 한다는 협상이 그의 부인 이희호(李姬鎬)와 노신영(盧信永) 국가안전기획부 부장 사이에서 이루어졌다고 그는 기억한다. 12월 23일 그는 청주교도소를 떠나 비행기에 올랐으며, 기내에서 형집행 정지의 통고를 받았다. 당시 감옥에 있던 함윤식은 김대중의 미국행과 관련, 이렇게 쓰고 있다.

> 어느 날 '이노끼'가 내 방에 동아일보 한 장 슬쩍 넣어주고 갔다. ……거기엔 그때 상고 중에 있던 김대중씨의 탄원서라는 것이 실려 있었다.
> "대통령각하. 본인은 그간 본인의 행동으로 국내외에 물의를 일으켰고 이로 인하여 국가안보에 누를 끼친 데 대하여 책임을 통감하며 진심으로 국민 앞에 미안하게 생각해 마지 않습니다. 본인은 앞으로 자중자숙하면서 정치에는 일체 관여하지 아니할 것이며 오직 새 시대 조국의 민주발전과 국가안보를 위하여 적극 협력할 것을 다짐하는 바입니다. 본인은 본인과 특히 본인의 사건에 연루되어 현재 수감되어 있는 사람들에 대하여 전두환 대통령 각하의 특별한 아량과 너그러운 선처 있으시기를 바라 마지 않습니다. 1981년 1월 18일 김대중" (함윤식, 1987).

이 탄원서는 김영삼의 회고록에도 전문이 수록되어 있다. 어쨌든 함윤식을 크게 놀랐지만 1월 23일의 대법원 판결을 보고 자신이 공연한 의심을 했음을 깨달았다고 했다. 대법원이 김대중의 상고를 기각하고 사형을 확정했기 때문이었다. 그는 "그 탄원서는 보안사나 정보부 어느 기관에서 일방적으로 조작한 얄팍한 술수라는 확신을 가지게 되었다"고 했다. "김대중씨가 끝까지 과오를 시인하지 않고 타협을 거부했기 때문에 하는 수 없이 사형을 확정시킨 것으로 알았다"는 것이다. 그런데 같은 날 정부는 전두환 대통령의 지시로 국무회의를 열고 김대중 등을 감형키로 했다. 함윤식은 1982년 12월 13일 김대중이 청주교도소에서 제출했다는 두번째의 탄원서도 소개했다.

> 전두환 대통령 각하. 국사에 전념하신 가운데 각하의 존체 더욱 건승하심을 앙축하나이다. 각하께서도 아시다시피 본인은 교도소 재소생활이 2년 반에 이르렀사온데 본래의 지병인 고관절변형, 이명증 등으로 고초를 겪고 있습니다. 본인은 각하께서 출국허가만 해주신다면 미국에서 2~3년 간 체류하면서 완전한 치료를 받고자 희망하온데 허가하여 주시면 감사하겠습니다. 아울러 말씀드릴 것은 본인이 앞으로 국내외를 막론하고 일체 정치활동을 하지 않겠으며, 일방 국가의 안보와 정치의 안정을 해하는 행위를 하지 않겠음을 약속드리면서 각하의 선처를 앙망하옵니다. 1982년 12월 13일 김대중(함윤식, 1987).

김대중은 워싱턴 내셔널 국제공항에 도착해서 즉석 성명을 발표했다.

> 납치사건 이래 한국 사람들과 세계의 많은 사람들이 자유의 회복을 위해 지원해 주신 데 대해 감사드리고자 한다. 일본 국민이 몇백만 명의 서명을 통해서 나에게 보내준 성의와 노력에 감사하고 있다. 앞으로는 하느님과 사람들을 위해 전력을 다하고자 한다. 나는 치료가 끝나는 대로 조국 한국으로 돌아가서 다시 싸울 생각이다(김대중, 1997).

다른 이야기이긴 하지만 중국 사마천(司馬遷)의 고사를 음미하는 것도 의미가 있을 것이다. 그는 아버지 태사공(太史公)으로부터 역사를 저술하라는 유명을 받았다. 그 뜻을 받들기 위해 그는 궁형(宮刑)의 치욕을 견뎠고, 그 울분을 사기 저술을 통해 발산했다.

김대중 또한 자신이 보다 더 큰 일을 하기 위해 일시 압제자들에게 고개를 숙일 필요가 있다고 생각했을 것이다. 따라서 그 사실 자체는 비난받을 일이 못된다. 전두환 세력은 김대중이 달리 선택할 여지를 주지 않았다. 따라서 탄원서는 김대중이 책임질 일이 아니다. 다만 김대중이나 그의 측근들이 그 후에 쓴 어떤 책에서도 이 사실을 밝히지 않고 있는 것은 지적해 둘 필요가 있다. 당당하지 못한 처신은 바로 이 점이다.

"나는 권력층과 타협하면 목숨도 살려주고 부귀영화도 보장해 주겠지만 그렇지 않으면 반드시 죽이겠다는 위협과 회유를 여러 차례 받았지만 끝내 죽음의 길을 택했던 것이다." 김대중 씨는 1985년 5월에 펴낸 『행동하는 양심으로』라는 자서전에서 그렇게 말하고 있다. 그러나 진실은 언젠가 밝혀진다는 평범한 진리는 그 누구도 거역치 못했다. "끝끝내 죽음의 길을 택했다"는 사람이 어떻게 그런 내용의 탄원서를 낼 수 있었겠는가?(함윤식, 1987).

탄원서 제출에 대해 추종자의 한 사람이 느꼈던 실망은 이해할 만하다. 지지자 또는 신봉자들에게는 리더의 영웅적인 모습을 기대하는 심리가 있게 마련이다. 특히 김대중을 주군 모시듯 했던 사람들로서는 자신들도 모르는 새 그가 쿠데타 정권에 '탄원서'를 써바치면서까지 목숨을 빌어서 미국으로 떠난 것을 납득하기 어려웠을 것이다.

이러한 김대중 씨의 이율배반적 태도를 보고 나는 그가 목적을 위하여서는 수단과 방법을 가리지 않는 마키아벨리스트라고 생각하게 되었다(함윤식, 1987).

정치과정은 교육의 과정이 아니라 경쟁의 과정이다. 그는 김대중이 마키아벨리스트라고 생각하게 되었다고 새삼스러운 듯 말하지만 현실 정치인 대다수는 마키아벨리스트일 수밖에 없다. 한 걸음 더 나아가 말하자면 마키아벨리의 『군주론』은 새로운 통치술을 제안하고 있는 것이 아니다. 다만 현실을 직시하고 거기에 철저히 적용하라는 요청일 뿐이다. 다시 말해 도의에 구애되어 판단이나 행동을 그르치지 말고 냉정하게 정치적 목표만을 추구하라는 것이다. C. J. 프리드리히의 지적이 뜻하는 바도 다르지 않다.

따라서, 권력을 행사하는 사람은, 자신의 국가에 재난을 초래하지 않기 위해서 권력사용에 있어 보다 현실적이 되어야만 한다는 것입니다. "군주는…… 선량하게 되지 않는 방법을 배워야만 한다." 이러한 관점에서 마키아벨리는 권력과 권력의 변화성을 정치사상의 중심 문제로 설정하였던 것입니다(프리드리히, 1977).

김대중뿐만 아니라 현실(혹은 세속) 정치인은 누구나 그 같은 성향을 갖고 있다. 사람 사이에서 차이가 있다는 것은 그런 성향의 다과(多寡)이지 그것의 유무는 아니다. 그리고 바로 이 점에 대한 오해가 한국 현대정치 갈등구조의 한 축을 이루었다고 볼 수 있다. 정치리더들이, 이른바 '마키아벨리스트'의 행태를 보이면서도 추종자와 국민으로부터의 인격적 존경을 갈망하고, 국민들 또한 그러한 리더를 원함으로써 '정치적 흑백논리'가 정치과정을 지배하게 된 것이다.

정치리더들은 가부장적 권위, 완전한 인격을 갖춘 사람으로 비치기를 원했다. 그러므로 가식·가장·자기합리화가 체질화했다. 인간의 불완전함을 인정하고 그 모습을 추종자들에게 보이길 두려워하지 않는 성격이었다면 김대중은 자신이 탄원서를 쓴 사실을 굳이 숨기려 하지 않았을 것이다. 관훈토론회에서 함윤식의 책을 "읽지 않았다"고 무시하듯 했다가, "그게요, 『동교동 24시』라는 것은 전직 내 경호원 이름만 빌렸지, 안기부에서 만든 거예요"라며 스스로 그 책에 크게 구애되었음을 드러내보인 심리상태도 다르지 않다.

더 큰 문제는 이 같은 도덕적 순결주의가 형식주의와 강하게 결합되어 있다는 사실이다. 그것은 과시적 덕목으로서 더 중요성을 갖는다. 남에게 도덕적인 사람으로 비치고 인식되려는 욕구가 행동준칙이 된다. 이런 의식은 필연적으로 부도덕·부정직성을 내면적으로 키운다. 음모의 정치, 책략의 정치는 이런 의식의 한 표현이다. 이환은 전통사회의 한 특징으로서 '우리'의 공동체를 설명하면서 베네딕트(Ruth Benedict)의 일본론을 원용한다. "일본인은 치욕감을 원동력으로 하고 있다"는 부분이다.

이환은 이를 일본에 고유한 것이 아니라 동양인적인 의식 및 문화로 보고 있다.

그들이 어떤 죄를 지었는지는 사실 크게 문제되지 않는다. 남들의 시선을 피하는 것이 급하며 그렇게 되기만 하면 그만이다(이환, 1999).

사실 우리의 전통적 정치의식이 반드시 유가적인 도덕주의에 기초를 두었던 것이라고 할 수는 없다. 중국이나 마찬가지로 현실정치를 실제로 지배한 것은 법가적 사고와 질서였다. 이른바 '외유내법(外儒內法)'의 전통이 이어졌다. 겉으로는 덕치(德治)가 표방되었으나 백성에 대해서는 법가적 지배원리가 적용되었다. 조선조 500년을 관통하는 정치원리가 주자학에 의존한 바 컸다고 하지만 그것은 왕가와 지배집단, 지배집단 내의 질서를 규정하는 의식 및 질서체계였을 뿐이다. 백성에 대한 통치는 유가적 가치관의 법가적 관철이라는 형식을 띠었다. 즉 유가적 예를 법가적 수단으로 강요하고 유지한 것이다. 김대중은 1985년 초 귀국을 결심한다.

3. 강인한 (정치)생명력

1) 산행과 망명투쟁

김영삼은 전두환이 국민의 저항을 두려워해서 자신을 구속하지 못했다고 했지만 전적으로 그 때문에 그가 체포를 모면했다고 보기는 무리다. 오히려 김영삼이 자신들과 지역기반을 공유하고 있다는 사실에 주목했을 수 있다. 호남지역의 지지를 기대할 바 못되었던 그들로서는 영남의 민심이반을 초래할 모험을 감행하기가 쉬웠을 리 없다.

물론 김영삼에게 씌울 죄목이 상대적으로 마땅찮았던 점도 감안해야 한다. 또 신군부의 입장에서는 양김이 밀착하도록 여건을 조성할 까닭이 없었다. 같이 감옥에 넣으면 양김은 동지애를 회복할 것이고 결집된 힘으로 저항할 것은 불을 보듯 분명했다. 차별대우는, 힘들이지 않고 두 사람 사이를 갈라놓을 수 있는 효과적인 이간책이 될 것이었다.

당연히 김영삼으로서는 투옥을 면했다는 사실이 되레 부담이 되었을 법하다. 김대중에 비해 상대적으로 투쟁성이 떨어져 보이게 되었기 때문이다. 그의 성격으로는 감내하기 쉬운 일이 못되었다. 대개 국내 활동 또는 투쟁에서는 김영삼이 김대중보다 더 격렬한 몸짓을 해 보인 것이 아마도 이와 무관치 않을 것이다.

1980년 8월 13일 언론에는 김영삼의 정계은퇴 기사가 실렸다. 그는 신민당 대변인 박권흠(朴權欽)을 통해 은퇴성명을 발표했다. 김대중이 핍박받는 상황에서 자신이 구속도 되지 않은 데다가 야당 총재직까지 갖고 있다는 것이 부담스러웠을 것이다. 또 당국의 규제로 정치활동을 할 여건이 되어 있지 않은 상황에서 자신에게 쏠리는 국민들의 기대감을 감당하기 힘들었을 수도 있다.

김영삼은 연금기간 중 붓글씨 쓰기에 열중했다. 그 작품들을 1차 연금이 해제된 1981년 7월 9일부터 15일까지 부산의 로터리전시관에서 전시했다. "사람들이 자꾸 호(號)를 써달라고 해서 임시변통으로 부산과 거제에서 한 글자씩 따 거산(巨山)이라고 써주었는데, 이것이 그 이후 내 호로 정착되었다"고 그는 회고한다. 이에 앞서 6월 9일 목요일 김동영의 권유로 최형우·문부식·김덕룡(金德龍) 등과 함께 삼각산 산행을 했다. 그의 소문난 산행은 이에서 비롯되었다. 첫 산행 날 외교구락부에서 민주산악회를 발족시켰다. 이 산악회가 1984년 5월 18일 결성된 '민주화추진협의회'의 모태가 되었다. 그리고 이를 바탕으로 훗날 신한민주당(新韓民主黨)이 창당되어 1985년 2·12총선에서 야당의 대약진을 이루어낸다.

때 마침 내가 즐겨 읽던 네루의 회고록 가운데 산행에 대한 인상적인 대목이 있어 여기 적어본다. "오르면 오를수록 등반은 힘겨워지고, 산정은 구름에 싸여 숨어버린다. 그러나 등산은 심신의 단련에 보람이 있고, 독자적으로 기쁨과 만족을 우리에게 준다. 무릇 인생에 대해 가치를 부여하는 것은 종국적인 결과가 아니라 투쟁의 과정일 뿐이다"(김영삼, 2000).

김영삼은 아마도 '투쟁'이라는 용어에 매력을 느꼈을 것이다. 그는 체질적으로 투쟁가다.

정권측은 1982년 5월 31일부터 다시 김영삼을 연금했다. 4월 16일자의 《뉴욕타임즈》지에 민주산악회 및 김영삼 인터뷰 기사가 실린 것이 빌미가 되었다. 1983년 5월 그는 시국 전반에 대한 견해를 담은 성명 '국민에게 드리는 글'을 발표했다. 정치민주화 및 구속자 석방, 정치활동 규제 해제 및 피규제자 전면적 복권, 언론자유 보장, 헌법 개정 및 반민주 악법 개폐 등의 요구사항을 담은 이 성명은 5월 16일 AP통신을 통해 국외에 전해졌다. 이어 김영삼은 광주민주화운동 3주년을 맞은 5월 18일부터 단식에 들어갔다. 그는 '단식에 즈음하여'라는 성명에서 '민주화투쟁에 모든 것을 바칠 결심'을 밝혔다.

그는 단식 23일째인 6월 9일 오전 병원에서 내·외신 기자들과 회견을 갖고 '단식 중단'을 선언했다. 그의 지지자들에 대한 연금은 5월 30일부로 풀렸다. 그에 앞서 단식 8일째 되던 5월 25일 그는 서울대학병원으로 강제 이송되었다.

나는 부끄럽게 살기 위하여 단식을 중단하는 것이 아닙니다. 앉아서 죽기보다는 서서 싸우다 죽기 위하여 단식을 중단하는 것입니다…….

그는 단식을 중단하면서 이런 내용의 성명을 발표했다. 23일간의 단식은 그가 이후 기회 있을 때마다 강조해 온 것처럼 '목숨을 건 투쟁'이었음에 틀림없다. 어쨌든 이 일로 그는 김대중 등 여타 민주화 투쟁 지도자들에 대한 일종의 투쟁성 콤플렉스에서 벗어난 것처럼 보였다.

그 동안 해외에서는 케네디 미 상원의원, 코헨 교수, 리치 의원 등 많은 인사들이 전화와 편지로 단식 중단과 생명 보전을 간곡히 호소해 왔다. 에드워드 케네디 상원의원은 6월 9일 내게 "한국에서의 자유를 위한 투쟁을 지지하며……총재님의 생명이 더 이상 위태롭지 않기를 하나님께 기도 드립니다. ……총재님의 위대한 헌신과 숭고한 투쟁, 그리고 총재님의 위대한 지도력에 무한한 찬사를 보냅니다"라는 서신을 보내왔다(김영삼, 2000).

자신의 단식 중단이 투쟁성의 약화 때문이 아니라, 수많은 국내외 인사들의 희망에 따른 것임을 강조하려는 의도가 묻어 나오는 말이다. 그리고 김영삼은 김대중이나 마찬가지로 해외, 특히 미국과 일본의 유명 지인(知人)을 거명하기를 좋아한다. 번역된 케네디의 편지 문투도 김영삼의 위상을 한껏 높이는 극존칭으로 되어 있다. 정치인들에게서 쉽게 발견되는 자기과시 및 과장벽의 한 단면이다. 물론 김영삼의 경우 김대중에 대한 경쟁의식의 발로였을 수도 있다.

그의 단식을 계기로 양김 사이의 정치적 연대가 다시 형성되었다. 서울의 김영삼과 워싱턴에 머무르고 있던 김대중은 1983년 8월 15일 광복절에 '민주화투쟁은 민족의 독립과 해방을 위한 투쟁이다'라는 제목의 성명을 동시에 발표했다.

전두환 정부는 1984년 2월 25일 '2차 해금'을 단행했다. 그러나 김영삼의 2·16성명에 서명했던 37명은 제외되었다. 김영삼은 여전히 '정치풍토쇄신을위한특별조치법'에 묶여 있었으나 이를 무시하고 정치활동을 시작했다. 그는 이미 1983년 7월, 김대중의 측근이던 김상현(金相賢)에게 민주화운동을 함께 벌일 것을 제의해두고 있었다. 범야권 연합의 민주화투쟁기구를 만들자는 것이었다.

이 제의를 전해들은 동교동계는 찬·반론자로 갈려 논쟁을 벌였다. 찬성측은 김상현, 김녹영(金祿永), 예춘호 등이었고 반대측은 박영록(朴永祿), 김종완(金鍾完), 박종태(朴鍾泰) 등이었다. 찬성파는 오랜 계파내 논쟁 끝에 김영삼과의 연대조직 구성에 참여했다. 1984년 들어 민주화투쟁 기구의 발족을 위해 8인위가 구성되었다. 김영삼 쪽에서는 김영삼, 이민우(李敏雨), 김명윤(金命潤), 최형우가, 김대중 쪽에서는 김상현, 조연하, 김녹영, 예춘호가 대표로 참가해서 '민주화추진협의회(약칭 민추협)' 결성에 뜻을 모았다. 그에 따라 1984년 5월 18일, 김영삼의 단식투쟁 1주년에 맞춰 민추협이 발족했다. 그리고 이 해 6월 14일 결성대회를 통해 민추협은 공식 출범했다. 김영삼이 공동의장, 김대중이 고문(귀국 후에 공동의장을 맡기로 함), 그리고 김상현이 공동의장 대리를 맡았다.

1980년 11월 '정치풍토 쇄신을 위한 특별조치법'으로 567명이 정치활동 규제를 받았다가 1, 2차에 걸친 해금으로 많이 풀렸으나 1984년 11월까지 99명이 묶여 있었다. 이들 가운데 84명이 11월 30일 3차 해금으로 풀렸다. 그러나 김영삼 김대중 등 민추협 참여자들은 이때도 풀리지 못했다. 김종필 이후락 등 부정축재로 정치활동이 금지된 6명도 미해금으로 남았다.

1984년 12월 11일, 김영삼 공동의장, 김대중 고문, 김상현 공동의장 대리의 이름으로 민추협의 신당 창당 및 총선참여가 공식 발표되었다.

12월 20일 서울 동숭동 흥사단 대강당에서 신한민주당 창당발기인대회가 열렸다. 당명은 유신독재와 맞서 싸워온 '신민당'을 계승한다는 의미에서 그렇게 정했다. 전두환 정권이 과거 정당의 이름을 다시 사용하는 것을 금지했기 때문에 약칭으로 '신민당'이 될 수 있는 이름을 지어낸 것이다.

1985년 2월 김대중은 정권 측의 '투옥' 위협에도 불구하고 귀국을 결심했다.

그 무렵 어느 날의 일이었다. 보스턴의 한 식당에서 친구와 함께 식사를 하고 있는데 내게 전화가 한 통 걸려왔다. ≪뉴욕타임스≫ 기자였다. "오늘 청와대 정무수석이 당신이 만약 귀국하면 투옥시키겠다고 했습니다. 그래도 귀국하시겠습니까?" "물론입니다. 예정에 변경은 없습니다." 나는 분명하게 내 뜻을 밝혔다. ≪뉴욕타임스≫에는 즉시 그 내용이 실렸고 그 이후 모든 매스컴은 내게로 화제가 모아졌다. '김대중을 제2의 아키노로 만들지 말라'는 내용이었다. 인권 문제만큼은 양보하지 않는 그들 언론이라, 내 귀국 문제는 초미의 관심사로 등장했던 것이다(김대중, 1997).

그는 형의 실효를 선고받지 않고 형 집행 중에 정권의 정치적 고려로 미국에 갔다. 전두환 정권으로서는 국내에 있지 않고 미국으로 간다면 보내주겠다는 조건으로 그를 풀어 준 것이었고 김대중도 그 조건을 수락해서 미국으로 간 것이었다. 따라서 그가 입국하겠다면 전두환 정권 측으로서는 재수감 하겠다는 말을 할 만도 했다.

내 귀국은 그렇게 해서 만인의 주시 속에서 행해졌다. 그러나 귀국에 따른 안전문제는 아직 보장되지 않은 상태였다. '제2의 아키노'가 되지 않도록 내 귀국에는 스무 명이 넘는 사람들이 신변을 지켜주기 위해 일부러 동행했다. 두 명의 미국 연방 하원의원, 국무성의 전 인권담당 차관보, 퇴역 해군 대장, 아메리칸 익스프레스의 사장, 미국의 유명한 여성 가수, 목사 그리고 여러 명의 인권운동가들이었다. ……김포공항에 도착한 건 정오 무렵이었다. 우리 일행은 그때 하나 같이 놀라 입을 다물지 못하고 말았다. 그 곳에는 무려 30만 명이 넘는 시민들이 운집해 있었던 것이다(김대중, 1997).

김대중 자신은 그렇게 회고하고 있지만 당시 이미 2·12총선 분위기가 달아오르면서 급조된 신민당에 대한 국민들의 지지열기가 고조되던 중이었다. 김대중이 귀국하더라도 '제2의 아키노'를 만들어낼 상황은 이미 아니었다. 정권 측으로서는 오히려 그의 안위를 누구보다도 걱정해야 할 입장이었다. 그런 시점을 김대중은 충분히 이용했던 것이고, 미국 측 동행인사들은 그 점에서 그의 극적인 귀국을 빛내줄 배경으로서 충분히 그 몫을 다했다고 하겠다. 김대중은 김포공항에 내리기 무섭게 당국에 의해 동교동 자택으로 보내졌다. 동행했던 미국 인사들과도 공항에서 헤어질 수밖에 없었다.

약속대로 미국에서부터 나와 동행했던 이들은 행동을 함께 하기 위해 버텼지만 강제적인 힘에 의해 떠밀리고 넘어지는 수난을 당해야만 했다. 그 자리에는 현직 미 하원의원도 있었고 국무성의 전 고관도 있었다. 불명예스럽게도 이 장면은 때마침 모여 있던 전세계의 보도진에 의해서 그대로 타전되고 말았다(김대중, 1997).

김대중은 이렇게 정권 측을 비난하고 있으나 우리나라의 이미지는 이미 미국인들이 그와 동행할 때부터 충분히 불명예스러워져 있었다.

김대중은 신민당이, 자신의 귀국이 불러일으킨 '예상 밖의 바람'에 힘입어 대약진했다고 기억하고 있다. '예상 밖의 바람'이었던 사실이지만 이 바람은 그의 귀국 이전에 이미 불고 있었다. 또 그가 적극적으로 신민당을 지원했다는 실체적 근거가 당시로서는 거의 없었다. 조연하, 함윤식 등에 의하면 오히려 김대중은 미국에 체재하면서 김영삼이 주도한 민추협 결성과 신민당 창당에 대한 측근들의 참여를 저지했다. 이 점에서 조, 함 양인의 주장은 일치한다. 그리고 김영삼의 기억도 이들의 주장을 뒷받침한다.

> 미국에 있던 김대중은 애당초 민추협이 신당을 창당하고 총선에 참여하는 것을 반대했으나, 총선 참여는 이미 대세였다(김영삼, 2000).

> 해금 직후 나는 김대중의 집을 찾아갔다. 김대중은 2·12총선을 앞두고 출국 2년 여 만인 2월 8일 귀국했다. 나는 그 전부터 여러 경로를 통해 김대중의 귀국을 수 차례 종용했으나, 그는 선거 종반이 되어서야 귀국했다(김영삼, 2000).

물론 김대중의 기억은 아주 다르다. 그는 회고록에서 민추협 결성과 신민당 창당 및 총선 참여에 대해 상대적으로 아주 간략히 쓰고 있다. 그리고 김영삼의 주도적 역할에 대해서는 의도적으로 외면하는 인상을 주는 기술 태도를 보인다.

> 김영삼 씨는 단식 12일 만에 서울대학교 의과대학 부속병원에 강제로 이송당했다. ……이 투쟁이 하나의 계기가 되어 '민주화추진협의회(民推協)'가 탄생했다. 나와 김영삼씨는 이 민추협에 공동의장으로 추대되었다(김대중, 1997).

1997년 대통령선거를 앞두고 출간했던 『나의 삶 나의 길』에서 그가 언급한 것은 이 정도다. 그리고 『김대중 자서전 — 역사와 함께 시대와 함께』에는 다음과 같이 기술되어 있다.

내가 미국에 있을 무렵 김영삼 씨와 여러 가지 수단으로 의견을 나눈 끝에 만든 신한민주당(신민당)이 처음으로 총선을 치르게 되었다. 김상현 씨가 나의 입장에 서서 창당 작업에 커다란 역할을 해주었다(김용운 편역, 1999).

어쨌든 그는 영웅이 되어 돌아왔다. 그가 오래 외국에 있었음에도 불구하고 국내 기반은 확고히 마련되어 있었다. 그의 측근들, 즉 동교동계 인사들이 부재중인 그의 이미지와 대중적 기반 및 조직 관리에 노력한 덕분이었다. 누구를 위해서가 아니라 자신의 필요 때문이었겠지만 김영삼이 투쟁 과정에서 언제나 김대중을, 이름으로라도 참여시켰던 것 또한 당연히 큰 힘이 되었다. 그리고 신민당의 대 약진에 힘입어 김대중에 대한 정치적 연금도 해제되었다. 그는 다시 정치무대의 중심에 진입할 계기를 맞은 것이다.

함윤식은 김대중이 연금에서 풀렸던 3월 6일의 동교동 분위기를 『동교동 24시』에 적고 있다. 김대중은 "미국의 상류사회에서는 말이야, 담배를 안 피워!"라며 담배끊은 얘기를 '신명나게' 했다고 한다. 또 그가 귀국하던 날 군중이 100만 명이나 되었다는 말에 매우 흡족해 했고, 정대철(鄭大哲)이 이런 상황을 미처 모르고 4만~5만 명 정도라고 했다가 핀잔을 들은 대목도 기술하고 있다.

2) 개헌서명운동

신민당 이민우 총재가 1985년 정기국회 폐회일인 12월 18일 개헌을 위한 '1000만인 서명운동'을 실시하겠다고 발표했다. 정부의 압력에도 불구하고 신민당 이 총재는 2·12총선 1주년 기념식전에서 '서명 개시'를 선언했다. 김영삼 민추협 공동의장이 주머니에서 서명용지를 꺼내 참석자들에게 돌렸다. 당초 100만 명 서명운동이 구상되었으나 김영삼의 주장으로 1,000만 명 서명운동이 되었다.

이날 이후 개헌 서명운동은 전국적으로 전개되기 시작했다. 정부의 저지에도 불구하고 김영삼은 강하게 저항했다. 위기를 느낀 전두환은 4월 30일 민정당 노태우(盧泰愚) 대표위원과 신민당 이민우 총재를 청와대로 불러 이 문제를 논의하게 된다. 이날 회담 후 청와대측은 "여야가 국회에서 합의한다면, 재임 중에도 헌법을 개정할 용의가 있다"고 발표했다. 전두환이 이처럼 개헌에 대해 전향적 입장으로 돌아서게 된 것은 물론 국내의 개헌요구 목소리가 갈수록 커졌기 때문이었을 것이다. 그렇지만 한편으로는 필리핀 마르코스 정권의 몰락도 상당한 영향력을 미쳤으리라는 추측이 가능하다.

전두환의 '개헌용의' 표명에 따라 국회는 1986년 6월 24일 여야 만장일치로 헌법개정특별위원회 구성 결의안을 의결했다. 그리고 7월 30일 여야 합의로 헌법개정 특별위원회를 구성했다. 그러나 여야의 입장이 정면으로 부딪쳐 개헌특위는 공전을 못 면하다가 흐지부지되고 말았다. 여당인 민정당은 내각제를, 야당인 신민당은 대통령직선제를 고집하고 있었다.

국회의 개헌논의가 지지부진하자 전두환은 '4·13 호헌조치'를 발표했다. 당연히 거센 저항이 일었다. 5월 27일 민주당, 재야단체의 주도로 '민주헌법 쟁취 국민운동본부'가 결성되면서 개헌운동은 가열되었다.

개헌문제로 정치권의 대립이 깊어 가던 상황에서 서울대생 박종철(朴鍾哲)이 1987년 1월 14일 새벽 경찰에 연행되어 조사를 받던 중 이날 오전 고문으로 숨지는 사건이 발생했다. 이 사건을 경찰이 축소 은폐하려 했던 사실이 천주교 정의구현사제단에 의해 폭로되면서 정권 측은 엄청난 저항에 직면했다. 이 사건은 국민적 의혹과 분노를 불러일으키며, 민주화운동을 가열시키는 계기가 되었다. 전두환 정권에겐 치명적 타격을 안기는 사건이었다.

이 사건의 수사 및 재판이 진행되던 와중에 6월 9일 연세대생 이한열(李韓烈)이 교문 앞 시위 중 경찰이 쏜 최루탄 파편에 맞아 의식을 잃은 후 깨어나지 못한 채 7월 5일 사망하는 사건이 발생했다. 박종철 고문치사사건으로 격앙된 민심은 이한열 사건으로 한층 자극 받았다.

이 판에도 정권 측은 정권 연장을 획책했다. 민정당 총재이던 전두환 대통령은 이 해 3월 25일 노태우 대표에게 정국운영의 전권을 부여한 데 이어 6월 2일 저녁 청와대에서 노태우를 대통령후보로 천거했다. 이에 따라 6월 3일 민정당 중앙집행위원회는 노태우를 대통령 후보로 제청했다. 그리고 야당은 물론 국민적 반대 속에 6월 10일 민정당 전당대회를 강행, 노태우를 대통령 후보로 선출했다. 국민의 엄청난 저항이 따랐다.

김영삼은 이날 민주헌법 쟁취 국민운동본부의 '6·10대회(박종철 군 고문살인 은폐 규탄 및 호헌 철폐 국민대회)'에 참석하러 대한성공회 대성당으로 갔다가 경찰의 저지로 들어가지 못했다. 그는 저녁 늦게 민추협 기자실에서 기자들과 만나 6·10대회의 성과와 정국 전망 등에 대해 소견을 밝혔다.

— 오늘 대회를 어떻게 평가하십니까?
△ 지난 '2·7 박종철 군 국민추도회'나 '3·3 49재(齋) 행사'와는 비교도 할 수 없을 정도로 대성공입니다. 다만 우리의 투쟁이 유종의 미를 거두기 위해선 절대 폭력을 써선 안되고……(김영삼, 2000).

역시 김영삼식 화법이고 인식이었다. 그는 자신이 주도한 행사의 규모를 과시하고 싶다는 뜻을 그대로 드러내보였다. 다른 사람 같았으면 추도회나 49재를 비교 대상으로 삼지는 않았을 것이다. 그 자리에서 통화를 한 후 김대중도 "2·7대회와는 비교가 되지 않는다"고 하더라는 말을 강조해서 전한 점에서도 그러한 인상을 갖게 된다.

사태가 극도로 악화되자 노태우 민정당 대표는 6월 22일 청와대를 방문한 후 기자회견에서 전두환 대통령이 개헌논의 재개, 김대중 연금 해제, 구속자 석방 등을 받아들였다고 발표했다. 6월 24일에는 전두환 대통령과 김영삼 민주당 총재간에 회담이 있었고 이 자리에서 개헌논의 즉각 재개 등이 합의되었다. 이날의 청와대 해프닝에서도 김영삼다운 면모를 그는 유감없이 드러내 보였다. 그에게 청와대측은 입구에서 비표(秘標)를 부착하라고 했다. 사실은 누구에게나 요구되는 절차였다. 이에 대해 김영삼은 강력히 반발했다.

당신들이 이래서 국민의 마음을 모른다는 얘기가 나온다. 대한민국에서 이 김영삼이의 얼굴을 모르는 사람이 있는가? 세계가 다 안다. 나쁜 관례는 고쳐야 한다(김영삼, 2000).

그는 기어이 비표를 달지 않은 채 들어갔다. 이 장면에서 드러난 것처럼 그는 자기 과시적이고 자존심 강하고 저돌적인 사람이다. 그는 투쟁 그 자체를 즐기는 인상까지 자주 주어왔다. 그는 싸움이 벌어졌을 때 더욱 열정적이 되는 성격의 소유자인 것처럼 비쳐졌다. 김대중은 다르다. 그는 명분을 중시한다. 김영삼이 저돌적이라면 김대중은 계산적이다. 그가 같은 상황에 처했다면 비표 달기를 거부하느라 소동을 벌이는 대신 회담에서의 소득에 더 신경을 썼을 것이다.

중국의 법가적 리더십과 비교해서 본다면 김영삼은 세치(勢治)를, 김대중은 술치(術治)를 선호한다고 할 수 있다. 물론 이는 상대적인 것이다. 이 둘을 아우르는 것이 박정희의 리더십이다. 그는 세, 술, 법의 3가지를 모두 구사한 독재자였다. 박정희는 자신의 집권이나 권력확대를 위한 방안을 꼭 입법의 과정을 통해 마련하려 했다. 정통성 및 정당성 콤플렉스 때문이었겠지만 그는 법적인 근거를 확보하는 데 집착했다. 이에 비해 두 김씨는 스스로 정통성 정당성의 담보자라는 인식으로 제도적 근거를 마련하는 데 소홀했다.

6월 26일 '민주헌법 쟁취 국민운동본부'가 주최한 '평화 대행진'이 37개 시·읍에서 진행되었다. 말 그대로 국민적 저항이었다. 막다른 골목에 몰린 정권측은 결단을 내리지 않을 수 없었다. 6월 29일 노태우 민정당 대표의 명의로 이른바 '6·29선언'이 발표되었다.

대통령중심직선제 개헌, 김대중 사면 복권, 구속자 석방 등 시국수습을 위한 8개항을 담은 선언이었다. 이어 7월 1일 전두환 대통령은 '시국수습에 관한 특별담화'에서 '노태우 민정당 대표의 6·29제안'에 대한 전폭적 지지의사를 밝히고 이를 수용해서 획기적인 민주발전, 국민화합조치를 취하기로 결심했다고 언명했다.

'6·29선언'은 5공정권 및 민정당이 국민적 압력에 밀려 내놓은 항복선언이었다. 그러나 정치기술적으로는 절묘한 대 반전의 전략전술이 되었다. 여당은 이로써 몰락을 면한 것은 물론 나아가 재집권의 계기를 낚아챘다. 이를 적극적으로 지원한 것은 아이러니컬하게도 양김이었다.

'6·29선언'을 이끌어내기까지는 김영삼의 역할이 컸다. 그러나 투쟁의 목적은 주체에 따라 달랐다. 학생, 재야인사들의 민주화 투쟁 목적은 정치 민주화 그 자체였고 김영삼의 투쟁 목적은 정권쟁취였다. 김대중의 투쟁 목적도 다를 바 없었다. 두 김씨는 투쟁의 효율성보다는 자신들의 집권환경 및 여건의 조성에 더 큰 비중을 두었던 것이다. 이 점이 양김식 민주화 투쟁의 한계다.

김영삼식 투쟁이 드러내 보인 또 한가지 특징은 독선 독단적 리더십이다. 그는 대화 설득의 정치보다는 세의 정치를 선호했다. 세가 따르지 않을 경우엔 '배짱의 정치'라는 형태를 띠었다. 어느 쪽이든 근본적으로 세력 의존형 또는 기세 의존형 정치행태였다.

제2절 양김 리더십의 특성

1. 정당의 사당화

1) 신민당 창당과 양김의 협력·대립

1985년 1월 18일 서울 앰배서더호텔에서 신한민주당이 창당되었다. 3차

해금조치 후 49일 만이었다. 이민우가 총재에 추대되었다. 부총재는 민추
협에서 2명, 구신민당 중진연합에서 3명을 냈다.

2월 12일에 실시된 12대 총선에서 신민당은 서울 등 5대 도시에서 승리하
는 이변을 연출했다. 창당한지 불과 25일이 지났을 뿐이었다. 김영삼은 '선
거혁명'이었다고 의미를 부여했다. 이 선거에서 신민당은 지역구 50석, 전국
구 17석 등 도합 67석을 확보했다. 그리고 민한당 당선자 35명 가운데 29명
이 총선 2개월도 지나기 전인 4월 3일 집단으로 탈당해서 신민당에 개별 입
당했다. 이로써 신민당은 국회의석 103석의 거대 야당으로 도약했다.

이는 김영삼의 자신감을 자극하기에 충분한 사건이었다. 이 지나친 성공
이 김영삼을 오만하게 했다. 자신감·배짱과 독선·독단은 동전의 앞면과 뒷
면 같은 것이다. 이때의 경험과 자신감으로 그는 정당 만들기의 전문가가
되었다. 정당의 '사당화(私黨化)' 시대가 함께 열렸다. 민주화 투쟁, 민주세
력 승리의 상징적 사건이었던 신민당의 총선 도약이 그때까지는 과두체제
형태나마 유지했던 야당을 정치실력자 개인의 '사당'으로 전락시키는 계기
가 되고 말았던 것이다.

김대중의 경우는 이때 직접 신민당 창당에 참여하지 않았고 2·12총선
직전에 귀국함으로써 총선에 능동적이고 적극적인 기여를 할 시간적 여유
가 없었다. 그렇지만 그의 동교동계 일부는 김영삼과의 공동보조를 통해
정당 만들기와 사당화의 노하우를 익히게 되었다. 그리고 김대중 자신에게
도 그러한 의식과 소질은 내재해 있었다.

정부는 1985년 3월 6일 전면 해금을 단행했다. 김대중, 김영삼, 김종필
등 그때까지도 정치활동을 규제 받고 있던 14명이 해금되었다. 80년 11월
5일 공포된 '정치풍토쇄신을 위한 특별조치법'에 의해 이 해 11월 24일부
터 정치활동이 금지되었던 567명에 대한 규제조치가 4년 4개월만에 모두
풀렸다. 이로써 김영삼과 김대중은 정치활동의 전면에 나설 수 있게 되었
다. 이는 야권의 세력이 강화되고 정치민주화 운동이 적극화한다는 것을
의미했지만 동시에 야권의 분열도 본격화하게 되었음을 뜻했다.

김영삼은 해금 당일에 김대중을 찾아가 대화한 후 공동기자회견을 통해 양자간의 협력을 다짐했다. 그리고 3월 15일 상오 김상현의 집에서 3자가 만나 시국 전반에 걸쳐 의견을 교환하고 민주화를 앞당기기 위해 공동 협력할 것을 재천명했다. 이날 김상현이 발표한 공동 발표문은, 김대중이 김영삼의 요청에 따라 민추협 공동의장직 수락의사를 표명했다고 밝혔다.

김대중은 8월 1일 전당대회를 앞두고 김영삼, 이민우와 몇 차례에 걸쳐 3자회담을 가졌다. 그는 이들과의 회담에서 하루빨리 대선 후보를 정해서 국민의 결집을 강화하는 일이 중요하다고 생각, 헌법개정이 이루어지고 직선제가 도입되면 김영삼 민추협 공동의장이 당 총재와 대통령 후보가 되어야 한다고 말했던 것으로 자서전에 기술하고 있다. 김영삼이 이에 반대했고 이민우도 찬성하지 않아 이야기가 거기서 끝났다는 게 그의 기억이다.

그런데 다음날 조간신문에 '사실과 전혀 다른 허위 보도'가 나왔더라고 했다. 즉 김영삼이 당 총재를 맡고 김대중 자신은 대선 후보로 나가겠다고 주장했다는 기사가 보도되었더라는 것이다. 이 때문에 김대중 자신은 엄청난 비난을 받았고, 모든 신문이 자신에게 탐욕의 혐의를 씌워 매도했다고 술회한다.

나는 물론 사실이 아니라며 3자 회담 내용을 설명했다. 나중에 김영삼 씨가 기자 앞에서 김대중 씨 말이 사실이라고 했지만, 그것은 거의 보도되지 않았다. 내 이미지가 얼마나 실추되었는지 모른다. 지금도 '역할 분담론'을 주장했다고 오해하는 사람이 꽤 많이 있다. 선의가 왜곡된 슬픈 사건이다. 그러던 중 이 사건에는 흑막이 있었음을 나중에 알게 되었다(김용운 편역, 1999).

그는 이때의 일을 두고 "그 무렵 평생 잊을 수 없는 슬픈 일이 일어났다 (김용운 편역, 1999)"고 말했다. 그러나 적어도 이 자서전에서는 '나중에 알게 된' 그 '흑막'이라는 것이 밝혀지지 않았다. 그리고 훗날 김대중, 김영삼이 보인 대통령직에 대한 집착으로 미루어 이때 그가 자발적으로 김영삼에게 '총재직과 대통령 후보직'을 맡으라고 말했다는 것이나, 김영삼이 이를 거부하고 고향으로 돌아가겠다고 말했다는 것은 선뜻 귀에 담기지 않는 주장인 게 사실이다.

김영삼의 기억은 김대중의 그것과 아주 다르다. 7월 8일 김재광(金在光)이 자신을 찾아와 '역할 분담론'을 제기한 데 이어 김대중도 10일의 3자 회담에서 같은 말을 했으며, 자신은 총재직을 고사했다는 것이다. 김영삼의 오랜 측근으로 신민당 총재시절 비서실장을 지냈던 박권흠도 자신의 저서에서 김재광과 김대중이 차례로 김영삼에게 역할분담론을 제기한 것으로 쓰고 있다.

이처럼 양측의 기억이 상반되지만, 정황으로 미루어 설득력을 더 갖는 것은 김영삼 측의 주장이다. 양측의 기억이 상반되지만, 정황적으로 설득력을 더 갖는 것이 김영삼 측의 주장이다. 김대중이 총재니 대통령 후보니 하는 데 대해 전혀 말을 하지 않았다면 모르겠지만 그 자신 말을 꺼냈다는 사실은 기억하고 있다. 문제는 김영삼에게 두 자리를 모두 가지라고 했었다는 점이다. 김대중이 진실로 그런 말을 했다면 김영삼이 이를 거절했을 리가 없다. 김영삼과 박권흠이 기술한 내용으로 볼 때, 이들은 총재직이나 후보직 그 자체를 거부한 것은 아니었다. 총재직을 맡을 경우 후보직을 김대중에게 빼앗길 것을 우려했음을 드러내놓고 말한다. 따라서 애초에 두 자리를 다 가지라고 했다면 김영삼이 이를 반갑게 수락했으리라는 것은 충분히 짐작 가능하다. 왜 마다 했겠는가.

1986년 10월 28일 전국 29개 대학의 학생 1,500명이 모여 '전국 반외세·반독재 애국학생투쟁연합(애투련) 결성식 및 신식민지 분단이데올로기·반공이데올로기 분쇄를 위한 애국학생 실천대회'를 개최했다. 이른바 '건국대 점거농성 사태'였다. 농성이 격화 장기화하자 경찰은 31일 오전 53개 중대 6,500명의 경찰관과 헬기 2대, 소방차 28대, 구급차 10대, 매트리스 1,000여 장을 동원, 진압작전을 전개했다. 1,525명이 연행되었고 이 가운데 1차로 1,274명이 구속되었다. 단일 사건의 구속자 수로는 최대 규모였다.

나는 이때 중대결심을 하고 1986년 11월 5일 전 정권에 대해 이런 제안을 했다. "학생들을 석방하고 대통령 직선제를 받아들여라. 나의 제안이 받아들여진다면 나는 차기 대선에 출마하지 않겠다." 그러나 전 정권은 재고해볼 가치도 없다며 내 제안을 일축해버렸다. 거래는 성립되지 않았다(김용운, 1999).

김대중은 훗날 직선제 개헌이 이루어지고 난 후 평민당을 창당해가며 기어이 대통령에 출마했다. 그가 불출마 선언을 지키지 않은 이유는 이 인용문에서 설명되고 있다. 당시에 거래가 성립되지 않았기 때문에 그 선언은 이미 효력을 상실했다는 것이었다. 그가 정말로 직선제와 자신의 출마를 맞바꿀 의지를 갖고 그런 말을 했는지는 그 자신 외엔 누구도 확인할 길이 없다. 김대중은 다음과 같이 덧붙인다.

김영삼씨는 서독에서 뉴스를 듣고 전 정권을 강하게 비난하면서 "김대중 씨의 복권이 이루어지면 내가 차기 대선후보를 김대중 씨에게 양보하겠다"고 발표했다(김용운, 1999).

굳이 이 부분을 자서전에 끼워넣은 까닭은 분명해보인다. 자신만 약속을 안 지킨 게 아니라 김영삼도 식언했음을 지적하려는 것이다. 김영삼은 그의 회고록에서 김대중의 이 같은 선언은 '당시 정국에 대한 그의 위기감'에서 비롯되었다고 봤다. 그런 추측이 가능하긴 하다. 어쩌면 보다 복잡한 계산을 했을 수도 있다. 김대중은 집권자의 가장 강력한 도전자로 부상한 사람에 대한 정권측의 핍박이 얼마나 가혹한지를 박정희-전두환 시대를 통해 직접 경험했다. 그러므로 정권 측이 강압통치 회귀의 낌새를 보이던 당시 자신의 차기 도전의지를 감추어둘 필요를 느꼈으리라는 것은 자연스런 추측이다. 그는 전두환 정권으로 하여금 자신이 아니라 김영삼이 도전자라는 인식을 갖게 함으로써 위험부담을 줄이려 했을 지도 모른다.

2) 계파 배경의 책략적 전략전술

'신민 이 총재, 내각제 협상 시사.' 1986년 12월 25일자 ≪조선일보≫ 1면 머릿기사의 제목이다. 기사의 내용은 7개항의 민주화 조치를 전제로 내각제 협상을 할 수 있다는 것이었다. 이는 김영삼·김대중의 수렴청정에 대한 반발의 성격을 띤 행동이었다. 김영삼도 그랬지만 김대중 역시 대통령 직선제가 국민의 뜻이라고 주장했다. 이들은 이민우를 설득하는 모습을 보였으나 이미 마음은 그를 버리는 쪽으로 기울었다. 기실 정치 해금이 된 이후로 대리인의 효용은 급감했다. 양김 사이의 원만한 합의가 필요했을 뿐 수렴청정체제의 마감은 이민우보다 두 김씨가 더 원했다고 봐도 좋을 것이다. 4월 6일 이택희(李宅熙) 의원 측이 김영삼 고문을 상대로 법원에 당무방해 배제 가처분신청을 낸 후 양김은 마침내 신당을 창당키로 합의했다. 김영삼은 이미 신민당을 급조해서 성공시켰던 경험을 갖고 있었고 신민당은 상도동계와 동교동계의 공동 지배체제로 운영되고 있었다. 1987년 4월 8일 오전, 김영삼은 서울 무교동 민추협 사무실에서 기자회견을 갖고 양김 명의로 신당 창당 의사를 밝혔다.

신민당의 내분은 결코 당내만의 사건이 아니라 기본적으로 현정권의 공작정치의 소산입니다. 우리 두 사람은 번민과 숙고를 거듭한 끝에 신민당을 폭력지배의 무법천지로 만들고 농락 대상으로 전락시킨 불순세력과 단호히 결별키로 했습니다(김영삼, 2000).

이 자리에서 공개된 신민당 탈당 의원은 소속 현역의원 90명 가운데 상도동계 40명, 동교동계 34명 등 모두 74명에 이르렀다.

신당 창당 작업은 쾌속으로 진행되었다. 총재는 내가 맡되 당내 지분은 김대중과 50대 50으로 안배키로 합의한 상황이라 장애물은 없었다. 신당의 이름은 통일민주당(統一民主黨)으로 결정했다(김영삼, 2000).

같은 날 같은 시간 전두환은 '4·13 호헌조치'를 발표했다. 이민우의 반응에 일말의 희망을 걸었던 내각제 개헌은 기대할 수 없게 되었다. 양김이 만드는 신당은 대통령직선제 개헌을 강력하게 추진하고 나설 것이 불을 보듯 뻔했다. 야당 측의 상황이 급변했는데도 개헌논의를 지속시킨다는 것은 무의미할 뿐 아니라 위험하기까지 한 일이라고 판단했을 것이다. 야당의 강력한 리더십 확보에 대응하기 위해서는 분명한 입장을 정해야 했다. 전두환이 호헌을 결심하게 된 까닭이 아마도 거기에 있었을 것이다.

이미 신민당 창당 과정에서 정당의 사당화 현상 및 구도는 뚜렷해졌지만 이 체제를 공고화한 것이 신민당 와해를 통한 통일민주당의 창당이었다. 김영삼 스스로 기술하고 있듯 민주당은 곧 '양김정당'이었다. 신민당 때는 그래도 양김의 민추협 세력 이외에 비민추협 세력이 형식적으로나마 양립 혹은 연합하는 형태를 띠었다. 그러나 민주당에는 상도동계와 동교동계 이외에는 어떤 세력도 수용되지 않았다. 한국정당의 독점적 과점시대가 그 특징적 양상을 뚜렷이 드러내기 시작한 것이다.

민주당이 신민당에서 분당했다고 하지만 이는 형식만의 경우다. 실제로는 신민당에서 비양김(非兩金) 세력을 걸러내 버리기 위한 대규모 당 구조 개편이었다고 할 수 있다. 이 같은 방법은 이미 1969년 3선개헌 반대투쟁 당시에 구사된 바 있다. 이 해 9월에 신민당은 박정희의 3선개헌을 지지하고 나선 성낙현(成樂鉉), 조홍만(曺興萬), 연주흠(延周欽) 등 당 소속 의원 3명으로 하여금 의원직을 상실케 할 목적으로 당을 해체하고 복원하는 과정을 거쳤다. 당 해체와 복원 때까지 13일이 소요되었다. 이때의 아이디어와 경험이 허물 벗듯 신민당 속에서 민주당을 만들어내게 했을 것이다.

이로써 한국정당이 이념적 노선, 전통적 배경, 그리고 국민적 지지기반에 표면적으로라도 집착하는 시대는 끝났다. 이젠 오직 특정 리더와 그 추종자들로 구성된 '집권 TASK FORCE'로 온전히 변모했다. 근대정치의 핵심적 요소로서의 정당은 여권뿐 아니라 야권에서도 사라졌다. 남은 것은 그 잔상(殘像)이었다. 통일민주당 이후의 야당은 정치적 지역주의에 바탕을 둔

사적 결사로서의 사당에 불과했다. 그 추동력은, 정치인들이 끊임없이 부채질함으로써 갈수록 격렬해진 지역감정이었다.

김영삼·김대중의 이러한 정당 만들기는 적어도 파벌 내에서는 그들의 위상을 공고화하는 데 기여했다. 이른바 상도동계와 동교동계의 구성원들은 양김과 봉건적 군신관계로 묶였다. 이들은 양김에게 충성을 다하고 그 대가로 당의 공천이나 당직 등을 기대했다. 이 점에서는 거래적 결합의 성격이 인격적 결합에 앞섰다고 할 수도 있다. 이들의 결합은 봉건시대의 주군과 가신 관계 또는 공직사냥꾼들의 계(契)조직과 유사한 것이었다.

3) 상도동당(上道洞黨), 동교동당(東橋洞黨)

김영삼은 1987년 대선을 앞두고 김대중으로부터 분당 및 신당창당이라는 기습을 당한다. 서로 '불출마 약속'을 지키지 않는다며 비난하다가 갈라서버린 것이다. 후보단일화 노력을 기울이기는 했지만 애초에 어느 쪽도 양보할 의사는 전혀 없었다. 김영삼은 9월 21일자 일본 ≪아사히신문≫과의 회견에서 이렇게 말하고 있다.

> 나는 전국적으로 균등하게 지지가 있다. 고향인 경상도뿐만 아니고 서울·경기·전라도 등에도 상당한 지지가 있다. 지금 가장 중요한 것은 군사정권의 종식이다. 많은 학생·근로자들이 구속되어 석방을 기다리고 있다. 이 같은 과제는 각계각층의 광범위한 지지를 받을 수 있는 내가 하지 않으면 안 된다. 박 정권, 전 정권에 대해서 계속 국내에 있으면서 가장 정면에 나서서 투쟁해 온 정치가는 바로 '나'라고 생각한다. 지난 6월의 집회나 데모 등에서 최루탄을 맞아 가며 경찰차로 연행되기도 했다(김영삼, 2000).

김영삼은 이에 앞서 김대중을 자신이 총재로 있는 민주당에 끌어들이려 애를 쓴 끝에 일단 성공을 거두었다. 8월 8일 김대중이 통일민주당에 상임고문으로 입당한 것이다. 이로써 김영삼은 대선 출마 고지를 향한 관문 하나는 통과했다고 여겼다. 그리고 김대중과의 거듭된 대화를 통해 '합의에 의한 후보 단일화'를 다짐했다. 이제 남은 일은 김대중이 자신의 손을 들어줄 때를 기다리는 일이었다.

그러나 김대중은 김영삼의 계산 안에 들어올 사람이 아니었다. 그는 당에 들어가 분위기를 자신에게 유리한 쪽으로 전환시킬 전략을 구사했다. 그게 잘 안 된다고 해서 김영삼을 단일후보로 밀어줄 생각 같은 것은 애초에 없었다. 이미 정당 창당의 노하우를 김영삼과 공유하고 있는 터였다. 게다가 동교동계라는 강고한 추종집단을 거느리고 있는 입장이었다. 호남에서의 절대적인 지지열기도 거듭 확인된 시점인데, 김대중이 김영삼에게 '단일후보' 자리를 넘겨줄 까닭이 없었다.

김대중은 노태우의 '6·29선언'에 따라 대통령 직선제가 관철되고 자신의 복권이 이루어지자 다시 대통령 출마의 의지를 과시하기 시작했다.

1987년 그때, 나는 야당의 대통령 후보 단일화 문제는 별로 걱정을 하지 않고 있었다. 내가 복권만 된다면 김영삼씨가 후보를 내게 양보하겠다고 이미 공개적으로 선언했기 때문이었다. 그리고 나는 '6·29선언'으로 공민권이 회복된 몸이었다(김대중, 1997).

자신이 1986년 11월 '건대 사태'에 즈음해서 행했던 '불출마 선언'은 조건이 충족되지 않았으므로 구속력이 없어진 대신 김영삼이 자신의 복권을 위해 했던 '후보 양보선언'을 걸고 들어간 것이다. 물론 김영삼이 김대중에게 기선을 빼앗기지 않으려고 한 말이었을 수도 있지만 어쨌든 상대의 복권을 위해서 한 말이다. 입에 발린 말로라도 고마워해야 할 일을 오히려 상대방에 대한 압박용으로 이용할 수 있었다는 데서 그의 집념과 함께 정치의식을 짐작할 수가 있다.

나는 측근을 통해 김영삼 씨에게 약속의 이행을 요구했다. 그런데 김영삼 씨는 태도를 바꾸어 자기가 나와야 한다고 주장하기 시작했다. 그러면서 내세우는 이유가 해괴했다. "김대중 씨가 후보가 되면 군부가 용납하지 않을 것"이라는 이유였다. 동지적 유대감으로 오랫동안 한솥밥을 먹었던 우리가 갈라선 내막이 그랬다. ……나는 이제 갈라서야 할 때가 왔다는 것을 느꼈다. 결국 우리들 '동교동계'는 탈당하여 '평화민주당(平民黨)'을 결성하고 대통령 선거에 임하게 되었다(김대중, 1997).

김대중이 진실로 민주적 방식을 존중했다면 양김의 단일화 협상에 의한 후보결정보다는 당내 경선을 희망했을 것이다. 이 방법이야말로 1970년의 신민당 전당대회를 통해 자신과 김영삼을 야당의 명실상부한 리더로 단번에 끌어올려 준 민주적 정치게임의 진수였다. 그러나 그는 이 길을 선택하길 거부했다. 분당을 감행한 것으로 미루어 그는 어떤 경우에도 자신은 반드시 출마한다는 결정을 미리 내려놓고 있었음에 틀림없다. 그러면서도 그는 훗날 자신만이라도 양보하지 않았던 것을 후회한다고 말했다. 1970년의 전당대회로부터 세월은 17년이나 흘렀지만 리더들의 의식은 오히려 퇴보해 있었던 것이다.

그는 "약속을 지키라"고 김영삼을 압박했으나 기실 그 자신도 1986년 11월 5일의 '불출마 선언'에 이어 바로 다음날 자신의 계보모임인 민권회 회의에 참석해서 "신민당과 김영삼 자신이 결정한다면 김영삼 씨를 대통령 후보로 적극 밀겠다"고 말한 바 있다. 물론 그는 이 말을 기억해내지 않았다. 앞에서 지적했지만 발언 당시만 해도 김영삼을 권력에 대한 방패막이로 이용하려 했을 수 있다. 그랬다면 그는 처음부터 거짓말을 한 셈이다.

후보 단일화 논의가 진행되던 무렵의 신문 기사가 눈길을 끈다. 김대중은 9월 29일 김영삼과 후보단일화 문제를 논의한 후 기자회견에서 말했다.

이번은 김 총재가 양보하는 게 좋겠다고 얘기했습니다. 지방유세에 나설 때 말했듯이 여론을 들어보고 거취를 결정하겠다고 했는데, 김 총재가 어떻게 평가할지 모르나 내가 다녀본 범위에선 상상을 초월하는 지지가 있었고 출마 요구가 빗발쳤다는 점을 솔직히 얘기했어요(≪조선일보≫, 1987. 9. 30).

이런 말은 하나마나다. 그는 애초에 그 같은 명분을 만들기 위해 연고지역 유세를 강행했던 것이다. 출신지의 지지와 출마 권유로 말한다면 김영삼은 물론 노태우도 다를 바 없을 것이었다. 그는 경향신문과의 인터뷰에서도 출마의 불가피성을 역설했다.

> 나는요, 대통령을 꼭 하고 싶어하는 게 아니고 솔직히 마음이 끌리지도 않습니다. 지방 방문에 나설 때만 해도 도대체 집에 전화하고 편지하고 찾아와 출마 요구하는 사람들이 정말 전체 의사인가, 혹 일부 의사를 잘못 판단한 게 아닌가 의심도 했어요. 16년간 국민과 떨어져 살았으니 판단하기 어려웠기 때문이죠. 그러나 지방 방문 결과 입후보하라는 것은 지상명령과도 같은 것이었어요. 어떻게 이를 거역하기 쉽겠어요. 정치인은 자기 거취를 마음대로 결정 못해요(≪경향신문≫, 1987. 10. 9).

그가 "솔직히 마음이 끌리지도 않습니다"는 말만 하지 않았어도 이 언급은 다소간의 설득력을 가졌을 것이다.

김영삼의 생각도 뻔했다. 이미 70년에 승리의 문턱에서 좌절을 맛봤던 그다. 17년 만에 온 기회를 어떻게 놓칠 수 있었겠는가. 언젠가 자신이 "마음을 비웠다"고 말했던 것처럼 양보할 생각이 없느냐는 한 일간지 기자의 질문에 대해 "마음을 비운다는 것은 물욕·명예욕 때문에 이성을 잃지 않겠다는 뜻"이라고 대답했다. 요령부득의 엉뚱한 대답이다. 도대체 앞뒤가 맞지 않는 말이지만 그는 그렇게 우겼다. 그게 김영삼식 화법이다. 그가 회고록에서 '모일간지'라고 한 인터뷰 신문은 ≪중앙일보≫였다.

> "— 아리송합니다만……. 결국 민주화를 위해 김 총재가 출마해야 하겠다는 뜻 같은데요(김 총재는 '허허' 웃기만 했다)"(≪중앙일보≫, 1987. 8. 24).

김영삼은 10월 10일 오전 서울 중림동 중앙당사에서 기자회견을 갖고 민주당의 대통령후보로 출마할 것임을 공식 선언했다. 김대중과의 후보 단일화 논의가 뚜렷한 전망 없이 시일을 끌자 더 참지 못하고 먼저 출마 선언을 하고 나선 것이다. 후보 단일화를 추진한다면서도 자신이 양보할 경우는 생각하지 않았다는 뜻이 된다. 김대중의 결심을 촉구하는 시위의 성격도 있었을 것이다. 물론 '김대중의 양보'를 전제로 한 선수(先手)였다.

김영삼은 그 1주일 후인 10월 17일 부산 수영만에서 집회를 가졌다. '군정종식 및 김영삼 대통령후보 추대를 위한 부산대회'였다. 그는 청중 수에 크게 고무되었다. 회고록에도 당시의 기분이 그대로 남아 있다.

이날 대회에 참석한 군중 수를 일본의 ≪아사히신문≫은 170만, ≪월스트리트저널≫은 1백만 이상이라고 보도했다. 사람들은 240만 이상이 모였다고 했다 (김영삼, 2000).

자신들이 동원한 청중을 두고 스스로 취해버리는 것이 정치인들의 속성이다. 게다가 청중의 숫자는 터무니없이 부풀려졌다. 수송수단이나 능력에 비추어 이는 가능한 숫자가 아니었다. 또 '인구 및 주택센서스'에 의거, 당시의 부산인구를 350만으로 추정할 경우 최소 30%에서 최대 70%가 김영삼의 유세장에 몰렸다는 이야기가 된다. 당연히 있을 수 없는 현상이다.

부산 집회는 '사상 최대규모의 인파'가 운집한 정치집회였다. 사람들은 "김대중이 자신의 아성이랄 수 있는 광주·목포 등 네 곳에서 마주친 청중 수를 몽땅 합친 것보다 훨씬 많은 인파가 몰렸다"고 흥분하면서, 후보 단일화에 결정적 전기가 마련될 것으로 기대했다(김영삼, 2000).

누구나 생각할 수 있는 대응책이었다고 할 수도 있지만 역시 김영삼다운 방식이었다. 호남 유세에서의 청중 수를 자랑하는 김대중을 수적으로 또 기세로 압도해버리겠다는 뜻이었을 터이다.

이미 후보 단일화 가능성이 희박해진 가운데 10월 22일 양김은 외교구락부에서 담판을 벌였다. 그래도 경선 방식을 먼저 제시한 쪽은 김영삼이었다. 김대중은 측근들과 상의할 시간을 달라고 요청했다. 김영삼은 김대중이 추종자들을 설득할 시간을 달라는 것으로 듣고 은근히 기대하는 바가 컸지만 그건 오산이었다. "이틀쯤 지나……"라고 김영삼은 기억하고 있지만 실제로는 10월 26일, 김대중은 이중재(李重載)를 보내 탈당 및 신당창당 방침을 통고했다.

경선은 경쟁에서 진 쪽은 절대로 대통령선거에 나서지 않는다는 게 전제된다. 김영삼이 이를 제의했다는 것은 자신이 출마하지 못할 경우를 상정할 수 있다는 뜻이 된다. 반면 김대중은 어떤 경우에도 출마를 하겠다는 의지를 확인시킨 셈이다. 대선 후보 지위를 100% 보장받는 방법은 뻔했다. 우선 김영삼과 결별하고 그런 다음 자신의 추종자들이 주도하는 정당을 만드는 일이었다.

김대중은 10월 28일 대통령 출마와 함께 신당창당을 공식 선언했다. 다음날 민주당 내 동교동계 의원 24명과 무소속 의원 1명을 주축으로 창당준비위를 구성했다. 구성원은 모두 51명이었다. 준비위는 신당의 명칭을 '평화민주당'으로 정했다. 그리고 11월 12일 창당대회를 열어 김대중을 당 총재 및 대통령 후보로 선출했다. 일사불란한 창당작업으로 미루어 김대중이 앞으로는 후보 단일화 협상을 한다면서 뒤로는 신당을 준비했음을 짐작할 수가 있다.

이로써 상도동계와 동교동계의 연합정당은 깨뜨려지고 각 계파만의 정당으로 분할되었다. 역대 쿠데타 정권은 정당의 외형만이라도 '전국정당화, 국민정당화'를 추구했다. 그러나 양김은 자신들의 민주화 투쟁 공적을 과신해서 아무런 거리낌도 죄의식도 없이 자신들이 거느리던 계보원들만으로 독립정당을 만들었다. 김종필이라고 가만히 구경만 하려 했을까. 그는 10월 30일, 역시 자신의 추종자들로 신민주공화당을 출범시켰다.

김대중은 회고록에서 '후보 단일화'를 이루지 못한 것을 후회한다면서도 다시 변명의 여지를 남긴다. 단일화를 했더라도 이긴다는 보장이 없었다는 것이다. 김대중은 1963년과 1967년에 윤보선이, 1971년엔 자신이 야당 단일후보였는데도 불구하고 패배했던 사실을 증거로 제시하기도 했다. 이는 자기 합리화의 논리다. 정말로 그렇다고 판단했다면 굳이 김영삼과 후보 단일화 협상을 벌일 필요가 없었다. 어차피 질 싸움이었던 만큼 평민당을 만들어가면서 까지 출마를 고집할 일도 아니었다.

그는 10월 30일 관훈클럽 토론회에서 "4파전이 되어야 승산이 있다는 판단에서 처음부터 단일화가 안 되는 쪽으로 유도한 것이 아닌가. 단일화 실패의 책임이 누구에게 있다고 보는가"라는 질문에 이렇게 대답하고 있다.

절대로 의도한 것은 아니며 나름대로 노력했다. 비토그룹 문제로 김 총재와 의견이 달라 도저히 양보할 수 없게 하는 요인이 되었다(≪조선일보≫, 1987. 10. 31).

김영삼이 '비토그룹' 운운하며 자신의 출마를 막으려는 것을 도저히 수용할 수 없었다는 뜻이겠다. 만약 김영삼이 그런 말을 하지 않았더라면 김대중은 더더욱 양보할 이유가 없다고 생각했을 것이다. 따라서 김영삼의 '비토그룹론'은 김대중에게 양보를 못하겠다고 말할 핑계를 제공하긴 했으되 논리적 이유는 되지 못했다.

김대중이 식언을 너무 자주 한다는 말을 듣기 시작한 것도 이때부터였다. 월간 ≪말≫지가 1992년 6월 호에 '김대중 대권가도 5대 장애물' 제하의 기사에서 그의 '신뢰성 문제'를 다루고 있다. 이 기사는 1986년 11월 5일의 조건부 불출마 선언에서부터 1987년 11월 6일 "김영삼 총재가 야당의 선두주자로 부상하면 나는 지체없이 대통령후보를 사퇴하고 그를 밀어줄 것이다"라고 말하기에 이르기까지 그의 다양한 식언 사례를 소개하고 있다.

어쨌든 양김은 '군정 종식'을 외치면서도 '1980년 신군부'의 일원이었던 노태우에게 승리를 안겨주었다. 서로 싸우느라 되레 전두환의 후계자를 대통령으로 만들어 준 것이다. 5공 세력의 입장에서 보면 말 그대로 '방휼지쟁(蚌鷸之爭)에 어부지리(漁父之利)'였다.

4) 1인 지배 정당 집착

1987년의 대선을 계기로 야당이 상도동당, 동교동당으로 나뉘면서 1인 지배정당체제는 일정기간 한국정당체제의 한 전형으로 굳어졌다. 물론 박정희가 그 선례를 보인 것은 사실이다. 전두환 또한 쿠데타 선배의 선례를 답습했다. 그러나 민주공화당과 민정당의 경우는 쿠데타세력 및 군사정권의 정치적 기반이자 그 정치적 전위세력으로서 성립했다. 이 점에서 이를 순수한 사당(私黨)이라고 보기는 어려운 점이 있다. 굳이 성격 규정을 하자면 군사정권의 지배구조를 형성하는 일종의 정치기관이었다고 하겠다.

이에 비해 상도동당(통일민주당)과 동교동당(평민당)은 정치리더 1인과 그 추종자들로 이루어진 사적 정치결사로서 명실상부한 사당(私黨)의 형태를 갖췄다. 조선시대적 붕당의 이미지를 보이긴 했으나 여기에는 성리학적 대의명분이 결여되었다. 오직 보스의 집권을 통한 공동의 정치적 이익확보라는 목적만 있었던 것이다. 일본 자민당의 파벌정치와도 유사한 듯하면서 다르다. 무엇보다 자민당 내의 파벌은 각자의 정체성을 지키면서도 공존의 테두리를 존중했다. 한국 정당들도 초기에는 이런 형태를 보였지만 그 리더들은 공존에 아주 서툴렀다. 서로 의논하거나 경쟁해서 단일후보를 결정하기보다는 정당을 쪼개어 둘 다 출마하는 쪽을 택한 양김의 경우가 그 전형적인 예다.

이런 행태는 그 이후로도 되풀이된다. 리더들은 자신이 배타적으로 지배할 수 있는 정당을 원했다. 특히 김대중에게서 이 같은 성향이 뚜렷했다. 김영삼이 상대적으로 덜 했다는 뜻은 아니다. 김대중이 그런 성향을 확연히 드러내 보이게 되는 상황을 더 많이 맞았다고 하는 게 옳겠다. 1995년의 새정치국민회의나 2000년의 새천년민주당이 평민당 이후의 대표적 사례다. 새정치국민회의는 뒤에 별도로 고찰할 기회가 있는 만큼 여기서는 새천년민주당의 경우를 보기로 한다.

김대중은 1997년 12월 제15대 대통령 선거에서 마침내 집권의 꿈을 이루었다. 그러나 국회에서는 여당이 원내 제2당에 머무르고 있었다. 그는 김영삼의 전례를 흉내내어서 야당의원들을 국민회의로 끌어들였다. 그가 취임한 1998년에 한나라당으로부터 국민회의로 당적을 옮긴 의원은 17명에 이르렀다. 권정달(權正達) 김길환(金佶煥) 김명섭(金明燮) 김인영(金仁泳) 김충일(金忠一) 서정화(徐廷華) 서한샘 송훈석(宋勳錫) 유용태(劉容泰) 이강희(李康熙) 이규정(李圭正) 이성호(李聖浩) 이재명(李在明) 장영철(張永喆) 정영훈(鄭泳薰) 홍문종(洪文鐘) 황학수(黃鶴洙) 등이다.

이에 앞서 1996년 제15대 총선 후 무소속 당선자로서 당시 여당이던 신한국당에 입당한 의원은 12명이었다. 권정달 김영준(金永俊) 김용갑(金容甲) 김일윤(金一潤) 김재천(金在千) 박시균(朴是均) 박종우(朴宗雨) 백승홍(白承弘) 서훈(徐勳) 원유철(元裕哲) 임진출(林鎭出) 황성균(黃性均) 등이다. 그리고 이 해 중에 다른 정당에서 신한국당으로 이적한 의원은 6명이었다. 먼저 민주당에서 옮긴 의원은 이규택(李揆澤) 최욱철(崔旭澈) 황규선(黃圭宣) 등이다. 또 자민련에서 옮긴 사람은 유종수(柳鍾洙) 이재창(李在昌) 황학수(黃鶴洙) 의원 등이다.

신한국당의 경우 제15대 총선에서 재적 과반수(150석)에 11석 못 미치는 139석을 확보하는 데 그쳤다. 김영삼은 이를 무소속 및 타정당 소속 의원들로 채우려 했다. 그래서 무리하게 영입작업을 벌렸고 이에 힘입어 원내 과반수 의석을 확보할 수 있었다.

김대중도 집권 후에 이 같은 수법을 답습했다. 여기에다 제15대 대선에서 실패한 이인제(李仁濟)의 국민신당과 합당하면서 이만섭(李萬燮) 총재, 그리고 소속 의원 8명 가운데 6명, 즉 서석재(徐錫宰) 김운환(金沄桓) 장을병(張乙炳) 박범진(朴範珍) 원유철(元裕哲) 이용삼(李龍三) 등이 가세했다. 그러나 타정당 의원 빼가기 또는 합당 등의 방법으로 집권당 의석 수를 늘리는 데는 한계가 있다는 것을 절감하지 않을 수 없었다. 그 해 1월 초 78석이던 국민회의 의석이 11월 25일 홍문종 의원의 입당으로 105석이 되었지만 원내 과반수 의석에는 어림없었다. 물론 원내 제1당인 한나라당을 젖히는 데도 역부족이었다.

여소야대(與小野大)의 의석 구도는 김대중으로서는 감내하기 어려운 굴레였다. 그는 2000년 4월의 제16대 총선을 겨냥, 새로운 여당을 창당하기로 했다. 신당 구상은 이만섭 총재권한대행에 의해 1999년 7월 23일 공개되었다. 이 총재 권한대행은 이날 기자회견을 통해 "8월 전당대회 대신 중앙위를 열어 신당 창당을 결의할 것"이라고 밝혔다. 그는 신당의 성격과 관련, "신당은 전국정당과 개혁정당을 근간으로 해 국민의 정당으로 나가게될 것"이라며 "이를 위해 동서의 깨끗하고 유능한 인재들을 영입해 노·장·청이 조화를 이루는 정당으로 나아갈 것"이라고 밝혔다(≪국민일보≫, 1999. 7. 24).

새천년민주당으로 이름을 정한 신여당은 2000년 1월 20일 오후 서울올림픽 체조경기장에서 창당대회를 갖고 공식 출범했다. 이날 당대회에서 김대중은 총재로 선출되었다. 그리고 그가 지명한 서영훈(徐英勳)이 당대표로, 이인제가 중앙선거대책위원장으로 인준받았다. 민주당은 새정치국민회의와 통합을 결의하고 다음날 양당의 수임기구가 회동해서 합당절차를 마치기로 했다.

새로운 정당이라는 점을 부각시키기 위한 모양 갖추기였다. 김대중은 자신이 거느리는 국민회의와 별도로 자신이 거느릴 새천년민주당을 창당하는 형식을 취하고 여기에 국민회의를 흡수시키는 형식을 취했다. 국민에 대한 설득력을 높이려는 궁여지책이었지만 지나치게 책략적이었다. 자신에 의한 1인 지배정당체제는 유지하면서 당의 외연을 비약적으로 확장시키고 싶어했다는 점에서는 과욕이기도 했다. 그는 선거일정이 촉박해서 당내 민주화를 미룰 수밖에 없었지만 총선 후에는 민주정당의 면모를 갖추겠다는 뜻을 밝혔으나 지켜지지 않았다.

그가 언명한 대로 이 해 8월 30일 전당대회를 통해 당의 최고위원이 선출되었다. 그러나 그것이 당의 민주화로 이어지지는 않았다. 단지 최고위원 12명 가운데 7명을 대의원들이 직접 선출케 함으로써 '형식의 변화'를 과시해 보인데 불과했다. 그러면서도 김대중은 대표최고위원으로 지명직 최고위원인 서영훈을 선택했다. 여전히 자신의 사당체제를 고집한 것이다.

전국정당화를 목표로 창당된 새천년민주당은 2000년 4월 13일의 제16대 총선에서 다시 야당에 지고 말았다. 한나라당이 133석을 차지한 데 비해 민주당은 115석을 확보하는 데 그쳤다. 물론 제15대 총선 때 국민회의가 79석을 얻는 데 그쳤던 데 비하면 약진이었다고 하겠지만 거창하게 내걸었던 신당 창당 명분을 감안하면 참패였다. 김대중이 전국정당화 국민정당화를 강조하면서도 기실 자신의 1인 지배정당체제에 집착했던 게 주요 패인이었다고 할 수 있다.

사당화(私黨化)의 후유증은 임기가 깊어지면서 점점 뚜렷이 나타났다. 당내에서는 소장파에 의한 민주화 요구가 일기 시작했다. 초·재선 의원들은 산발적 개별적으로 당정 쇄신의 필요성을 주장하다가 2000년 8월 2일 '항명 성명'을 계기로 조직화를 시도하면서 합일된 목소리를 내기 시작했다. 항명의 주역은 강운태(姜雲太) 이강래(李康來) 정범구(鄭範九) 의원 등 초선 3명이었다. 이들은 국회에 출석하라는 당명을 어기고 미국으로 출국하면서 성명을 발표했다. 여당만의 단독국회가 바람직하지 않다는 요지였다.

당 소속 소장파 의원 13명은 그 해 9월 15일 국회의원 회관에서 간담회를 갖고 당 지도부의 정국운영 방식을 비판하면서 정국수습 6개항을 발표하는 등 집단행동을 벌였다. 6개항의 내용은 △한빛은행 불법대출의혹에 대한 특검제 도입, △국회법 강행처리 원인무효화, △당3역 등 지도부 자진사퇴, △자민련과 공조 재점검, △여야 영수회담 개최 등이었다.

이어 12월에는 정동영(鄭東泳) 최고위원이 김대중 대통령 주재의 최고위원 회의에서 권노갑(權魯甲) 최고위원 2선 후퇴론을 제기하고 초선의원들도 동교동계 2선 후퇴를 당 총재에 건의하는 사태가 발생했다. 이를 계기로 권노갑 최고위원이 사퇴하고 서영훈 대표 등 지명직 당지도부가 교체되었다.

이듬해 5월에 안동수(安東洙) 법무장관 인사파문이 있었다. 취임식에 앞서 그가 위원장을 맡고 있던 민주당 서울 서초을 지구당 사무실에서 언론에 팩스로 보내진 취임사 메모 때문이었다. 안 장관의 개인 컴퓨터에서 나온 이 메모는 "정권 재창출을 위해 모든 노력을 다하겠다" "이 한 목숨을 다 바쳐 충성을 다하겠다" "대통령님의 태산 같은 성은에 진심으로 감사드린다"는 등의 과잉충성 문구가 담겨 있었다. 안 장관 자신이 작성한 게 아니라고 해명했지만 김대중 대통령은 21일 오후 임명장을 준 지 43시간만인 23일 오전 10시께 법무장관을 경질했다.

당내 소장파는 이 사건을 계기로 다시 당정쇄신을 요구하기 시작했다. 당내 초선의원 6명은 2001년 5월 24일 인사쇄신을 요구하는 성명을 냈다. 이어 다음날에는 다시 바른정치모임 소속 의원 3명이 당정수뇌부의 전면쇄신을 요구하는 성명을 내면서 가세했다. 이들을 정동영 최고위원이 지지·지원하고 나섬으로써 사태는 급속히 확대되기 시작했다. 민주당 지도부는 30일 최고위원회의, 31일 당 소속 의원 워크숍 등을 통해 의견수렴작업을 벌였다. 그리고 6월 4일 청와대에서 대통령 주재의 최고위원회의가 열렸다. 이 자리에서 김대중은 13일 기자회견을 통해 국정개혁 구상을 밝히겠다고 언명했다. 이와 함께 그는 당 지도부 및 소속 의원, 지구당 위원장들과의 적극적인 대화의지를 피력했다.

그러나 그는 6월 9일, 13일로 예정되었던 기자회견을 연기하겠다는 의사를 밝혔다. 가뭄이 심각하다는 이유였지만 이후 국민적 관심이 '언론사 세무조사'에 쏠리게 됨으로써 당정쇄신 문제는 관심권 밖으로 밀려나고 말았다. 세무조사 때문에 극도로 긴장한 언론들은 이 문제를 더 이상 적극적으로 보도하지 않게 되었다. 저항적 신문사라고 해도 우선은 자신들에게 가해지는 세무조사와 검찰수사에 더 관심을 기울이지 않을 수 없는 형편이었다.

김대중은 이처럼 당정쇄신 요구의 제2파도 요령껏 넘겼으나, 그것으로 해결될 문제는 이미 아니었다. 그는 마침내 이 해 11월 8일 민주당 총재직을 내놓았다. 그리고 이듬해 5월 6일 당적까지 포기했다. 인기가 크게 떨어져 있었고 아들들의 비리문제가 불거진 상황이었다. 그에게는 달리 선택의 여지가 없었던 것이다.

그의 전임자들도 당의 지도력을 끝까지 지켜내지 못했다. 노태우는 김영삼 당시 민자당 대통령후보와의 갈등 속에 1992년 9월 18일 당을 떠났다. 그리고 김영삼은 1997년 11월 7일 신한국당 이회창 후보와의 갈등 속에 밀려나듯 당적을 내놓았다. 양김 정치의 일각이 이처럼 무너져내린 것이다. 김대중이 진작에 이 변화를 예견하고 부응했더라면 '국민의 정부' 임기 말이 훨씬 순조로웠을 것이다. 물론 김영삼의 경우도 같은 말을 할 수 있다.

양김이 1인 지배정당체제에 그토록 집착했던 까닭은 박정희의 그것과 다르지 않다. 이들은 여당에 대한 강력한 장악력·지도력을 유지함으로써 국회를 지배하고 이를 통해 사법부까지 통제하는, 한국 대통령의 전통적 권력을 포기하고 싶지 않았던 것이다. 즉 3권(三權) 위에 초월적으로 군림하는 대통령직에 대한 미련을 버리지 못했던 것이다. 이 또한 '3김 정치'의 대표적 양상이었다.

2. 책략과 기만술

1) 대선후보 경선에서의 술수

김영삼의 민주적 절차와 공의(公議)를 경시하는 전격작전형 혹은 저돌형 책략정치 행태는 그가 민자당의 대통령 후보로 선출되기까지의 경쟁 과정에서 그 절정을 보여주었다. 그는 '내각제 각서'파동을 오히려 자신의 당권 장악기회로 이용했듯 여당 대통령 후보 지위도 '기선제압 작전'으로 확보했다. 그것이 곧 당시에 유행했던 '대세론'이었다.

'대세론'은 이미 1990년 3당 합당으로 민자당이 출범한 이후 민주계 쪽에서부터 주장되기 시작했다. "민정계 쪽에선 '내각제가 어려우면 노 대통령은 차세대 쪽으로 관심을 돌릴 것'이라고 주장하고 있으나 YS 쪽에선 그렇게 되지 않을 것이라고 일 축하고 있다. YS의 측근들은 한결같이 현행헌법으로 굴러가면 여권의 권력 속성상 제2인자인 YS쪽으로 힘이 쏠리게 마런이라고 '대세론'을 주장하고 있다(≪중앙일보≫, 1990. 8. 9)"는 신문 보도가 말해주는 바가 그것이다. 즉 김영삼이 대표최고위원으로 집권당의 제2인자 지위를 확보한 만큼 힘은 그 쪽으로 쏠리게 마련이며, 현실적으로 김대중과 겨룰 여당의 주자로는 김 대표 이외의 대안이 없다는 게 '대세론'의 논리 구조였다.

대세론과 함께 김영삼측이 내세웠던 것이 이른바 '제한경선론'이었다. 김영삼 직계세력, 즉 민주계는 김영삼이 여권의 단일후보로 추대되는 모양을 갖추는 것을 최선으로 여겼으며 경선이 불가피하더라도 '형식은 경선 내용은 추대'가 되기를 희망했다. 3당 합당체제였던 만큼 표 대결에 들어갈 경우 위험요소가 없지 않을 것이었다. 게다가 경선이 치열해질 때 일단 후보로 선출된 후에도 '내분'이라는 심각한 부담을 안을 우려가 컸다. 김대중과의 대결구도가 분명해진 이상 여권의 전폭적 지지로 추대된 후보라는 위상을 확보하고 싶었을 것은 이해할 만한 일이었다. 문제는 의회주의자로 자처했던 김영삼이 민주적 경선을 꺼렸다는 사실에 있었다.

이 주장은 이미 1991년부터 제기되었지만 정색을 하고 나서기는 1992년 4월이었다. 6일 상오 상도동 자택에서 김영삼 대표를 만난 김덕룡 의원이 공개적으로 이를 주장한 것이다. 자유경선은 후보에게 상처를 입혀 본선에서 불리해진다는 게 제한경선론의 논지였다. 한국적 정치풍토에서는 개연성이 충분한 우려였지만 민주적 절차와는 상반된 요구였다. 목적 중시 발상의 전형이라 할 만하다.

이에 대해 노태우는 자유경선을 지지하는 입장을 내비쳤다. 김영삼의 기세에 몰리고 있는 입장이기는 했지만 가능하면 다른 선택의 여지를 기대하고 있었을 수 있다. 그는 김영삼의 성급함에 대해 기회 있을 때마다 거부감을 드러내보였다. 그러나 김영삼의 밀어붙이기를 감당하기엔 역부족이었다. 이미 구민정계는 분열상을 보이고 있었다. 이종찬(李鍾贊), 박태준(朴泰俊) 등이 반김세력을 형성했으나 말 그대로 '대세'를 막지는 못했다.

1992년 '3·24총선'에서 민자당은 149석(전국구 33석 포함)을 얻는 데 그쳤다. 원내 과반수에 1석이 모자라는 숫자였다. 그리고 합당 당시의 216석에 비해서는 참패라고 하지 않을 수 없는 실적이었다. 3월 27일 열린 노태우와 김영삼의 회담에서는 민자당의 총선 패배에도 불구하고 김 대표의 입지를 강화하는 쪽으로 합의가 이루어졌다. 두 사람은 이날 회담에서 민자당 대선 후보 선출을 위한 전당대회를 5월에 개최하고 당무는 김영삼에게 일임한다는 데 합의했다. 김 대표의 기세에 노 총재가 밀린 것이다.

5월 전당대회가 가까워지면서 반김세력 가운데서는 이종찬이 가장 유력한 듯 보였으나 박태준도 의욕을 버리지 않았다. 박태준이 욕심을 낸 데는 그럴만한 배경이 있었다.

박 최고위원이 민정계 후보 단일화를 주도하면서 자신감을 보인 것은 지난달 30일 노 대통령과 독대한 직후다. 이때를 전후해 10여 일간 노 대통령과 만난 인사들은 김 대표를 버렸을지 모른다는 느낌이 들 정도로 노 대통령의 김 대표에 대한 불만 토로를 들었다. ……이를 신호로 반김진영은 급속히 전열을 정비하여 김 대표와 맞섰고 관망파들도 친김진영에서 슬금슬금 발을 뺐다(≪중앙일보≫, 1992. 4. 18).

노태우가 공공연히 김영삼에 대한 불신과 불쾌감을 표출했다면 반김진영의 인사들에겐 어떤 '언질'로 들리기 십상이었다. 이들은 이때까지도 노태우의 우유부단, 무책임성, 그리고 심약함을 제대로 깨닫지 못하고 있었고 그 때문에 희망은 부풀었다. 특히 이종찬과 박태준의 경우가 그러했다.

반김진영은 1992년 3월 31일 박태준 최고위원과 이종찬, 이한동(李漢東) 심명보(沈明輔) 박준병(朴俊炳) 박철언(朴哲彦) 의원 등 6명으로 후보단일화를 위한 '6인중진협의체'를 구성했다. 이 중진협의체는 4일 양창식(梁昶植, 국회의원 당선자)을 추가해 '7인중진모임'으로 확대되었다. 한편 '6인중진협의체'가 결성되던 날 민자당 민정계의 친김대표진영 중진 9명이 모임을 갖고 김영삼 지지를 선언했다. 이로써 이미 김영삼의 승리는 결정된 셈이었다.

반YS진영은 박태준이 출마를 포기함에 따라 4월 17일 심야에 이종찬 의원으로 후보단일화를 이루어냈다. 그러나 박 최고위원의 출마포기가 노태우의 의중에 따른 것이었다고 할 때, 이종찬의 후보쟁취는 애초에 무망한 것이었다. 당시 이상연 안기부장, 정해창 청와대 비서실장이 박 최고위원을 만나 출마포기를 설득했다는 보도가 나오기도 했다(≪중앙일보≫, 1992. 4. 18).

김영삼의 측근들은 "노 대통령의 본심은 김 대표를 모양새 있게 대권후보자로 만들어주는 것"이라고 공공연히 말했다. 이 같은 주장의 진위와는 상관없이 당시의 분위기로 이종찬은 반김진영 단일후보의 자리를 확보하는 순간 경선 2등의 지위가 결정지어졌다. 1등은 물론 김영삼의 차지가 될 것이었다. 노태우의 우유부단이 가장 큰 요인이 되었겠지만 반김진영을 형성했던 '중진'들의 결속력 및 신념의 빈곤도 이종찬의 좌절에 크게 한 몫 했다. 그리고 상황을 이렇게 몰아간 결정적 요인은 김영삼의 세력정치였다.

김영삼은 상도동계라는 직계 가신그룹과 그 확대판인 민주계를 기반으로 강력한 리더십을 과시했다.

김영삼은 청와대특보 최영철의 제주발언파문 직후인 1991년 8월 자신의 왼팔로 불리던 김동영을 잃었다. 김동영은 8월 18일, 55세의 나이로 서울대병원에서 전립선암으로 세상을 떠났다. ……신동철의 계속되는 증언. "내각제파동 때 김 장관의 주 파트너는 노재봉 청와대 비서실장과 서동권 안기부장이었어요. 미국에서 가져온 약이 떨어진데다 뉴욕대병원에 다시 가서 재수술을 받아야 하는데 시기를 놓치고 말았습니다. 1990년 말부터는 암세포확산방지와 체력유지를 위해 술을 입에 대기 시작했습니다. 서동권 부장하고는 떡이 되도록 술을 마시곤 했어요. 내가 금주를 권하자 김 장관은 '어이! 사나이가 이렇게 살다가 죽는 거지 뭐'라며 너털웃음을 짓던 기억이 생생합니다(≪국민일보≫, 1996. 5. 3)."

이처럼 상도동계의 결속력과 김영삼에 대한 충성심은 대단했다. 이에 비해 민정계 반김그룹 중진들의 리더십은 힘에서 크게 못 미쳤고 계파의 결속력 또한 많이 이완되어 있었다. 게다가 김영삼은 민주적 선거절차를 중시하지 않았다. 그는 오랜 현장정치의 경험으로 힘과 수만이 승리를 담보한다는 인식을 확고하게 갖고 있는 것으로 보였다. 그는 '대세론'을 내세워 노태우와 반김세력을 압박해가면서 '후보추대위'를 결성(1992. 4. 28)하는 방법으로 민정계의 중심부 가운데 한 부분을 도려내버렸다. 추대위 결성을 주도한 것은 민정계의 김윤환(金潤煥)이었다.

김영삼의 '세몰이'식 득표전략에 이종찬은 갈수록 패색이 짙어졌다. 그는 전당대회를 이틀 앞두었던 5월 17일 마침내 '경선 거부'를 선언했다. 이에 아랑곳 않고 민자당은 예정대로 전당대회를 열었다. 그리고 김영삼이 유효투표의 66.6%를 얻어 민자당 제14대 대통령 후보로 선출되었다. 상대방이 경쟁을 포기했음에도 불구하고 대의원의 3분의 1이 김영삼을 거부함으로써 구집권세력의 반김정서가 예사롭지 않다는 사실을 드러내 보였지만 대세를 돌리기엔 역부족이었다. 이날 한 신문의 해설 기사는 김영삼에 대해 이렇게 쓰고 있다.

이 바람에 그는 '최연소 의원' '최장수 원내총무' '최연소 당수' 등의 신기록을 남기고 있으며 '뛰어난 결단의 승부사' '밀어붙이기의 명수'라 불리기도 했다. …… 김대중 씨에 대한 그의 이 같은 잇따른 '수모'는 결국 3당 통합으로 이어졌다. 여소야대 구도하에 제2야당 총재로 정국 주도권을 빼앗긴 채 초조해하던 그는 돌연 자신의 정적들과 '구국의 결단'이라는 명분 아래 통합을 감행, 세상을 놀라게 했다. …… 그를 비난하는 인사들은 '협박정치의 명수'로 그를 매도하기도 한다. 3당 합당 당시 노태우 대통령 김종필씨와 함께 작성했던 '내각제 비밀각서'를 공개해 파기해버린 것을 비롯, 집권당의 대통령 후보가 되기 위해 '협박' '위협' 등 갖가지 압력을 가했다는 것이다(≪동아일보≫, 1992. 5. 19).

이 기사는 다음과 같이 지적하기도 한다. 상당히 흥미로운 묘사다.

그러나 그는 "국가 경영은 적재적소에 사람을 잘 등용하는 데 달렸다"며 국가지도자가 반드시 전문가가 될 필요는 없으며, 덕으로 인화를 도모하는 것이 훨씬 중요하다고 주장한다. 그는 "머리는 빌릴 수 있어도 건강은 빌릴 수 없다"

는 말을 하곤 한다.

김영삼은 건강을 과시하기를 좋아했다. 다리가 불편한 김대중과 대비되
기를 희망했을지도 모른다. 그러나 이러한 그의 언급, 즉 "머리는 빌릴 수
있어도 건강은 빌릴 수 없다"는 말은 두고두고 부메랑이 되어 그 자신을
괴롭혔다. 그의 이미지는 적어도 지적인 면에서는 크게 훼손되었다. 그는
계기가 있을 때마다 지적인 능력이 아주 떨어지는 정치인으로 묘사되곤 했
다. 게다가 김영삼은 후보간 TV토론을 회피했다. 이는 토론을 벌일 경우
자신이 불리하다는 판단 때문이었다. 시민·사회단체의 토론도 기피했고 심
지어 기자회견까지도 꺼리는 모습을 보였다.

경쟁 후보들은 유세를 통해 그의 이러한 태도를 비난하거나 조롱했다.

김대중 후보는 여주 유세에서 토론을 기피하는 김영삼 후보를 겨냥, "나라의
대통령이 되겠다는 분이 방송국에서 당당히 얘기하는 것을 기피하고 있다"며
"이렇게 추운 날 불편하게 나오지 않고 안방에서 구경할 수 있는 TV토론은 꼭
이루어져야 하는데 여러분이 김영삼 후보의 귀에 들리도록 박수를 쳐달라"면서
청중의 호응을 유도. ……정주영 후보는 단골 유세 메뉴인 '김 후보 자질론'을
빠뜨리지 않고 "김 후보는 노태우 대통령이 3년 간 매주 청와대에 불러 밥상머
리 교육을 시켰지만 대통령감이 안되니까 9·18선언(탈당 선언: 필자 주)으로 포
기한 사람"이라고 비야냥(≪국민일보≫, 1992. 12. 9).

경선 후유증도 김영삼을 괴롭혔다. 이종찬의 경선거부로 타격을 입은 데
이어 선거대책위원장으로 내정되었던 박태준은 10월 5일 포항제철 회장직
을 물러났다. 그리고 7일 오후 잠실 실내체육관에서 민자당 중앙위 전체회
의가 열리기로 된 상황에서 그는 오전에 포항으로 내려가버렸다. 김영삼
총재(8월 28일 상무위원회 제2차 회의에서 민자당 총재로 피선)는 10일 아침
박태준이 머물고 있던 광양으로 내려가 담판을 벌였다. 그러나 두 사람은
3시간 40분간 계속된 대화에서 아무런 합의점을 찾지 못했다. 회담 결렬

직후 박태준은 민자당 탈당 사실을 공식으로 밝혔다.

박태준의 탈당은 일부이지만 탈당 도미노 현상을 초래함으로써 김영삼을 더욱 난처하게 했다. 그는 국면전환을 위해 13일 전국구 의원직을 내놓았다. 그때까지 그는 9선을 기록하고 있었다. 그 자리를 내놓는다는 것은 대선에 정치인생의 모든 것을 걸겠다는 뜻이었다. 이를 언론은 '정면돌파 승부수'라고 표현했다.

갖가지 문제점을 노출시킨 데도 불구하고 김영삼은 민자당 대통령 후보가 되는 데 성공했다. 3당 합당 당시 그가 공언했던 바 '호랑이를 잡으러 호랑이 굴에 들어갔음'을 그는 이로써 입증해보였다. 이 해 12월 18일에 치러진 제14대 대통령 선거에서 그는 김대중을 물리치고 당선되었다. '호랑이'를 확실하게 잡은 것이다. 그러나 그 호랑이는 김영삼 자신에게도 결코 만만한 상대가 아니었다. 호랑이를 잡아 그 등에 올라타는 데까지는 성공했지만 그 호랑이를 효과적으로 모는 데는 실패했다. 그는 싸움에는 뛰어났으나 경영에는 미숙했다. 그가 대통령에 당선된 후 읽었다는『정관정요(貞觀政要)』의 가르침 그대로 '창업이 수성난(創業易 守成難)'이었다.

2) 책략 — 먼길을 돌아서

김대중은 1987년 대선 출마를 위해 통일민주당을 탈당해 평민당을 만드는 등 안간힘을 썼으나 낙선의 고배를 들었다.

나는 이길 수 있다고 믿었다. 투표 사흘 전이었던 12월 13일, 서울 근교 보라매공원에서의 유세에는 무려 2백50만 명의 사람들이 몰려왔다. 나는 그들을 상대로 정말이지 신명나는 연설을 했다(김대중, 1997).

그러나 이는 지나친 과장이다. 보라매공원에는 물리적으로 그만큼 많은 사람이 모일 수가 없다. 회고록을 쓰기 불과 10년 전의 일이다. 그 집회에 참석했던 사람 대다수가 생존해 있는 상황에서도 김대중은 이처럼 아무렇

지도 않게 터무니없는 과장을 하고 있다.

다음의 기사도 그의 과장된 화법을 짐작할 수 있게 한다.

　　김 후보는 이어 서울 종암동 주안예식장에서 열린 '개신교 범교단 장로합동 만찬기도회'에 참석, "여의도에서 집약된 민심 가지고도 승리하지 못한다면 이 세상에 이치도 순리도 없는 것"이라고 주장하고…… 김 후보는 자신의 수난사를 소개하고 "나는 세계에서 여러분의 상상 이상의 큰 존재로 사하로프, 바웬사와 더불어 세계의 3대 인권지도자"라고 설명(≪중앙일보≫, 1987. 12. 2).

어쨌든 김대중은 자신의 기대와는 달리 패배했다. 그것도 3위에 그쳤다. '4자 필승론'이 허구가 되고 말았다. 평민당을 창당해 나간 후 노태우, 김영삼, 김종필, 그리고 자신 등 4명이 경합하면 여권표가 쪼개져 자신이 반드시 승리한다는 이른바 '4자 필승론'을 내걸었던 것인데 물론 김대중의 자기 합리화 논리였다.

그는 패배의 원인으로 '대한항공 여객기 폭파사건'을 지적했다. 이와 함께 정권측이 자신을 '용공'으로 몰아붙인 것이 패인이었다는 주장을 펴기도 했다.

그는 1992년의 제14대 대통령 선거에서 다시 김영삼과 대결을 벌였으나 또 실패했다. "나는 지역감정 때문에 또 패배했다"고 그는 자신의 회고록에서 술회하고 있다. 네번째 도전을 앞두고 쓴 책이었다. 다시 도전하자면 명분이 필요했던 것이다.

그러나 낙선 당초의 태도는 달랐다. 그는 12월 19일 패배가 확인된 후 눈물을 글썽이며 정계은퇴를 선언했다.

　　저는 오늘로서 국회의원직을 사퇴하고 평범한 한 시민이 되겠습니다. 이로써 40년의 파란 많았던 정치 생활에 사실상 종막을 고한다고 생각하니 감개무량한 심정을 금할 길이 없습니다. 그간 국민 여러분의 막중한 사랑과 성원을 받았습니다. 진심으로 감사합니다. 국민 여러분의 하해 같은 은혜를 하나도 갚지 못하고 물러나게 된 점 가슴 아프고 송구스럽게 생각합니다(김대중, 1997).

은퇴선언은 대성공이었다. 그에게 쏟아지던 일체의 비난과 그 근거들까지 말끔히 해소되었다. 그는 1993년 1월 26일 영국으로 유학을 떠났다. 그로서는 세번째의 장기 외유였다. 출국에 앞서 그는 "앞으로 더욱 열심히 배우고 노력해서 정치 이외의 분야에서 국민을 위해 봉사할 것"이라는 성명을 발표했다. 그는 영국 케임브리지시(市) 대학촌, 26평짜리 연립주택에서 유학생활을 했다. 이 집에서 케임브리지대 중앙도서관까지는 도보로 10분 거리다. 그는 오전 9시쯤 도서관으로 가서 독서를 한다고 보도되었다.

그의 학구적인 모습, 학자다운 생활은 국내 매스컴들이 적절히 국민들에게 부각시켜주었다. 김영삼이 '문민정부'를 표방하며 과거와의 단절 때문에 과격한 사정작업을 계속하던 때, 그는 멀리 해외에서 석학의 모습으로, 자주 '감동적인' 소식을 전하면서 국민의 궁금증과 동정과 아쉬움을 자극했다. 정규교육으로는 1939년에 입학, 1944년 3월에 졸업한 목포상업학교가 최종학력이지만 그는 유수의 장서가 및 독서가로, 또 적극적인 연구가 및 집필가로서의 이미지를 오래 전부터 갖고 있었다. 어쩌면 학력 콤플렉스와 보상심리의 영향이기도 했겠지만 학구적인 활동에서 다른 정치인들의 추종을 불허할 정도였다.

그는 1993년 6월 2일 런던주재 한국특파원들과 간담회를 갖고 그 달 말로 예정된 자신의 귀국에 대해 입장을 밝혔다. 귀국 후에 재단을 설립, 남북통일문제를 집중적으로 연구해 조국통일에 기여할 생각이라며 "국내정치에는 일절 관여하지 않겠다"고 강조했다. "내가 은퇴함으로써 나를 지지해준 사람들에게 긍지를 주고 나를 지지하지 않았던 사람들에게서조차 높은 평가를 받았는데 몇몇 사람들이 원한다고 해서 다시 정치에 뛰어들지 않겠다(≪동아일보≫, 1993. 6. 4)"고 말하기도 했다. 이것이 만약 전략이었다면 한고조(漢高祖)의 경우를 연상할 수 있다.

한왕(漢王, 패공을 가리킴)이 봉국으로 떠나니, 항우는 사졸(士卒) 3만 명으로 하여금 그를 따르게 하였으나, 초나라와 다른 제후국에서 한왕을 흠모하여 따르는 자가 수만 명이었다. 그들은 두현(杜縣) 남쪽에서 식(蝕)으로 진입하였다. 그들은 통과하고 나면 잔도(棧道)를 불태워 끊음으로써 제후들의 도병(盜兵)이 뒤에서 습격할 것에 방비하였고 또한 동쪽으로 되돌아갈 뜻이 없음을 항우에게 표시하였다(사마천, 『사기』).

항우(項羽)는 이 같은 유방(劉邦)의 전략에 넘어가서 경계심을 늦췄다. 유방은 이 기회를 이용해 군사력을 강화, 결국은 항우를 물리치고 천하통일을 이룬다.

김대중의 정치현장 퇴거가 연상시키는 또 하나의 장면은 중국 공산당의 대장정이다. 대장정은 1934년 말 시작되어 1년 간 계속되었다. 10만 명의 인원이 출발했으나 도착한 인원은 4,000~8,000명에 불과했다. 물론 중국 공산당은 국민당군의 추격을 피해간 것이었다.

그러나 당시에 대다수 국민은 김대중을 의심하지 않았다. 그의 정계은퇴 선언에 대한 언론의 반응으로 당시의 분위기를 짐작할 수가 있다. "당도 광주도 국민도 목메인 '고별'. '거인' 퇴장하다" 이는 그의 은퇴선언 다음 날인 20일자 ≪조선일보≫의 1면 제목이다. 한국일보는 같은 날 3면 해설 기사에 "인동초처럼 산 '민주화의 상징'"이라는 주제목을 달았다. ≪경향신문≫은 21일자에 "'현실적 최선' 추구한 프로정치인"이란 제목으로 김대중의 정치생활 40년을 요약했다. 이 와중에서 누가 그의 의도를 곡해할 수 있었겠는가.

그의 귀국이 가까워지고 있던 때 민주당의 이기택 대표가 유럽순방 중에 그를 방문했다. 1993년 6월 20일 이기택을 만난 후 김대중은 기자회견을 갖고 "귀국 후에도 정치에 개입하지 않을 것이며 야당 운영에도 간여하지 않을 것"이라면서 "이 결심은 확고부동하다"고 말했다. 그리고 이기택을 추켜올려주기를 잊지 않았다.

그는 마침내 1993년 7월 4일 하오 김포공항을 통해 귀국했다. 김포공항

귀빈 주차장에서 그는 귀국 인사를 했다.

　6개월 전 참담한 심정으로 김포공항을 떠났다. 이제는 당시의 낙심과 좌절 고통은 없다. 40년 동안의 정치생활을 완전히 떠난 대신 앞날에 대한 확고한 설계와 국민에 봉사할 희망과 자신감을 갖고 돌아왔다. ……정치는 결코 안 한다. 내가 안 하는데 강제로 시키겠느냐. ……나의 삶에 대해선 나중에 역사가 정당한 평가를 내려줄 것으로 확신하고 자랑스럽게 생각한다. 여러분은 정치를 통해, 나는 정치 밖에서 민족과 국가를 위한 일을 하는데 경쟁하자(≪한국일보≫, 1995. 7. 5).

　'역사의 평가' 또는 '역사의 심판'이란 말을 한국의 정치지도자들은 아주 쉽게 입에 올린다. 그것은 비단 김대중의 경우만이 아니다. 박정희도 김영삼도 또 다른 정치인들도 그랬다. 사실 '역사'는 우리나라뿐만 아니라 중국 문화의 영향권에 있는 국가들의 정치인들에겐 의식의 한 부분이 되었다고 할 수 있다. 옛사람들은 '청사(靑史)'와 '죽백(竹帛)'에 깨끗하고 당당하고 아름다운 이름을 남기기를 소원했다. 그것은 유교적, 다시 말해 종법사회의 가치관이자 의리 및 질서였다. 가문의 위신과 명예의 수호라는 것이 그 전제가 되었다.

　폴 존슨(Paul Johnson)은 그의 『세계현대사』에서 말한다. "역사라는 인간은 없다. 판결을 내리는 것은 인간이다." '역사의 심판' 또는 '역사의 평가'에 맡기겠다는 것은 다른 말로 하면 이미 자신이 판단을 내렸다는 뜻이 된다. 그리고 자신의 판단이 옳다고 믿고 그에 따라 행동하겠다는 의지를 나타내는 말이다. 이는 사명감에 불타는 사람이나 독선과 오만의 성향이 강한 사람에게서 뚜렷이 나타나는 행태라고 생각된다.

　카스트로는 1953년 몬카타 병영 점령을 시도하다 실패한 후 법정에서 다음과 같이 최후진술을 하고 있다.

　온갖 협박과 비열한 광기에 의해 위축되어 있는 인간에게는 감옥이 혹독한 곳이라는 것을 잘 알고 있습니다. 그러나 나는 70명의 내 동료들을 살육한 야비한 독재자의 광분을 두려워하지 않는 것처럼 감옥 역시 두려워하지 않습니다. 나에게 유죄판결을 내리시오. 그것은 전혀 중요하지 않습니다. 역사가 나를 무죄로 할 것입니다(엔젠스버거 편, 1989).

물론 혁명을 하는 사람들이나 자신의 신념에 따라 사는 사람에게는 '사필귀정'에 대한 믿음이 있다. 이들에 비해 독선적인 사람들은 비판과 논쟁을 피하기 위해 '역사'를 방패막이 삼는다.

그가 떠날 때 민주당의 당직자들과 당원들이 김포공항에서 환송식을 갖기는 했으나 조촐한 행사였다. 그러나 그가 6개월의 영국 체류 끝에 귀국하던 날의 김포공항은 떠날 때와는 판연히 달랐다. 김포공항 제2청사는 발디딜 틈 없이 붐볐다. 또 다시 실패한 자신에 대한 국민의 비판과 조소, 김영삼의 정치보복을 모면하면서 오히려 국민들의 기대와 관심을 끌기 위한 책략이었다면 그는 보기 좋게 성공한 셈이었다.

귀국한 김대중의 일거수 일투족이 뉴스가 되었다. 그는 김영삼이 '개혁' 과제로 씨름하는 동안 여유롭게 국민적 인기를 높여가고 있었다. 특히 각 대학의 특강에 자주 나갔는데 아주 인기 있는 강사였다. 그러면서 '연구재단' 설립작업을 진행시켜갔다. 1993년 9월 20일의 일간지 기사를 보면 김대중이 추진하던 연구재단의 명칭이 '아시아·태평양 평화재단(영문명은 Kim Dae Jung Peace Foundation for Asia Pacific Region)'으로 최종 확정되었다. 이 기사는 "재단의 기부금은 김 전대표가 내놓은 재산을 기본으로 하고 부족한 운영자금은 자발적인 기부금 등으로 충당된다(≪한국일보≫, 1993. 9. 20)"고 전하고 있다.

그는 이 해 9월 21일 독일 러시아 미국 등 3개국 순방 길에 올랐다. 본 베를린 모스크바 뉴욕 애틀랜타 워싱턴 피츠버그 로스앤젤레스 등 3개국 8개 도시를 22박 23일에 걸쳐 순방하고 10월 13일 귀국했다. 그는 이날 동교동 자택에서 기자간담회를 갖고 "설립추진 중인 아시아 태평양 재단을 세계 속에 부각시키는 등 기대 이상의 성과를 올렸다"며 크게 흡족해했다

(≪조선일보≫, 1993. 10. 14). 그는 자신의 연구소를 세계에 선전하고, 이를 다시 국내에 소개한 셈이 되었다. 그는 국제적 지도자로 국민의 의식에 각인되고 있었다.

당시에 이미 간헐적으로 제기되긴 했지만 길승흠(吉昇欽) 당시 한국정치학회 회장이 1993년 11월 5일 한국정치학회에서 발표한 「김영삼 개혁과 정치세력의 재편」이란 논문에서 논리적으로 제시함으로써 '김대중 정계복귀론'에 다시 무게가 실리기 시작했다. 김승흠은 이듬해 5월 민자당 전당대회 이후의 정국 시나리오를 자유경쟁론, 경제대통령론, 김대중 복귀론, 정권재창출론 등 네 가지로 들고 이 가운데 김대중 전대표의 복귀나 김영삼 대통령의 합리적인 후계구도가 실현되는 정권재창출론이 가능성이 크다고 전망했다. ≪중앙일보≫가 1993년 11월 5일자 3면에서 이를 '15대 대선 김대중 씨 최대 변수'라는 제목으로 크게 취급하고 있다.

한편 정계복귀론과 관련, 김대중 자신은 5일 "내가 정치를 안 하겠다는 것은 내 스스로 결정한 것"이라며 "누가 무슨 소리를 해도 나는 이미 정치를 끝냈다"고 강조한 것으로 보도(≪조선일보≫, 1993. 11. 6)되었다. 그는 이날 저녁 서울 힐튼호텔에서 민주당 출입기자들과 간담회를 갖고 "세 번이나 대통령에 떨어졌으면서도 다시 네 번 출마하는 것은 지난 대선에서 나를 찍어준 8백만 유권자들을 욕되게 하는 일"이라며 "그렇게 알고 쓸데없는 잡음이 나지 않도록 협조해달라"고 기자들에게 당부하기까지 했다.

'아시아 태평양 평화재단'은 이 해 12월 31일 외무부에 공익재단으로 정식 등록되었다. 그리고 이듬해 1월 27일 동교동 아릉빌딩 사무실에서 현판식, 여의도 63빌딩에서 국내외 인사 2,000여 명이 참석한 가운데 창립리셉션이 열렸다. 연구소에는 국내외의 저명인사들이 참여해서 자리를 빛냈다. 그를 박해했던 사람, 그런 분위기에 편승했거나 침묵했던 사람들은 대단한 정신적 부채감을 갖고 있을 시점이었다. 당연히 찬양일색이었고 언론들은 지나치게 이를 미화 부각시키는 경향마저 보였다.

어쩌면 김대중은 그가 염원해오던 노벨 평화상을 염두에 두고 있었는지도 모른다. 그는 '아·태평화재단' 설립 직후인 1994년 1월 29일부터 2월 5일까지 북유럽 3개국을 순방했다. 이와 관련, 노벨상을 겨냥한 외유라는 추측이 일기도 했다. 그에게 집권에의 꿈을 대신해줄 만한 게 있었다면 그것은 노벨 평화상 수상이었을 것이다. 그는 당초엔 이 욕심만을 가졌을 수도 있다. 그러다가 인기가 너무 좋아지자 '은퇴'에 대해 다시 생각하기 시작했을 법하다.

찬양과 무비판으로 요약되는 '은퇴효과'의 고조에 따라 그의 행보와 화법은 달라지기 시작했다. 그리고 5월에 들어서는 세간에 충격파를 일으킬 만한 발언을 하게 된다.

김대중 아시아 태평양 평화재단 이사장이 정계복귀여부에 관해 여운을 남기는 발언을 한 것으로 보도되어 정가에 파문이 번지고 있다. 김 이사장은 지난 4일 대전일보와의 특별인터뷰에서 "정치를 안 하겠다는 생각에는 변함이 없다"고 전제한 뒤 "만약 정치를 다시 한다고 해도 민주당과 계파를 업고 하지는 않을 것이며 그럴 처지도 아니다"고 말한 것으로 이 신문이 6일 보도했다(≪동아일보≫, 1994. 5. 11).

미국을 방문중이던 그는 5월 10일 워싱턴주재 한국특파원들과 가진 문답에서 '발언 파문'에 대해 "잡담을 하다가 전달과정에 착오가 생긴 것 같다. 꼬리부분만 커진 셈이다(≪동아일보≫, 1994. 5. 12)"라고 해명을 하였다. 그러나 이듬해 3월 8일 명동성당에서 '사순절 특강'을 통해 밝힌 입장은 이미 달라져 있었다. 정치를 하지 않겠다는 것이지 정치에 대해 아무 말도 하지 않겠다는 것은 아니라고 했다. 특히 '미스터 지자제'라고 불린 사람으로서 이 문제에 대해서는 말을 하지 않을 수 없다는 주장이었다(≪국민일보≫, 1995. 3. 9). 그 달 말쯤에 가면 그의 정치활동은 보다 뚜렷이 그 윤곽을 드러내고 있었다. 동교동에 사실상의 지방선거 본부가 가동된다는 보도가 나왔다(≪중앙일보≫, 1995. 3. 29).

그는 1995년 4월 10일 일본을 방문했다. 6박 7일 간 일본을 방문하면서 무라야마 도미이치(村山富市) 총리, 고노 요헤이(河野洋平) 외상 겸 자민당 총재, 도이 다카코(土井子) 중의원 의장, 가이후 도시키(海部俊樹) 전 총리와 만났다. 그는 16일 일본 방문을 마치고 귀국에 앞서 기자간담회를 자청했다. 이 자리에서 6월 지방선거 때 민주당 후보를 당원의 한 사람으로 도와줄 수 있다는 입장을 밝혔다. 민주당 후보에 대한 공개적인 지원선언이었다. 물론 정계복귀 의사가 없음을 강조했다.

그는 더 나아가 자민련과의 연대 가능성까지 내비쳤다. "내각제 등 권력구조를 둘러싼 합의가 이루어지지 않더라도 이번 선거에서 자민련과 연대할 수 있다"고 언급한 것이다. 이는 지방선거보다는 대선을 전제로 했다고 보이는 구상이다. 이 같은 보도가 나가자 김대중은 4월 21일 "일부 언론에 나돌고 있는 김종필 자민련 총재와의 연대는 근거 없는 낭설로 김씨와는 만난 적도 없다"고 말했다. 그는 이날 오후 한림대 경영대학원 초청강연에서 정계복귀설과 관련해서는 "정계은퇴 당시와 조금도 변함이 없다"며 "다만 민주당원의 일원으로 진정한 민주주의를 위해 노력할 것(≪조선일보≫, 1995. 4. 23)"이라고 강조했다.

김대중은 5월 26일 라마다올림피아 호텔에서 열린 국민대 행정대학원 초청 조찬연설회에서도 정치적 허언을 거듭한다. 자신은 '대통령병 환자'가 아니며 지방선거에서 유세할 생각이 없다고 단언했다. 그러면서 그는 이날 '지역등권론(地域等權論)'의 맹아가 될 만한 언급을 한다. 자민련의 등장으로 PK(부산·경남)에 의한 지역패권주의가 사라지고 '각 지역이 자기 권리를 갖고 협력하는 수평적 관계'가 될 것이라고 강조(≪국민일보≫, 1995. 5. 26)했다. 바로 다음 날 여수고 총동문회 초청 강연에서도 등권론을 역설했다.

정치적 지역할거(地域割據) 현상은 정치인들 및 정치세력들이 지역감정을 자극, 해당지역에서 득표율을 높이기 위한 일종의 지역표(票) 관리 방식 및 수단이었다. 김대중은 그것을 지역간의 지배·피지배관계로 재구성했다. '지역패권주의'라는 것이 현실적으로 입증될 때에만 '지역등권주의'는 논리적 합당성과 명분을 갖는다. 그 점에서 이 논리는 허구다. 게다가 그가 말한 '지역패권주의'가 해당 지역 주민들까지 포함시킨 것이었다면 이는 정치적으로 위험한 선동이었다고 하지 않을 수 없다. 어느 정권 하에서도 지역주민들이 집권세력과 '공모'해서 패권을 추구하고 누렸다는 확실한 증거가 없다. 당연히 그렇게 주장한 사람도 그 이전까지는 없었다.

지역등권론은 어떤 면에서는 1990년 '3당합당'의 부메랑효과였다. 3당합당은 호남 포위 구도였다. 이에 대해 김대중의 지역등권론은 거꾸로 영남을 중심으로 한 전통적 여당지역들의 결집력을 떨어뜨리면서 영남 이외 지역 주민들로 하여금 해당지역 출신자 또는 거주자로서의 자각을 갖게 하는 영향을 미치게 되고, 나아가 영남을 남북으로 분할하는 데까지 나아갈 것이었다.

지역등권론은 또 김종필에 대한 프로포즈였다. 즉 충청지역 맹주에 대한 거래제의였다고 하겠다. 이는 김대중이 갑자기 태도를 바꿔서 '내각제'에 대한 호의를 공개적으로 표출(《조선일보》, 1995. 6. 15)한 데서도 입증된다. 다른 한편으로 이 지역등권론은 자신과 함께 민주당 공동대표를 맡았다가 제14대 대통령선거를 앞두고 자신으로부터 당권을 넘겨받았던 이기택의 '역할축소', 나아가 '용도폐기'를 의미했다. DJP연대에 대한 확신이 서면 이기택은 사석(捨石)이 되고 말 운명이었다.

김대중은 1995년 6월 14일 마침내 정계복귀에로의 가시적인 발걸음을 내디뎠다. 그 달 27일에 있을 지방선거에 민주당 운동원으로서 당 소속 후보 지원유세를 하겠다고 공식 선언했다(《동아일보》, 1995. 6. 15). 기실 그는 이에 앞서 이미 정치재개의 의지를 보다 뚜렷이 내비친 바가 있다. 그는 자신의 대통령 출마 여부를 '하늘의 뜻'에 미루었다(《국민일보》, 1995. 6. 10). 6월 15일의 민주당 지방선거 후보를 위한 첫 유세에서는 한 걸음 더 나아간 언급을 했다. "나는 정상적인 국민의 한 사람으로서 선거에 출마할 수도 있고 유세할 수도 있고 투표할 수도 있다(《국민일보》, 1995. 6. 16)" 고 역설한 것이다.

이어 23일에는 서울 도봉상고에서 가진 유세에서 "김영삼 대통령이 '김대중이도 이번에는 대통령 한번 할 수 있다'고 할 수 있는 것 아니냐'고 말했다. 그는 또 "내가 만약 대통령이라면 무수히 감옥까지 갔다 온 30년 민주동지에게 '내가 대통령 한번 했으니 당신도 한번 할 수 있다'고 말할 것(≪한겨레≫, 1995. 6. 25)"이라고 김영삼의 '비정'을 부각시켰다. 김영삼 당시 대통령의 '세대교체론'을 비판하면서 한 말이다. '세대교체'는, 만약 김대중이 정계에 복귀할 경우 아주 부담스런 문제가 될 것이었다.

이 기사는 "지난 21일 김제 유세에서는 '김대통령은 나의 전주 유세에 사람들이 그렇게 많이 운집한 현실을 알아야 할 것'이라며 '그가 나더러 대통령을 하라 말라해서 내가 대통령을 하고 못하는 것이 아니다'고 말하기도 했다"고 전했다. 자신의 정치재개를 합리화하기 위해서 남을 공격한 것이다. 그때쯤엔 김영삼이 어떤 이유와 방법으로라도 김대중에게 사법적인 제재를 시도할 수 없는 상황이었다. 김대중으로서는 안심하고 김영삼을 공격함으로써 자신의 위상을 높이려 할 만했다.

6월 27일 전면적 지방자치제 실시를 위한 자치단체장 및 지방의회의원 선거가 실시되었다. 김대중이 직접 운동원으로 뛰어든 이 선거에서 민주당은 민자당을 압도했다. 그는 지방선거를 진두지휘했고 승리를 거뒀다. 이로써 그는 선거에 대한 자신감을 회복했다. 이제 그의 정계복귀 선언은 시간문제일 뿐이었다.

> 김대중 아태재단 이사장이 추종의원들과 함께 민주당을 집단탈당, 신당을 창당하는 문제를 신중히 검토하고 있다. 김 이사장은 8월 말 전당대회를 예정대로 치르도록 하는 방안과 신당을 창당하는 방안을 놓고 고심, 9일부터 2박3일 동안 제주를 방문하여 구상을 굳히고 오는 15일 경 직접 입장을 밝힐 예정이다(≪동아일보≫, 1995. 7. 8).

김대중의 정계복귀 의지 표명은 가속도가 붙었다. 위의 기사가 나온 다음날(7월 9일) 그는 신당 창당 의지를 분명히 했다. 그리고 그 다음날, 즉 7월 10일 마침내 그는 정계복귀를 예고했다.

김대중 아태재단 이사장은 10일 신당 창당 의지를 분명히 밝히면서 '내 책임 하에 정계에 복귀할 것'이라고 말했다고 정대철 고문이 전했다. 김 이사장은 이 날 밤 서울 시내 모 호텔에서 정 고문과 김원기(金元基), 권노갑, 한광옥, 김근태 부총재, 김상현, 이종찬, 이용희(李龍熙) 고문, 김태식(金台植) 사무총장, 신기하(辛基夏) 원내총무, 김병오(金炳午) 정책위의장, 김영배(金令培), 안동선(安東善), 임채정(林采正) 의원과 이해찬(李海瓚) 서울시 부시장 등을 불러 신당대책회의를 가진 자리에서 이 같이 말하고……(≪조선일보≫, 1995. 7. 11).

김대중은 7월 13일 마침내 정계복귀를 공식선언했다.

지난 1992년 12월 19일 정계은퇴를 선언할 때만 해도 내가 다시 정치를 하리라는 생각은 하지 않았다. 정치의 재개는 어찌되었든 국민과의 약속을 못 지키는 것이고 이에 대한 어떠한 변명도 하지 않겠다. ……현재 국정현실은 큰 혼란에 빠져있고 개혁의 마무리도 실패했다. 권력은 보복차원에서 악용되고 있고 현재 안기부는 1백 명 내외의 요원들로 나를 파괴하려는 공작을 진행하고 있다. ……내가 도덕적으로 깨끗하다는 소리를 들을 수 있는 여건을 버리고 일시적으로 비판을 받더라도 국정의 혼란과 마비된 제1야당의 정당기능을 바라볼 수만은 없다.……(≪동아일보≫, 1995. 7. 14).

김영삼의 실정 ─ 설사 그렇다 해도 ─ 과 김대중의 정계복귀는, 자신의 발언 내용 안에서는 아무런 인과관계를 발견할 수가 없다. 이기택이 당을 잘못 이끌었다는 점도 그가 신당 창당을 주도해야 할 이유는 되지 못했다. 민주당은 동교동계가 이끌고 있었다. 이기택이 김대중을 '실질적 오너', 자신을 '고용사장'에 비유(≪한국일보≫, 1995. 7. 14)할 정도였다. 하긴 김대중이 정치를 재개하지 못한다는 법은 없었다. 문제는 아무도 요구하지 않은 '정계은퇴'를 그 스스로 한 데 있었다. 그의 말 바꾸기 과정에 대해서는 당시 언론들이 일목요연하게 정리하고 있다.

김대중의 정계복귀선언을 보는 국민의 시선은 곱지 못했다. 대다수의 반응은 아주 부정적이었다.

김 이사장의 정계복귀와 신당 창당에 대해 대다수 국민은 부정적인 것으로 조사되었다. 김 이사장의 정계복귀에는 73.2%가, 신당창당에는 71.1%가 '바람직하지 않다'고 응답했다. '바람직하다'는 견해는 각각 26.0%, 27.5% 정도다. 또 과반수가 김 이사장의 정계복귀와 신당창당이 '우리 정치발전에 도움이 되지 않는다'는 입장이다(≪중앙일보≫, 1995. 7. 14).

그러나 김대중은 이를 괘념치 않았다. 그는 7월 18일 여의도 63빌딩 국제회의장에서 기자회견을 갖고 신당창당과 정계복귀를 공식 선언했다.

그는 현 정국을 '심각한 국가적 위기'로 규정하고, "현재의 민주당은 지도부가 당을 잘못 이끌고도 책임지지 않으며, 전당대회를 할 경우 파벌이기주의와 금력에 의한 매수가 판칠 것이기 때문에 당내 개혁이 전혀 불가능해 신당 창당을 결심했다"고 밝혔다(≪중앙일보≫, 1995. 7. 19).

그는 '(꼬마)민주당'과 합당(1991년 9월 10일 합당선언)하고 공동대표제를 채택, 이기택을 자신과 동렬에 세웠다. 이기택이 자신의 부재 중 관리 대표의 역할만 해주기를 그는 바랐겠지만 그러나 이 대표도 야심이 있는 정치인이었다. 그를 중심으로 한 당내 세력이 만만찮다는 것을 인식하게 되자 그는 이들 모두를 한꺼번에 배제하는 수단을 강구한 것이다. 그것은 일찍이 그가 김영삼과 함께, 개헌정국에서 딴 목소리를 내며 세력화를 시도하던 이민우를 고사시킨 '통일민주당 창당'과 꼭 같은 수법이었다. 토론과 설득의 과정은 그들에겐 시간 낭비일 뿐이었다.

— 무엇이 되느냐보다 어떻게 사느냐가 중요하다고 강조해온 김 이사장의 신조가 정계복귀로 바뀐 것이 아닌가.
"정계은퇴 선언도 신조에 따른 것이고 이번에 고통스런 결단을 내린 것도 신조에 따른 것이다."
……
— 신당이 사실상 김 이사장의 개인의 영향력 아래 놓이는 것 아닌가.

"나의 당 운영에 대해 과거에도 상당한 오해가 있었다. 나는 당을 민주적으로 운영하기 위해 애썼다. 민주적 리더십과 권위주의적 리더십을 혼동해서는 안 된다(≪동아일보≫, 1995. 7. 19)."

그는 기자회견에서 그렇게 말했다. 당시는 500명이 넘는 사망자를 낸 삼풍백화점 붕괴사고(1995. 6. 29)의 시신수습 작업이 계속되던 때였다. 진실로 그가, 스스로 연설 때마다 강조했듯 국민을 '존경하고 사랑'했다면 최소한 그 통곡의 시기는 피했을 것이다. 어쨌든 그는 '정계은퇴 선언도 신조, 정계복귀 결단도 신조'라고 명쾌하게 말했다. '은퇴도 내 마음, 복귀도 내 마음'이라는 뜻이었다.

그에게는 가신들이 있었다. 당을 만들기는 여반장이었다. 그는 "당을 민주적으로 운영하기 위해 애썼다"라고 하는가 하면 "민주적 리더십과 권위주의적 리더십을 혼동하지 말라"고 주문하기까지 했다. 그러나 양김, 나아가 3김의 정당조직 및 운영관행이 풍겨온 인상은 왕조시대적 군신관계였다. 그리고 그는 오만한 군주였다. 측근 인사들 스스로도 자신들을 '가신'으로 자처했다. 다음의 기사가 이를 확인시켜주고 있다.

민주당 권노갑 고문이 25일 기자들과 만나 '동교동 가신론'을 펼쳤다. "이번 공천을 가신들이 좌지우지했다"는 김상현 의원 등 공천 탈락자들의 비난에 대해 해명에 나선 것. 그는 먼저 "가신정치를 비난하는 김 의원도 1971년 대선후보였던 김대중 대통령의 비서실장을 지낸 가신 출신"이라고 지적했다. ……'가신'이라는 단어에 섞인 과잉충성 등 부정적 이미지에 대해 그는 "나는 (김대중 대통령의) 가신임을 명예롭게 생각한다"는 말로 반박했다. 권 고문은 "우리 동교동계는 대통령과 당을 위해 모든 것을 바칠 수 있는 사람들"이라고 강조했다(≪중앙일보≫, 2000. 2. 26).

3) 책임전가

김대중은 네번째 대선 출마를 위해 정치재개를 선언하고 민주당 분당까지 감행했으면서도 여전히 말꼬리 흐리기 화법을 버리지 않았다.

국민회의 김대중 총재는 30일 "내년 총선이 끝나고 국민이 나 같은 사람이 필요하다고 생각해 나라를 맡겨준다면 대한민국을 세계 제1의 국가로 만들 포부를 가지고 있다"고 말해 1997년대선 출마 의사를 공식화했다. 김 총재는 이날 대전의 한 호텔에서 대전-충남지역 당원간담회를 갖는 자리에서 이 같이 말하고 그러나 "그때 가서 국민이 원하지 않는다고 판단되면 미련 없이 국민 속으로 돌아가겠다"고 말했다(≪조선일보≫, 1995. 10. 1).

그는 '국민이 원하지 않는다고 판단되어' 정계은퇴를 선언하고 영국으로 가면서까지 새로운 인생을 살겠다고 했다. 온 세상이 떠들썩하게 은퇴생활을 보내다가 다시 정계 복귀를 감행했으면서 또 '국민이 원하지 않는다고 판단되면' 운운했다. 그는 제1야당의 총재가 되기 무섭게 특히 충청지역을 대상으로 '등권론'을 강조하기 시작했다. 그는 또 자신이 3차례나 낙선한 것은 '한번도 공정한 심판을 받은 적이 없었기 때문'이라고 주장하기 시작했다. 정말로 그런 생각을 갖고 있었다면 그가 1992년 12월 19일 아침 눈물을 비치며 '정계은퇴'를 선언했던 까닭이 설명되지 않는다. 어쨌든 김대중은 정계복귀에 성공했고 곧 강력한 차기 대선 주자의 지위를 확보했다. 지위가 확고해지자 그의 말은 또 달라졌다.

새정치국민회의 김대중 총재가 14일 저녁 눈물을 흘렸다. 국정감사를 마친 소속 의원 전원을 서울 여의도 63빌딩에 초청, 그 동안의 활약을 칭찬하던 도중이었다. ……김 총재는 정계복귀와 국민회의 창당 당시를 회고, "며칠 간 밤잠을 못 자고 고민했다"고 말하더니 "나도 인간이기에 명예가 있는데 주위 사람들의 입방아에 오르내리고 언론에 매도당했다. 참으로 기가 막혔다. 우리가 결단을 내리지 않았다면 이런 결과가 왔겠느냐'며 눈물을 흘렸다(≪동아일보≫, 1995. 10. 15)."

마치 남이 무고한 자신의 명예를 악의적으로 훼손한 양하는 말투였다. 정작 명예를 지키지 못한 사람은 그 자신이었다. '주위의 입방아'라거나 '언론의 매도'라는 것은 아주 부적절한 표현이었다. 훗날 김대중은 자신이 '거짓말쟁이'로 불려온 데 대해 해명하고 있다. 그는 자신의 회고록 『나의 삶 나의 길』에서 나름대로는 논리를 갖춰 자신에 대한 비난을 반박하고 있다.

> 지난 1992년 정계를 은퇴한다고 발표하고 나서 그걸 번복해서 또 정치를 한다는 이유로 일부 사람들은 나를 '거짓말쟁이'라고 몰아 붙인다. 그러나 그 사람들은 우선 '거짓말'에 대한 정의를 잘못 사용하고 있다. ……그러나 분명히 지키려고 했다가 뜻하지 않은 일로 약속을 지키지 못하는 경우는 거짓이라고 하지 않는 것이다.

그는 자신의 기만에 대해 솔직히 인정하는 대신 자신을 비판하는 사람들을 무논리의 논리로 비난하고 있다. 비단 김대중만이 아니라 이것이 한국 정치리더들의 서로 닮은 행태이다. 그가 내세우는 정도의 복귀 이유는 이미 그가 정계에서 은퇴하기 이전부터 조성되어 있었거나 충분히 예견되던 상황이었다.

이처럼 자신의 과오나 실수를 자신의 몫으로 감수하지 않고 남의 탓으로 돌리는 그의 화법 또는 의식은 '노태우 비자금 20억 원 수수' 파문에서도 표출되고 있다. 그는 1995년 10월 27일 중국 방문 중 아침에 긴급 기자회견을 갖고 1992년 대선 기간 중 노태우 당시 대통령으로부터 20억 원을 받은 사실을 밝혔다. 자발적인 공개이긴 했지만 상황에 몰린 인상이 짙었다. 이날 노태우가 대국민 사과를 한다고 예고되었었기 때문이다. 그는 전날 밤까지도 이를 부인한 것으로 알려졌다.

김대중은 이즈음 공식적으로도 노태우 비자금 수수설에 대해 완강한 부인으로 일관했다. 다른 야당의 의원들이 의혹을 제기하자 박지원(朴智元) 국민회의 대변인을 통해 강력히 부인했다. 예로써 박 대변인은 민주당 이철(李哲) 총무가 10월 26일 자금 수수 여부를 따지자 "여권의 공작에 놀아나는 어처구니없는 행위(≪동아일보≫, 1995. 10. 28)"라고 몰아세웠다. 그러다가 다음날 사실이 밝혀지자 총재로부터 정확한 사항을 지시 받지 못해서 부인한 것이라고 해명했다.

고백과 사과에도 불구하고 논란이 그치지 않자 김대중은 '전면전'을 선언하고 나섰다. 그는 11월 13일 "이제 싸워 이기느냐, 아니면 파멸하느냐 이것이 전부"라며 "타협은 없다"고 말했다(≪중앙일보≫, 1995. 11. 14). 김영삼이 내각제 각서 파문을 되레 '정면돌파' 방식으로 해결하려 했던 것과 흡사한 대응이었다.

양김은 정치의 민주화만을 위해 투쟁한 적이 없었다. 그보다는 자신들의 입신양명이 더 절실하고 절박한 과제였다. 그들은 언제나 민주화의 기치를 들고 싸웠지만 자신들의 이익을 희생하면서까지 싸우려 하지는 않았다. 그리고 책임은 언제나 남의 몫이었다.

3. 독선·독단·독주

1) 3당 합당과 DJP연합

김영삼은 1987년 12월 19일 신문광고를 통해 대국민 사과성명을 냈다. '야권후보 단일화 실패'에 대한 사과였다. 그는 이듬해 1월 6일 민주당 임시전당대회에서 재신임을 받았으나 2월 8일 전격적으로 총재직을 사퇴했다. 이에 추동되어 민주당과 평민당의 통합은 한동안 진척되는 듯했으나 최종적으로 도장을 찍기로 한 3월 19일 민주당 협상대표에 대한 괴청년들의 폭력행사로 완전히 무산되고 말았다. 그리고 4월 26일 실시된 제13대 총선에서 김영삼이 이끌던 민주당은 지역구에서 46석(전국구 13석)을 얻는 데 그쳐 김대중의 평민당에 8석(전국구까지 합하면 11석)이 뒤지면서 원내 제3당으로 내려앉았다.

김영삼이 야당 통합을 위해 김대중의 소선거구제안을 받아들인 것이 결정적 패인이 되었다. 이유 여하간에 김영삼은 김대중의 전략에 넘어간 격이 되었다. 소선거구제는 평민당에 가장 유리한 구도를 만들어줄 것이었다.

김대중은 김영삼에 비해서는 훨씬 용의주도했다. 그는 어디까지 동행해야 하고 어디서부터 따로 가야 하는가를 잘 알고 있었다. 김영삼이 '감(感)의 정치'에 의존한 데 비해 김대중은 '면밀한 계산의 정치'를 했다. 이 때문에 추진력 돌파력에서는 김영삼이 앞섰지만 정치의 경제성 면에서는 김대중의 소득이 더 컸다.

1970년, 당시 2선 의원에 불과하던 김대중을 일약 박정희의 대체 리더로 부각시키는 계기를 제공했던 것은 부분적이었다 해도 김영삼의 '40대 기수론'이었음을 부인하기 어렵다. 그리고 민추협의 공동의장으로 앉혀 해외에 있으면서도 언제나 국내 매스컴에 이름이 오르내리고 민주화 투쟁의 '두 지도자'로 국민의 의식에 각인될 수 있었던 것도 따지고 보면 김영삼에 힘입은 바 컸다. 민추협은 물론 이를 모태로 성립된 신민당도 김영삼이 주도했다는 점에서 적어도 이 시기의 김대중은 국내 민주화 투쟁의 맨 앞자리에 무임승차했음을 부인하기 어렵다.

김대중의 민주당 탈당 및 평민당 창당 때 받았던 충격을 김영삼은 훗날 야권 이탈을 통한 3당 합당으로 되갚아주게 된다.

민주화로 가는 과정에서의 진통이기는 했으나, 학생·노동자들은 연일 시위와 농성을 벌이는 등 무질서와 혼란이 지속되었다. 경찰 등 공권력도 전혀 힘을 쓰지 못했다. '물태우'라는 말까지 등장했다.

김영삼은 회고록에서 1988년 말 무렵의 정치상황에 대해 그 같이 기록하고 있다. 그는 특히 그 해 11월 29일 '전국 노동법 개정 투쟁본부'에 의한 민주당사 점거사태에 충격을 받았다고 술회한다. 물론 이는 그 다음 다음해에 있었던 3당 합당을 '불가피한 선택'으로 독자의 인식을 이끌어가려는 의도적 기술태도일 것이지만 김대중과의 경쟁 속에 야당성을 지키기에 한계가 있다는 것을 절감했음직한 사건이었다.

그렇지 않아도 그는 김대중 다음이라는 정치권내 위상을 수용하기가 어려웠을 터이다. 거기에 더해 진보세력에 대한 기대도 사라져버렸다. "민주주의를 위해 나름대로 평생을 싸워왔는데, 야당에 대해 이럴 수가 있나 하는 생각이 들었다(김영삼, 2000)"고 하는 것은, 적어도 진보세력과의 제휴에 관한 한 김대중과 겨루기 어렵다고 판단했다는 뜻이 된다.

김영삼은 1989년 6월 2일부터 10일까지 9일 간에 걸쳐 구소련을 방문했다. 거기서 그는 변화의 필요성을 절감했다고 한다. 그는 귀국 후 6월 21일 노태우와 회담했다. 이 자리에서 노 대통령은 '정책연합'의 운을 뗐다.

나는 딱 잘라 거절했다. 나는 노태우에게 4·19 직후 민주당 신·구파의 대결 양상을 설명해준 뒤, "하려면 합당을 해야지 정책연합은 또 다른 정국 불안 요소가 될 것"이라고 그에게 말해 주었다. '합당'이라는 내 말에 그는 전혀 상상하지 못했다는 듯 당황한 표정이었다. "아니, 김 총재님. 그렇게 할 수 있겠습니까?" 하기에, 나는 '정책연합은 안 되고, 하려면 통합을 해야 된다"고 다시 말했다(김영삼, 2000).

김영삼은 논리적으로 모순되는 이야기를 자신의 이해에 따라 예사로 주장하고 억지로 합리화한다. 그가 지적한 4·19 직후의 민주당 신·구파 대립은 정책연합 때문이 아니라 같은 정당 내에 이질적인 세력들이 동거한 데서 비롯된 것이다. 따라서 그것은 '정책연합 아닌 합당'을 주장할 명분이 되지 못했다. 민정당과 민주당이 합당을 한다면 과거 민주당과 같은 분열 대립의 양상을 보일 가능성이 높았다. 그런 점에서는 오히려 '합당 불가'의 이유일 수 있었다.

김영삼이 '정책연합'을 거부하고 '합당'에 집착했던 데는 나름대로의 이유가 있었을 것이다. '정책연합'으로는 노태우의 입지를 넓혀줄 수는 있어도 김영삼의 지위 상승에는 별로 도움이 될 게 없었다. 그리고 주도권은 민정당 차지가 된다. 언제 파트너를 바꾸려할 지 누가 알겠는가. 그로서는 합당만이 현실적으로 선택할 수 있는 유일한 방법이었다. 김영삼은 1989년

12월 23일 마포 신민당사 총재실에서 송년 인터뷰를 가졌다. 기자가 4당 구조에 대해 묻자 그는 다음과 같이 대답했다.

4당체제가 생긴 것부터가 잘못된 것입니다. 출발 자체가 잘못되었어요. 전에도 4당체제로는 안되겠다고 얘기했지만, 이번에 영수회담을 해보고 난 뒤 도저히 안되겠다고 판단했습니다. 이 구조는 정국을 안정되게 끌고 갈 수 있는 구조가 아닙니다. 국민을 안심시키는 것이 아니라 불확실한 상황으로 끌고 가고 있어요(김영삼, 2000).

그에게는 민주적 정당정치 같은 것은 관심 밖이었다. '4당체제가 생긴 것부터가 잘못'이라는 말은 김대중이 민주당에서 떨어져 나가 평민당을 만든 데 대한 비난이면서 동시에 자신이 의도하고 있던 정계개편에 대한 정당성의 주장이었다. 그는 자신이 자랑해 마지않았던 '40년 정통야당'과 결별할 마음의 준비를 이미 마쳐둔 상태였다.

제3당 총재로서의 지위도 감수하기 어려웠겠지만 김영삼은 노태우와 김대중의 결합 가능성을 우려했을 수도 있다. 노태우의 유약한 현실대응태도로 미루어 만약에 그가 정책적 연대나 합당을 생각한다면 김영삼 자신보다는 김대중을 선호할 가능성이 높다고 판단했을 법하다. 또 야3당의 공조가 다짐되었지만 김영삼은 김대중을 믿지 않았다. 실제로 노태우와 김대중의 연대 가능성을 배제할 수 없는 상황이었다. 김대중 자신도 노태우로부터 1989년 말 합당 제의를 받았던 적이 있다고 기억한다(김대중, 1997).

김대중으로서는 이런 제의를 받아들일 수 있는 어떤 명분도 평계도 발견할 수 없었다. 1980년 이후 그가 겪은 정치적 박해는 주로 '광주사태 배후조종'을 이유로 한 것이었다. 마찬가지로 그의 정치적 위상은 광주민주화운동을 배경으로 해서 더욱 확고해졌다. 그러므로 광주학살을 자행한 '80년 신군부' 세력과 합당을 한다는 것은 김대중의 자기부정이 될 것이었다.

게다가 당시의 정치구도는 자신에게 아주 유리하게 형성되어 있었다. 그리고 김대중의 판단으로는 김영삼 역시 스스로 그처럼 외쳤던 '군정종식'

구호를 내던져버리고 노태우와 결합할 어떤 논리적 이유도 계기도 없었다. 그러나 '논리성'에 구애받는다는 사실이 김대중의 한계였다. 김영삼은 목적을 위해서라면 스스로 명분을 만들어 낼 수 있는 성격의 소유자였다. 논리는 그 다음에 만들면 되는 것이었다. 이 점을 김대중은 간과했다.

김대중이 노태우의 연대제의를 거절하면서 노태우·김영삼 결합 가능성을 생각해보지 않았을 리는 없다. 그러면서도 그에게는 믿는 바가 있었다. 노태우가 자신에게 전화로 전두환 전 대통령의 자택 귀환에 대한 입장을 타진했을 때 그는 편하게 대답해준 바가 있었다. 애초에 사람을 탄핵할 뜻은 없었다고 했다. 노태우는 '은인' 운운 해가며 고마움을 표시했다고 그는 기억하고 있었다(김대중, 1997).

따라서 그가 노태우를 궁지로 몰아넣지 않는다면 극단적인 방법, 즉 김영삼과의 합당을 감행하지는 않을 것이라고 계산했을 수 있다. 또 한가지, 상식적 판단으로는 김영삼이 집권을 포기하지 않는 한 노태우와의 합당 같은 것을 시도할 리 없었다. 김영삼이나 그 자신이나 정치적 생명의 큰 줄기는 '민주화 투쟁의 리더'라는 위상과 이미지였다. 그것을 포기하면 그 순간 정치적 몰락의 수렁에 빠질 것이 명약관화했다.

더욱이 차기 대선전은 누가 뭐라고 하든 양김의 대결로 좁혀질 것이 분명했다. 김대중의 입장에서 중요한 것은 김영삼을 이미지로 압도하는 것이었다. 투쟁성 도덕성 선명성 그리고 정책대안에 있어서도 그는 김영삼을 뛰어 넘어야 했다. 특히 투쟁성과 선명성에서 앞서는 것은 매우 중요했다. 김영삼이 가장 자랑하던 무기였기 때문이다.

김대중이 노태우와 합당 혹은 연대를 할 수 없었던 또 다른 이유로는 연대 이후에 대한 불안감을 생각할 수 있다. 그는 경상도 정권에 들어가서 자신의 정체성을 잃어버리는 모험을 감행하거나, 집권세력의 제2인자군(群)에 휩쓸려 들어감으로써 스스로를 격하시키고 마는 상황을 감수할 수가 없었을 것이다. 만에 하나 그렇게 결심을 한다해도 차기 후보 자리가 보장될 것도 아니었다. 어쩌면 집권세력의 음모에 이용만 당하고 퇴로조차 막힌 상황에서 용도 폐기될지도 모를 일이었다.

그러나 김영삼은 심사숙고형의 김대중과는 달리 저돌형이었다. 그리고 복잡한 구도를 견디지 못해 하는 성격이었다. 그는 단순 명료한 것을 선호했다. 그가 '4당체제가 생긴 것부터가 잘못'이라고 한 데서도 그가 복잡한 계산이나 구조에는 거부감을 갖고 있음을 알 수 있다. 그는 훗날 통합여당에서 당권을 장악하기 위해 투쟁할 각오가 되어 있었고 자신감도 넘쳤다. 그는 3당 합당의 당위성을 자신의 추종자들에게 역설하면서 "호랑이를 잡으려면 호랑이 굴로 들어가야 한다(≪경향신문≫, 1992. 5. 20)"고 말하곤 했다.

1990년 1월 22일 노태우, 김종필과 함께 3당 합당을 선언한 이후의 상황에 대해 김영삼은 자신의 회고록에서 이렇게 말하고 있다.

3당 합당 선언이 있자 당리당략만이 활개치던 4당 구조에 눈살을 찌푸렸던 국민들은 합당을 환영했다. 각종 여론 조사에서도 3당 합당에 찬성한다는 견해가 다수를 차지했다. 실제로 여·야가 합당을 쟁점으로 삼아 일전을 벌였던 1991년 6월 20일의 지방의회 선거에서 내가 이끈 민자당이 압승을 거둠으로써, 3당 합당을 바라보는 국민들의 시각이 어떤 것인가를 확인할 수 있었다(김영삼, 2000).

이 같은 기술 태도는 정당정치인으로서 자기부정이나 다를 바 없다. 자신이 리더 중의 한 사람으로 이끌었던 4당 구조를 '당리당략만 활개치던' 체제로 매도할 수 있는 사람이 바로 김영삼이다. 그는 논리성에 개의하지 않는다. 그는 자신의 목적과 당장의 상황에만 적절히, 적극적으로, 또 담대하게 반응하는 현장형(혹은 전장형) 정치인이다. 당시 국민은 큰 충격을 느꼈음에도 불구하고 그는 '환영'했다고 단정해버린다.

김영삼은 1월 22일 청와대 3자 회담 및 합당선언을 마치고 7시 30분쯤 당사로 돌아가 기자들에게 회담 결과를 설명했다.

— 그 동안 정통야당의 적자임을 자임해 왔는데, 지금의 소감은?

"유신과 5공 치하에서 국민들이 많은 고난을 당했지만, 나도 엄청난 고통을 당했다. 그 동안 반독재투쟁으로 일관해왔다. 그러나 이제 큰 의미에서 남북관계의 어려움, 4당체제에 따른 정치불신을 극복하고 국민에게 용기와 희망을 심어주는 정치를 펼쳐야 한다고 생각했다. 정치인은 국가와 민족이 요구할 때는 중요한 결단을 해야 하는 것이다(김영삼, 2000)."

김영삼은 극히 주관적인 판단으로 결정을 했으면서 그것을 '국가와 민족의 요구'로 둔갑시켰다. 이 같은 독단 독선은 이미 김영삼적 사고체계, 김영삼식 정치스타일로 굳어져 있었다. 이는 박정희의 화법이기도 했다. 그러나 박정희의 경우 정책결정 및 추진에서는 공익을 앞세웠고 또 설득력을 갖추려는 노력을 기울였다. 반면 김영삼은 자신의 목적을 달성하기 위한 독단을 공적 목표로 가장하면서 감행했다. 어설픈 제자가 스승의 외양만 흉내내는 격이었다. 그는 3당 합당을 다음과 같이 정당화하고 있다.

나는 민주당의 동지들에게 "나라가 이 지경까지 되었는데, 야당으로서 그대로 보고만 있을 수 없다. 정치인은 책임을 져야 한다. 역사가 평가할 것이다"고 말했다. 나는 내 판단을 믿었기 때문에 정도(正道)로 밀고 나갔다(김영삼, 2000).

그는 '나라가 이 지경'이 되었다고 했지만 당시 상황은 아무런 '지경'도 되지 않았다. 김영삼 스스로 합당 결정을 정당화하기 위해 상황을 과장한 것일 뿐이었다. 그는 평가를 역사에 미루는 것으로 자신의 행위에 대한 책임추궁을 회피했다. 이는 무책임하고 비민주적인 언사의 한 정형(定型)이다. 현실에서는 아무런 책임을 지지 않겠으며 누구의 의견도 듣지 않겠다는 뜻이다.

"내 판단을 믿었기 때문에 정도로 밀고 나갔다"는 말도 마찬가지다. '내 판단'이 정당성을 담보하고 그것이 곧 '정도'라는 무논리의 논리다. 민주의식을 가진 사람이라면 이런 말을 하지 못한다. 자기 중심주의적 어투의 극단이라고 할 수 있다. 이런 것이 김영삼의 화법이고 행태다. 그가 자신이 늘 주장해 온 바와 같은 의회주의자나 민주투사일 수가 없는 이유가 여기에 있다. 그는 본질적으로 권위주의적 성향을 가진 인물이다.

그는 박정희와 권력투쟁을 벌이는 과정에서 박정희에게서 배웠다. 이를테면 '고부효과' 같은 것이다. 호된 시집살이를 한 며느리가 무서운 시어머니가 된다는 우리사회의 경험칙 또는 속설을 김영삼이나 김대중이 입증해 주었다. 양김의 리더십 배경에는 박정희의 잔영이 있다. 이 점에서 양김은 박정희적 리더십의 상속자다.

1990년 1월 30일 오전 중앙당사에서 대의원 880명이 참석한 가운데 민주당 임시전당대회가 열렸다. 이날 대회에서 정상구(鄭相九) 전당대회 의장은 합당 반대파의 발언을 봉쇄한 가운데 수임기구 구성을 김 총재에게 위임하자는 황명수(黃明秀) 의원의 동의를 토론 없이 박수로 통과시켰다. 원내 의석 59석의 대정당이자 자칭 '정통야당'이었던 민주당의 운명이 김영삼 한 사람의 결심으로 결정된 것이다.

2월 6일 김영삼은 일본의 ≪요미우리(讀賣)신문≫과 회견을 갖고 3당 통합이 1955년 '보수대합동'으로 성립한 일본의 자민당을 모델로 삼은 것이 아니라 "1966년 빌리 브란트 당수 휘하의 서독의 사민당을 참고로 한 결단이었다"고 밝혔다. 이날 그는 기자들과 송별 오찬 간담회를 가진 자리에서 다시 자신의 '3당 합당'과 빌리 브란트의 '기민당·사민당 대연정'의 유사성을 강조했다.

기실은 일본 자민당을 흉내냈을 것이면서도 김영삼은 굳이 독일의 예를 들었다. 이 또한 김영삼식의 억지다. 누군가 아이디어를 제공한 것이었겠지만 전혀 논리적으로 맥이 닿지 않는 핑계를 끄집어내어 이를 합당 정당화의 명분으로 삼았다. 우선 일본이든 독일이든 내각제를 채택하고 있다. 내각제는 연정을 (상황이 어려울 때) '불가피한 선택'으로 전제한다. 그러나 한국의 권력구조는 대통령제다. 이는 3권분립의 이론적 기초 위에 서 있다. 여당이 원내 과반수의석을 확보해야 한다고 주장할 논리적 제도적 근거가 없다.

그리고 브란트의 경우는 연정이었던데 비해 김영삼 등은 합당이었다. 그 점에선 일본 자민당의 예와 흡사한데도 굳이 독일식이라고 우겼다. 이는 3 당 합당을 '일본 자민당을 흉내낸 장기집권 음모'라고 보는 사회 일각의 시선에 대한 김영삼식의 대응논리였다. 일본에 대한 반사적 거부감을 갖고 있는 국민의 감정도 물론 감안되었을 것이다.

또 한가지 독일의 예에서 명분을 얻으려 했다면 브란트의 '동방정책'이 다. 당시 독일은 이미 동서독의 장벽이 허물어지고 동독 정권이 사실상 붕괴한 가운데 법적인 통합작업이 진행 중에 있었다. 이 점에서 보면 3당 합당의 주요 동기 및 목표 가운데 하나가 '민족통일의 추진'이라는 점을 강조하기 위한 명분 빌리기였다고 하겠다.

어쨌든 3당 합당은 한국 정당 및 정당정치의 구조를 극도로 왜곡시키는 결정적 요인이 되었다. 노태우 김영삼 김종필은, 단지 통치기반의 강화와 집권기회 확보를 위한 실력자들 및 그 추종자들의 이익결사일 뿐인 정당을 만들어냈다. 정당의 이념적 정체성 같은 것은 전혀 고려의 대상이 되지 않았다. 당 구성원들의 소속 정당에 대한 신의도 철저히 외면되었다. 정당의 수뇌가 앞장서서 이를 부인했기 때문이다. 이들의 행동은 이후 정치인들의 빈번한 당적 변경과 이합집산, 다시 말해 '철새정치인적 행태'를 부추기고 정당화시키는 평계가 되었다.

또 이들이 당파적 분열 대결을 극복한다는 명분으로 3당 합당을 감행했음에도 불구하고 이는 오히려 당내 파벌대립을 격화시키는 요인이 될 것이었다. 서로 태생과 전통 이념 의식 목표, 특히 욕심이 다른 3당이 하나의 용광로 속에서 용해된다는 것은 정치적 수사였을 수는 있어도 현실성은 전혀 없는 일이었다.

김영삼의 전례를 따라 김대중은 1997년 제15대 대통령 선거를 앞두고 역시 지역연대를 시도했다. 1990년 1월 민정·민주·공화당의 3당 합당이 호남 포위 또는 배제 전략이었다면 '지역등권론'을 앞세운 김대중의 호남·충청연대는 영남 고립화 전략이었다. 후에 'JDP연합'으로 구현된 '야권후보 단일화'는 1997년 6월부터 본격적으로 추진되기 시작했다. 그리고 10월 31일 국민회의와 자민련은 국회에서 후보단일화협상 소위와 전체회의를 잇따라 열어 '야권 대통령후보 단일화와 공동정부 구성 및 내각제 추진을 위한 국민회의와 자민련간의 협약'으로 명명된 합의문을 확정해서 발표했다.

이 합의문은 '단일후보는 김대중 후보로 하고 단일후보가 당선될 경우 국무총리는 자민련 측이 맡는다'고 규정하고 있다. 당초엔 '김종필 총리'가 명문화되었으나 두 김씨 사이의 공직흥정이라는 비판을 피하기 위해 '자민련 총리'로 수정했다. 이 합의문은 또 '99년 12월까지 순수내각제 개헌' '공동정부 출범 후 내각제 개헌 추진위 구성' '대통령 발의에 의한 개헌' 등을 규정했다.

김대중과 김종필은 11월 3일 국회 내 의원회관 대회의실에서 합의문 서명식을 갖고 'DJP연합'체제를 정식 출범시켰다. 이때는 이미 양당 공식 기구에 의한 추인절차가 끝나 있었다. 국민회의의 경우는 대통령제 당 강령을 삭제하고 대신 내각책임제를 채택하는 열성을 보이기도 했다. 그리고 다음날 박태준이 자민련에 입당함으로써 소위 'DJT연대'가 성립되었다.

대통령제 하에서 공동여당 또는 공동정권이란 것은 유례가 없는 시도였다. 이를 표방하고 강행할 명분 및 근거가 될 수 있었던 것이 '내각제 개헌'이었다. 그러나 이들은 집권 후 이를 적극 시도하는 모습을 보이지 않았다. 사실은 진작에 내각제를 포기했을 것이다. DJT 3인이 내각제 개헌 유보를 공식 표명한 것은 1999년 7월 21일이었다. 내각제를 포기했다면 공동정권 체제도 해체해야 했지만 김대중은 이를 고수했다. 그 까닭이야 뻔하다. 새정치국민회의나 그 후신인 새천년민주당이나 원내 제1당 및 과반수 정당이 되는 데 실패했기 때문이다.

자민련과의 동거는 정당정치의 과정을 극도로 왜곡시켰다. 정부나 집권당의 정체성이 없어졌고 내각의 일체성도 크게 훼손되었다. 자연 효율성도 떨어지게 마련이었다. 그런데도 김대중은 원내 제1당인 한나라당과의 협력을 모색하는 대신 제3당인 자민련과의 동거를 고집했다. 자신의 정국 주도력이 훼손될 것을 우려했을 터이다.

2) 세력정치

통합신당은 2월 9일 민자당이라는 당명으로 출범했다. 총 의석 216석(민 정계 127, 민주계 54, 공화계 35석)의 공룡정당이었다. 김영삼의 당권 도전은 이 직후부터 시작되었다. 그는 창당 전당대회(5월 9일)를 치르기도 전에 민 정계와의 갈등관계를 여과 없이 노출시키면서 전의를 과시했다. 그가 처음 으로 이를 행동으로 드러내 보인 것이 4월 7일의 청와대 당직자회의 불참 이었다. 그는 민자당 지도노선과 이른바 '공작정치'에 대한 불만을 표출했 다. 이에 앞서 4월 3일 충북의 진천·음성과 대구의 서구 갑 선거구에서 국 회의원 보궐선거가 실시되었다.

3당 합당 후 처음으로 실시된 선거에서 민자당은 '참패'를 당했다. 2석 가운데 1석을 건졌음에도 불구하고 '민자당의 참패'로 인식되고 기록되었 다. 대구에서 민자당 후보가 가까스로 당선되고 충북에서는 3당 합당을 반 대했던 통일민주당 잔류의원들이 창당을 준비중이던 (가칭)민주당(1990년 6 월 15일 창당)의 후보가 당선되었기 때문이다. 공화계의 텃밭이라던 충청에 서 거대여당이 왜소한 신당, 그것도 아직 정식 출범도 하기 전인 민주당에 참패했다는 것은 충격이 아닐 수 없었다.

김영삼은 민자당이 보궐선거에 참패한 것을 당권경쟁의 계기로 삼으려는 듯한 인상을 주었다. 그는 노태우의 면담 요청을 거부하면서 8일 성명을 발 표했다. 당 운영방식 개선, 당풍쇄신을 강조하면서 노태우를 압박하는 내용 이었다. 그는 당사에 나가지 않은 채 10일 자신이 위원장으로 있던 부산 서 구 지구당 개편대회 참석을 위해 부산으로 내려갔다. 이 같은 상황에서 박철 언은 김 대표의 당무거부를 '당권장악 기도'라고 비난하면서 "내가 방소(訪 蘇)기간 중의 비화와 합당과정에서의 진실을 털어놓으면 김 최고위원의 정 치생명은 하루아침에 끝난다(『연합연감』, 1991년 판)"고 주장하고 나섰다.

'방소기간 중의 비화'란 김영삼과 미하일 고르바초프 당시 소련 대통령 간 만남의 성격과 관련된 것이었다. 즉 김영삼이 고르바초프를 잠깐 만났을 뿐 회담다운 회담은 없었다는 말을 하고자 한 것으로 추측되었다. 이는 이미 3월 29일 김영삼과 박철언이 구소련 방문에서 돌아온 직후 흘러나오기 시작한 이야기이기도 했다.

소련 방문기간 중에도 김영삼은 저돌성과 자기과시의 성향을 그대로 노출했다. 물론 집권당의 대표최고위원으로서의 위상을 감안, 특별한 방문이 되었음을 국민에게 인식시키고 싶었으리라는 점은 이해한다해도 소련에서의 언행이나 귀국 후의 기자회견은 유난스럽다는 인상을 주었던 게 사실이다.

김영삼은 3월 29일 오후 김포공항에서 귀국 기자회견을 가졌다. 이 자리에서 그는 "이번 소련 방문을 계기로 우리의 대북관계가 크게 변할 것이며, 한반도 및 주변상황도 변할 것"이라면서 "우리 국민들은 이제 전쟁의 불안으로부터 벗어나 안심하고 생업에 종사해도 좋을 것"이라고 밝혔다. 자신이 소련에 다녀 온 것으로 국민들이 전쟁의 불안으로부터 벗어나게 되었다고 한 것은, 남들로서는 상상할 수도 없는 허풍이었지만 김영삼은 당당히 그렇게 말했다.

어쨌든 박철언은 상대를 잘 모르고 압력을 가한 셈이 되었다. 그의 위협은 상대에 따라 위력을 발휘할 수도 있었겠으나 김영삼은 아주 특별한 상대였다. 박철언은 아마도 노태우를 대신해서 김영삼과 싸운다는 심정이었겠지만 적어도 정치적 대결에 관한 한 그는 김영삼의 적수가 못되었다. 박철언의 김영삼에 대한 제동걸기 또는 도전은 결국 노태우의 좌절과 자신의 참담한 패배로 끝났다.

1990년 4월 17일 낮, 청와대에서 노태우 김영삼 김종필 박태준 등 4명의 오찬회동이 있었다. 이날 회담은 6시간이나 계속되었다. 김영삼의 뚝심과 배짱이 노태우를 압도하는 자리였다. 김영삼은 노태우에게 '공작정치 작태'를 공박하면서 "너희가 나를 죽이려는 것을 내가 다 알고 있다. 나를 죽이려는 안기부의 비밀 보고서를 내가 입수했다"며 압박을 가해 사과를 받아냈다고 주장한다(김영삼, 2000).

역시 그는 투사였다. 우리말로는 '싸움꾼'이 어울리는 그의 행태는 훗날 대통령이 된 후에도 별로 달라지지 않았다. 그는 정의 도덕을 강조했지만 그 기준은 바로 자신의 판단이었다. 그에게는 자신의 과오라는 것은 있을 수 없었다. 이 같은 김영삼의 심리상태가 전형적으로 나타난 예가 이른바 '내각제 각서 파동'이었다.

3당 합당이 이루어지기 무섭게 구민정계는 '내각제 개헌'의 의도를 드러내며 김영삼을 압박하기 시작했다. 그러나 김영삼에겐 애초부터 내각제 개헌은 전혀 마음에 없었다. 그는 합당 선언 당일 오후 당사에서 기자들에게 청와대 3자 회담 결과를 설명했다. 내각책임제 합의 여부에 대한 질문을 받고 "얘기가 나왔으나 내가 앞으로 얼마든지 논의할 수 있으므로 깊이 애기하지 말자고 해서 중요하게 논의되지는 않았다"고 대답했다. 그 자신의 기억이다. 그러나 당시 언론들은 내각제에 대한 논의가 있었을 뿐 아니라 원칙적인 합의가 있었다고 보도했다.

문제는 노태우와 김종필이 김영삼을 제대로 파악하지 못했다는 데 있었다. 김영삼은 당장의 과제만 중요할 뿐 장래의 부작용, 후유증에 마음을 쓰는 스타일이 아니다. 따라서 합당의 조건으로 내각제 각서 서명이 필요했다 하더라도 이를 별로 심각하게 인식하지 않았을 것이다. 그건 그때가서 풀면 될 일이었다. 이에 비해 내각제 개헌에 집착했던 노태우나 김종필로서는 일단 운을 뗐고, 김영삼도 반대를 하지 않았으므로 사실상의 합의에 이른 것으로 받아들였을 게 틀림없다.

그런데 갈수록 김영삼의 태도가 모호해졌을 뿐 아니라 그 해 10월 11일 단식투쟁 중이던 김대중과 만나 '내각제 개헌 불가능론'을 피력하기에까지 이르자 강력한 대응책을 구사키로 했다. '내각제 합의 각서 유출사건'은 그 같은 배경 아래서 터졌다. 내각제 합의문은 노태우 김영삼 김종필 3인이 자필 서명한 것이었다. 합의문은 1990년 5월 9일에 열린 민자당 전당대회를 목전에 둔 6일에 작성한 것으로 되어 있다. 이 합의문의 존재는 이미 이

해 5월 13일자 세계일보에 보도되었었다. 그러나 물증은 제시되지 않았고 민자당의 각 계파도 '합의문'의 존재를 부인하고 나섰다. 그러다가 중앙일보가 10월 24일 노태우 총재, 김영삼 김종필 박태준 최고위원 간의 청와대 회동과 관련한 해설기사에 곁들여 '합의문' 사본을 공개함으로써 이른바 '내각제 각서 파문'이 빚어졌다.

입장이 난처하게 된 측은 김영삼이었다. 그 이전까지 그와 민자당의 구 민주계는 내각제 합의문의 존재를 계속 부인했을 뿐 아니라 내각제 개헌에 대해 기본적으로 부정적인 입장을 보였다. 그런 상황에서 김영삼 자신이 자필 서명한 '합의문'이 공개되어버린 것이다. 유난히 도덕성 정직성을 강조했던 김영삼은 심각한 신뢰성의 위기에 봉착했다. 헌법상의 권력구조를 바꾸는 중대한 개헌 일정이 집권당 수뇌 사이에서 비밀리에 합의되고 각서까지 작성되었다는 것은 국민 기만행위나 다를 바 없었다.

게다가 구민정계와 구공화계는 각서 유출을 계기로 내각제 개헌을 본격 추진할 기세를 보였다. 김영삼으로서는 내우외환의 지경에 몰린 격이었다. 그렇지만 이에 굴복할 김영삼이 아니었다. 그는 예의 '김영삼식 해법'으로 맞섰다. 그는 '비밀 각서'에 대해 부끄러워하고 미안해하기는커녕 이를 유출한 측에 대해 신의 문제를 제기하면서 정면 대결의 태세를 취했다.

그는 부도덕한 담합에 대한 국민의 비판을 파쟁(派爭) 쪽으로 돌리면서 반격의 기회로 삼고자 했다. 29일부터 당무를 거부하는 것으로 그는 본격적인 투쟁에 들어갔다. 이를 계기로 삼아 오히려 내각제 개헌에 대한 반대 입장을 분명히 하면서 노태우와의 일전불사 의지를 과시했다. 언제나 그랬듯 그는 주저하는 빛이 없이 자신의 생각대로 상황을 이끌어갔다.

김영삼은 31일 기자회견을 통해 "3당 통합 과정에서 나와 노태우, 김종필 세 사람이 내각제에 합의한 적이 없었다. '3당 통합은 통일에 대비해 국가적 사회적 안정을 이룩하기 위한 것이었으며, 내각제 합의문서에 서명한 것은 국민의 지지와 야당의 동의 아래에서 가능하다는 것이지, 그 같은 약속이 국민 위에 설 수 없다'고 밝혔다(김영삼, 2000)"고 주장했다. 그러고는 그의 부친이 살고 있던 마산으로 내려가버렸다. 노태우에 대한 강력한 압박수단이었다. 평민당의 김대중 총재가 내각제를 명확하게 반대하고 나선 것이 그에겐 큰 힘이 되었다. 그리고 이런 투쟁에서 노태우는 김영삼의 적수가 되지 못했다.

이 장면은 김영삼의 면모를 파악할 수 있는 주요 단서 또는 자료가 된다. 김영삼은 자신이 서명한 것이 조건부였다는 듯이 말했다. 그러나 각서엔 어떤 조건도 없었다. 분명한 것은 그가 서명을 했다는 사실이다. 그는 김대중이 내각제를 받아들일 리 없고, 국민 또한 이를 지지하지 않으리라는 점을 확신했을 게 틀림없다. 그렇다면 김영삼은 서명을 해줘도 실효성이 없다는 점을 염두에 두고 서명했으리라는 추측이 가능하다. 이는 밀약이라는 점에서는 국민과 야당에 대한 기만이었고, 애초에 지킬 의사가 없었다는 점에서는 합당 당사자, 즉 정치적 동지들에 대한 배신이었다.

이에 대해 노태우도 처음에는 지지 않으려 안간힘을 쓰는 모습을 보였다. 그러나 저돌성, 뱃심에서 김영삼을 이길 수가 없었다. 더욱이 김영삼은 김대중과 여론의 엄호를 받고 있었다. 민자당 내의 민주계 의원들도 '분당 불사'를 결의하는 등으로 김영삼을 지원하고 나섰다. 노태우의 민정계나 김종필의 공화계는 그러한 투쟁의식으로 무장되지 않았던 만큼 역시 민주계의 적수가 되지 못했다.

김영삼은 11월 2일 마산에 내려온 김윤환 민자당 원내총무로부터 노태우와의 회동을 제의 받았다. 그리고 5일 상경해서 6일 노태우와 만나 담판을 지었다. 물론 김영삼의 승리였다. 김영삼은 이를 계기로 당내에서 여타 최고위원들에 비해 우월적 지위를 확고히 했다. 그에게는 당권 장악과 함께 차기 대선주자로서의 지위를 굳히는 순간이었다.

3) 과시적 충동적 개혁

김영삼은 제14대 대통령으로 취임한 지 이틀만인 1993년 2월 27일 자신과 가족의 재산을 공개했다. 이 '재산공개'가 김영삼식 개혁의 신호탄이었다. 그리고 이 같은 '전격적 결단'은 이후 김영삼 문민정부의 개혁이 어떤 양상으로 또 무엇을 대상으로 추진될 것인지를 상징적으로 보여주는 하나의 사건적 조치였다.

김영삼은 이날 취임 후 처음으로 가진 국무회의에서 개혁을 강조하며 국무위원들도 조속히 자신을 따라 재산을 공개할 것을 지시했다. 그는 "우리가 하고자 하는 개혁은 누구에게 피해를 주고 누구에게 득을 주고자 하는 것이 아니며 더불어 함께 사는 사회를 건설하기 위해서이며 우리는 또 국민적 합의를 통한 개혁을 지향한다(≪국민일보≫, 1993. 2. 27)"고 말했다. 그러나 그의 개혁은 자신이 시범을 보였듯이 '국민적 합의'가 아니라 자신의 '독단'에 따라 추진될 것이었다. 이 때문에 그는 곧 '인치(人治)' '문민독재' '신권위주의' '3독(독선 독단 독주)정치' 등의 비난 또는 비판에 직면했다. 그리고 사정 위주의 개혁은 공직사회의 '복지부동(伏地不動)' 현상을 초래함으로써 국정의 효율성을 떨어뜨리는 역설적 상황을 초래하고 말았다.

그는 전장의 선봉장처럼 혼자만 짓쳐나갔다. 개혁을 함께 추진해야 할 공직자와 국민들은 그의 돌격을 구경하는 처지가 되어버렸다. 그리고 개혁, 다시 말해 사정의 대상이 된 사람들은 자신들의 과오를 반성하기보다는 국민에게 이를 정치보복으로 인식시키려 했다. 김재순(金在淳) 전국회의장이 정계은퇴를 선언하면서 '토사구팽(兎死狗烹)의 감회'를 운위한 것(≪조선일보≫, 1993. 3. 30)이나 박준규(朴浚圭) 당시 국회의장이 의장직 사퇴를 선언하면서 '격화소양(隔靴搔癢)'으로 심경을 표현한 것(≪조선일보≫, 1993. 4. 27) 등이 그 예다. 사정을 당하는 사람이 늘어날수록 개혁에 대한 저항은 커졌다. 이를 극복하기 위해서는 취임 초기의 국정 장악력과 국민적 지지가 일정한 수준으로 유지되는 기간 내에 제도의 쇄신과 정비를 서둘렀어야 했다. 그러나 김영삼은 또 다른 사정으로 대응했다. 항생제의 단위를 계속 높여 가는 방식이었다.

그의 사정 위주 개혁은 결국 재임 중에 차남 현철을 감옥에 보내야 하는 상황을 낳았다. 너무 자신만만하고 독선적이었던 성격이었기 때문에 주변을 살피는 데 소홀했던 것이다. 아들이 정부 인사나 정책 입안에 개입한다는 소문은 김영삼의 취임 초부터 나돌았다.

김현철은 당시 한보 비리에 연루되었다고 의심받았으나 결국 동문기업인들로부터 청탁 대가로 거액을 받은 혐의로 1997년 7월 5일 구속 기소되었다. 적용된 죄는 특정범죄가중처벌법성 알선수재 및 조세포탈죄였다. 그는 1999년 6월 23일 알선수재 혐의가 인정되어 서울고법으로부터 징역 2년 벌금 10억 5천만 원, 추징금 5억 2,420만 원을 선고받았다. 그는 상고를 포기했고 이 해 8월 12일 사면되었다.

둘째아들이 비리혐의로 구속되어 재판을 받게 되면서 김영삼의 리더십은 급격히 위축되고 말았다. 도덕성을 독점한 것은 남을 몰아세웠던 극가 가족의 비리라는 수렁에 빠지고 만 것이다. 게다가 아들이 '소통령' 노릇을 한다는 진작의 소문과 비난이 이를 계기로 더 부풀어 오르면서 김영삼에 대한 국민의 신뢰를 급락시키고 말았다. 이 역시 사정치형 리더십의 한 단면이었다.

김영삼의 리더십과 관련, 그의 첫 정무수석비서관이었던 주돈식(朱燉植)이 소개하는 다음과 같은 일화는 음미할 만하다.

김 대통령은 취임 후 몇 달이 지난 어느 날 태릉선수촌으로 가서 아시아 올림픽에 대비해 합숙하는 선수들을 격려하기 위해 새벽 조깅을 함께 한 일이 있었다. 400m 트랙을 도는 이 조깅에는 여자 선수들을 포함해서 체육회 임원진, 비서관, 보좌관 등 5백 여명의 대부대가 참가했다. 대부분 참가자들은 한 5바퀴 정도 돌 것으로 예상하고 대통령을 따라 조깅에 들어갔다. ……5바퀴를 돌았지만 앞에서 뛰는 대통령은 쉴 기색이 전혀 없었다. 많은 중량급 선수와 여자 선수, 임원 일부가 1차로 탈락했다. ……10바퀴를 돌았으나 대통령의 조깅은 오히려 더 스피드를 내면서 계속되었다. 2차로 많은 참가자들이 탈락했다.…… 김 대통령은 빠른 속도를 유지하면서 12바퀴 반을 돈 뒤에 조깅을 끝냈다(주돈식, 1997).

거기가 태릉선수촌이었다는 사실이 김영삼의 투지를 더 자극했을 것이다. 그는 단순히 조깅을 했다기보다는 선수촌에서 자신이 얼마나 강인한 사람인가를 과시하기 위한 투쟁으로서 달리기를 했다고 할 수 있다. 그는 어릴 때부터 누구에게든 이기지 않고는 견디지 못하는 성격이었다. 남들이 자신을 따르지 못하고 두 손을 드는 모습을 봐야만 비로소 느긋해 하면서 관대해지는 모습을 그는 자주 보여왔다.

이 점에서 그는 김대중과 유사한 면모를 보였다. 다만 후자는 지적인 우월감을 가졌던 데 비해 전자는 체력이라든가 추진력 같은 데서 우월성을 과시하려 했던 게 달랐다. 그렇다고 김영삼이 지적인 면에서 약세를 보였다는 것은 아니다. 그는 서울대학교 철학과를 졸업한 것을 자랑스러워 할 뿐 아니라 김대중이 대학교육을 제대로 못 받았다는 점 또한 분명히 지적한다.

≪월간조선≫ 2001년 2월호와의 인터뷰에서 그는 학력에 관한 이야기를 하던 중 김대중이 경희대 대학원에 다닌 것은 사실이라는 기자의 지적에 대해 "그거야 요새 뭐 특수대학원은 누구에게든지 문호가 개방되어 있잖아요. 그 당시엔 더 개방되어 있었잖아요"라고 말했다. 그러면서 "또 난 대학을 나온 사람이거든요. 공부를 한 사람이고, 그리고 이 사람은 대학 근처에도 못 다녔잖아요. 그런 차이가 있고……"라며 우월감을 과시했다. 그는 미국 타우슨주립대학교(1974년)를 비롯 모두 9개의 외국 저명대학교에서 명예박사 학위를 받았으며 이 가운데 7개는 대통령 재임 중에 취득했다.

한편 김대중은 미국 에모리대(1983년)에서 시작, 국내외 유수 대학에서 10개의 명예박사 학위와 1개의 정치학박사 학위를 받았다. 정치학박사 학위는 러시아 외무부 산하 외교아카데미가 수여한 것이었다. 김종필은 3김 중 가장 많은 12개의 명예박사학위를 가졌다. 이에 비해 박정희는 단 1개의 명예박사학위도 갖지 않았다. 김학준(金學俊)은 ≪신동아≫ 1999년 6월호에 기고한 글, 「역대 대통령 총리의 박사학위」에서 박정희의 이러한 자세를 두고 "그의 '엄격한' 성격의 한 면을 느끼게 한다"고 썼다.

김영삼의 대표적 개혁정책 또는 조치로는 정치자금 수수 배제, 공직자 재산공개, 군의 사조직 숙정, 금융실명제 실시, '역사 바로 세우기' 그리고 남북 정상회담 시도 등을 들 수 있다. 김영삼은 이들 정책이나 조치를 자신의 '결단'으로 시도하고 추진했다. 이 점에서 그는 국가경영을 했다기보다는 전투를 벌였다고 할 수 있다. 야당 리더로서의 투쟁적 정치의식과 행태를 고스란히 청와대로 갖고 들어간 것이다.

김영삼 정부의 첫 대통령 비서실장을 지낸 박관용(朴寬用)의 술회가 가리키는 바도 다르지 않다.

김영삼 대통령은 어느 날 갑작스럽게 기자들을 불러서, 과거에 정치를 오랫동안 하는 과정에서 정치자금이 얼마나 많은 정경유착의 결과와 나쁜 결과를 낳았는지 너무 잘 알기 때문에 "나는 정치자금을 받지 않겠다"고 일방적으로 선언하는 방법을 선택했습니다. 지금 생각하면 정치자금을 받지 않는 것을 제도화하는 방법을 강구했어야 옳았지 않았느냐 싶습니다만 어쨌든 우리의 개혁은 이처럼 위로부터의 개혁을 시도했기 때문에 일방적 선언과 솔선수범으로 추진되었습니다(함성득 편, 2001).

김영삼의 체계적이지 못한 '솔선수범의 정치'와 관련해서는 주돈식도 같은 인상을 받고 있다.

김 대통령은 취임 이틀만에 재산을 공개하여 전 공직자의 재산공개로 확대시켰고 그 후 다시 5일만에 정치자금 수수거부 선언을 했으며, 청와대 안전가옥 철거, 골프 안 치기, 국수 점심 등 개혁적 조처와 도덕적 자세를 확고히 하기 시작했다.

김 대통령은 개혁과 도덕성에 큰 역점을 두고 기회 있을 때마다 이를 강조했으나 도덕운동의 확산작업은 하지 않은 것 같았다. 어쩌면 소박하고 단순하게, '솔선수범'하는 것으로 도덕운동의 확산을 기대했던 것 같다(주돈식, 1997).

그의 재산공개는 정치권에 엄청난 충격파를 일으켰다. 이로 인해 민자당 소속 현역의원 3명이 의원직을 사퇴하고 2명이 자진 탈당했으며 1명은 제명조치 당했다. 그리고 5명에 대해서는 총재 명의의 공개경고가 있었다. 그의 선택은 성공적이었다. 파장이 엄청났고 그의 인기도 급격히 치솟았다.

개혁을 추진하는 데 있어서 '전격성'이 필요하다는 점은 인정할 수 있다. 제도화를 먼저 시도할 경우 역풍이 거세지게 마련이다. 더욱이 재산공개는 김영삼 정부 개혁의 제1탄이었다. 만약 이것이 좌절당한다면 그가 강조해 온 바 '변화와 개혁'은 벽에 부딪치기 십상이었다. 그 점에서 재산공개의 솔선수범과 이를 계기로 한 정치적 단죄는 불가피했다. 문제는 그가 제도적 뒷받침을 서두르지 않았던 점이다. 공직자 윤리법은 그러고도 1년이 훨씬 지나서야 개정(1993년 5월 20일 개정안 국회 본회의 통과)되었다.

그래도 이 경우는 제도화가 빠른 편이었다. 그 전후에 공언 또는 단행된 정치자금 수수 배제, 군 개혁, 금융실명제 등은 '대통령의 결단'으로 일관했고, 이른바 '역사 바로 세우기'는 소급입법이라는 혁명적 수단까지 동원하며 밀어붙였다. 김영삼 대통령의 첫 교육문화수석비서관을 지낸 김정남(金正男)은 금융실명제와 관련, 다음과 같이 술회하고 있다.

이 금융실명제는 상당히 오랫동안 대통령에 의하여 '개혁 중의 개혁이요, 우리 시대 개혁의 중추이자 핵심'으로 자랑스럽게 얘기되었습니다만, 끝내 이 대통령 긴급명령을 일반 법령체계로 바꿔, 이 땅에 제도적으로 정착시키지 못한 채 문민정부의 종료와 함께 유보되고 말았습니다(함성득 편, 2001).

김영삼은 임기 말에 국회가 제정한 '금융실명거래 및 비밀보장에 관한 법률'이 실명제의 의의를 크게 퇴색시켰다고 해서 상당한 거부감을 보였지만 이는 국회의 탓이 아니라 자신이 초래한 문제였다. 그는 금융실명제를 대통령 긴급재정명령으로 전격 실시한 다음 그것이 일으키는 충격파를 즐기는 인상을 주었다. 자신의 결단 하나로 적어도 금융과 관련해서는 천지가 뒤바뀌는 것과 같은 대 소동이 벌어졌다. 이 같은 사태가 그의 영웅주의 자기과시욕구와 맞아 떨어졌으리라는 점은 충분히 짐작할 수가 있다.

물론 이를 대통령 긴급명령으로 시도한 데는 나름대로의 이유가 있었다. 이와 같은 충격적 조치는 전격성과 비밀성을 생명으로 한다. 김영삼 자신도 회고록에서 이 점을 강조하고 있다.

금융실명제 준비 기간은 2개월로 잡았다. 대신 성장률이 1~2% 정도 떨어지고 시행 직후 증권시장이 몸살을 앓을 것도 각오했다. 가장 중요한 것은 최대한 빨리, 어떠한 일이 있어도 비밀을 지키는 것이었다. 어떠한 예외도 절대 배제한다는 것도 원칙이었다(김영삼, 2001).

이 점은 누구나 이해할 수 있는 일이다. 문제는 이를 법제화할 시기를 놓친 데 있다. 긴급명령은 1993년 8월 12일에 발표되었다. 당시는 김영삼 대통령의 임기 초였다. 개혁에 대한 국민의 기대와 지지는 전폭적인 것이었다. 상식적인 판단이라면 그 기세를 이용해 법제화를 추진할 일이었다. 특히 금융실명거래제는 어떤 조치보다도 제도화를 필요로 하는 과제였다. 그러나 김영삼은 이를 기피했다. 국회의 논의에 맡길 경우 제도가 굴절될 것이라고 우려했을 수 있겠지만 언제까지나 '대통령의 명령'으로 이어갈 수는 없는 일이었다.

그 자신이 이를 몰랐을 리 없다. 그러면서도 '명령'만으로 버텼다. 그것이 옳기 때문에 공의에 부칠 필요가 없다는 발상이었을 것이다. 그는 '의회주의자'로 자처했지만 '의회주의적인 방법'은 거부했다. 그의 독선적 자기과시적 성향 또는 리더십이 이를 통해서도 뚜렷하게 드러났다.

그의 이러한 행태 또는 심리상태는 구조선총독관저 및 구조선총독부 건물 철거에서도 그대로 노출되었다. 그는 민족사를 바로잡는 첫 단계의 핵심사업을 이들 건물의 철거와 경복궁 복원으로 정했다. 이 건물이 일본의 지배를 상징하기 때문이기도 했지만 개인적인 '뼈아픈 경험'도 한몫 했다고 한다. 일본 방문시 한 국회의원 집을 방문한 적이 있는데 그 일본 정치인이 구조선총독부 건물을 배경으로 의기양양하게 찍은 사진을 보고 몹시 부끄러웠다는 것이다. 그래서 그는 1993년 8월 9일 "민족 자존심과 민족정기 회복을 위해 조선총독부 건물을 조속히 해체하고 문화민족으로서의 긍지에 합당한 국립중앙박물관을 국책사업으로 건립하라"는 지시를 내렸다고 회고록에서 밝혔다.

그 자신 "정치적 고려나 경제 여건의 미비로 50년 동안 미루어져왔다"는 점을 잘 알고 있으면서 그는 공의에 회부하는 절차도 밟지 않고 이 건물의 해체를 명령했다. 이 건물이 조선총독부의 청사였지만 동시에 신생 대한민국의 의사당, 정부청사이기도 했다는 점을 그는 무시해버렸다. 그는 자신이 옳다고 생각하는 일이기 때문에 아무런 의심이나 주저 없이 명령을 내린 것이다. 그리고 자신의 개인적 경험과 심리상태도 여과 없이 그대로 대통령의 결심에 투영시켰다.

김영삼은 이어 8월 11일에는 청와대 내의 옛 조선총독관저(청와대 구 본관)도 철거하라고 지시했다. 이 건물 또한 일제 강점기에 민족적 원한이 쌓였던 곳이지만 그럼에도 불구하고 이승만에서 노태우에 이르기까지 역대 대한민국 대통령의 관저로 쓰였다. 그것을 자신의 '정의감' 또는 '애국심' 하나로 허물어버린 것이다. 이와 관련해서 눈길을 끄는 당시의 신문기사가 있다.

청와대 안 구 일본총독 관저(구 본관)가 오는 10월 5일 경 철거되어 완전 분해된다. ……조달청은 이에 따라 지난 18일 입찰 공고를 냈는데 부산의 한 건설업체로부터 색다른 제의가 들어오기도 했다. "돈을 한푼도 받지 않고 공사를 해주는 대신 관저 건물을 옮겨가고 싶다"고 요청해온 것. 이 건물을 관광단지 등에 그대로 복원해 관광자원이나 역사교육장으로 활용하고 싶다는 뜻이었다.
청와대 비서실은 경비절감의 측면에서도 그럴듯하다며 이 방안을 일단 김영삼 대통령에게 보고했다. 그러나 김 대통령의 답변은 '안 된다'였다. 김 대통령은 홍인길(洪仁吉) 총무수석으로부터 이 보고를 받는 자리에서 '요즘도 친일파가 있느냐'고 일축해버렸다는 후문이다.
홍 수석은 이와 관련, "일본 잔재의 청산 차원인 만큼 하나의 흔적도 남기지 말고 없애야 한다는 게 대통령의 뜻인 것 같다"고 설명했다. 철거작업에는 무진동 무소음의 첨단철거장비가 동원된다. 한 관계자는 "이 작업을 하게 되면 돌멩

이 하나 하나까지 관저의 잔해가 가루처럼 부서지게 될 것"이라고 말했다(≪동아일보≫, 1993. 8. 27).

"요즈음도 친일파가 있느냐"는 말은 김영삼의 독선적 의식을 그대로 드러내 보여준다. 이는 그의 도덕적 결벽성이라 할 수도 있다. 물론 영웅주의적 속성도 함께 밴 말이다. 물질적 잔재를 없애는 것을 일본 잔재의 청산으로 여겼다는 점에서 그의 순진성이 엿보이기도 하지만 이는 자신의 도덕적 과장일 수도 있다. 전술한 바와 같이 그는 정신적 극일이나 일제잔재 청산에는 이렇다할 관심을 보이지 않았다. 그는 일제시대, 즉 어린 시절의 일본인 은사에 대해 각별한 친애의 정을 과시했다. 정신대 문제 등 일본의 과거사 청산과 관련해서 그가 특별히 강경한 대일 자세를 보인 경우도 없었다.

이 같은 김영삼의 의식과 행태의 배경은 몇 가지로 추측해 볼 수가 있다. 첫째는 가부장적 권위주의에다가 영웅주의를 겸한 그의 자기중심적 성향이다. 다음으로는 그의 과시적 성격을 들 수 있다. 예로써 그는 취임 10일 만인 1993년 3월 8일 하나회 회원이던 육군참모총장과 기무사령관을 전격 경질했다. 그 직후에 소집된 수석비서관회의에서 그는 "어떻노, 다들 놀랬재?"라며 미소를 지었다(≪한국일보≫, 1994. 2. 25). 체계적이지 못한 즉흥적 반사적 대응방식도 김영삼의 정치 스타일을 특징짓는 중요 요소다. 주돈식은 "군 개혁은 하나회라는 기존 인맥이 잘리고 또 다른 인맥이 형성되는 정도에서 그친 느낌이었다"고 술회하고 있다. 돈키호테형의 전투적 리더십 또한 '김영삼적 행태'의 하나다.

그는 하나회 숙정과 관련해서 이렇게 말한다.

길게는 5·16 이후 32년, 짧게는 1980년 신군부 등장 이후 10여 년간 유지되어 오던 육군의 골격을 뒤집는 혁명적 인사가 결정되는 순간이었다. 권 장관(권영해 당시 국방장관: 필자 주)에게 얘기를 꺼낸지 불과 4시간 5분이라는 짧은 시간에 전광석화와 같이 이루어진 이날 군 인사는 신임총장과 물러나는 총장이 눈치도 채지 못할 정도로 순식간에 이루어졌다(김영삼, 2001).

거대한 권력집단 및 이익집단이 되어 있던 군부를 수술한다는 것은 대단한 용기와 주도면밀한 계획이 필요할 터였다. 그러나 김영삼은 '겁 없이' 단숨에 해치웠다. 이 점에서 그의 용기와 배짱은 대단하다고 평가할만하다. 그러나 그는 전투만 했을 뿐 전쟁은 생각하지 않았다. 그에겐 전략이 없어 보였다. 다만 임기응변과 배짱, 투지 그리고 과시욕구가 복합적으로 작용했을 뿐이다. 그는 군 인사를 단행하고 하나회를 척결하고 군내 비리를 다스렸으나 군 제도의 개혁은 시도하지 않았다.

'문제의 인물'만 배제하면 정치도 군도 개혁될 수 있다고 여기는 인상이었다. 이는 그가 순진했기 때문이라고 할 수 있지만 달리 보면 그의 개혁이 무계획적이고 비체계적이며 즉흥적이었음을 뜻하는 것이기도 하다. 일련의 개혁조치들과 관련, 김영삼이 주는 인상은 필마단창(匹馬單槍)으로 거대한 풍차를 향해 돌진하는 돈키호테 또는 장판파(長坂坡)에서 홀로 장팔사모(長八蛇矛)를 비껴들고 선 장비(張飛)의 모습이다. 무모할 정도의 용기, 자기도취, 독불장군의 태도, 전략의 부재, 회의할 줄 모르는 독단, 주변을 돌아보지 않는 독주의 습관 등이 이들과 흡사하다.

김영삼은 다른 대통령들이 그러했던 것처럼, 개혁의 방식으로 혁명을 이루려했다. 그러면서도 마스터플랜 같은 것은 마련치 않았다. 그는 자신이 야당 리더로서 정치를 하는 과정에서 부조리 모순이라고 여겼던 문제들을 '척결'하는 것이 곧 개혁이라는 생각만 가진 듯했다. 그리고 그것은 자신의 과감한 결단과 솔선수범에 의해 추방될 것이라고 확신하는 모습이었다. 김영삼 개혁의 실패는 이미 예정되어 있었던 것이다.

그의 이른바 '역사 바로 세우기'도 역시 '김영삼식 개혁'의 속성을 그대로 드러냈다. 전격성과 과단성에서는 물론이고 즉흥성과 독단성에서도 그것은 '김영삼적'이었다. 김영삼의 '역사 바로 세우기'는 일련의 정변(政變)에 대한 그의 사안별 인식 표출을 통해 예고되었다. 그는 계기 때마다 각 정변에 대해 분명한 정의 또는 평가를 내렸다. 그러면서 '평가와 단죄'는 '역사'에 맡기자고 호소했다. 그러나 그에게는 실제로 역사에 맡길 만큼 참을성이 많지 못했다. 게다가 그는 정치적 투쟁가였다. 기회가 주어지고 격동시키는 요인이 생기면 그는 그 즉시 투지를 불태울 것이었다.

우선 그는 1993년 5월 13일, 이경재(李敬在) 당시 청와대 대변인을 통해 '12·12사태'를 '하극상에 의한 쿠데타적 사건'으로 규정하고 '5·18광주사태'에 대해선 '민주화운동'으로 평가했을 뿐 아니라 "오늘의 정부는 광주민주화운동의 연장선 위에 서 있는 민주정부"라고 의미를 부여했다. 그는 또 이 해 6월 3일 취임 100일 기자회견을 통해 "5·16은 분명히 쿠데타"라고 정의를 내렸다.

김영삼은 그러면서도 1994년 1월 10일 최규하 전두환 노태우 등 전직 대통령들을 청와대로 초청해서 오찬을 나누며 국정운영에 대한 조언을 구하고 협조를 부탁했다. 누가 보기에도 전·노 양인은 그들의 후계정부 및 권력승계자에 의해 정치적 사면을 받은 것처럼 보였다.

이러한 김영삼의 입장과 의지를 반영하듯 검찰은 이 해 10월 25일 '12·12사태' 고소·고발사건의 피고소·고발인 38명에 대해 전원 불기소처분하기로 결정했다. 그리고 헌법재판소는 이듬해(1995년) 1월 20일 '12·12사건' 관련자 불기소처분에 대해 정당했다는 결정을 내렸다. 검찰은 이어 이 해 7월 18일 '5·18광주민주화운동' 관련 고소·고발사건의 피고소·고발인들에 대해 '공소권 없음' 결정을 내렸다. 이에 대해 정동년(鄭東年) 등 5·18사건 고소인들은 헌법재판소에 헌법소원을 제출했다. 이런 상황에서 서울 고검은 7월 28일 고소·고발인 614명이 제출한 항고에 대해 '공소권 없음' 결정이 정당하다며 기각했다. 야당은 물론 여론도 정부와 검찰을 강력히 비난하고 나섰지만 김영삼의 '사법처리 불가'방침은 변화의 기미가 없었다.

그런데 엉뚱한 데서 문제가 불거졌다. 이 해(1995년) 8월 2일 서석재 당시 총무처 장관이 '4,000억여 원의 전직 대통령 차명계좌설'을 언급하고 나선 것이다. 김영삼은 서석재를 사퇴시키는(8월 4일) 선에서 이 파문을 덮으려 했다. 그러나 '전직 대통령 비자금' 논란은 이후로도 계속 정부를 압박했다. 이 와중에 10월 19일 민주당 박계동 의원이 국회 대정부 질문을 통해 노태우의 차명계좌를 물증과 함께 공개했다. 노태우는 10월 27일 기자회견을 갖고 재임 중 약 5,000억 원의 통치자금을 조성했음을 토로했다. 그는 11월 16일 2,358억 9,600만 원의 뇌물을 받은 혐의로 검찰에 구속되었다. 이를 계기로 5공 주역들, 즉 전두환, 노태우 등에 대한 사법적 단죄는 불가피해진 것처럼 보였다. 노태우의 엄청난 비자금 축적 및 은닉은 국민적 공분을 불러일으키며 김영삼의 이들에 대한 적개심을 자극했다. 김영삼은 마침내 11월 24일 '5·18특별법' 제정을 민자당에 지시했다.

그러나 이는 야당이나 국민의 요구를 수용하는 차원에서 내려진 결정이 아니었다. 노태우 비자금으로 김영삼은 정치적 위기에 봉착했다. 3당 합당의 한 당사자가 대통령으로 재임하면서 엄청난 비자금을 불법적으로 조성한 사실이 드러난 만큼 문민정부의 정당성 도덕성도 국민의 심판대에 올려질 수밖에 없었다. 김영삼으로서는 노태우 때문에 자신의 정부가 위태로워지고 자신의 이미지가 훼손되는 것을 참을 수 없었을 터이다.

어쨌거나 그는 대통령의 결심에 따라 국민적 요구를 무시할 수도 있고 자신의 결단에 따라 법을 ― 그것도 소급법의 성격이 짙은 ― 만들 수도 있다는 의식을 그대로 드러냈다. 이 같은 김영삼의 독선 독단 독주 행태는 기회가 있을 때마다 노출되었다. 그는 이를 감추려 하지도 않았을 뿐 아니라 기실 그것을 당연한 대통령의 권리로 인식했다. 하나의 예이지만, 취임 6개월 기자간담회에서 그는 "대통령 중심제는 합의체로 무엇을 의논하는 것이 아니고 대통령이 외롭게 결단을 내리는 것"이라고 강조, 독선 독단적 의식의 일단을 드러내보였다. 그는 역대 대통령들이나 다를 바 없이 대통령을 군왕과 동일시했던 것이다. 당선자 시절 중국 당(唐) 태종의『정관정요(貞觀政要)』를 애독한다는 말로 이미 대통령직에 대한 인식을 상징적으로 표출한 바 있기도 하다.

김영삼이 특별법 제정을 지시한 지 사흘만인 11월 27일 헌법재판소는 '5·18 불기소 처분에 대한 헌법소원사건'에 대한 평의를 열어 검찰의 '공소권 없음' 결정이 부당하다고 결론지었다. 이어 11월 30일엔 검찰이 12·12

군사반란과 5·18내란죄에 대한 전면 재수사에 착수한다고 발표했다.

전두환이 이에 항의, 12월 2일 연희동 자택 앞에서 재수사에 정면으로 반발하는 성명을 낭독하고 고향 합천으로 내려가는 사태가 발생하기도 했으나 결국은 이들에 대한 사법적 단죄가 이루어졌다. 12월 19일 국회가 '12·12' 및 '5·18' 관련자 처벌을 위한 '5·18민주화운동 등에 관한 특별법안'을 의결했다. 전두환, 노태우 등은 비자금 불법조성 등의 혐의로 기소된 데 이어 다시 1996년 1월 23일 내란 및 군사반란 혐의로 추가기소 되었다.

이 해 8월 5일 서울지검 특수부는 전두환, 노태우 두 전직 대통령에 각각 사형과 무기징역을 구형했고 서울지법 형사합의 30부는 26일 전두환에게 사형을, 노태우에게 징역 22년 6월을 선고했다. 그리고 이 해 12월 16일 항소심을 맡았던 서울고법 형사 1부는 전두환에게 무기징역, 노태우에게 징역 17년을 각각 선고했다. 이들에 대한 확정 판결은 이듬해인 1997년 4월 17일에 있었다. 대법원은 전·노 양인에 대해 원심대로 형을 확정했다.

이로써 김영삼이 강조해 마지않았던 '역사 바로 세우기'는 일단락 되었다. 그러나 김영삼은 애초에 이를 민의에 바탕을 두고 추진한 것이 아니라 자신의 결단에 따라 강행하는 형태를 취함으로써 그 의의를 크게 퇴색시키는 결과를 초래했다. 그는 1997년 12월 20일 김대중 대통령 당선자와 회담을 갖고 전·노 두 사람의 특별사면 복권에 합의한 다음 22일 '12·12 및 5·18사건'과 전직 대통령 비자금 사건에 관련된 19명을 특별사면조치로 석방했다.

김영삼 주도의 '역사 바로 세우기'는 한바탕의 정치적 회오리로 막을 내렸다. 5공 주역들에 대한 사법적 단죄를 강력히 요구해왔던 김대중은 당선 직후 김영삼과 만나 사건 관련자들에 대한 특별사면 복권에 합의함으로써 대단한 은혜를 베푸는 입장에 섰다. 사법적 단죄를 요구하며 김영삼을 심하게 압박했던 김대중은 처벌의 부담만 몽땅 김영삼에게 안겨준 채 자신은 은인이 된 것이다. 김대중은 집권 후에도 '역사 바로 세우기'의 의의를 강조해주지 않았다. 그는 아예 이 일을 잊어버린 듯한 인상을 주면서 전·노 양인을 김영삼과 함께 전직 대통령으로 수차 청와대에 초청하기도 했다. 김영삼이 이를 거절함으로써 전두환 노태우 최규하 등만 참석하는 모임이 되었지만, 김영삼에게는 아주 모욕적인 처사로 비쳤을 수가 있다. 김대중이 포용력을 과시한 만큼 김영삼의 '역사 바로 세우기'는 빛 바래고 만 셈이 되었다. 김대중의 의중이 어떤 것이었든 원천적으로는 김영삼 스스로 초래 한 일이었다. 독단의 책임은 전적으로 당사자의 몫일 수밖에 없다.

4) 독선의 리더십

김대중은 DJP연합으로도 국회를 효과적으로 지배할 수 없게 된 상황을 '국민을 상대로 한 정치'로 타개해나가고자 했다. 그는 이를 위해 '국민과의 대화'라는 이벤트를 준비했다. 각계에서 선정된 600여 명의 방청객과 소수의 질문자를 배경으로 김 대통령이 국정에 대해 직접 설명하고 이를 TV방송들이 생방송 하는 행사다. 김대중은 이를 통해 국민을 직접 설득하고 그 지지를 얻어서, 그 힘으로 국정을 이끌어가려고 했다. 그는 이 같은 자신의 정국운영 구상을 이미 후보시절에 '직접민주주의' 또는 '참여민주주의'라는 표현으로 예고했다.

그러나 이는 자칫 대의제의 기본구조에 심대한 타격을 입힐 소지가 있는 방식이었다. 그는 민주주의의 원리를 준봉한 것이 아니라 통치의 편의를 중시하는 모습을 보였다. '국민을 상대하는 정치'가 초래할 수 있는 위험 가운데 하나는 독선 독단이다. '국민의 희망'이라든가 '국민적 기대' 또는 '국민의 지지' 같은 것은 계량화가 거의 불가능하다. 또 대중을 상대로 한 정치는 정권 측의 대중동원, 대중조작 의도가 끼어들 여지가 많다. 대의 정치의 틀을 벗어나 국민을 상대로 국민의 지지를 기반으로 정치하겠다는 것은 아무에게도 책임지지 않겠다는 말이나 마찬가지다.

김대중의 참여민주주의, 직접민주주의 선호 또는 지향은 2000년 4·13총선 때 다시 두드러지게 표출되었다. 그는 실정법의 테두리를 넘어 낙천·낙선운동을 전개하는 시민단체들의 행동을 공공연히 지지했다. 뿐만 아니라 검찰이 이들을 처벌해서는 안 된다고 명백히 언급하기를 서슴지 않았다. 사실 시민단체들이 법의 금지에도 불구하고 공개적이고 행동적인 낙천·낙선운동을 벌일 수 있었던 배경이 바로 김대중의 '참여민주주의'에 대한 적극적인 관심과 지향성의 표출이었다고 할 수가 있다.

김대중은 자신이 주도해서 만든 새천년민주당의 인사를 통해서도 시민단체에 대한 친애와 신뢰의 뜻을 분명히 해보였다. 민주당의 대표에 시민운동의 원로 서영훈을 앉혔다. 또 청와대 비서실의 '왕 수석'으로 인식되었던 정책기획수석에 시민운동가 출신 김성재(金聖在)를 배치했다.

참여민주주의, 직접민주주의가 대의민주제의 취약성 허구성 의제성(擬制性)에 대한 반발로서 새롭게 강조되고 있다는 점을 감안하더라도 아직은 방법론이 정립되지 않은 상태다. 이런 상황에서는 소수의 적극적인 행동주의자들이 민의의 대변자 자리를 차지하게 되기 쉽다. 침묵하는 다수의 의견은 무시되고 행동하는 소수의 의견이 곧 '국민의 뜻'이 되는 것이다. 이럴 경우 민의 왜곡 현상의 심각성은 대의제의 그것에 비할 바 아니다.

공동정권의 한 축이던 김종필은 2000년 1월 24일 총선시민연대가 발표한 공천 반대자 명단에 자신의 이름까지 포함되자 크게 격앙되었다. 이후 그는 김대중에 대한 공격의 수위를 높였다. 특히 시민단체의 낙천·낙선운동을 지지하는 김대중의 의도에 대해 강한 의문과 냉소적 비판을 쏟아냈다. 그는 김대중의 시민단체 낙천·낙선운동지지 발언과 관련, 중국 마오쩌둥의 '문화혁명'을 상기시키는 표현으로 비난하는 등 심한 불신과 불쾌감을 드러냈다. 당시의 신문기사는 이렇게 전하고 있다.

자민련 김종필 명예총재가 5박6일간의 '일본구상'을 마치고 8일 오후 귀국함에 따라 JP의 향후 행보에 정가의 관심이 쏠리고 있다. ……JP는 "공동정부는 앞으로 어떻게 되는거냐"는 질문에 "『마오쩌둥의 비밀』이란 책이 지금 일본에서 베스트셀러인데 한번 읽어보면 참고가 될 것"이라는 묘한 말을 던지고 서둘러 자리를 떠났다. 김대중 대통령과의 회동 가능성에 대한 질문에는 아무런 답변도 하지 않았다. ……일본 산케이신문에 주 1회씩 1년여 동안 실렸던 연재물이 상·하 두 권으로 묶인 책으로 마오쩌둥이 홍위병을 이용해 문화혁명을 추진하며 정적들을 축출했던 과정이 소개되어 있다(≪국민일보≫, 2000. 2.9).

김대중의 목표가 선이냐 아니냐 하는 차원에서 판단할 문제가 아니다. "시민단체의 선거활동 금지는 권위주의적 발상에 기초한 것"이라며 "4·19나 6·10항쟁도 당시 실정법 위반이었으나 국민에 의해 정당성을 인정받았다(≪중앙일보≫, 2000. 1. 20)"고 그는 말했다. 이는 철학적 논쟁에서 제기할 수 있는 인식이긴 하되 대통령으로서 하기엔 대단히 위험한 언급이었다. 김영삼은 이 말을 들어 김대중을 '독재자'라고 했다(≪국민일보≫, 2000. 2. 11). 의식의 저변엔 그런 의식이 깔려 있었다고 봐서 무리가 없을 것이다. 게다가 이는 교묘한 자기합리화의 논리다. 김대중의 화술은 이미 정평이 나 있었다.

만약 김대중의 그 같은 논리가 사회적으로 수용되면 그 다음엔 그 자신이 '민의(民意)의 대변자'라는 선언이 따르기 십상이다. 주관적 판단이 법의 상위 개념이 되는 것이다. 김대중은 자신이 정치적 박해를 받고 죽음의 고비에도 여러 차례 이르렀던 만큼 자신은 구여권(舊與圈) 정치세력에 비해 도덕적 우위에 있다고 믿었을 것이다. 수구세력의 불순한 기도를 좌절시키고 그들의 발호를 막는 길이라면 다소 무리가 있더라도 정당화될 수 있다는 생각을 했는지도 모른다. 그는 역시 박정희, 김영삼 등과 같은 권위주의자였다.

김대중의 독선적 리더십은 '김종필 총리'를 고집한 점이나 자민련에 대한 '의원 임대'사태로 다시 한번 그 면모를 과시했다. 그는 취임 당일 첫 총리로 김종필을 지명하고 국회에 제출할 임명 동의안에 서명했다. 그러나 당시 국회 과반수 의석을 확보하고 있던 한나라당은 총리 지명자 교체를 요구하며 2월 25일의 국회 본회의에 불참했다. 김대중은 물러서지 않았다. '김종필 총리'는 '국민이 수락한 사항'이라는 이유였다. 1998년 2월 27일 김대중은 조순(趙淳) 한나라당 총재와의 회담에서 동의안의 적법처리 약속을 받아냈다.

3월 2일 다시 국회 본회의가 열렸고 여기서 김종필 총리 지명자 임명 동의안에 대한 표결이 시도되었다. 그러나 한나라당이 반대의사가 분명한 의원들은 기표하게 하고 성향이 불투명한 의원에게는 백지투표를 하도록 지시한다는 이유로, 국민회의와 자민련측이 투표함을 봉쇄함으로써 투표가 중단되는 사태가 빚어졌다. 김수한(金守漢) 국회의장은 여야가 투표함 보전신청을 함에 따라 투표함 봉인절차를 거쳐 이를 보관토록 했다. 이후 투표함은 개봉되지 않은 채 결국 폐기되고 말았다.

그러나 꼭 같은 투표방식이 그 3년여 후 여당측에 의해 재연되었다. 이한동 총리에 대한 해임건의안 처리 과정에서 민주당은 자신들이 비난해 마지않았던 '일부 투표, 대다수 백지투표'의 방식으로 표단속을 하다가 야당의 반발에 부딪쳐 결국 표결 자체가 무산되고 말았다. 김대중이 새로 창당한 신여당, '새천년민주당'도 정치의식이나 행태에선 거의 변하지 않았음을 입증해 준 사례였다고 하겠다.

한편 김종필 총리 임명 동의안은 결국 1998년 8월 17일 여당이 고집한 대로 '재투표'를 통해 처리되었다. 정부 여당의 고집과 여론의 압력에 한나라당이 손을 든 셈이나 김대중 자신도 이미지에 큰 상처를 입었다. 비록 헌재가 군색하게나마 '위헌'을 면케 해주었지만, 국회가 동의하지 않으면 끝까지 '서리'체제로 가겠다는 태세였다. 편법으로 버티는 것은 민주적 리더십이라고 할 수 없다.

제16대 총선 결과로 자민련이 잃어버린 원내교섭단체 지위를 회복시켜주기 위해 구사한 방법도 민주 상식을 크게 벗어났다. 김대중은 민주당 창당이 당초 의도를 살리지 못하게 되자 다시 자민련과의 연대체제를 복원시키고자 했다. 자민련도 17석의 소수당으로 전락, 원내교섭단체 구성요건조차 갖추지 못하게 됨에 따라 더 이상 '독자 노선'을 고집하지 못하게 되었다. 민주당은 '공조 복원'의 선물로 자민련의 원내교섭단체 지위를 회복시켜줘야 할 입장이었다. 그렇지만 한나라당의 거부자세는 완강했다.

이 과정에서 빚어진 것이 국회법 날치기 처리였다. 민주당과 자민련이 2000년 7월 24일 국회 운영위에서 한나라당 의원들의 실력 저지를 뚫고 교섭단체 구성 요건을 20석에서 10석으로 하는 내용의 국회법 개정안을 기습적으로 상정해서 처리해버린 것이다. 김대중은 이에 대해 유감의 뜻을 표명했으나 민주당측의 변칙처리와 한나라당의 물리적 저지를 함께 비판했다. 국회법이 정한 절차를 따라야 한다고 한 김대중의 지적은 옳았다. 그러나 국회법 개정은 그 의도부터가 순수하지 못했다.

민주당은 국회법 개정시도가 실패하자 이번에는 자민련에 의원을 꿔주는 전대미문의 정치적 수완을 발휘했다. 이 해 12월 30일 갑자기 민주당의 배기선(裵基善) 송영진(宋榮珍) 송석찬(宋錫贊) 의원이 민주당을 탈당해서 자민련에 들어갔다. 이는 한나라당은 물론 어느 누구도 생각하지 못한 기습작전이었다. 이로써 자민련은 원내교섭단체 구성요건인 20석을 채우게 되었다. 그러나 자민련의 강창희(姜昌熙) 부총재가 이를 비판하면서 원내교섭단체 등록을 위한 날인에 거부했다. 이 때문에 그는 1월 4일 자민련으로부터 제명당했다. 강창희가 비운 자리를 이번에는 민주당의 장재식(張在植) 의원이 채웠다. 자민련 원내교섭단체 만들기는 가까스로 성공했다. 이처럼 정당과 그 정체성을 대수롭잖게 여기는 사고방식이야말로 '양김 정치'의 가장 두드러진 특징 가운데 하나라 할 수 있다.

김대중의 인사(人事)에서도 정권의 정체성 혼란은 여실히 드러난다. 그는 첫 대통령 비서실장으로 김중권(金重權)을 기용했다. 김 실장은 5공 출범과 함께 민정당 국회의원으로 정치를 시작한 인물이다. 그는 민정당 사무차장을 맡았고 노태우 정부 때는 대통령 정무수석비서관을 지냈다. 당시 언론들은 그가 노태우 돈 20억 원을 김대중에게 전달했고, 이른바 '20억+α' 문제가 제기되었을 때 "α는 없다"고 선언해 DJ의 부담을 덜어준 사실을 부각시켰다. 물론 영남 출신 정치인으로 '김대중 대통령 만들기'에 적극 참여했던 점도 발탁의 요인이 되었을 것이다. 문제는 그가 5공 인사라는 데 있었다. 김대중과 개인적인 인연이 깊었을 수는 있으나 '50년만의 수평적 정권교체' '진정한 국민의 정부' 구호와는 어울리지 않는 경력의 소유자였다.

김종필을 국민의 정부 첫 총리 자리에 앉힌 점도 설득력이 아주 부족했다. DJP연합의 조건이었다고 하지만 국가 공직을 공로상 정도로 인식했다는 사실은 비판을 면키 어렵다. 김대중은 개인적인 신세 갚기를, 자신이 강조해 마지않은 개혁보다 상위에 둔다는 인상을 강하게 주었다. 정당의 리더일 때도 그랬지만 대통령으로서도 사정치 성향을 드러내 보인 것이다.

그는 이후에도 국무총리를 자민련 몫으로 고정시켰다. 그가 DJP연합의 약속을 철저히 지키려 했다는 뜻도 되겠으나 그보다는 자민련과의 공조가 절실했기 때문이라는 쪽이 더 설득력을 갖는다. 정말로 DJP연합의 합의내용을 중시했다면 그는 내각제 개헌을 시도라도 했겠지만 이에 대해서는 아주 소극적이었다.

그리고 16대 국회의 의장직은 이인제와 함께 신한국당 경선에 불복하고 탈당해서 1997년 11월 4일 국민신당을 창당, 총재직을 맡았던 이만섭에게 맡겼다. 한나라당은 원내 제1당이었으나 과반수 의석을 확보하지는 못했고, 이에 따라 의장직은 관례대로 여당의 차지가 되었다. 다른 말로 하자면 김대중이 입법부 수장 결정권을 행사한 것이다. 또 민주당의 서영훈 대표 후임으로 2000년 12월 19일 김중권을 지명했다. 당시 총리로는 이미 5월 23일에 임명된 이한동이 차지하고 있었다. 이 총리 역시 대표적인 '5공 인사'의 한 사람이라는 점에서 김대중 정부는 인적 구성에서 '색동정당'을 못 면했다.

이는 김대중이 철학 또는 이념 지향형의 인물이 아니라 현실 중시 또는 타협형의 인물이라는 느낌을 주는 대목이다. 그는 대단히 박학다식한 것으로 알려졌지만 이념이나 원칙에 투철하다는 인상은 거의 주지 못했다. 임기응변, 임시변통에 능한 것은 정치인이면 누구에게서나 발견되는 수완 가운데 하나이겠지만, 특히 양김은 이 점에서도 남다른 면모를 보였다. 다만 김영삼은 상대적으로 직선적이고 김대중은 곡선적이라는 차이가 있었을 뿐이다. 다른 말로 하면 김영삼은 저돌적이고 김대중은 계산적이라고 할 수가 있다.

김대중의 독선이 적나라하게 노출된 사례로 자주 지적되는 것이 '옷로비의혹사건'에 대한 그의 대응이다. 1995년 5월 25일, 외화 해외도피혐의로구속기소될 처지에 있던 최순영(崔淳永) 당시 대한생명 회장의 부인 이형자(李馨子) 씨가 언론에 대해 "장관부인들이 지난해 연말 수천만 원어치의 옷을 산 뒤 나에게 대금결제를 요구했다"고 주장함으로써 소위 '옷로비 의혹사건'이 터졌다.

바로 그 하루 전, 이 사건에 연루된 연정희(延貞姬) 씨의 남편 김태정(金泰政) 검찰총장이 5·24 개각으로 법무장관이 되었다. 김대중은 김태정의부인이 옷값 대납요구 사건에 연루되어 청와대 사직동팀의 조사까지 받았음에도 불구하고 그를 법무장관에 기용한 것이다. 부하를 신뢰하는 것은상사의 덕목일 수 있다. 그러나 장관의 자리는 대통령 개인의 것이 아니라국민의 공직이다. 그러므로 사직동 팀이 조사에 나서야 할 정도로 의혹이제기된 사람이라면 일단 발탁을 유보하고 다음 기회를 기다리는 게 순리다.특히 국가의 법질서 확립을 책임지는 법무장관에 기용할 사람이라면 사법적으로는 말할 것도 없고 도덕적으로도 흠결이 없을 것이 요구된다.

이에 앞서 1998년 5월 26일 한나라당은 김태정에 대해 '불공정 선거운동 助長'을 이유로 탄핵소추안을 국회에 제출했다. 이 탄핵소추안은 이듬해 4월 7일 국회 본회의에서 부쳐져 부결되었지만 여당 내에서 10표 이상의 반란표가 나온 것으로 나타남으로써 정부·여당에 타격을 주었다. 그리고 99년 1월 7일에 불거진 '대전 법조비리사건'을 빌미로 한 소위 '검란(檢亂)'이 사회적으로는 물론 정치적으로도 큰 파장을 일으켰다.

이 검란은 대전에서 개업하고 있던 이종기(李宗基) 변호사로부터 향응 떡값 전별금을 받은 고검장 등 간부들이 사직을 했고 이 과정에서 심재륜(沈在淪) 대구고검장이 1월 27일 사퇴를 거부하며 성명을 발표함으로써 촉발되었다. 심 고검장은 성명에서 "김영삼 정부와 김현철 씨에게 충성을 맹세하고 그 자리에 오른 검찰총수 및 수뇌부는 정권이 교체된 이후에도 권력에 맹종해 자리를 보존하기 위해서 지금 검찰 조직의 기초를 황폐화하고 있다"고 주장했다. 그는 이어 "검찰총수 및 수뇌부는 후배검사들의 사표를 받기 전에 무조건 먼저 사퇴해야 한다"고 촉구하기도 했다. 이 와중에 평검사들이 수뇌부의 퇴진과 검찰의 정치적 중립성 확립 등을 요구하는 검찰 초유의 사태까지 빚어졌다.

김대중이 러시아·몽골을 순방하던 시기에 '옷로비 의혹사건'은 대단한 기세로 확산 확대되었다. 김대중은 6월 1일 귀국 직후 서울공항에서 기자회견을 갖고 김태정에 대한 문책여부와 관련, "검찰 수사 결과에 따라 잘못이 있다면 (김 법무장관이) 책임져야 할 것이나, 잘못이 없는데도 마녀사냥식으로 물러나라고 하는 것은 바람직하지 않다(≪조선일보≫, 1999. 6. 2)"고 강조했다. 되레 언론에 대해 불만을 토로한 것이다.

그는 그 일로 김태정을 문책할 생각이 전혀 없어 보였다. 그러나 그의 고집은 뒤이어 터진 진형구(秦炯九) 대검 공안부장의 취중발언 파문으로 꺾일 수밖에 없었다. 그는 김태정 보호에 부담을 느끼고 있던 중 진형구 사건이 터지자 즉각 지휘책임을 물어 인사조치했다. 이 같은 처사는 독선과 아집으로 비칠 소지가 다분했다. 공적인 문제에 대한 사적인 접근의 인상을 준 것도 사실이다. 이 역시 사정치형 리더십의 한 양태다.

김대중은 김태정 장관을 해임한 이틀 후인 1999년 6월 10일 국민회의 당직자들과 만찬을 하는 자리에서 "지난 15대 대선 때 당시 청와대 사직동팀이 조작한 '김대중 비자금 사건'에 대한 수사를 유보한 점 등으로 김 전 장관을 올바른 법조인으로 생각했기 때문에 장관으로 기용했다"고 밝힌 바 있다. '올바른 법조인'이라고 생각했기보다는 아마도 '고마운 법조인'으로 생각했을 것이다. 만약 그 신세갚음으로 장관직을 주었다면 이는 공직의 사적소유나 다를 바 없는 행태다. 하긴 지역편중인사라는 것이 바로 이 같은 의식의 소산이었다.

김대중의 이러한 공직관은 자신의 맏아들 홍일(弘一)을 국민회의 공천으로 국회에 진출시킨 데서도 그대로 드러난다. 그는 아들이 자신 때문에 고통을 겪었다면서 권노갑의 지역구를 양보 받아서 주었다. 자식에 대한 자신의 신세를 국가 공직으로 갚은 것이다.

4. 강압적 국정 운영

김영삼 재임기의 또 다른 특징적 상황은 '상시적 사정'이었다. 그는 1993년 2월 25일 제14대 대통령 취임사에서 '변화와 개혁'을 강조하면서 이를 위한 3가지 당면과제를 제시했다. 첫째가 '부정부패 척결', 둘째는 '경제 살리기' 그리고 셋째는 '국가기강 바로잡기'였다. 다시 말해 첫째와 셋째가 공히 사정(司正)과 그 수단으로서의 사법처리를 필요로 하는 과제였다.

그는 취임 이틀만에 자신과 가족의 재산을 공개하는 것으로 사정의 의지를 과시했다. '개혁'에의 의지(라고 하기보다는 투지)가 용솟음쳐서 그랬겠지만 구시대적 제도를 고치기 전에 행동이 앞서갔다. 구시대와의 결별, 굴절된 헌정사의 광정(匡正)을 위해선 단호한 개혁이 필요했을 것이다. 그 점을 감안한다 하더라도 당시 그는 제도개혁을 염두에 두는 것 같지 않았다. 마상에 높이 앉아 큰 칼을 휘두르며 앞으로 달려나가는 데만 열중하는 모습이었다. 어쩌면 그는 바로 그런 것, 즉 솔선수범과 구악일소(舊惡一掃)야말로 개혁이라고 인식했는지도 모른다. 그는 이후에도 개혁의 제도화에는 그리 큰 관심을 보이는 것 같지 않았다. 제도가 개혁을 이끌게 되면 그의 역할은 상대적으로 축소될 것이었다.

그의 개혁, 즉 사정은 정·관계, 법조계, 군, 학계, 금융계 등 사회 전분야를 망라하는 이른바 '전방위 사정'이었다. 당시 사정의 강도는 취임 100일을 기해 나온 다음의 신문기사를 통해서도 짐작할 수 있다.

그 와중에서 정치권에서는 전 현직 국회의장 2명을 포함, 10명의 국회의원이 구속, 의원직 사퇴, 출당 등을 감수해야 했다. 행정부에서도 전 현직 장 차관급 공직자 14명이 구속 또는 공직사퇴 등의 오욕을 맛보았다. 또 오랫동안 성역으로 치부되던 군 내부에도 개혁강풍이 몰아쳐 합참의장과 3군 참모총장 기무사령관 수방사령관 등 핵심요직의 지휘관들이 하루밤새 뒤바뀌었고 인사비리와 관련되어 13명의 전 현직 장성들이 줄줄이 구속되었다(≪동아일보≫, 1993. 6. 2).

사정에 대한 국민의 지지도 '전폭적'인 것이었다. 일련의 개혁적 조치가 동시다발적으로 추진되던 정부 출범 초기의 지지도는 여론조사에서 90%를 넘어섰다.

국민들은 현정부의 사정활동을 전폭적으로 지지하면서도 일부에서는 비리인사에 대한 처벌이 미약하고 무원칙하며 정치보복적 경향이 있다는 생각을 갖고 있는 것으로 조사되었다. 사정활동의 이 같은 문제점은 감사원장 자문기구인 부정방지대책위원회가 최근 한국갤럽 조사연구소에 의뢰, 전국의 20세 이상 남녀 1천5백명을 대상으로 실시한 '신정부 출범 후 6개월 간의 국가사정활동에 대한 국민 여론조사'에서 나타났다. 조사결과에 따르면 응답자의 90.6%가 사정활동에 대해 압도적인 지지를 보내고 있는 것으로 나타난 가운데……(≪국민일보≫, 1993. 9. 25).

가위 폭발적 인기였다. 외국의 사정 관계자들이 한국의 사정기법을 배우기 위해 잇따라 감사원을 방문했다는 사실이 '문민정부' 사정의 강도와 그에 대한 국민의 지지열기를 단적으로 설명해준다. 그런데 바로 그게 문제였다. 대통령이나 정부, 또는 그 정책에 대한 지지도가 90%를 넘어섰다는 것은 너무 일찍 한계점에 이르렀다는 사실을 의미했다. 그 자신과 정부의 대응방법은 이제 제한적일 수밖에 없었다. 90%의 인기도를 유지하는 데는 여론을 조작하거나 끊임없이 대중의 구미에 맞춘 정치적 이벤트를 마련하는 두 가지 방법이 있을 뿐이었다. 물론 그가 선택할 것은 후자였다.

그러나 개혁은 그렇게 장기간에 걸쳐 지속적으로 추진할 수 있는 것이 아니다. 대통령의 임기라는 제약이 애초부터 분명하다. 이 제약을 김영삼은 간과했다. 계속 새로운 과제를 제시할 경우, 개혁은 정치적 이벤트가 되고 만다. 개혁의 강도는 떨어지고 국민들은 이른바 '개혁 피로감'을 갖게 되는 것이다. 김영삼은 당초의 폭발적인 지지에 너무 연연했다. 그 바람에 정부의 일상적 활동, 이를테면 범죄단속, 사회질서 확립 노력까지도 '개혁'의 구호를 대동하게 되었고, 이것이 개혁 그 자체의 이완을 초래하고 말았다.

그뿐만 아니라 김영삼은 개혁에 대해 과욕을 부렸다. 전 사회적이고 전면적인 개혁을 추구한 것이다. 사회의 전 부문, 전 과정을 뜯어고치겠다는 기세로 임했다. 5년 단임의 대통령, 의회의 기반이 그리 튼튼하지 못한 대통령으로서는 지나친 의욕이었다. 헌팅턴(S. P. Huntington)이 지적하는 바는 이 점에서 경청할 만하다.

> 개혁자가 내어놓은 요구나 논쟁의 성질상 전체적으로 정치과정에서 역할을 할 동맹자와 반대자가 생긴다. 개혁자가 당면하는 문제는 과다한 요구를 제기하여 그 반대자를 압도할 것이 아니라, 요구를 아주 명백히 한정시켜 제기함으로써 반대를 극소화해야 한다는 것이다(헌팅턴, 1989).

만약 자신이 제시했던 대로 부정부패 척결, 경제 살리기, 국가기강 바로잡기 정도로 목표를 압축해서 그 중에서도 중요하고 구체적인 과제를 몇 가지 선택하고 상대적으로 덜 시급한 과제는 다음 정부에 넘겼더라면 김영삼은 임기 후반에 개혁 또는 사정의 늪에 빠질 일이 없었을 것이다.

그는 개혁에 대한 저항이 커지고 국민의 관심이 퇴조하자 더 투지를 발휘했다. 개혁의 강도를 높이는 방법으로 사정을 택했다. 사람을 잡아넣고 처벌하는 것이, 다시 말해서 사회적 긴장도를 높이는 것이 곧 '지속적 개혁'이라고 인식하는 듯했다. 그의 재임기는 곧 상시적 사정기간이었다.

그 때문에 김영삼은 적을 양산하고 말았다. 개혁자에게는 불가피한 일이기도 하지만 그 수가 감당하기에 힘겨울 정도로 많아지면 대통령의 국정 장악력은 약화되고, 반대로 개혁에 대한 저항력은 강화되게 마련이다. 더욱이 김영삼 개혁은 초기부터 '부분적'이었다고는 해도 '정치보복'이라는 인상을 주었다. 이 또한 사실이든 오해든 정치적 격변기를 이끄는 리더들에게 따라다니기 십상인 비판이다.

특히 제14대 대통령 선거 때 김영삼과 경쟁을 벌였던 정주영(鄭周永), 이에 앞서 신한국당 대통령 후보 경선 이후 협력을 거부하고 당을 떠나버렸던 박태준(朴泰俊)에 대한 사법처리가 세인들에겐 '정치보복'으로 비칠 만했다. 이와 관련, 정주영이 1993년 3월 2일 도쿄에서 일본 언론을 상대로 한 말은 의미심장하다. 그는 "지난 대통령선거에서 나를 뽑았더라면 큰일 날 뻔했다"고 말했다(≪국민일보≫, 1993. 3. 3). 그가 이렇게까지 극도로 자신을 비하하는 말을 할 정도였다면 그가 느낀 위기의식은 미루어 짐작할 만했다.

노태우 대통령 시절, '떠오르는 태양'이라는 별칭으로 불리기까지 하며 김영삼과 대결 축을 형성했던 박철언(朴哲彦)도 문민정부 출범 후 슬롯머신 사건으로 영어의 몸이 되었다. 출감 후 11개월만에 복권된 그는 소감을 묻는 기자들에게 "내가 정치보복의 마지막 대상이기를 바란다(≪중앙일보≫, 1995. 8. 12)"고 말함으로써 자신에 대한 사법처리를 '정치보복'으로 인식하고 있음을 숨기지 않았다.

대통령으로서 김영삼이 보인 독단 독주 스타일은 집권당 차기 대통령 후보 선정과 관련한 그의 태도가 상징적으로 보여주었다. 그는 1995년 9월 22일 "다음에 개혁을 누가 맡아 어떻게 이어가느냐 하는 문제를 구상하고 있다"는 말로 차기 민자당 대통령 후보에 대한 구상을 하고 있음을 시사하는 발언을 했다. 10월 10일에는 차기 대선에서 '국민이 놀랄 정도의 세대교체'가 이루어질 것이라고 언명함으로써 정치권을 긴장시켰다. 이어 1997년 1월 7일엔 자신이 신한국당 차기 대통령 후보 결정 과정에 분명한 역할을 할 것이라는 뜻을 밝혔다. 차기 여당 대통령 후보 결정과 관련한 그의 일관된 발언은 그 자신이 후계자를 사실상 지명하는 형식을 취하겠다는 의도 또는 욕구의 표출이었다.

1997년 7월 21일 결국 '자유경선'으로 신한국당의 후보가 결정되었지만 그러나 이는 김영삼의 의지에 의한 것이 아니었다. 그는 한보철강, 기아자동차 등이 도산 위기에 처하는 등 경제 상황이 급격히 악화되면서 정국 및 국정 장악력을 급속히 잃어갔다. 따라서 신한국당의 대통령 후보 자유경선은 오히려 김영삼의 권력 및 영향력 약화에서 기인한 것이라고 할 수 있다. 만약 그가 임기 초와 같은 강력한 리더십을 유지할 수 있었더라면 신한국당의 대통령 후보는 아마 훨씬 다른 방식으로 결정되었을 것이다. 이는 훗날 김대중이 총재직을 내놓고 나자 민주당의 당내 민주화가 급속히 진전되었던 경우와 흡사하다.

김영삼은 다른 대통령들이 그러했던 것처럼, 개혁의 방식으로 혁명을 이루려 했다. 그러면서도 마스터플랜 같은 것은 마련치 않았다. 자연 제도화가 '개혁조치'를 뒤따르지 못했다. 그는 자신의 결단만으로 개혁을 이끌어 갔다. '문민정부 개혁'은 애초에 '독선 독단 독주'의 위험성을 안고 시작되었던 것이다. 그는 자신이 야당 리더로서 정치를 하는 과정에서 부조리나 모순이라고 여겼던 문제들을 '척결'하는 것이 곧 개혁이라는 생각만으로 사정 위주의 개혁을 강행했다. 그리고 그것은 자신의 과감한 결단과 솔선수범에 의해 추방될 것이라고 확신했다. 김영삼 개혁의 한계였다.

사정 위주의 징벌적(懲罰的) 개혁에서는 김대중도 다르지 않았다. 3번의 낙선을 겪고 '정계은퇴'까지 선언했던 김대중은 마침내 4번째의 도전에서 제15대 대통령으로 당선되었다. 득표율 차 1.6%, 말 그대로 간발의 차였다. 그는 당선 확정 다음날인 1997년 12월 20일 청와대에서 김영삼과 주례회동을 갖고 경제난국 타개를 위해 새 정부 출범 때까지 활동하는 한시적 기구로서 비상경제대책위원회 설치에 합의했다. 이때부터 경제정책의 주도권은 당선자측에 넘어갔다.

사실상의 대통령 역할을 수행하는 가운데 1998년 2월 25일 김대중은 대통령에 취임했다. 그는 이날 취임사에서 "이 정부는 국민의 힘에 의해 이루어진 참된 '국민의 정부'"라고 성격을 규정했다. 취임식전에 김영삼을 초청해서 앉혀 놓고 '문민정부'의 민주적 정통성을 정면으로 부인한 것이다.

김대중은 또 "국회의 다수당인 야당 여러분에게 간절히 부탁드립니다. 오늘의 난국은 여러분의 협력 없이는 결코 극복할 수 없습니다. 저도 모든 것을 여러분과 같이 상의하겠습니다"라고 호소했다. 그것은 당연한 인식이었다. 문제는 그가 야당의 일방적인 승복과 협력을 기대한 데 있었다. 그는 야당의 비협조적 자세에 금방 인내력의 한계를 드러냈다. 취임 직후부터 이른바 '총풍(銃風)'과 '세풍(稅風)'으로 한나라당 및 이회창을 압박하기 시작했다.

이른바 '총풍' 또는 '북풍(北風)' 사건은 김대중 정부 출범 열흘만에 불거지기 시작했다. 이종찬 안기부장이 취임 바로 전날인 3월 4일 "안기부가 북풍을 이용해 대선에 깊이 개입한 사실이 있다"고 공언함으로써 이미 수사가 시작되었을 뿐 아니라 구정권과 야당에 대한 본격적인 수사정국이 열릴 것임을 예고했다.

새 정부는 '총풍'에 이어 다시 불법대선자금 모금을 비롯한 정치인 비리에 대한 사정작업을 벌이기 시작했다. 초점은 이회창 한나라당 후보의 대선자금 모금과정의 비리를 밝혀내는 데 있었다. 이른바 '세풍'에 대한 수사는 9월 초부터 본격화했다. 전자는 안기부 차원에서 북한에 대해 휴전선 무력 도발을 요청함으로써 야당 후보에 악영향을 미치려 했다고 주장된 사건이었고 후자는 국세청 수뇌들이 한나라당 이 후보를 지원하기 위해 기업들로부터 선거자금을 불법모금했다고 의심되는 사건이었다.

총풍과 세풍사건으로 이회창 한나라당 후보의 친동생인 이회성(李會晟) 씨가 1998년 12월 29일 구속기소(1999년 4월 27일 보석)되기에 이르렀으나 정치적 사정이 으레 그러하듯 김대중 정부 임기 중에는 어떤 결론도 나지 않았다. 반면 이 해 8월 31일 명예총재에서 총재로 복귀한 이회창은 김대중 정부의 압박에 힘입어 오히려 야당 사상 일찍이 없었던 강력한 지도력을 확보할 수 있었다.

총풍사건에 대해서는 2003년 9월 26일 대법원이 확정판결을 함으로써 사법절차가 종결되었다. 대법원은 이날 1997년 대선 직전, 북한 인사와 접촉해 휴전선에서 무력시위를 해달라고 요청한 혐의(국가보안법 위반)로 기소된 오정은(吳靜恩) 한성기(韓成基) 장석중(張錫重) 씨 등 '총풍 3인방'에 대한 상고심에서 징역 2~3년에 집행유예 3~5년씩, 권영해 당시 안기부장에 무죄를 선고한 원심을 확정했다. 재판부는 판결문에서 "피고인들이 북측 인사에게 무력시위를 요청하기로 모의했는지 여부에 대해 충분한 증거가 없다고 본 원심의 판단은 정당하다"고 밝혔다. 다만 한씨의 돌출 행동에서 비롯되었다는 것이 법원의 판단이었다.

이보다 40일 앞선 8월 18일 세풍사건 피고인들에 대한 1심 선고가 있었다. 서울지법은 한나라당 간부들과 국세청 고위간부들이 공모, 기업들에 부당한 영향력을 행사해서 돈을 끌어 모은 것으로 결론지었다. 재판부는 서상목(徐相穆) 전 한나라당 의원에 대해 징역 1년 6월을 선고, 법정구속했다. 또 구속기소된 이석희(李碩熙) 전 국세청 차장에 대해 징역 2년을 선고했다. 이 밖에 이회성(한나라당 이후보 동생), 권영해(당시 안기부장), 임채주(林采柱, 당시 국세청장) 등의 유죄도 인정했으나 모두 구속 대신 집행유예를 선고했다.

이로써 김대중 정부의 검찰이 정치보복 또는 정치압박 차원에서 수사를 한 것이 아니라는 사실은 입증된 셈이지만 새 정부와 그 여당이 호들갑스럽게 이 사건들의 의미를 부풀렸던 것도 사실이다. '국민의 정부'는 출범 초기부터 이런 사건들을 둘러싸고 거대야당과 정면 대결을 펼침으로써 오히려 그 전도에 스스로 장애를 조성하는 결과를 낳았다.

한나라당은 1999년 5월부터 본격적으로 여야간 정쟁의 대상이 된 '옷로비 의혹사건'과 '조폐공사 파업 유도 의혹사건' '3·30 재·보선시 선거자금 50억 원 사용설' '고관집 절도사건' 등을 빌미로 강력한 대여 공세를 전개했다. 이 가운데 '옷로비 의혹사건'과 '조폐공사 파업 유도 의혹사건'의 경우는 결국 헌정사상 초유의 '특별검사제'가 도입 실시될 정도로 야당의 공세는 집요하고 강력했다. 김대중 정부는 신뢰성 도덕성에 엄청난 상처를 입었다.

엎친 데 덮친 격으로 2000년 10월, 이른바 '정현준 게이트'가 불거진 이래 '진승현 게이트' '이용호 게이트' '윤태식 게이트' 등으로 이어지는 대형 금융비리 의혹사건으로 정국은 혼란에 빠졌고, 결국은 대통령의 아들들이 비리의혹사건에 연루되어 수사를 받는 상황에까지 이르렀다. 김대중은 임기 3년을 넘길 무렵부터 이 같은 의혹사건들과 여당 내의 반발 등으로 인해 급격히 힘을 잃어갔다.

김대중의 차남 홍업(弘業)의 경우 2002년 6월 각종 이권 청탁 명목 등으로 기업체들에게서 47억여 원을 받은 혐의로 구속되었고 2003년 5월 30일 대법원에서 징역 2년, 벌금 4억 원, 추징금 2억 6,000만 원의 확정 판결을 받았다. 그는 이와는 별도로 2003년 6월 한국전력 석탄납품 비리 수사 과정에서 업체로부터 3억 원을 받은 혐의가 나와 기소되기도 했다.

3남 홍걸(弘傑)은 체육복표 사업자 선정 청탁 대가로 돈을 받은 혐의로 기소되었는데, 2003년 8월 12일 항소심에서 특정범죄가중처벌법의 알선수재죄 등이 적용되어 징역 1년 6월에 집행유예 3년, 추징금 1억 6천만 원을 선고받았다.

적어도 총풍, 세풍에 대한 수사가 시작되었을 때까지만 해도 '국민의 정부'는 구여당인 야당에 비해 도덕적 우위를 점한 것으로 인식되었다. 그것이 소위 '4대 의혹사건'을 계기로 허물어지고 이후 일련의 '게이트' 및 대통령 아들들 비리 연루의혹으로 대통령과 정부의 이미지는 심각하게 훼손되고 말았다. 김영삼 집권 말기의 재판(再版)이었다. 그렇지만 레임덕의 시기는 훨씬 앞당겨졌다.

김대중은 김영삼, 김종필 등과 함께 '정치 9단'으로 일컬어졌다. 자신들도 그 호칭을 겸사한 적이 없었다. 그 '정치 9단'이 정치 신인 이회창을 겁줘서 순치시키는 데 실패했을 뿐 아니라 오히려 그의 위상만 확고히 해주고 말았다. 정부측은 오직 비리 척결을 위한 수사였다고 주장했고, 재판에서도 유죄가 인정되긴 했지만 그러나 세인들에게는 정치보복으로 비치기 십상이었다. 국민들은 김영삼 당선 후에 있었던 정주영, 박태준에 대한 사법적 압박을 떠올렸다. 게다가 수사는 수많은 설만 양산했을 뿐 이회창이 직접 연루되었다는 증거를 찾아내는 데는 실패했다.

김영삼은 자신의 회고록에서 김대중의 영국행에 대해 '수사를 우려한 도피성 유학'이었다고 적고 있다. 이는 물론 김영삼의 일방적 주장이다. 그러나 김대중이 조금이라도 수사를 우려한 게 사실이라면, 그리고 김영삼이 수사의 여지가 있었음에도 불구하고 그와 그 측근인사들을 건드리지 않은 게 사실이라면 그 또한 라이벌에 대해서는 과거지사를 불문에 붙이는 게 금도(襟度)였을 것이다.

김대중 자신, 야당의 후보였을 때 여당 사무총장의 '비자금 폭로'로 곤욕을 치른 바도 있다. 그는 결백을 주장했지만 만약 당시에 김영삼이 여당의 요구를 받아들여 수사를 지시했다면 그 또한 예사롭지 않은 위기를 겪었을 것이다. 김영삼은 김대중이 비자금 폭로에 아주 당황해 했고 수사유보에 대단히 고마워했다고 기억하고 있다(김영삼, 2001). 그게 일방적인 주장이라 하더라도 김대중 또한 '정치자금 수수 관행'에서는 자유롭지 못했던 게 사실이다. 그 점을 감안해서라도 대선 경쟁자를 선거자금, 선거술수 등을 이유로 검찰을 앞세워 사법적 압박을 가하는 것은 재고할 필요가 있었다. 최장집(崔章集)은 아래의 글에서 사정개혁에 대해 적절한 지적을 하고 있다.

정치개혁에 대한 압력은 일차적으로 권력을 상실한 세력 내지는 야당에 가해지는 정치적 공세이기도 하다. 그리고 사정개혁은 전임 정부의 주요 정치권력자, 고위공직자, 때로는 이들과 부패·유착의 고리를 갖는 재벌과 같은 기업인들을 대상으로 하는 경우가 대부분이다. 이것은 부패를 안고 퇴임하고, 또 일정하게 그러한 방법을 통하여 취임하는 정부간 교체의 사이클에서 발생하기 마련인 일종의 정치적 숙정 내지는 숙청이라고 할 수 있다(최장집, 2001).

김대중은 취임사에서 '총체적 개혁'을 역설했다. 이미 노태우의 집권기부터 '민주개혁'은 국민적 시대적 과제로 대두되어 있었다. 따라서 '정부 수립 50년만에 처음 이루어진 여야간 정권교체'(취임사)로 탄생한 '국민의 정부'로서는 개혁요구의 중압감과 함께 개혁의지의 분출을 느낄만했다. 더욱이 김대중은 '준비된 대통령'을 대선운동의 캐치프레이즈로 내걸었었다. 국민의 비난을 무릅쓰고 4번이나 대선에 도전했던 분명한 이유를 가시적 능력과 업적으로 확인시켜줘야 한다는 강박관념에 쫓겼을 수도 있다. 헌정사상 처음으로 이루어진 '수평적 정권교체'에 걸맞게 우리사회의 전면적 변화를 이루고 싶은 욕구도 있었을 것이다.

무엇보다 김영삼과 김대중은 박정희를 비난하면서도 경제적 성과에 대해서는 콤플렉스를 가졌을 법하다(특히 IMF위기 이후 한국사회에서는 박정희 신드롬이 일었다). 박정희를 능가하는 업적을 올리고 싶다는 욕구를 느꼈다고 해서 나쁘다할 것은 없지만 자신들의 임기가 5년 밖에 안 된다는 데 대한 인식이 부족했다.

조장적 개혁, 이를테면 급속한 경제발전이라든가 지역갈등의 해소 같은 것은 선거공약으로서는 유효할 수 있지만 현실에서 이루기는 지난한 과제다. 이를테면 김대중이 "신광개토시대를 열어 2000년대 초에 세계 5강 경제를 구축하겠다"라든가 "준비된 대통령으로서 준비 안 된 대통령이 저질러 놓은 국정 파탄을 수습할 수 있다(≪국민일보≫, 1997. 6. 9)"고 강조한 것은 선거용 공약이었으니까 호소력이 있었다. 그렇지만 대통령이 되고 난 후에는 대단히 부담스러운 부채가 될 뿐이었다. 당장 가시적으로 효과가 나타날 수 있는 것은 네거티브 개혁, 다시 말해 '처벌' '척결' '추방'으로서의 개혁이다. 정부마다 개혁의 중심축을 '사정'에다 두었던 게 그 때문이다. 김대중 정부도 예외는 아니었다.

김대중의 징벌적 개혁은 2001년 2월 5일부터 시작된 언론사 세무조사를 통해 그 진면목을 보였다. 일찍이 없었던 대대적인 '언론사 조사'였다. 국세청은 23개 언론사를 대상으로 한 130여 일의 세무조사 결과를 6월 20일 발표했다. 국세청은 5,056억 원의 세금을 추징키로 하고 6∼7개 언론사에 대해선 검찰에 고발하겠다는 방침을 밝혔다. 한편 공정거래위원회는 21일 10개 중앙일간지와 3개 방송사를 상대로 부당 내부거래를 조사한 결과 총 510억 원의 부당 지원 사실이 밝혀져 242억 원(신문사 203억 원, 방송사 39억 원)의 과징금을 물렸다고 발표했다. 이어 국세청은 세무조사 결과를 발표한 지 9일 만인 6월 29일 ≪국민일보≫ ≪동아일보≫ ≪조선일보≫

등 3곳의 사주와 법인을 조세범처벌법 위반 등의 혐의로 검찰에 고발했다. 또 ≪대한매일≫ ≪중앙일보≫ ≪한국일보≫ 등 3곳에 대해서는 법인과 세금 탈루 당시의 대표이사 또는 회계책임자들을 고발했다.

언론사들에 대한 이같이 강력한 제재조치는 또 하나의 기록이기에 충분했다. '조세정의 구현'을 명분으로 내걸었지만 김대중이 강조해 온 바 '언론개혁'의 일환이었음은 누구의 눈에든 명백해 보였다. 시민·사회단체(및 일부 언론)들의 '언론권력 해체' 요구가 상당한 반향을 얻고 있던 때였다. 김대중 정권은 이에 편승해서 정부에 대해 비판적인 목소리를 높여 온 이른바 '메이저 신문'에 대한 불만을 토로하면서 '언론개혁'의 필요성을 강조했다.

김대중은 2001년 1월 11일 연두기자회견을 통해 언론개혁에 대해 언급하는 가운데 "언론자유는 지금 사상 최대로 보장되어 있다"면서 언론의 '공정한 보도와 책임 있는 비판'을 요구했다. 이는 언론을 탄압하지 않고 자유를 보장해 주었는데 오히려 정부에 대한 비판은 더 심해졌다는 불만이 은연중에 묻어나오는 말이었다. 기실 언론의 자유는 노태우이래 급격히 확산 심화했다. 그리고 언론 현장에서의 분위기만으로 말한다면 노태우 때 언론자유는 만개했다. 그것이 노태우 정권의 정책이나 신조 때문이었다고 보기는 어렵다. 노태우로서는 제동을 걸 명분도 힘도 용기도 없었다는 게 보다 진실에 가까운 분석일 것이다.

김영삼의 경우는 정부 출범 1년쯤 지나면서 언론의 대정부 비판이 갈수록 적극화하는 분위기가 조성되는 가운데 언론사 세무조사를 실시했다. 물론 정부는 언론 보도태도와는 상관없는 일이라고 주장했다. 그러나 언론과 야당의 시각은 달랐다. 정부의 언론 길들이기라는 인식을 갖고 있었다. 당시 김대중이 이끌던 국민회의는 이를 정부의 언론통제라고 주장하며 '공정언론대책위원회'를 구성했다. 국민회의는 정부의 대표적인 언론통제 방법으로 △ 언론사에 대한 세무사찰과 이권을 통한 통제, △ 방송사 인사개입을 통한 통제, △ 청와대와 공보처 안기부 등에서 언론사에 직접 전화를 걸어

간섭하는 방법, △ 정부에 비판적인 기사를 쓴 언론사 기자와 사주에 대한 취재제한과 청와대 행사 배제 등을 지적했다(≪한겨레≫, 1995. 12. 14).

그런데 김영삼은 세무조사 결과를 공개하지 않았다. 언론사들에 대해 탈루세금이 추징되기는 했으나 그 규모도 역시 비밀에 붙여졌다. 훗날 김영삼은 그때의 세무조사 결과를 공개하면 언론의 존립이 위협받을 것으로 여겨 이를 덮었고 추정세액도 대폭 삭감해주었다고 밝혔다(≪한겨레≫, 2001. 2. 10). 어쨌든 김영삼의 세무조사는, 만약 그가 언론통제를 기도했었다면 이렇다할 성과를 거두지 못한 셈이 되었다.

김대중도 자신의 정부가 벌이는 언론사 세무조사는 오직 '조세정의'의 구현을 위한 것일 뿐 언론통제나 탄압의 의도는 없다는 것은 거듭 강조했다. 그는 언론기업에 대한 세무조사는 '국민과 역사가 심판'할 것이니까 정치권은 관여하지 말라는 말을 하기도 했다(≪조선일보≫, 2001. 7. 13). 야당이 '언론탄압'이라고 공격하는 데 대한 위압적 대응이었다.

세무조사와 관련해서는 '걸면 걸린다'는 말이 상식처럼 통해 온 게 사실이다. 세무당국의 재량 범위가 넓다는 뜻이지만, 그만큼 세법이 복잡해서 아무리 정확하게 하려고 노력해도 허점이 생기게 마련이라는 의미도 된다. 따라서 언론사도 세무조사를 하면 당연히 많은 하자를 드러내게 되리라는 점은 누구나 예상할 수 있는 일이었다. 집권자가 언론통제를 희망하든, 그게 아니라 진실로 언론개혁을 원하든 가장 직접적이고 효과적인 방법으로 세무조사를 먼저 떠올리게 마련이었다.

아주 적절한 비유는 아니겠으나 콜린 윌슨(Colin Wilson)의 지적은 많은 시사를 준다. "역사상의 모든 독재자에게 해당되지만, 정치적 이유로 싫은 인간과 때마침 마음에 들지 않는 인간과의 구별은 쉽지 않다(윌슨, 1991)." 권력자가 반드시 대의명분만으로 벌을 가하는 것은 아니다. 그 역시 감정의 동물이다. 미운 상대를 그럴듯한 이유를 갖춰 징벌할 수단을 얼마든지 가진 사람이 권력자다. 설사 언론개혁에 대한 사명감이었다고 해도 개인적인 분풀이 및 겁주기 의도가 전혀 끼어들지 않았다고 누가 확신할 수 있겠는가.

5. 편향 인사

'지역 편중 인사'는 역대 정권의 도덕적 아킬레스건이었다. 이 때문에 '호남 푸대접론'이 호소력을 가졌고, 정치적 지역감정에 대한 '영남정권의 원죄론'도 설득력을 확보했다. 그런데 민주화 투쟁의 기수로서 마침내 정권을 잡는데 성공해 '문민정부'를 출범시킨 김영삼도 '편중 인사'의 한계를 벗어나지 못했다. 그러기는커녕 과거보다 훨씬 격렬한 비판에 직면할 정도의 인사 난맥상을 드러냈다.

게다가 김영삼은 안기부 등 공식라인을 통한 인물 검증을 기피하고 사적인 통로를 통해 천거를 받는 인사 방식을 고집했다. 그의 결벽성 때문이었을 것이다. 비밀 선호의 인사스타일도 공식적 검증절차 배제에 한몫 했을 수 있다. 그는 어느 날 느닷없이, 언론이나 국민들이 예상하지 못했던 인물을 요직에 기용함으로써 '깜짝쇼'라는 지적을 받기도 했다. 아래 기사가 김영삼식 인사의 단면을 보여주고 있다.

문민정부 초대 총리와 감사원장 내정자 발표를 앞둔 1993년 2월 22일 아침, 김영삼 대통령 당선자의 상도동 집으로 취재기자들이 몰려들었다. 김 당선자는 거실에서 '황인성 총리-이회창 감사원장' 내정을 통보한 뒤 "아무도 맞추지 못했지"라며 흡족한 표정을 지었다. 초대 총리-감사원장 인선을 철저히 비밀에 부쳤던 김 당선자의 '철통보안' 인사는 김 대통령 임기 5년 동안 문제된 깜짝쇼식 'YS인사'를 예고했다(≪세계일보≫, 1998. 3. 2).

김영삼의 인사와 관련, 특히 차남 현철(賢哲)의 역할이 비판의 대상이 되었다. 그가 대통령의 인사에 광범위하게 개입한다는 의혹이 번졌다. '김현철 인맥'이라는 말까지 생겨났다. 김영삼은 이를 극구 부인했지만 그의 편향된 인사스타일이 그 같은 의심을 초래했다는 점에서 그 책임 또한 그의 몫이 된다.

비밀 인사, 사적 라인을 통한 인사의 불가피한 결과였겠지만 문민정부

인사 편향의 정도는 누가 보기에도 아주 심했다.

　　김 대통령은 특히 법무부와 검찰을 비롯한 국세청, 경찰청, 안기부 등 이른바 실세 권력기관의 핵심 요직을 객관적 기준 없이 대부분 자신의 고교 후배나 동향인 부산·경남 출신 인사들로 충원한 것으로 확인되어, 공직사회의 불만을 가중시키고 있다(≪한겨레≫, 1995. 9. 16).

이 기사는 다음과 같이 이어진다.

　　한때 3군은 물론 안기부 등 기존의 정보기관에 대한 보안감찰 기능까지 수행했던 기무사에서도 사령관, 참모장 등이 이른바 피케이(부산·경남)출신이고 3명의 준장급 처장 중에서 2개 보직을 동향 후배들에게 맡겼다.

김영삼에 이어 제15대 대통령이 된 김대중은 1998년 2월 25일 취임사에서 강조했다.

　　'국민의 정부'는 어떠한 정치보복도 하지 않겠습니다. 어떠한 차별과 특혜도 용납하지 않겠습니다. 다시는 무슨 지역 정권이니 무슨 도 차별이니 하는 말이 없도록 하겠다는 것을 굳게 다짐합니다.

그는 계기가 있을 때마다 자신이야말로 지역주의 지역감정의 가장 큰 피해자라고 말하곤 했다. 그리고 영남정권의 국가요직 독점에 대해서도 강한 어조로 비난과 비판을 계속했다. 정권측의 인사편중은 지역주의의 전형적 양태로 지적되고 비판받았다. 비단 야당만이 아니라 '영남의 권력독점' 문제를 거론하는 사람은 누구나 그 폐해의 대표적이고 고질적인 사례로서 인사편중, 즉 영남인사들의 요직 독점 현상을 지적했다.

그러나 김대중 정부도 출범 초부터 '정부 요직 호남편중' 논란을 불러 일으켰다. 예컨대 동아일보가 발행한 시사주간지 ≪NEWS⁺≫는 1998년 3월 26일자에 김대중 정부의 조각을 평가하는 두 건의 기사를 싣고 있다.

"20대 핵심요직 65%가 호남출신," "호남, 그들만의 잔치"라는 제목부터가 '호남편중 인사'를 부각시키고 있다.

차관급 이상 전체를 볼 때는 산술적 지역안배가 어느 정도 이루어졌지만 권력핵심 기관은 호남인맥이 확실히 장악한 것이 문제다. 통치권과 관련된 20대 핵심요직 중 무려 65%가 호남출신이다. 또 충청 출신 20%를 제외하면 20자리 중 다른 지역 출신은 이종찬 안기부장(서울) 김중권 청와대 비서실장(경북 울진) 김정길 행정자치부 장관(경남 거제) 등 3명(15%)에 불과하다. 게다가 이종찬 부장과 김정길 장관은 일찌감치 DJ진영에 참여해 선거운동에 기여했다는 점에서 이들 역시 지역안배 케이스로 보기는 힘들다.

이 기사에서 호남출신이 차지한 65%, 즉 13석으로 지적한 것은 감사원장, 법무장관, 검찰총장, 경찰청장, 청와대 법무비서관, 국방장관, 대법원장, 안기부 1차장, 안기부 2차장, 안기부 기조실장, 한국은행 총재, 공정거래위원장, 청와대 정책기획수석 등이다. 객관적으로 엄밀한 기준이 적용된 것은 아니겠으나, 통념상 요직을 짚은 것은 사실이다. 그리고 과거 정부와 동일한 직책으로 비교했다면 다소 신뢰성이 더 높아질 수가 있다. 이 기사는 다음과 같이 이어진다.

과거 정부의 20대 핵심요직을 보면 김영삼 정부 때는 부산·경남출신이 40%, 대구·경북출신이 20%를 차지하고 나머지 40%는 다른 지역 출신이었다. 노태우 정권 때도 대구·경북출신이 40%, 부산·경남출신이 15%를 차지하고 나머지는 다른 지역 출신들로 채워졌었다.

그렇다면 과거 정부에 비해 아주 심해진 것은 아니지만 상대적으로 요직의 특정지역 편중도가 더 높아졌다고 말할 수는 있다. 이는 그 자체가 문제라고 하기보다는 지역차별 타파를 남달리 역설하면서 '지역등권론', '수평적 정권교체론'으로 마침내 집권에 성공한 김대중의 인사 결과였다는 점에서 문제로 부각될 만했다. 이 주간지의 "호남, 그들만의 잔치" 제하 기사에서는 다음과 같이 기술되고 있다.

문제는 대통령이 새로운 주축세력을 만들려 하는 데에 있는 것이 아니라, 그 '방법론'에 있다는 얘기다. 미국의 경우 '조지아 사단'이니 '텍사스 마피아'니 해서 대통령과 함께 특정지역 출신 인물군이 대거 권부에 입성하는 것이 관례 화 되어 있다고 하지만, 알고 보면 그 범위가 백악관 내의 정무직 보좌진으로 제한되는 것이라는 게 함 교수(고려대 함성득 교수: 필자 주)의 설명이다. 일종 의 직업관료라 할 수 있는 차관급에까지 특정지역 사단이 들어서는 일은 미국 에서도 거의 없다는 것. 더구나 미국은 자리도 많고 지역도 넓은 나라라는 점을 고려해야 한다고 그는 말한다.

이는 단지 하나의 예일 뿐이다. 김대중 정부의 인사가 일단락 되면서부 터 '호남편중 인사'라는 시각은 광범위하게 확산되었다. 논란이 가중되자 박지원 당시 청와대 대변인은 3월 27일 적극 해명에 나섰다. 그는 비판을 반박하는 투로 과거의 인사편중을 바로잡는 과정이라고 역설했다. 이어 김 중권 당시 청와대 비서실장은 4월 24일 "편차가 있었다면 앞으로 정부 산 하기관 등의 인사에서 시정될 것"이라며 "김대중 대통령이 다음달 10일 국 민과의 TV대화에서 정부 인사에 대한 확실한 입장을 발표할 것"이라고 말 했다. 김 실장에 의해 예고되었던 '김 대통령의 확실한 입장'은 역시 박지 원 대변인의 논리 그대로였다. '편중'이 아니라 '균형'을 위한 인사라는 것 이었다.

틀린 말이 아닐 수는 있었지만 그럼에도 불구하고 자기합리화 수준을 벗 어나지 못했다. 요직에 호남 아닌 다른 지역 사람도 기용되었다고 강조하 기 위해 제시한 특정 직책들이 훗날 모두 호남사람으로 채워짐으로써 김대 중의 말은 당장의 비난을 피하기 위한 임기응변이었을 뿐 진지한 자기성찰 의 결과가 아니었음이 드러났다. 이를테면 2001년 5월 22일의 한나라당 주요당직자회의의 지적사항이 그 대표적인 예일 수 있다.

한나라당은 회의에서 "신(愼承男: 필자 주) 검찰총장을 비롯해, 신건(辛建) 국정원장, 신광옥(辛光玉) 청와대 민정수석, 이무영(李茂永) 경찰청장, 안정남(安正男) 국세청장, 이남기(李南基) 공정거래위원장 등이 모두 호남인맥"이라며 "이들을 동원한 비호남 사정 한파와 호남 독식인사로 인한 망국적 지역감정 심화에 대한 우려가 높다"고 했다(≪조선일보≫, 2001. 5. 23).

야당은 정부출범 초부터 지속적으로 인사편중을 문제삼았고 이에 대해 정부 여당은 '통계조작' '자의적 요직선정' 등으로 반박했다.

한나라당은 우선 국무총리 감사원장 국가정보원장 국방 법무 행정자치부장관 대통령비서실장 검찰총장 국세청장 경찰청장을 '10대 권력요직'으로 꼽고 이중 5명이 호남출신이라고 밝혔다. 또 장관급(28명)의 경우 31%인 9명이 호남출신이며, 사정 정보 금융 예산 등 중요한 부서는 호남출신이 독차지하고 있다고 주장했다(≪동아일보≫, 2000. 9. 27; 26일 한나라당이 공개한 'DJ정권 호남편중 및 낙하산 인사실태' 자료).

이러한 한나라당측의 주장에 대해 민주당은 다음날, 즉 2000년 9월 27일 '통계조작'이라며 반박했다. 그렇지만 한나라당뿐 아니라 사회적 인식도 호남 인사편중 주장을 수긍하는 분위기가 갈수록 짙어진 게 사실이다. 이에 대해 정부 여당은 이를 부인하면서도 나름대로는 인사편중 억제, 대안을 마련해 제시하기도 했다. 이한동 국무총리가 2001년 1월 19일 발표한 '고위직 인사 비율상한제'도 그 가운데 하나다. 지연·학연에 의한 연고주의 인사관행을 없애기 위해 3급(국장급) 이상 고위직의 특정지역·학교 출신비율을 30~40%로 묶는다는 내용이었다. 이에 대해 한나라당측은 "인사편중의 본질은 양의 문제가 아니라 각 부서의 핵심 노른자위를 특정지역이 독점해 온 질의 문제에 있다"고 반박했다.

김대중 정부 출범 3년을 맞아 동아일보가 다룬 '지역편중인사 논란' 기사는 여야의 관련자료를 비교해 보이고 있다. 민주당이 한나라당의 '인사편중' 공세에 대응, 9월에 발표한 자료와 한나라당이 2000년 11월 12일 내놓은 '국감을 통해 드러난 호남 편중 낙하산 인사 실태'라는 보도자료를 비교한 내용이다. 다음은 그 자료의 요지다.

대통령 수석비서관 9명 가운데 호남 출신이 6명으로 66.7%에 이르렀다. 경기지역 경찰서장 30명 중 영남 출신은 6명에 불과한 반면 호남 출신은 12명으로 40%를 차지했다. 1998년 육군 대령에서 준장으로 진급한 48명 가운데서도 호남출신이 13명(27.1%)로 영남출신(12명, 25%)보다 많다. 또 법무장관 검찰총장 대검차장 서울지검장 검찰국장 중수부장 공안부장 등 7개 검찰 요직 가운데 57.1%가 호남출신이었다.

이에 비해 민주당의 자료에서 눈길을 끄는 것은 김영삼 정부와 김대중 정부의 '주요 공직자 출신지 비교'다. 민주당은 우선 영·호남의 인구비율을 40대 이상 세대가 출생했을 당시, 즉 1940년부터 1960년 사이의 남한 인구 통계에 따라 1.25 : 1로 잡고 있다. 장관의 경우 1998년 2월 현재(김영삼 정부) 영남이 42.9%, 호남이 14.3%였던 데 비해 2001년 2월 현재(김대중 정부)로는 영남이 26.0%, 호남이 32.0%였다. 또 3급 이상 공무원의 경우 1998년엔 영남 36.9%, 호남 20.2%이던 것이 2001년엔 영남 31.8%, 호남 25.3%(2000년 7월)로 바뀌었다.

또 검찰의 경우 검사장급 이상은 1998년 2월 영남 46.2%, 호남 20.5%에서, 2000년 9월 영남 38.5%, 호남 30.8%로 변화했다. 그리고 주요 보직자는 1998년 영남 47.4%, 호남 21.0%에서 2000년 영남 35.0%, 호남 45.0%로 역전되었다.

이를 영·호남간의 비율로 따지면 장관은 0.83대 1, 현직 3급 이상 1.23대 1, 현직 검사자 이상 1.25대 1로 비교적 양 지역의 인구 비와 근접한다. 민주당은 이를 근거로 '편중'이란 비판의 근거가 없다고 주장했다. 그러나 이 자료는 비교시점이 잘못되었다. 김영삼 정부의 말기와 김대중 정부의 중기를 비교한 것이다. 그럼에도 불구하고 이 자료의 수치에는 체감적으로 호남편중이라는 인상을 줄 소지가 다분하다. 게다가 영·호남의 균형은 배려되었을지 모르나 여타 지역에 대해서는 형평성을 심하게 잃었다. 높은 지위로 올라갈수록 호남 편중현상이 뚜렷해진다는 점도 주목할 만하다.

2001년 3월 16일, 이번에는 중앙인사위원회가 사상 처음으로 공직인사의 운영실태에 대한 조사 결과를 발표했다. 이 자료에 따르면 정무직 공무원 누적 재임기간(같은 지역 출신이 동일한 직책을 차지해온 기간) 비율이 김대중 정부 들어 호남출신 27%, 영남출신 25%로 호남이 크게 상승했다(중앙인사위원회가 2003년 6월 13일 노무현 대통령에게 보고한 자료에 따르면 정무직 공무원의 출신지별 점유비가 '국민의 정부' 조각 때는 호남 27.7%, 영남 23.4%이던 것이 '국민의 정부' 말기에는 호남 40.8%, 영남 24.%였다). 한편 2001년 1월 1일 현재 3급 이상 고위공무원 1840명의 출신지는 영남이 606명으로 32.9%, 호남이 439명으로 23.9%, 경인이 382명으로 20.8%, 충청이 304명으로 16.5%였다.

각부처별로 대부분 인사들이 선호하는 요직의 지역별 점유율은 호남의 경우 전두환 정부 13.9%, 노태우 정부 10.0%, 김영삼 정부 11.0% 등으로 인구 비중에 비해 크게 낮았다. 그러나 김대중 정부 들어서는 27.3%로 수직상승했다. 반면 영남출신은 전두환 정부 41.0%, 노태우 정부 44.4%, 김영삼 정부 41.5%였던 것이 김대중 정부에 들어서는 38.4%로 줄었다.

1~4급 공무원의 출신지역별 승진 점유율도 크게 바뀌었다. 전두환 정부부터 김영삼 정부까지 영남출신이 32.7~35.7%로 지역 인구 비중보다 높고 호남은 16.9~22.1%로 낮았으나, 김대중 정부에 와서는 영남 30.4%, 호남 26.8%로 근접했다.

또 하나 눈길을 끄는 것은 역대 정무직 공무원의 '지역편중도'(지역별 인구대비 누적재임기간의 비율의 절대값)이다. 생각과는 달리 이승만 정부 시절의 지역편중도가 64로 가장 높았다. 이때 전체 인구의 15%였던 경인 출신의 누적재임기간이 43%였던 반면, 인구가 25%였던 호남은 6%에 불과했다. 지역편중도의 순서는 노태우 정부 44, 전두환 정부 42, 김영삼 정부 41, 윤보선-장면 정부 38, 박정희 초기정부(1961~72년) 30, 박정희 말기 정부(1972~79년) 24로 나타났다. 이에 비해 김대중 정부는 15였다. 가장 편중도가 낮은 정부라 할 수 있는 수치다. 그런 가운데서도 호남세의 성장이 두드러졌다. 인구에 비한 누적재임기간 비율이 김대중 정부 들어, 호남은 +2를 기록한 반면 영남은 -4로 떨어졌다. 사상 처음으로 역전현상을 보인 것이다.

김영삼·김대중 정부는 너무 잦은 개각으로 비판을 받기도 했다. 김영삼의 경우 재임 5년 간 24회에 걸친 개각을 단행하면서 6명의 총리와 100명(연인원 114명)의 장관을 만들어냈다. 이에 따라 전체 각료의 평균 재임기간은 11개월 여에 불과했다. 특히 정부 경제팀을 이끄는 경제부총리를 7명이나 기용했다. 이는 평균 8.6개월만에 경제부총리를 갈아치웠다는 뜻이 된다. 경제난을 극복하고 '신한국'을 이루겠다고 공약했던 그가 경제를 위기상황에 몰아넣은 채 임기를 마쳐야 했던 까닭을 짐작케 하는 일이다.

김대중의 정부의 경우, 장관들의 수명은 더 줄었다. 평균재임기간이 10.6개월에 그쳤다. 역대 최단명의 장관이었다. 전두환 정부 18.3개월, 노태우 정부 13.7개월, 그리고 김영삼 정부 11.6개월 순이었다. 김대중 정부에서 교육부 건설교통부 법무부 보건복지부 해양수산부는 7명씩의 장관이 거쳐 갔다. 통일부 산업자원부 노동부는 각각 6명씩의 장관, 재정경제, 외교통상, 문화관광, 정보통신 장관은 각각 5명씩의 장관을 맞아야 했다. 이러고도 국정이 안정적으로 운영된다면 그건 기적이다.

게다가 독선적 인사로 단명 장관을 양산했다. 이틀도 못 채운 안동수 법무장관을 비롯 김태정(법무, 16일), 김용채(金鎔采, 건교, 17일), 송자(宋梓, 교육, 23일), 안정남(安正男, 건교, 23) 등의 단명 장관들을 줄줄이 만들어냈다. 2002년 7월 11일의 개각으로 이한동 총리가 물러난 뒤 두 차례나 국회 임명동의안이 부결되는 사태가 빚어지기도 했다. 장상(張裳)·장대환(張大煥)이 국회의 인준을 받아내지 못한 데는 물론 국회 내 여당의 열세라는 요인이 있었지만 김대중의 무원칙하고 독단적인 인사스타일 탓도 컸던 게 사실이다.

대통령제 하에서 '공동정부'라며 김종필과 각료 몫을 나눠 가졌던 것도 당연히 문제였다. 김대중 정부의 국무위원이 내부적으로는 김종필에 의해 임명되었던 만큼 내각의 통일성을 기대할 수 있을 리 없었다. 더 한심한 일도 있었다. 2001년 3·24개각 때는 그 직전에 성립된 '3당 연합'의 대가로 의석 2석에 불과한 민국당에 외교통상부 장관 자리를 할애하기까지 했다.

김영삼과 김대중은 박정희나 전두환과 같이 군대를 배경으로 집권한 것이 아니라 오랫동안 수많은 사람들의 도움을 받아 정치적으로 성장했고, 리더십을 확보했으며 마침내 집권에 성공했다. 논공행상(論功行賞)은 자연스런 요구이고 당연한 대가이기도 하다. 잦은 개각은 물론 대통령의 각료에 대한 신뢰 부족이나, 평판에 대한 민감성 때문이었겠지만 주된 요인은 신세갚기, 선심쓰기, 으스대기에 있었다고 보는 게 옳다. 인사권을 과시하며 국민들과 또 고향 사람들에게 자신의 위상을 확인시키고 싶어했을 수도 있다.

어쨌든 두 사람 모두 장관직을 사유의 것으로 인식했음을 이로써 알 수가 있다. 진실로 공직의식이 확고했다면 그처럼 장관을 가볍게 갈아치우지는 못했을 것이다. 이들은 집권 투쟁에는 끈질기고 치열한 면모를 보였지만 집권자로서의 진지함 소명의식 같은 것은 갖지 않은 인상을 주었다. 투쟁의 기간이 너무 길고 그 과정이 너무 혹독해서 집권 이후의 국가경영에 대해 구상할 여유가 없었는지도 모른다. 그러나 그것 또한 자신들의 책임 몫이다.

제6장 결론: 사정치형 리더십의 자기 복제

　박정희는 한국 정치의 권위주의 시대를 상징하는 리더다. 반면 김영삼·
김대중은 민주화 투쟁 리더로서 박정희의 대척점에 자리매김 되었다. 그리
고 이들은 도전과 응전, 저항과 핍박의 정치구도를 형성하고 이끌었다. 이
들의 사활을 건 대결 속에서 한국 현대정치사는 격동의 시대를 거쳤다.

　이는 한 편으로는 권위주의적 정치리더십 및 정치전통과 관행의 자기쇠
진 과정이었다. 그리고 다른 한편으로는 권위주의적 정치리더십에 대한 민
주주의적 리더십의 저항과 극복의 과정이었다고 하겠다. 물론 상반되는 입
장의 반영이다. 전자는 보수적 시각이고 후자는 진보적 시각이다.

　전자의 경우는 권위주의적 리더의 자기변호 논리일 수도 있다. 각 시대
에는 그 시대가 요구하는 정치형태와 리더십이 있게 마련이다. 박정희는
그 시대의 요구에 가장 적절히 부응한 리더였다. 변화는 불가항력의 요청
이고 언젠가 자신도 시대의 대세에 밀려날 것을 예견하면서도 자신의 책무
를 포기할 수 없다는 사명감을 가졌을 수가 있다. 그는 국부의 증대와 국민
의 (최소한 물질적인) 복리증진을 위해 나름대로는 혼신의 노력을 다했다.
그리고 자신의 시대가 끝날 즈음 극적으로 정치의 장에서 퇴장했다. 변호
하자면 그렇다.

　진보적 입장에서 보면 한국현대정치사는 민중이 권위주의적 정치리더와

그 집단으로부터 권력을 되찾기 위한 저항과 투쟁, 그리고 승리의 과정이었다. 그리고 표면적으로는 김영삼과 김대중이 정치투쟁의 선봉에 섰다. 반드시 운동권의 전폭적인 지지를 받은 것은 아니었겠으나 불가피한 대안이었음에는 틀림없다. 이들 역시 자신들의 시대에 그 몫을 다했다. 그러나 그들은 정치의 신시대에 소속될 수 없는 리더들이었다. 그들 역시 구시대에 속한 리더들이었음이 정치 민주화 이후 뚜렷해졌다. 아무리 적극적으로 평가한다 하더라도 '중간적' 또는 '교량적' 리더십에서 더 나아가지는 못한다.

양김의 집권기를 거쳐 이제까지와는 아주 다른 새로운 정치시대가 전개되기 시작했다. 국민들, 특히 보수적 성향의 유권자들로 하여금 상상력의 빈곤을 절감케 한 노무현의 등장이 그것이다. 그는 민중, 그 중에서도 행동적인 신세대를 배경으로 기성 정치의 틀, 즉 제도 관행 덕목들을 가차없이 공격하며 대통령에 당선되었고 이후 그것들의 해체를 시도했다. 보수성향의 국민들은 이를 '포퓰리즘(Populism)'으로 몰아세웠으나 노무현은 더 거친 표현과 더 큰 목소리로 반박했다. 일찍이 예상하지도 못한 정치투쟁구도가 형성된 것이다.

한국 현대정치사상 '2003년 노무현 현상'의 의미는 아마도 오랜 후에나 정리가 될 것이다. 어쩌면 정치권력이 권위주의적 집권자와 그 주변세력에서 민중에게로 넘어가는 과정 후반부의 모습인지도 모른다. 그게 아니라면 다시 반동의 정치를 예고하고 유발하는 전조적 현상일 수도 있겠다. 이도 저도 아니라고 할 때는 옛 사람들과 별로 다를 것 없는 전통적 정치리더십을 특별한 것으로 인식시키려는 과정에서 벌어지는 어수선함이겠다. 어쨌든 지금으로서는 확실한 게 아무 것도 없다.

당연히 노무현 집권기와 그의 리더십은 이 글에서 논외다. 그것은 차후의 과제다. 지금 할 수 있고 또 해야 할 것은 지금까지의 한국현대정치사를 정리하는 일이다. 이 글은 그것을 리더십의 관점과 측면에서 시도했다.

순수하게 객관적인 인식과 시각에서 시작했다고 말할 수는 없다. 사실은 이미 결론을 내려두고 이를 입증할 증거들을 역으로 추적해가는 과정이었다는 게 더 솔직한 말일 수 있다. 그렇다고 의도적으로 비판하거나 폄하할 생각을 가지고 시도한 것은 아니다. 언론계의 말석에서나마 한국정치현상과 과정을 논평한답시고 이런 저런 글을 쓰며 보낸 세월이 상대적으로 긴 편이었다. 그 동안 의식 속에 형성된 한국정치의 모습을 체계적으로 정리하는 작업으로서 시작한 글이다. 체계화는커녕 더 산만하게 만들고 만 셈이 되었지만 지금의 정치상황을 보면 아주 뜻이 없지 않은 시도였다는 작은 위안을 느끼게 된다.

이 글은 기본적으로 박정희와 두 김씨, 혹은 권위주의적 리더십과 민주화 투쟁 리더십 양자 사이에 본질적인 근사성(近似性)이 있다는 인식을 바탕에 깔고 있다. 대립하는 양측의 리더십이 동질성을 갖는다는 것은 무슨 의미인가. 이는 전자와 후자 사이에 이를 가능케 하는 요인이 있었음을 뜻한다. 그것을 이 글은 '핍박'과 이에 대한 '저항 및 모방'의 관계로 파악했다. 그리고 이를 한국적 전통 속의 '고부(姑婦)'관계로 치환했다. 이를테면 '고부효과(姑婦效果)'다.

이렇게 상호 관계를 설정하는 게 가능하다면 여기엔 역사성이 개재된다. 한국정치의 리더십은 한국 정치 전통과 의식의 산물일 수가 있다는 뜻이다. 현실적으로도 박정희의 개인적인 성격이나 스타일이 전적으로 박정희의 리더십을 결정지었다고 하기보다는 오히려 더 큰 영향력으로서의 환경적 결정 요인이 있었다고 보는 게 자연스럽다.

왜 하필이면 리더십 측면에서 접근하려고 했는지는 분명하다. 민주정치의 역사가 일천하고 그 경험과 실적의 축적이 미미한 국가의 경우 집권자의 리더십이 정치의 성격을 규정하는 결정적 요소가 된다. 이 점에서는 한국의 경우도 예외가 아니다.

한국은 1945년 8월 15일 해방되어 3년 간 미군정(美軍政) 기간을 거친 후 같은 날 정부수립을 선포함으로써 성립되었다. 미국식 대통령제의 정체를 갖추었지만 초대 정부를 이끌던 이승만의 리더십은 권위주의적인 것이었다. 그 이후 반세기 동안 한국 정치는 본질에서 특별한 차이가 없는 리더십에 의해 이끌려왔다.

앞에서도 밝힌 바 있지만 이 글은 한국 정치리더십의 특성을 규명해 가는 방법이 아니라 상반되는 리더십으로 인식되어온 박정희와 양김의 리더십 사이에 유사성, 그것도 역사적·혈연적 연관성이 있으며 이 때문에 한국 정치의 민주적 성숙이 제약을 받아왔다는 가설을 입증해가는 방식을 취할 것으로 계획되었다. 그렇다면 리더십의 배경에 대한 고찰은 필수적이다. 이는 곧 비민주적·권위주의적 리더십의 요인을 역사적·사상적 측면과 개인적·사회적 측면에서 파악하는 작업이었다.

권위주의적 리더십의 한국적 표현은 사정치형 리더십, 혹은 사인형 정치리더십으로 전제되었다. 두 가지 표현의 의미는 같다. 다만 어감의 차이 및 강조의 차이일 뿐이다. 이는 물론 공정치형 리더십 혹은 공인형 정치리더십의 대응개념이다. 민주정치는 본질적으로 공정치다. 이에 비해 사정치는 국가권력과 지위의 가적(家的) 또는 사적(私的) 소유를 의미한다. 이는 이글의 구조에 대해 기술하면서 밝힌 바와 같이 번즈의 리더십 유형, 즉 거래적 리더십과 변환적 리더십 대응 구조를 원용한 틀이다. 서구적 정치 전통에서는 리더십의 특성을 규명해내는 수단으로서 번즈식의 유형화가 더 유용할 수 있다.

번즈의 경우에는 적어도 정치의 공공성이 전제되어 있다. 그러나 한국 정치에서는 이 기본적인 인식 자체가 결여되었다. 정치가 공적 목표를 지향하는 공적 작용이 아니라 사적인 목적달성의 수단 또는 개인적 출세의 과정으로 인식되어왔다. 이는 한국인의 전통적인 공직 인식에 연유한다. 더 멀리로는 화가위국(化家爲國)의 구조와 전통에 연원을 두고 있다. 이 중국적 전통이 한국의 정치에 그대로 이어져 내려온 것이다.

역사적 고찰을 통해 목격된 한국 정치리더들의 특성은 우선 가부장제적 정치 전통을 신봉(信奉)하는 의식과 행태다. 이들은 정치적 권력과 권위뿐만 아니라 도덕적인 권위의 확보와 유지에까지 집착했다. 유가적, 특히 성리학적 질서체계가 강조하는 것이 바로 이 점이다.

조선의 붕당정치에서 보듯 정치리더들은 당파성·분열성을 그 특징의 하나로 한다. 이는 권력독점주의·출세주의 등과도 연결되어 있다. 그리고 독선적 의식 또한 당쟁의 과정에서 굳어진 것으로 보인다. 그리고 이는 개인적·문벌적 권력장악 및 영달이라는 목적 하에서 전개되었다. 이 사정치구조가 그대로 한국 근대정치에로 이어진 것으로 이 글은 파악하고 있다.

정치 리더들의 권위주의와 분열성, 권력의 사적 소유 또는 개인적 출세나 이익확보에 대한 집착은 조선말 이래의 정치전통이기도 했다. 위정척사파는 말할 것도 없고 개화파, 나아가 동학혁명 세력에 있어서까지 구질서에 대한 충성심은 여전했다. 그리고 정치리더들은 개인적인 이해에 따라 쉽게 분열하는 모습을 보였다.

이들은 개인과 가문의 이익을 국민 및 국가의 이익 위에 두는 왕조시대의 의식을 그대로 이어왔다. 왕조시대에서 시민혁명을 거치는 대신 식민통치 시대를 거쳐 바로 모방 민주주의, 자본주의 사회로 진입한 때문이었을 수도 있지만 리더들의 국민과 국가에 대한 이해는 아주 빈약했다. 이들에게는 국민이 여전히 피치자일 뿐이었고 자신들은 그 위에 군림하는 권력자들이었다. 선거 때마다 사생결단식의 투쟁이 벌어지고 있는 까닭도 정치를 오직 권력관계로만 인식하기 때문일 것이다. 이를 봉사와 헌신의 과정으로 파악한다면, 즉 공복(公僕)의식이 뚜렷하다면 공정·공평한 경쟁이 이루어지게 마련이다. 정치 민주화의 리더와 그 측근 추종자들까지도 민주화 투쟁을 집권의 과정으로 인식하는 태도를 드러냈다.

민주정치의 관점에서 보면 한국 정치리더십의 사상적 배경도 빈약하기 이를 데 없다. 조선 500년을 관통해서 정치를 지배한 것은 성리학과 그 질서체계였다. 성리학이 우주의 원리를 궁구하는 학문으로 발전했더라면 별문제이겠으나 정치와 인민생활의 철칙으로 강요된 것이 문제였다. 정통성에 대한 지나친 신뢰와 이단에 대한 극단적 배척이 사상의 경직성을 초래했다. 단지 하나의 진리와 원칙과 질서만 있을 뿐이었다. 우두머리와 조직에 대한 의리, 조직 내 사람들 사이의 예만이 중시되었을 뿐 동아리 밖 사람들과의 상호 이해나 교류는 배척되었다. 이 때문에 폐쇄적·독선적·분열적·흑백논리적이며 권위주의적인 리더십이 체질화했고 그것이 지금까지도 '의식의 살아 있는 화석'으로 전해진 것이다.

실학자들에 의해 의식의 변화가 시도되긴 했지만 이들 대부분 역시 성리학적 사상체계를 벗어나진 못했다. 다산 정약용(丁若鏞)의 경우 '원목(原木)'과 '탕론(湯論)'에서 '인민주권론'의 싹을 보였지만 '탁월한 사상가' 한 사람의 이론에 그치고 말았다. 또 이들로부터 이어진 개화파 역시 사상적으로는 성리학에 머물러 있었다. 이들은 근본적인 변화를 꾀하지 않았다. 아마도 그 길을 몰랐기 때문이었을 것이다. 다만 외세를 빌려 국난을 타개하고 부국강병을 이루자는 것이 이들의 발상이고 목적이었다. 이들은 자신들의 목적을 쿠데타를 통해 해결하려고 시도하다 실패하고 말았다. 목적 지상주의의 이러한 의식과 태도가 이후 한국 정치리더십에도 전해졌다. 물론 1950~60년대는 세계적으로 정치적 신생국들에서 쿠데타는 항다반사였고, 군인들의 쿠데타는 이들의 예에서 배웠다고 하겠지만 역사적 배경을 가졌다는 사실 또한 유의할 필요가 있다.

서학은 사상의 한계를 극복하려는 적극적인 관심과 노력에 의해 급격히 확산되었으나 정권측의 가혹하고 대규모적인 탄압으로 일정한 한계 내에 갇히고 말았다. 종교적으로는 끈질긴 생명력을 지켜냄으로써 기독교 및 가톨릭이 지금과 같이 융성하는 바탕을 이루었지만 서양의 민본주의 또는 민주주의적 사상과 제도를 전파하고 심화시키는 데는 특별한 기여를 하지 못했다고 할 수 있다.

한편 서학의 확산에 대한 반발로 등장했던 동학의 경우 '인내천(人乃天)'으로까지 의식의 지평을 넓히긴 했으나 이들이 생각한 정치질서 체계는 기본적으로 왕조의 그것에서 벗어나지 못했다. 동학혁명의 지도부도 이 점에서는 다를 바 없었다. 특히 김개남의 경우는 오히려 스스로 왕을 자처하면서 일정지역에 군림하는 퇴행적 의식을 드러냈다. 기회만 있으면 정권을 오로지 하려는 의식과 행태 또한 한국 정치리더십의 한 특성이라고 해서 무리가 아니다.

해방 무렵에 다양한 국가구상이 학자 또는 정치·사회 운동가들에 의해 제시되었다. 외형적으로는 다양한 이론구조를 갖춘 것 같았지만 기실은 자본주의와 사회주의, 그리고 그 절충형 정도에 그쳤다. 당시 대결하고 있던 양대 세력, 상반된 이념·사상체계를 민족공동체 안에 여하히 수렴할 것인가에 대한 지식인들과 정치·사회운동가들의 고뇌가 절충형 이념과 체제로 제시되었던 것이다. 그런 점에서 이는 철학적·사상적 지향이라기보다는 아이디어의 성격이 짙었다고 하겠다. 게다가 이들은 공론의 장에서 새로운 국가의 수립 방향에 대한 진지한 논의나 연구를 한 것이 아니라 각자 자신의 주장만 내세우는 데 그쳤다. 사회운동가나 정치운동가들이 자기 존재를 알리기 위해 내걸었던 깃발이었던 셈이다.

같은 맥락이지만 한국 정치리더들에게 사상·이념에 대한 신념은 별로 중요한 것이 아니었다. 이들에게는 현실만이 중요했을 뿐이다. 이 점에서 한국현대정치지도자들의 의식과 행태가 대동소이했다. 임기 내내 '개혁'을 강조함으로써 국민들에게 이른바 '개혁 피로감'을 안겼던 김영삼·김대중도 이 점에서는 다를 바 없었다. 철학보다는 현실적 이해타산에 집착하는 지도자의 이미지를 짙게 풍긴 게 사실이다.

박정희와 김영삼·김대중은 같은 일제 식민통치 시대에, 각기 다른 환경하에서 태어나 성장했다. 그러나 성장환경이 이들을 출세주의자로 만들었다. 이 점에서는 다른 많은 한국인들의 경우도 다를 바 없었다. 신분제의 질곡에서 벗어난 조선왕조 백성의 후예들은 조선 말 이래, 특히 해방 이후 신분상승의 욕구를 한껏 분출시켰다. 그 점에서는 이들 세 사람도 평균적 한국인이었다. 다만 이들은 보다 과감하거나 집요했던 점에서 다른 사람들과 차이가 있었다.

박정희는 그가 말했듯 '긴 칼'을 차기 위해, 김영삼은 대장의 지위를 유지하기 위해, 김대중은 '정규(正規)'에의 편입과 신분상승을 위해 가장 빨리 가장 효과적으로 출세할 수 있는 길로 내달렸다. 그것이 박정희에게는 군

입대였고 양김에게는 정치입문이었다. 일제시대에 태어나 성장했지만 이들이 민족의식으로 고뇌했던 흔적은 거의 없다. 주어진 상황 속에서 자신의 출세에만 집착했던 것이다. 다만 김영삼의 경우는 소년으로서 해방을 맞았다. 국권회복 투쟁을 깊이 있게 생각할 나이에는 이르지 못했다는 뜻이다.

해방은 한국인들, 특히 젊은이들에게는 가슴 부푸는 출세의 기회였다. 박정희는 일제시대 때의 직업 그대로 군대에서 길을 찾았지만 김대중은 정치쪽에 눈길을 보냈다. 그는 대학 진학이 좌절된 가운데 해방을 맞았다. 당시의 젊은이로서 출세할 수 있는 길은 돈을 벌거나 공직에 나아가는 것뿐이었다. 그리고 전통적으로 공직이 절대적인 우위에 있었음은 상식이다. 공직 진출의 길은 고시, 연줄이 아니면 선거였다. 선거야말로 학벌·연고(緣故)의 배경이 빈약한 사람들에게는 유일하면서도 아주 매력적인 출세의 길이었다. 해방 당시엔 중학생이던 김영삼도, 훗날 비록 그 자신 학력을 자랑하긴 했지만 고시를 통해 공직에 진입할 타입은 아니었다. 언제나 대장이고 싶었던 그로서는 아버지의 부(富)를 발판으로 정치에 뛰어드는 것이 가장 쉽고 신나는 길이었다.

이 같은 정치 입문 동기로 미루어 이들은 진작에 사정치형 리더십의 한계를 탈피하기 어려웠다. 당연히 이들에게도 국가 발전에 기여하고 싶다는 포부가 있었을 것이다. 그러나 이 글에서 논의해온 사정치·공정치의 구분은 이분법적 구조가 아니다. 스펙트럼상의 양극에 놓인 아이디얼 타입으로서의 사정치적 리더십과 공정치적 리더십을 상정하고, 이들은 동기와 목적 그리고 이의 추구과정에서 사정치형 리더십 쪽으로의 편향성을 보였다는 것을 말하는 것이다.

이들은 철학이나 신념보다는 주로 임기응변과 책략에 의존하는 인상을 주었다. 이는 격변기적 현상이기도 했다. 해방이후의 정치상황은 시공간적으로 기회의 장(場)이었다. 수많은 사람들이 신분의 수직 상승을 정치의 장에서 이루려는 꿈에 부풀었다. 모든 리더들이 사적인 동기와 목적에 휘둘렀다고 하기는 어렵지만 전반적인 분위기는 출세주의자들의 대 격돌이었다. '사정치형 리더십의 배경' 부분에서 살펴본 바와 같이 해방어간은 수많은 정치·사회단체들의 명멸기였다. 이미 국권회복 투쟁기, 그 이전의 붕당정치 과정에서부터 드러난 것이지만 정치리더들의 분파주의는 체질화했다. 이는 개인적인 이익추구 심리가 공적인 사명감을 앞질렀기 때문일 것이다.

사정치형 리더십의 배경에 대한 고찰을 통해 한국 정치리더십의 사정치적 특성은 역사적·사상적, 그리고 개인적·사회적 배경을 가졌음이 확인되었다. 그 현실적 표현 또는 전개과정이 '권위주의적 리더십의 형성과 전개' 및 '민주화 투쟁 리더십의 형성과 전개'의 장에서 고찰되고 있다.

'권위주의적 리더십'의 장에서는 전통적인 권위주의적 리더십이 근대정치의 리더들에 의해 표출되는 양상과 과정이 추적되었다. 초대 대통령 이승만은 왕조시대의 가부장적 권위의식을 그대로 드러냈다. 그는 국부(國父)로 추앙 받으면서 스스로도 그같이 행세하는 데 스스럼이 없었다. 이러한 의식이 그로 하여금 개헌을 통한 집권 연장을 꾀하게 했을 것이다.

그는 1952년 7월 이른바 '발췌개헌(拔萃改憲)'을 통해 국회 간접선거제이던 대통령 선거를 국민 직접선거제로 바꾸고 이에 힘입어 재집권에 성공했다. 그리고 1954년에는 '사사오입개헌(四捨五入改憲)'으로 중임제한 규정을 철폐해버렸다. 종신집권의 길을 연 것이다. 이는 국민의 뜻을 빙자한 제도의 자의적 변경이었다.

박정희는 4·19혁명 이후 성립한 민주당 정권을 쿠데타로 전복시키고 집권했다. 그리고 최고회의를 통해 제도의 전면적 개폐를 서슴지 않았다. 군사정권이 법치를 표방하기 위한 제도적 틀을 갖춘답시고 민주제도와 민주적 절차를 파괴한 것이다. 쿠데타 정권의 속성이라 할 수 있겠지만 그는 군정을 정당화하는 한편 자신의 주도 하에 제3공화국을 성립시키려고 기존의 모든 제도를 무시하고 새로운 틀을 만들었다. 국가통치의 전권을 장악한 최고회의는 그의 전권적 지배 하에 있었다. 그는 민주적 제도, 민주적 방식 모두를 거부했다. 따라서 제3공화국 헌법이 외형적으로는 1공화국의 헌법을 모방해 민주적 요소를 갖추고 있었다 해도 이것으로 그의 반민주적 리더십이 정당화될 수는 없다.

쿠데타를 통한 제도의 전면적인 변경과 집권자의 권력강화는 1972년 소위 '10월유신'으로 그 절정을 이루었다. 그는 '한국적 민주주의'라는 명분하에 민주주의의 원칙들을 거의 전면적으로 부정하고 부인하는 태도를 보였다. 말 그대로 극단적인 권위주의, 반민주적 리더십을 행사한 것이다.

방법적·성향적 측면에서 보더라도 이는 전형적인 권위주의형 리더십이었다. 합리성은 외면되었다. 정권은 끝없이 자기 확대를 추구했고 이를 강제적 수단으로 달성했다. 오직 박정희 자신의 의지만이 선·정의로서 강요되었으며 강압적 통치로 일관했다. 그 대표적이고 구체적인 표현이 '긴급조치'의 영구화였다. 그에게는 오로지 자신이 제시한 목적만이 중요했을 뿐이다. 그는 정치적 또는 관료적 충원에 있어서는 폐쇄적이었다. 그리고 남북 분단 상황을 자신의 권력강화에 이용한 데서 보이듯이 그는 화합형이 아닌 분열형의 지도자였다.

동기 및 목적의 측면에서도 그는 사정치형 리더였다. 개인적인 불운과 불만을 쿠데타로 보상받고자 했다. 그는 '긴칼'을 차고싶어 교사직을 작파하고 만주의 일본군관학교에 들어갔다고 했다. 쿠데타 역시 같은 심리상태로 이해할 수가 있다. 더 긴칼을 차고 싶어했던 것이다. 더 긴칼을 차면 그만큼 지배력이 커질 것이었다.

박정희의 정치리더십이 직접적으로 상황을 이끌었던 기회 또는 계기로서 주로 고찰된 것은 ⓐ 5·16 쿠데타, ⓑ 공화당 창당, ⓒ 군정 연장 논란, ⓓ 경제개발 5개년 계획 수립 추진, ⓔ 박정희의 정치참여와 제3공화국 출범, ⓕ 한일 국교정상화, ⓖ 베트남 전쟁 참전, ⓗ 3선 개헌과 71년의 제7대 대통령 선거, ⓘ 새마을운동, ⓙ 혁명공약 제1항에서 7·4남북공동성명까지, ⓚ 10월유신, ⓛ 긴급조치 1∼9호, ⓜ 부마사태와 10·26사태, ⓝ 군부 및 지역편중 인사 등이다.

임의적인 선택이긴 하지만 박정희 집권기에 그의 리더십이 뚜렷이 표출된 대표적 계기들이라고 판단된다. 이 계기들 가운데서 박정희의 의도가 사적인 의도보다 공적인 이익에 있었다고 보여지는 것은 '경제개발 정책' 정도였다. 적어도 경제발전의 측면에서 박정희는 국가발전과 국민의 번영에 누구보다 혁혁한 공헌을 했으며 따라서 행정적으로는 높이 평가될 만하다. 그러나 이는 정치탄압과 권위주의적 통치의 장기화를 초래했으며, 또 그 방법에서 민주적 과정이 거의 무시되었다. 이 점에서 정치적으로는 높은 점수를 받기가 어렵다.

리더십 측면에서 각 사건 또는 계기의 특징적 성격 및 국면을 파악해보면 다음과 같이 정리될 수 있다.

ⓐ 5·16 쿠데타 = 헌법 무시, 소집단주의, 민주방식 배제, 폭력적 방법 선호.

ⓑ 공화당 창당 = 비밀주의, 불법적 자금 조성, 인재 독점, 불공정 경쟁, 폐쇄적 권력구조.

ⓒ 군정 연장 논란 = 약속 파기, 기만적 책략, 제도 경시.

ⓓ 경제개발 5개년 계획 수립 추진 = 국가 목표의 일방적 결정 및 추진, 정책의 전투적 추진, 공의의 과정 배제, 엘리트 중심주의, 국민 독려형·과시형 리더십.

ⓔ 박정희의 정치참여와 제3공화국 출범 = 민주제도 복구, 권위주의적 통치, 초법적 리더십, 기만형 리더십.

ⓕ 한일 국교정상화 = 목적 지상주의, 독선적·책략적 정책추진, 비밀주의, 음모적 협상.

ⓖ 베트남 전쟁 참전 = 목적 지상주의, 공의의 과정 경시, 국민의사 경시.

ⓗ 3선 개헌 = 제도 경시, 음모와 책략의 정치, 비판 배제, 물리적 방식 선호, 국민 주권 무시, 경쟁의 원리 배제, 결단의 정치, 부정선거, 정치보복, 영웅지향적 리더십, 지역 분열형 리더십.

ⓘ 새마을운동 = 독선적 목표 설정, 국민동원식 통치, 획일성 신봉, 견인적·지시적 리더십, 영웅지향형 리더십, 과시형·교사적 리더십(민족적 과제

에 대한 신념은 긍정적 측면).

ⓙ 혁명공약 제1항에서 7·4남북공동성명까지 = 이념적 획일화, 이념의 통치 수단화, 대결적 리더십, 권력의 자기 합리화, 국민 동원형 리더십.

ⓚ 10월유신 = 권력의 절대화, 비판의 전면적 거부, 권력제한 장치 파괴, 경쟁 원리 배제, 교조적 통치, 국민의 기본권 경시, 국민의 정치 참여 제한, 의정의 민주적 절차 무시, 초월적 지위 추구, 책임전가형 리더십, 폭력행사 및 폭력위협을 통한 통치, 군림형 리더십, 권력의 사적 소유 및 행사, 가부장적 리더십, 전단적 리더십.

ⓛ 긴급조치 1~9호 = 비판의 배제, 권력의 사적 소유 및 행사, 국가기관의 사병화, 정치탄압의 일상화, 폭력 수단을 통한 권력의 자기보존 및 확대, 폐쇄적 정치.

ⓜ 부마사태와 10·26사태 = 책임전가형 리더십, 폭력 의존형 리더십, 폐쇄적 통치구조 및 행태, 가부장적(권위주의적) 리더십.

ⓝ 군부 및 지역편중 인사 = 폐쇄적·분열형 리더십. 국민 경시·제도 경시·도덕성 경시의 리더십.

'민주화 투쟁 리더십'의 장에서는 박정희의 권위주의적인 통치에 저항하면서 정치의 민주화를 이끌었던 김영삼·김대중, 즉 '양김'의 리더십이 고찰되었다. 기술 방식은 박정희의 리더십을 성격에 따라 구분한 표제어를 그대로 적용해서 비교의 효과성을 높이고자 했으나 물론 적확한 비교였다고 할 수는 없다. 왜냐하면 각 사건이나 계기에 표출되는 리더십은 각자의 특성 안에서 다양하고 중첩적인 국면을 보여주기 때문이다. 그런 점에서는 굳이 각기 다른 표제어로 세분할 필요가 없을 정도이지만 그러나 어떤 성향이 두드러져 보였느냐에 따라 그 성격을 표제어 형식으로 정리하는 것도 무의미하지는 않을 것이다.

이 장을 통해서 확인한 바는 양김의 리더십은 박정희의 모방적 리더십, 나아가 근친형 리더십이라는 사실이다. 이들은 박정희에 대항해서 민주화 투쟁을 벌이는 과정을 통해 박정희의 법·세·술에서 배웠을 것으로 추측된다. 이들은 박정희가 국민을 기만하면서 권력을 유지하고 강화하는 술과, 국민들과 추종자집단을 위압함으로써 자신의 목적을 달성하는 세, 그리고 강력한 통치구조와 억압기제로서의 법률들로 권력에 대한 도전을 물리치는 법을 보고 이를 자신들의 리더십 발휘과정에 적용했을 것으로 추측된다.

이는 단지 이들만의 경우가 아니다. 박정희는 그의 독재자 선배인 이승만의 리더십을 그대로 답습했다. 민주당 정권의 경우는 9개월만에 붕괴한 만큼 평가의 대상으로 삼기엔 적절치 않다. 박정희에 이은 전두환 역시 박정희의 거의 전적인 모방자였다.

양김의 정치리더십 추구의 동기와 목적이 사정치적이었다는 점은 야당 지도자시절부터 뚜렷이 부각되었다. 이들은 야권의 지도자 지위를 확보하기 위해서, 그리고 야당의 지배자가 되기 위해서, 또 집권하기 위해서 투쟁하고 있음을 숨기지 않았다. '사정치형 리더십의 배경' 부분에 기술된 내용이지만 김대중은 김영삼을 가리키며 "내가 만약 대통령이라면 무수히 감옥까지 갔다 온 30년 민주동지에게 '내가 대통령 한 번 했으니 당신도 한 번 할 수 있다'고 말할 것"이라며 섭섭함을 토로했다. 대통령직을 개인적인 지위·신분상승의 표상으로 인식한 것이다.

이 점은 김영삼의 경우에서도 드러난다. 그는 대통령 선거에서 당선된 후 선관위가 발행한 당선통지서를 자신의 부친 앞에 내보이며 "아버지 이것을 타기 위해 40년이 걸렸습니다"고 말했다(≪서울신문≫, 1992. 12. 23). 누구나 할 수 있는 말이라 해도 당사자의 심리상태를 읽기에 부족하지 않다. 자신의 입신출세를 위해, 또 가문의 영광을 위해 대통령이 되고자 했다는 말이나 다를 바 없다. 이는 상징적인 표현이고 실제의 정치현장에서는 더욱 뚜렷하게 사정치형 리더십을 과시했다.

양김의 리더십 특성이 극명하게 드러났던 계기는 70년의 신민당 대통령 후보 선출과정이다. 이 중에서도 김대중이 2차 투표에서 이철승계의 표를 확보하기 위해 벌였던 거래의 과정은 권모술수의 전형이라 할 만하다. 물론 김영삼측도, 조연하의 기억에 의하면 이철승계의 표를 매수하고자 했다가 실패했다. 이는 민주적인 방법이 아니었다. 제도를 따르기는 했지만 제도의 취지는 경시했다. 수단 방법 여하간에 승리가 곧 선이라는 의식이 뚜렷했다고 보겠다.

책략적 리더십은 김대중에게서 더 드러나보였다. 특히 1992년 12월 19일의 정계은퇴와 이듬해 초의 영국행은 김대중식 책략의 결정판이었다고 해도 지나치지 않을 것이다. 이는 경쟁 상대를 속이는 기만전술이자, 경계심을 풀기 위한 우회전략이었다. 그리고 수없이 거듭된 자신의 다짐을 정면으로 뒤집으면서 정치재개를 선언하고 신당을 창당하는 과정은 책략적, 권위주의적 리더십의 발현이었다.

양김은 이른바 '가신정치'로 한국 정치의 독특한 국면을 형성했다. 이들은 '상도동계', '동교동계'라는 '가신집단'을 거느리고 리더의 지위를 확보하거나 리더십을 강화했다. 게다가 이들은 자신의 계파를 주축으로 1인 지배의 정당을 만들고 이끌었다. 이들은 자신들의 지배력이 흔들릴 기미가 보이면 즉시 당을 허물고 새 정당을 만들기를 서슴지 않았다. 이들이 1인 지배 정당에 집착했던 까닭은 이를 통해 집권경쟁력을 강화할 수 있다고 판단했기 때문이었을 것이다. 집권 후에는 자신이 전적으로 지배하는 여당을 앞세워 입법부를 장악하고 이를 통해 사법부까지 통제함으로써 스스로를 3권 위에 자리매김시키기 위해서였다.

이들은 민주정치의 리더를 자칭하고 자임했으면서도 리더의 지위를 확보한 후에는 권위주의적 행태를 숨기지 못했다. 그리고 이를 위해서 정치를 지역분할 구도로 이끌어 가는 대단히 위험한 게임도 마다하지 않았다. 지역당, 지역할거 정치란 기형적 정치구조는 바로 이들의 리더십에 의해 초래되었다.

독선과 독단의 리더십은 김영삼의 '3당 합당', 김대중의 'DJP연합', 양김의 상시적 사정(司正), 김대중의 참여민주주의 강조 등의 계기에서 확연하게 드러났다. 이들은 공의의 과정을 무시하거나 회피했다. 자신의 판단을 그대로 추종자나 국민들에게 강요했다. 이들 또한 박정희나 다를 바 없이, 어떤 면에서는 오히려 더 노골적으로 폐쇄적·분열적 리더십을 구사했다. 이들의 집권기에 인사의 지역 편중성이 개선되기는커녕 되레 악화되었다는 평가를 받았다.

민주주의의 제도화를 꺼렸다는 점에서도 이들은 비민주적인 리더십의 소유자였다. '민주화 투쟁 리더십'의 장에서 고찰한 대로 김영삼도, 김대중도 개혁정책의 제도화를 꺼리는 빛을 보였다. 그들은 가능하면 획기적 정책이나 조치들을 자신의 명령과 수완으로 시도하고 이끌려고 했다. 김영삼의 경우, 충격적인 금융실명제나 군내의 사조직 해체 등의 예가 그랬다. 김대중의 경우는 특히 대북정책에서 자신의 지도력을 과시하고자 했다. 그 바람에 현대아산의 '5억 달러 대북 비밀송금'이라는 대단히 불명예스럽고 음모적이기까지 한 사태가 빚어지기도 했다. 자신의 빛나는 대북정책 성과를 위해 비밀거래를 하고서도 이를 숨긴 것이다. 일련의 개혁정책들과 관련해서도 그는 제도화에 소극적이었다.

그럼에도 불구하고 정치 민주화가 진전되어 온 것은 이들의 투쟁적 리더십에 힘입은 것이기도 하지만 주로 국민의 자각과 끈질긴 저항에 힘입었다. 박정희에 의해 이루어진 놀라운 경제성장, 도시화의 급격한 진전, 교육수준의 획기적 상승, 개방화의 급진전도 당연히 크게 기여했다. 이들 요인에 비해 양김의 기여는 정치의 본질적 국면을 개선하는 데는 특별한 기여를 했다고 보기 어렵다.

이 장을 통해서 확인된 사실 중에서도 주목할 만한 것은 박정희 리더십과 양김 리더십의 유사성이다. 이들의 리더십은 본질 면에서 아주 근접해서 동질적인 리더십이라고까지 말할 수 있을 정도다. 이들 사이의 관계만을 두고 볼 때, 이는 '저항 속의 모방'으로 설명할 수가 있다. 전술한 바의 '고부효과'다. 그러나 거시적으로 보면 이는 단지 박정희와 양김 간의 관계에서만 보이는 현상은 아니다.

'정치적인 핍박'에 대한 '저항과 모방'이라는 이중적, 또는 중첩적 대응은 고부관계의 전통처럼 역사성을 갖고 있는 것으로 파악되었다. 박정희의 리더십이 이승만의 리더십과 유사성을 보인다는 점이 그 예다. 리더십의 특성들이 역사적, 사회적 배경을 갖고 있는 것이라면 이는 한국 정치리더십의 특성, 혹은 한국적 정치리더십으로 규정될 수가 있다. 이 점에서 리더십간에는 유사성을 넘어 근친성을 가졌다는 이 글의 기본 전제가 타당성을 갖는다고 하겠다.

근친성을 가지고 대를 이어가며 자기복제를 거듭하는 한국 리더십의 특성, 대를 이어가며 유사한 형태로 표출되는 한국적 리더십의 특성은 바로 '사정치형 리더십'이다. 또 정치리더십을 민주적 리더십 대 비민주적 리더십으로 구분한다고 할 때 한국 정치리더십은 여전히 후자 쪽에 가깝다.

양김 리더십의 특성을 파악하기 위해 주목한 사건 또는 계기들은 다음과 같다. ⓐ 1970년 신민당 대통령 후보 지명대회, ⓑ 1971년 대통령 선거, ⓒ 김대중의 망명 투쟁과 현해탄에서의 위기, ⓓ 김영삼의 당권 투쟁, ⓔ YH사건과 김영삼 국회 제명, ⓕ 10·26 사태 이후 서울의 봄과 양김의 부침, ⓖ 양김의 '민추협' 결성 및 운영, ⓗ 신민당 창당 — 이민우 배제 — 통일민주당 창당, ⓘ 1987년 대선 전후(양김의 후보단일화 논의와 평민당 분가), ⓙ 3당 합당과 내각제 각서, ⓚ 김영삼 당선과 사정 위주의 개혁, ⓛ 1992년 대선과 김대중의 정계은퇴 — 영국 유학, ⓜ 김영삼의 '역사바로세우기' — 전직대통령 처벌, ⓝ 김대중의 정계복귀 — 이기택 배제 — 국민회의 창당, ⓞ 김대중 — 김종필 대선 연합, ⓟ 내각제 각서와 김대중 — 김종필의 연기 합의, ⓠ 김대중 집권 — 국민과의 대화, ⓡ IMF관리경제와 검찰정치, ⓢ 비리의혹사건들과 마녀사냥론 ⓣ 김대중의 신당창당과 4·13 총선 및 제16대 국회 성립, ⓤ 김대중·김종필의 재결합과 의원임대, ⓥ 지역 편중 인사, ⓦ 대통령 아들들의 비리연루 의혹, ⓧ 대북 비밀송금.

아마 이들이 정치적으로는 양김의 리더십을 분석·평가할 수 있는 대표적인 사건이나 계기일 것이다. 이들 계기나 사건들이 보여준 양김 리더십의 특징적 성격이나 국면은 다음과 같이 정리할 수 있다.

ⓐ 1970년 신민당 대통령 후보 지명대회 = 책략형 리더십, 도발적 리더십 (兩김 정치의 시작).

ⓑ 1971년 대통령 선거 = 정치적 지역주의 대두, 김대중 민주지도자 위상 확보, 박정희 철권정치의 계기.

ⓒ 김대중의 망명 투쟁과 현해탄에서의 위기 = 박정희 정권의 폭력성과 김대중의 민주화 투쟁성 부각, 김대중의 과시적 리더십, 술수 선호적 리더십(유신정권의 부도덕성 부각).

ⓓ 김영삼의 당권 투쟁 = 파당정치의 성립, 패권정치의 대두, 조직의 폐쇄성.

ⓔ YH사건과 김영삼 국회 제명 = 김영삼의 투쟁적 리더십, 과시적 리더십 (유신정권의 의회정치 경시).

ⓕ 10·26 사태 이후 서울의 봄과 양김의 부침(浮沈) = 김영삼·김대중의 과열경쟁, 목적지상주의(전두환 쿠데타 정권 등장의 빌미 제공).

ⓖ 양김의 '민추협' 결성 및 운영 = 양김의 제2투쟁기, 양김의 전략적 제휴.

ⓗ 신민당 창당 — 이민우 배제 — 통일민주당 창당 = 양김의 자의적 정당 파괴 및 건설, 양김의 정당 사당화, 패권적 리더십.

ⓘ 1987년 대선 전후(양김의 후보단일화 논의와 평민당 분당) = 양김의 분열 및 대립, 정당의 사당화, 지역주의, 분열형 리더십, 일방적 리더십.

ⓙ 3당 합당과 내각제 각서 = 목적 지상주의, 일방적 리더십, 견인적 리더십, 토론 배제 — 결단 위주의 리더십, 음모적·책략적 리더십, 기만적 리더십, 패권주의, 독단적 리더십, 독단적 리더십, 정당정치의 본질 무시.

ⓚ 김영삼 당선과 사정 위주의 개혁 = 지역주의와 분열적 리더십, 과시적 리더십, 보복정치, 토론배제 — 결단 위주의 리더십, 견인적 리더십, 영웅주의, 독선·독단의 리더십, 일방적 리더십, 투쟁적 리더십, 통치권 우선, 권력 강화 추구, 대의정치 경시, 교사적(교조적) 리더십.

ⓛ 1992년 대선과 김대중의 정계은퇴 — 영국 유학 = 보복정치, 기만적 리

더십, 음모적 리더십, 비밀주의.

ⓜ 김영삼의 '역사바로세우기' — 전직대통령 처벌 = 독선적 리더십, 영웅주의, 민주적 절차 무시, 과시형 리더십, 권력의 자기 편의주의, 가부장적 리더십, 시혜적 리더십.

ⓝ 김대중의 정계복귀 — 이기택 배제 — 국민회의 창당 = 패권주의, 음모적 리더십, 책임전가형 리더십, 파당정치, 영웅주의, 독선·독단의 리더십, 기만적 리더십, 권위주의적-가부장적 리더십, 책략형 리더십.

ⓞ 김대중-김종필 대선 연합 = 목적 지상주의, 기만적 리더십, 음모적 리더십, 책략형 리더십, 일방적 결정, 지역 분열형 리더십, 책임전가형 리더십.

ⓟ 내각제 각서와 김대중-김종필의 연기 합의 = 음모적-기만적 리더십, 책임전가형 리더십.

ⓠ 김대중 집권 — 국민과의 대화 = 대의정치 및 정당정치 의의·절차 경시, 자기 과신형·영웅주의적 리더십, 독선적 리더십, 시혜적 리더십, 과시형 리더십, 견인적 리더십, 비경쟁적 방식 선호, 교사적 리더십.

ⓡ IMF관리경제와 검찰정치 = 책임전가형 리더십, 자기 과시형 리더십, 이익독점형 리더십, 권력정치 선호, 폐쇄형 리더십, 보복정치.

ⓢ 비리의혹사건들과 마녀사냥론 = 독선적 리더십, 책임전가형 리더십.

ⓣ 김대중의 신당창당과 4·13총선 및 제16대 국회 성립 = 책임전가형 리더십, 정당의 사당화, 정당정치 본질 경시, 음모적 리더십, 비밀주의, 독선적 리더십, 엘리트주의, 자기과시·과신형 리더십, 일방적 리더십.

ⓤ 김대중·김종필의 재결합과 의원임대 = 편의주의적 리더십, 대의정치 원리 경시, 음모적 리더십.

ⓥ 지역 편중 인사 = 폐쇄적·분열형 리더십, 국민 경시·제도 경시·도덕성 경시의 리더십.

ⓦ 대통령 아들들의 비리연루 의혹 = 도덕성 경시, 독선적 리더십, 책임의식의 결여, 공공의식의 결여.

ⓧ 대북 비밀송금 = 비밀주의형 리더십, 음모적 리더십, 기만적 리더십, 독
  선적 리더십, 독점적 리더십.

<양김을 넘어>

2002년 5월 15일 김대중 대통령의 셋째 아들 홍걸이 검찰의 소환을 받
았다. 이날은 꼭 5년 전 김영삼 전대통령의 둘째아들 김현철이 검찰에 출
두한 날이기도 하다. 검찰은 그 다음날 출두한 홍걸을 구속 상태에서 조사
한 후 6월 5일 구속기소했다. 그리고 김대중의 차남 홍업은 6월 19일 소환
되어 21일 구속되었다. 이들은 모두 대통령의 아들이라는 신분으로 분별
없이, 부정하고 부패한 비리사건에 연루되었다는 의심을 받았다. 이들에 대
한 사법적 단죄의 내용은 이미 앞에서 기술한 바 있다. 어쨌든 아무 다른
사람이 아니라 한국 정치의 민주화에 목숨을 내던지고 투쟁했던 두 김씨가
정작 집권에 성공하자 리더십에 심각한 문제점을 드러낸 것이다.

단지 아들들 문제만이 아니다. 이들은 집권 직후부터 끝없는 사정과 개
혁구호로 국민을 이른바 '개혁 피로감' 속으로 몰아넣었다. 그리고 화해와
화합의 정치가 아니라 대결의 정치를 주도함으로써 심각한 정치적 갈등과
사회적 혼란을 야기했다. 진실로 역량이 출중한 리더였다면 정치를 이렇게
이끌지는 않았을 것이다. 가장 국민의 기대를 많이 모았던 리더들이 너무
큰 실망을 안겨주고 만 것이다. 도대체 왜 이렇게 되고 말았는가? 이 물음
에 대해 이 글이 답을 내려줄 것인지, 나아가 희망의 길을 찾아낼 수 있을
것인지를 또 하나의 결론으로서 검토하려고 한다.

'양김'으로 불려온 김영삼·김대중이 박정희와의 오래고 끈질긴 투쟁을
통해 얻은 것은 아이러니 하게도 박정희적 리더십이었다. 그러나 박정희가
양김에게 리더십의 나쁜 면을 가르쳤다고 말하기는 무리다. 박정희가 영향
을 준 것은 사실이지만, 그렇다고 모든 지도자들이 다 전임자의 나쁜 면을
닮는 것은 아니다. 남아공의 만델라는 백인 통치자들에 의해 27년이나 감
옥살이를 한 끝에 마침내 그 나라 최초의 흑인 대통령이 되었지만, 그는 성

자와 같은 모습과 행동으로 대통령직을 수행했다. 그는 권력에 집착하지 않았고 오랜 세월 흑인들을 착취하고 학대했던 백인들에게 어떤 복수도 시도하지 않았다.

간디의 경우는 더 말할 것도 없다. 영국 제국주의자들의 가혹한 식민통치 속에서도 그는 비폭력으로 독립운동을 이끌었다. 간디는 폭력에 대항하는 방법을 폭력에서 찾지 않았다. 물리적 탄압을 이겨내는 방법을 물리적 저항에서 찾지 않았다. 그는 폭력에 평화로 맞섰던 것이다.

이들의 예에 비하면 우리의 가장 저명했던 정치권의 두 민주투사가 자신들의 리더십을 더 높은 차원으로 승화시키지 못하고 박정희의 한계 속에 갇혀 버린 것은 참으로 안타까운 일이다. 이는 아마도 이들의 정치적 야심이 너무 컸기 때문일 것이다. 이들은 기본적으로 민주주의를 추구하는 리더가 아니라 권력을 추구하는 리더였다. 자신의 추종자들을 이끌고, 권력을 독점하고 있는 상대와 싸워서 정권을 쟁취하는 일에 너무 몰두했기 때문에 민주리더로서의 사명 혹은 역할에 집중할 수 없었다고 할 수 있다.

나이르(Keshavan Nair)의 『간디리더십(Gandhi Leadership)』은 제1장을 "이중기준을 버리고 모범을 보여라"는 말로 시작한다.

> 간디로부터 무엇을 배울 것인가 곰곰이 따져본 결과, 나는 리더십을 더 높은 규범으로 끌어올리기 위해 우리가 서약하고 충실해야 할 여섯 가지 항목을 찾아냈다.
> △단일 규범의 토대 위에서 절대가치에 충실한다, △이상을 추구하고 그 실현을 위해 전력투구한다, △리더는 개인적 성찰을 통해 거듭난다, △집착을 줄이고 권력과 특권을 남용하지 않는다, △모든 것이 투명해야 서로를 신뢰할 수 있다 — 비밀주의가 신뢰의 적이다, △도덕적 용기가 참다운 리더십으로 이끈다.

정치권력을 추구하는 사람에게 성자가 되라는 것은 무리한 주문이다. 그러나 현실정치의 지도자로서도 성자에 버금갈만한 리더십을 발휘할 수가 있음을 간디와 만델라는 입증해주었다. 우리의 정치리더들에게는 그들과 같은 도덕에의 진지성이 없다. 지나치게 현실주의자들이 되고 만 것이다. 요령을 익히고 구사하는 데만 너무 관심을 기울였다. '정치 9단'은 그런 의미로 부여된 칭호다. 이것이 양김의 정치적 비극이다.

앞에서의 고찰을 통해 나온 결론은 한국의 정치리더십 특성이 이념적으로는 비민주형, 성향적·방법적으로는 권위주의형, 추종자와의 관계에서는 폐쇄·분열형, 동기 및 목적에서는 사정치형이다. 이를 다시 아울러 그 성격을 규정한다면 사정치형 리더십이다.

그러나 사정치형 리더십, 혹은 사인형 정치리더십을 당사자들만의 탓으로 돌리기는 어렵다. 직설적으로 말하자면 박정희와 양김은 개인적 사회적, 그리고 역사적 환경에 의해 만들어진 리더다. 전통이라든가 관행, 또 당시의 사회분위기와 정치상황 등이 얼마나 정치리더십 형성에 영향을 미치는지 계량적으로 엄밀하게 파악하기는 불가능하지만, 그 정도가 아주 클 것이라는 점은 충분히 짐작할 수가 있다. 이런 요인들은 각개인과 국민의 사회적 의식을 구성하는 유전형질 같은 역할을 한다. 전통적으로 정치의 장에서도 가족주의가 연면히 이어졌다. 공정치의 전통이 확립되지 못한 것이다.

게다가 근대사를 통해 정치리더들은 이상을 상실하고 현실에의 적응에만 집착했다. 상황이 항상 절박했던 탓이다. 이에 길들여진 의식과 행태가 리더십에도 유전되었다고 하겠다. 개인을 둘러싸고 있는 역사적·시공간적·상황적 환경은 앞에서 고찰한 대로다. 한국 정치는 양김의 집권기가 끝나고 나서야 새로운 가능성을 꿈꿀 수 있게 되었다. 이 얼마나 역설적인 현상인가.

물론 양김이 정치의 민주적 발전에 부정적 역할만 했다고 할 수는 없다. 적어도 이들은 정치적 폭력의 행사를 통한 통치권 강화 술책은 거의 포기했다. 그리고 사회의 민주화 분위기에 제동을 걸지도 않았다. 이 점이 민주정치의 심화를 촉진시킨 요인이 되었음을 부인할 수는 없다.

그 이전에 이들은 용기있는 반독재·반권위주의 투쟁으로 국민을 자각시키고 국민에게 자신감을 불어넣는데 중요한 기여를 했다. 각자의 목표가 무엇이었든, 그것과는 관계없이 이들의 역할이 한국정치의 암흑기·혼돈기· 혼란기를 상대적으로 조기에 종식시키는 주요 동력원이 되었다는 사실은 특기할 만하다.

양김 이후에 무엇보다 절실하게 요청되었던 것은 정치의 공공화였다. 민주정치의 의의가 바로 여기에 있을 것이기 때문이었다. 사적 이익이 아닌 공공의 행복증진이 추구되는 정치야말로 진정한 민주정치다. 이를 이루어 내는 데는 민주적 리더십이 필요하다. 민주적 리더십의 제1요건은 말할 것도 없이 권력의 사적 소유 배제다. 이는 상식이다. 그런데 이 상식을 확인하고 같이 인식하는 데 반세기가 더 걸렸다.

양김의 집권과 퇴장이라는 역사의 구비들을 돌면서 한국 정치에는 엄청난 변화가 시작된 게 사실이다. 노무현 대통령의 등장이라는 사실 자체가 격변의 한 단면이다. 그리고 노무현과 그의 참모들, 그리고 그 지지자들의 정치스타일과 정치언어들에 의해 촉발된 대규모의 정치게임(게임이라고 하기보다는 권력투쟁에 더 가까워 보이지만)은 한국 정치의 구조와 성격을 근저에서부터 뒤흔들어놓고 있다. 이미 격류에 들어섰다. 그런데 정확히 무엇이 어떻게 변화할 것인지는 쉽게 전망할 수가 없다. 정말 새로운 시대가 열리고 있는 것인지, 아니면 복고의 힘이 더 강하게 작용할 것인지 지금은 그 경계선에 있다고 볼 수밖에 없다.

다만 어떤 경우에도 한국정치의 부정적 특성 양상들이 하루아침에 긍정적인 모양을 갖추게 되리라고 기대하는 것은 무리다. 정치인 각자의 의식이나 국민적 분위기가 바뀌는 데는 더 많은 시간이 필요하다. 시간만 간다고 해서 변화가 저절로 오지는 않는다. 반드시 긍정적인 방향으로 변화하리라는 보장은 어디에도 없다. 바른 방향으로 정치인과 국민의 의식을 틀어놓는 일이야말로 리더들의 가장 절실하고 소중한 책무다. 그 점에서 지금의 투쟁정치는 대단히 걱정스럽다. 투쟁의 정치는 혁명의 전단계로서는 유효할지 모른다. 그러나 투쟁으로 개혁이 이루어지지는 않는다. 대결의 구조화를 초래할 뿐이다.

그리고 역사, 전통, 관습, 관행, 사회 분위기, 추종자들의 성향, 정치적 상황, 각자의 이익 과 갖가지 욕구 등 환경에 안주하려 하거나 발목 잡힐 경우에도 정치의 본질적 변화는 기대할 바 못된다. 양김이, 나아가 역대의 모든 대통령과 정치리더들이 정치적으로 과오를 사면 받을 수 있는 평계가 바로 '정치환경의 영향'이다. 환경의 인력이 너무 강력해서 범인들이 벗어나기는 정말 어렵다. 대부분의 리더들이 이 한계에 갇힐 수밖에 없다면 역대 대통령을 비롯한 정치리더들의 책임 몫은 그만큼 경감된다. 그건 현실적으로도 인정하지 않을 수가 없다. 양김의 과오들이 다른 사람에 대한 책임추궁의 여지를 크게 좁혀버리고 만 것이다.

그러나 이러한 인식이 정치리더십의 환경결정론에까지 가버리면 곤란하다. 그것은 운명론과 이어진다. 민주정치가 성숙되지 못하는 것은 우리의 역사적·전통적·관습적 여건과 환경 탓이라고 하는 주장이 힘을 얻게 되면 '한국적 민주주의' '민족적 민주주의' 따위의 망령이 다시 무덤에서 나와 활보하게 될지도 모른다.

리더십 환경의 이 강력한 중력을 극복할 수 있는 방법이 무엇인가. 그것은 바로 도덕적 리더십이다. 아리스토텔레스는 정치학 첫머리에서 "모든 국가는 일종의 생활공동체이며 모든 생활공동체는 어떠한 선한 목적을 가지고 있다"고 말한다. 그 선이 무엇인가에 대해 분명한 어조로 규정하고 있지는 않지만, 적어도 그것은 '공동체'를 전제로 한 것이고 공동체에 좋은 무엇이라는 점은 틀림없다. 바로 그 공동체의 선을 추구할 책임을 진 사람이 정치리더이다.

그는 당연히 강력한 공공적 도덕성에 의해 추동되는 리더십을 갖춘 인물이어야 한다. 지구 중력권을 벗어나기 위해 강력한 로켓이 필요하듯 환경의 인력권을 벗어나 정치의 수준, 나아가 국민의 삶의 수준을 높이려면 강력한 도덕성이 필요하다. 만약에 양김이 강력한 공공적 도덕성을 추진력으로 삼을 수만 있었다면 우리의 정치는 진작에 민주적 안정을 확보했을 것이다.

같은 말은 박정희에 대해서도 할 수 있다. 그가 경제적 성공을 정치 민주화의 추동력으로 삼았더라면 아마도 개인적 불행은 물론 국가적 시련도 예방할 수가 있었을 것이다. 그가 개인적인 도덕성을 갖지 않았다고 말하는 것이 아니다. 기실 그는 강력한 통치력을 과시했으면서도 개인적으로는 아주 검소하고 다정다감했다고 알려지고 있다. 문제는 공공의 도덕성, 공동체의 도덕성이 빈곤했다는 데 있다.

우리가 충분히 경험한 바와 같이 도덕성에 뒷받침되지 않은 정치적 수완이나 실력은 개인적 욕구충족의 수단으로 전락하게 마련이다. 그것은 당사자와 국민 모두의 불행을 예비한다.

플라톤에 의하면 "정의로운 사람은 정의로운 도시에서 발견될 수 있고, 후자는 전자의 확대판이다." 2천 수백 년 전의 고대인이 한 말이지만 진리는 풍화되지 않는다. 이 말은 다시 '정의로운 사람들로서 정의로운 나라가 이루어진다'는 상식으로 환원된다. 특히 정치리더가 정의로워야할 까닭이 여기에 있다.

참고문헌

갈봉근. 1978, 『統一主體國民會議論』, 서울: 韓國憲法學會 出版部.

강만길. 1979, 『고쳐쓴 한국현대사』, 서울: 역사비평사.

_____. 1994, 『고쳐쓴 한국근대사』, 서울: 역사비평사.

강창성. 1991, 『일본/한국 軍閥政治』, 서울: 해동문화사.

관훈클럽 편. 1987, 『大權의 條件』, 서울: 나남.

구광모. 1986, 『大統領論』, 서울: 고려원(再版).

금장태. 1989, 『한국유교의 이해』, 서울: 민족문화사.

김구. 1986, 『白凡逸志』, 서울: 학원사.

金基承. 1999, 「裵成龍의 新型民主主義 國家像」, 李基白 편. 『한국사 시민강좌
　　　제25집』, 서울: 일조각.

김대중. 1985, 『행동하는 양심으로』, 서울: 金文堂.

_____. 1997, 『나의 삶 나의 길』, 서울: 산하.

김병문. 1996, 「한국대통령의 리더십과 민주화」, 한국정치학회. 1996년 연례학술
　　　논문집.

김삼웅 편. 1997, 『사료로 보는 20세기 한국사』, 서울: 가람기획.

金石野·고다니 히데지로(小谷豪治郎). 1997, 『실록 박정희와 김종필』, 서울: 프로
　　　젝트 409.

金聖鎭 편, 金聖鎭·金正濂·南惠祐·朴振煥·李哲承·崔亨燮·Chang, S.(일본 언론
　　　인, 타임지 특파원)·후쿠다 쯔네아리(福田恒存: 일본 예술원 회원) 집필.
　　　1994, 『박정희 시대, 그것은 우리에게 무엇이었는가』, 서울: 조선일보사.

김수영. 1986, 『金大中-그의 生涯와 政治』, 동방출판사.

김영명. 1999, 『고쳐쓴 한국 현대 정치사』, 서울: 을유문화사.

김영삼. 2000, 『김영삼 회고록-민주주의를 위한 나의 투쟁 1,2,3』, 서울: 백산서당.

_____. 2001, 『민주주의를 위한 나의 투쟁-김영삼 대통령 회고록 상,하』, 서울:
　　　조선일보사.

김옥두. 1995, 『다시 김대중을 위하여』, 서울: 살림터.

김용서. 1992, 『한국형 보수주의와 리더십』, 서울: 을지서적.

김용욱. 1996, 「민주공화당의 우상과 당·정관계」, 한배호 편, 『한국현대정치론 Ⅱ』

김용운 편역. 1999,『金大中 自敍傳-역사와 함께 시대와 함께 1,2』, 서울: 인동, 1999.

金容徹. 1989,「朴正熙의 리더십」, 尹亨燮·申命淳·金容徹·尹聖理·金旺植·鄭榮國·崔僖眞·金漢雄·鄭商和·黃鍾性 공저.『한국정치과정론』, 서울: 법문사(重版).

金雲泰·魚秀永·尹謹植·韓昇助·安秉永·白完基·李正馥·梁性喆. 1994,『韓國政治論』, 서울: 博英社(제3全訂版).

김종신. 1966,『零時의 횃불』, 서울: 한림출판사.

_____. 1970,『박정희 대통령』, 서울: 한림출판사.

_____. 1997,『박정희 대통령과 주변 사람들』, 서울: 한국논단.

김지태. 1976,『나의 이력서』, 서울: 한국능률협회.

김철수. 1988,『韓國憲法史』, 서울: 대학출판사.

_____. 1999,「兪鎭午의 憲法草案에 나타난 國家形態와 政府形態」, 李基白 편.『한국사 시민강좌 제25집』, 서울: 일조각.

김충남. 1998,『성공한 대통령 실패한 대통령』, 서울: 둥지.

김태룡. 1997,「김영삼정부 시기의 정치개혁과 정당기능 변화」, 한국정치학회.

김한식. 1979,『實學의 政治思想』, 서울: 일지사.

김형욱·박사월. 1985,『金炯旭 회고록 제3부』, 서울: 아침.

羅貫中, 崔暎海 역. 1974,『三國志 上』, 서울: 정음사.

盧明植.「金在俊의 基督敎的 建國理念」, 李基白 편.『한국사 시민강좌 제25집』.

도서출판 남풍 편집부 편. 1988,『레닌과 아시아민족 해방운동』, 서울: 남풍.

都珍淳. 1997,「白南雲의 知的 성숙과정과 聯合性 民主主義」, 이기백 편.『한국사 시민강좌 제17집』, 서울: 일조각.

동아일보사. 1988,『現代韓國을 뒤흔든 60大事件』, 新東亞 1988년 1월호 별책부록, 서울: 동아일보사.

민준기. 1988,『韓國民主化와 政治發展』, 서울: 조선일보사.

박권흠. 1992,『닭의 목을 비틀어도 새벽은 온다-金泳三, 그 투쟁과 思想과 경륜』, 서울: 백양출판사.

박일경. 1972,『維新憲法』, 서울: 博英社.

_____.『新憲法』, 서울: 박영사(增補版).

박정희. 1997,『國家와 革命과 나』, 서울: 지구촌.

박찬승.「1894년 농민전쟁의 주체와 농민군의 지향」, 한국역사연구회.『1894년 농민전쟁연구 5』.

方東美. 「중국인의 정치적 이상」, 張鉉根. 『중국정치사상 입문』.

배병삼. 1997, 「조선시대 정치적 리더십론: 수기치인과 무위이치론을 중심으로」, 한국정치학회. ≪한국정치학회보≫.

백상건. 1987, 『정치사상사』, 서울: 박영사(중판).

백상기. 1987, 『비교정치제도』, 서울: 형설출판사.

백선엽. 1989, 『軍과 나』, 서울: 대륙연구소.

白昇鉉. 1990, 「현대정치학에 있어서 철학적 정치학의 위상-에릭 보에글린의 '새로운 정치학'적 관점에서」, 한국정치학회, ≪한국정치학회보≫ 제24집 특별호 별책.

_____. 1993, 「政治的 實在와 에릭 보에글린의 意識哲學」, 한국정치학회, ≪한국정치학회보≫ 27집 1호.

백운선. 2001, 『호남의 지역지배구조 형성배경』, 서울: 백산서당.

司馬遷, 김원중 역. 1999, 『史記列傳 상·하』, 서울: 을유문화사.

_____. 李柱訓·兪文東 역. 1984, 『史記 제3권』, 서울: 배재서관.

_____. 鄭範鎭·金德煥·裵得烈·李炳姬·鄭義淑·南宗鎭·鄭守 國·趙成植·金卿東·金元中·李聖浩·千賢耕·李採文 역. 1994, 『史記本紀』, 서울: 까 치.

새마을연구회 편찬. 1980, 『새마을운동 10년사』, 서울: 내무부.

서규환. 1996, 「21세기 한국정치지도자의 자질-대타협의 뉴리더십」, 한국정치학회. 96년도 월례발표회 발표논문.

蕭公權. 「중국정치사사의 역사적 전개」, 張鉉根. 『중국정치사상 입문』.

소련과학아카데미, 편집부 역. 1990, 『세계현대사』, 서울: 새청.

孫鳳淑. 1987, 「李博士와 自由黨의 獨走」, 한국일보 편. 『韓國의 政黨』.

손호철. 1997, 『3김을 넘어서』, 서울: 푸른숲.

송건호. 1980, 『韓國現代史論』, 서울: 한국신학연구소(再版).

_____. 1988, 『韓國現代人物史論』, 서울: 한길사(8版).

_____. 「박정희 정권 하의 언론」, 송건호 외. 『한국언론 바로보기』.

송건호·최민지·박지동·윤덕한·손석춘·강명구. 2000, 『한국언론 바로보기』, 서울: 다섯수레.

송남헌. 1986, 『韓國現代政治史 제1권』, 서울: 성문각.

송우 편저. 1980, 『한국헌법개정사』, 서울: 집문당.

송효빈. 1977, 『가까이서 본 朴正熙 大統領』, 서울: 휘문출판사.

시인사 편. 1988, 『강령·정책-한국의 주요정당·사회단체』, 서울: 시인사.

申國柱. 「甲申政變에 대한 再評價-甲申政變은 他律的 事件이었다」, 한국정치외
교사학회 편. 논총 제1집. 『갑신정변 연구』.

신용구. 2000, 『박정희 정신분석, 신화는 없다』, 서울: 뜨인돌.

신용하. 「19세기 한국의 近代國家形成 문제와 立憲共和國 수립 운동」, 한국사 연
구회 편. 『한국의 근대국가형성과 민족문제』.

신정현 편. 1990, 『북한의 통일정책』, 서울: 을유문화사.

신정현. 1998, 『정치학』, 서울: 법문사(증보수정판).

沈之淵. 1997, 「朴憲永의 부르주아 민주주의 혁명론과 프롤레타리아 독재국가 건
설 운동」, 이기백 편. 『한국사 시민강좌 제17집』, 1997 重版, 제25집,
1999, 서울: 일조각.

아태평화재단. 2001, ≪평화논총≫ 2001년 봄·여름호, 제5권 1호(통권 9호). 서울:
아태평화재단.

안병만. 1998, 「역대 통치자의 리더십 연구」, 한국행정학회. 1998년 춘계학술대회
발표논문집.

梁東安·尹謹植·李澤徽·李廷植·安秉萬 공저. 1987, 『현대한국정치사』, 서울: 정
신문화연구원.

양무목. 1983, 『한국정당정치론』, 서울: 법문사.

양성철. 1987, 『박정희와 김일성』, 서울: 한울.

엄영식 편저. 1969, 『아시아 近世史』, 서울: 미네르바社.

역사비평 편집위원회 편. 2000, 『논쟁으로 본 한국사회 100년』, 역사비평 통권 50
호 기념 별책, 서울: 역사비평사.

柳根鎬. 「한·일 협정 파동과 조인」, 『현대 한국을 뒤흔든 60대 사건』.

유길준, 허경진 역. 1995, 『서유견문』, 서울: 한양출판.

유병용. 1995, 「安在鴻의 新民族主義 國家像」, 李基白 편. 『한국사 시민강좌 제
17집』, 서울: 일조각.

_____. 1999, 「박정희 정부와 한일협정」, 한국정신문화연구원 편. 『1960년대의
대외 관계와 남북문제』, 서울: 백산서당.

유영익 편. 2000, 『이승만 연구』, 서울: 연세대학교 출판부.

柳永益. 1999, 「李承晩의 建國理念」, 李基白 편. 『한국사 시민강좌 제25집』, 서
울: 일조각.

유정식. 1997, 『정치와 경제의 분리에 관한 역사적 고찰』, 경제연구총서 300. 서
울: 대한상의 한국경제연구센터.

尹絲淳·李康洙·宋錫球·安炳周·柳仁熙·李愛熙·成泰鏞·宋在雲·劉權鍾·林東錫·

鄭琮·金勝惠·崔英辰·琴章泰·金永植·白完基·金海天·陳德奎·宋復·丁淳睦·林元澤 공저. 1992, 『孔子思想의 발전』, 서울: 民音社.

尹亨燮·申命淳·金容徹·尹聖理·金旺植·鄭榮國·崔僖眞·金漢雄·鄭商和·黃鍾性 공저. 1989, 『한국정치과정론』, 서울: 법문사(重版).

이 환. 1999, 『근대성, 아시아적 가치, 세계화』, 서울: 문학과 지성사.

이강로. 1993, 「김영삼의 지도력 유형」, 한국정치학회. ≪한국정치학회보≫ 27집 2호.

이광복. 1993, 『인간 김영삼-섬 소년에서 대통령까지』, 서울: 행림출판사.

이극찬. 『정치학』, 서울: 법문사(제4전정판).

이기백 편. 1995, 『한국사 시민강좌 1집』(1997 重版: 초판은 1987)·제7집(1995 重版)·17집(1995)· 25집(1999), 서울: 일조각.

이기백. 1996, 『韓國史新論 新修版』 서울: 일조각(新修 重版).

이기택. 1987, 『韓國野黨史』, 서울: 백산서당.

이만열. 1999, 「20세기 한국을 움직인 10대 사상-민족주의」, 이기백 편. 『한국사 시민 강좌 제25집』, 서울: 일조각.

이상우. 1982, 「내막: 서울과 동경 14년」, ≪월간조선≫ 1982년 7월호.

이석제. 1995, 『각하, 우리 혁명합시다』, 서울: 서적포.

이승만, 정인섭 역. 2000, 『이승만의 전시중립론-미국의 영향을 받은 중립』, 서울: 나남출판.

이시형. 1996, 「보수우익 지도자들의 건국사상」, 한국정치학회. 1996년 연례발표회 발표논문.

이영조. 1997, 「김영삼 정부 개혁정치의 딜레마」, 한국정치학회. 6·10민주화운동 학술회의.

이우영. 1991, 「박정희 통치이념의 지식사회학적 연구」.

이이화. 「1894년 농민전쟁 지도부 연구」, 한국역사연구회. 『1894년 농민전쟁연구 5』.

이정윤. 1997, 「역대 대통령의 통치이념과 리더십에 대한 고찰」, ≪군사논단≫ 제 11호.

이종범. 1994, 「김영삼 대통령의 리더쉽[십] 특성과 국정관리 유형」, 한국행정학회. 『문민정부 1년의 평가』.

이한두. 1987, 『유신공화국의 몰락-朴正熙와 金泳三과 金大中』, 서울: 범조사(再版).

이한우. 1995, 『거대한 생애, 이승만 1990년 상』, 서울: 조선일보사.

장병림. 1984, 『사회심리학』, 서울: 博英社(重版).

장을병. 1998, 『내가 아는 양김 정치』, 서울: 나무와 숲.

장현근 편저. 1997, 『中國政治思想 입문』, 서울: 지영사.

장현근. 1993, 「先秦 政治思想에서 '法'의 의미」, 한국정치학회, ≪한국정치학회보≫ 제27집 2호 별책..

_____. 1997, 「儒家思想과 韓國의 民主市民敎育」, ≪용인대학교 論文集≫ 제14집.

_____. 1997, 「朱子學의 성립과 官學化에 대한 사상사적 고찰」, 1997년도 한국정치사상연구회 연례학술대회 발표문.

전낙희. 1995, 『동양정치사상연구』, 서울: 단국대학교출판부(증보판).

錢穆, 신승하 역. 1990, 『中國歷代政治의 得失』, 박영문고 10. 서울: 박영사(重版).

전형택 편저, 서대숙 감수. 1999, 『박정희·김일성』, 서울: 畵傳文庫.

정약용, 민족문화 추진회 편. 양홍렬·조창래·박소동·송기채·김윤수 역. 1996, 『국역 다산시문집 5』, 서울: 솔(重版).

정용대. 1993, 「김영삼 대통령의 개혁이념과 한국 민주주의」, 한국정치학회. ≪한국정치학회보≫ 27집 2호.

정윤재. 1992, 「대통령제와 14대 대통령 선거의 전망: 노태우 대통령의 정치리더십에 관한 한 연구-「6·29선언」,「중간평가」,「3당합당」에 있어서 그 의 태도와 역할을 중심으로」, 한국정치학회. 『선거와 한국정치』.

_____. 1993, 「김대통령 개혁리더십의 정치적 성격 연구」, 한국정치학회 편. 『문민정부와 정치개혁』.

_____. 1995, 「제3·4공화국의 성격과 리더십-박정희 대통령의 근대화 리더십에 관 한 연구」, 경남대학교 극동문제연구소. ≪동북아 연구≫ 1권 1호.

_____. 1997, 「한국의 21세기형 정치지도자론: 한국정치에 대한 리더십적 비판과 처방」, 한국정치학회. 97년도 충청지회 학술회의 논문집.

_____. 2000, 「정치리더십과 민주주의의 제도화: 한국정치에 대한 리더십적 비판과 처방」, 한국정치외교사학회. ≪한국외교사 논총≫ 21권 2호.

정정길. 1989, 「대통령의 정책결정과 전문관료의 역할-경제정책의 경우를 중심으로」, 한국행정학회. ≪한국행정학보≫ 23권 1호.

_____. 1991, 「대통령의 정책결정-경제정책을 중심으로」, 서울대학교 행정대학원. ≪행정논총≫ 29권 2호.

_____. 1992, 「대통령의 정책관리 스타일: 경제정책을 중심으로」, 한국행정학회.

『대통령과 정책』.

정정길. 1992,「대통령의 정책관리 스타일: 경제정책을 중심으로」.

_____. 1993,「바람직한 대통령의 정책관리-경제정책을 중심으로」, 한국행정학
　　　　회. ≪한국행정학보≫ 27권 1호.

조갑제. 1998,『내무덤에 침을 뱉어라 1』, 서울: 조선일보사.

_____. 2002,「미공개 자료를 中心으로 쓰는 金大中 연구」, ≪월간조선≫ 4월
　　　　호.

조동화 편역. 1977,『이솝우화집』, 서울: 샘터사.

조선일보사. 1993,『秘錄, 한국의 大統領-권력과 인간, 정치와 인생』, 조선일보사.

조연하. 1992,『세상에 이럴수가…』, 서울: 東春書林.

주돈식. 1997,『문민정부 1천2백일』, 서울: 사람과 책.

중앙일보 특별취재팀. 1998,『실록 박정희』, 서울: 중앙M&B.

중앙일보 현대사 연구팀. 1996,『발굴자료로 쓴 한국 현대사』, 서울: 중앙일보사.

진단학회. 1963,『韓國史 近世前期篇(李相佰 집필)·近世後期篇(李相佰 집필)·現
　　　　代篇(李瑄根 집필)』, 서울: 을유문화사.

최봉윤. 1988,『민족통일운동사』, 서울: 한백사.

최영. 1995,『박정희의 사상과 행동』, 서울: 현음사.

崔永浩.「甲申政變論」, 이기백 편.『한국사 시민강좌 제7집』, 서울: 일조각.

최장집. 1996,『한국 민주주의의 조건과 전망』, 나남신서 483. 서울: 나남출판.

_____. 1997,「한국 민주주의의 공고화와 새로운 지도자像」, 한국정치학회. 97년
　　　　도 충청지회 학술회의 논문집.

_____. 2001,「민주주의와 정치개혁: 김대중 정부의 사례」, 아태평화재단. ≪평
　　　　화논총≫ 2001년 봄·여름호.

최평길. 1998,『대통령학』, 서울: 박영사.

추헌수. 1989,『대한민국 임시정부사』, 독립기념관 한국독립운동사연구소.

表文台 역해. 1977,『論語 顏淵 십칠』, 서울: 성균서관.

馮友蘭, 鄭仁在 역. 1977,『중국철학사』, 서울: 형설출판사.

한국사회사연구회 편(신용하 장상수 정학섭 안준섭 서이종). 1986,『한국의 근대국
　　　　가형성과 민족문제』, 한국사회사연구회 논문집 제1집. 서울: 문학과지성사.

한국역사연구회. 1997,『1894년 농민전쟁연구 5』, 서울: 역사비평사.

한국일보 편. 1987,『한국의 政黨』, 서울: 한국일보사.

韓國精神文化硏究院 硏究部. 1980,『70년대 한국정치의 이념과 체제』, 한국정신

문화연구원, 1980.

한국정신문화연구원 편. 1999,『1960년대의 대외관계와 남북문제』, 서울: 백산서당.

한국정치외교사학회 편. 1985,『논총제1집, 갑신정변연구』, 서울: 평민사.

_____. 1990,『韓國現代史의 再照明-1945~1980年代의 政治·外交分析』, 서울: 대왕사.

한배호 편. 1996,『한국현대정치론 II』, 서울: 오름.

한승인. 1984,『독재자 이승만』, 서울: 일월서각.

한승조. 1992,『리더십 理論에서 본 韓國政治의 指導者들』, 서울: 대정진.

_____. 1992,『韓國政治의 指導者들』, 서울: 대정진.

한표욱. 1996,『이승만과 한미외교』, 서울: 중앙일보사.

함성득 편. 2001,『김영삼 정부의 성공과 실패』, 서울: 나남출판.

함성득. 1999,『대통령학』, 서울: 나남출판.

_____. 2000,『한국의 대통령과 권력』, 서울: 나남출판.

함윤식. 1987,『동교동 24시』, 서울: 우성(再版).

황산덕. 1975,『막스 베버』, 서울: 서문당.

Allen, Horace N. *Things Korean-A Collection of Sketches and Anecdotes, Missionary and Diplomatic*, 신복룡 역. 1984,『朝鮮見聞記』, 박영문고 194, 서울: 박영사 (重版).

Almond, Gabriel A. & Powell, Jr, G. Bingham. *Comparative Politics-A Devlopmental Approach*. 이동희 역. 1972,『비교정치론-발전론적 접근방법』, 서울: 을유문화사.

Aristoteles. Politica. 李炳吉·崔玉秀 역. 1977,『정치학』, 박영문고 52. 서울: 博英社(再版).

Baradat, Leon P. *Political Ideologies*, 申福龍·趙泰基·孫學模·趙正和·姜信昌·朴文甲·高性俊·鄭聖子 역. 1989,『現代政治思想』, 서울: 평민사.

Barber, James David. 1992, *The Presidential Character-Predicting Performance In The White House 4th ed.*, Upper Saddle River, NJ: Prentice Hall.

Bass, Bernard M. 1981, *Stogdill's Handbook of Leadership-A Survey of Theory and Research*, New York: The Free Press A Division of Macmillan Publishing Co., Ind.

Benedict, Ruth. 1991, *The Chrysanthemum and The Sword-Patterns of Japanese Culture*,

김윤식·오인석 역. 1991, 『국화와 칼-일본문화의 틀』, 서울: 을유문화사.

Burns, James M. 1978, *Leadership*, New York: Harper & Row, Inc..

Burns, James M., 한국리더십 연구회 역. 2000, 『번즈의 리더십 강의』, 서울: 미래 인력연구센터.

Carlyle, Thomas. *Heroes, Hero-Worship, and the Heroic in History*, 박상익 역. 1997, 『영웅의 역사』, 서울: 소나무.

Clemens, John K. and Mayer, Douglas F. *The Classic Touch-Lessons in Leadership from Homer to Hemingway*, 이은정 역. 1993, 『서양고전에서 배우는 리더 십』, 서울: 매일경제신문사.

Cooper, J. C. 1978, *An Illustrated Encyclopaedia of Traditional Symbols*, London: Thames and Hudson Ltd., 이윤기 역. 1994, 『그림으로보는 세계 문화 상 징사전』, 서울: 까치.

Covey, Stephen R. 1989, *The 7 Havits of Highly Effective People*, New York: Simon & Schuster.

Dahl, Robert A., 김용호 역. 1990, 『民主主義理論 序說』, 서울: 법문사.

Elcock, Howard. 2001, *Political Leadership*, Cheltenham UK: Edward Elgar Publishing Limited.

Enzensberger, Hans Magnus 편, 허진 역. 1989, 『역사가 나를 무죄로 하리라-세계 혁명가 12 인의 최후진술』, 서울: 공동체.

Fairbank, John King. *China: A New History*, 중국사연구회 역. 1994, 『新中國史』, 서울: 까치.

Friedrich, Carl J. *An Introduction to Political Theory: Twelve Lectures at Harvard*, 서정 갑 역. 1977, 『정치사상강좌』, 서울: 법문사.

Gergen, David. 2000, *Eyewitness to Power-The Essence of Leadership Nixon to Clinton*, New York: Simon & Schuster.

Gleysteen, Willam H. *Massive Entanglement, Marginal Influence: Carter and Korea in Crisis*, 황정일 역. 1999, 『알려지지 않은 역사』, 서울: 중앙M&B.

Greenstein. Fred I. 2000, *The Presidential Difference-Leadership Style from FDR to Clinton*, New York: The Free Press-A Division of Simon & Schuster Inc.

Greenstein, Fred I. *The Presidential Difference-Leadership Style from FDR to Clinton*, 김기휘 역. 2000, 『위대한 대통령은 무엇이 다른가』, 서울: 위즈덤하우스.

Hayes, J. H. *Nationalism-A Religion*, 차기벽 역. 1972, 『民族主義』, 사상신서 25. 서울: 문명사.

Huntington, Samuel P. *Political Order in Changing Societies*, 민준기·배성동 역. 1987, 『정치발전론』, 서울: 을유문화사(重版).

Johnson, Paul. *A History of The Modern World II*, 이희구·배상준 역. 1993, 『세계현대사 II』, 서울: 한마음사.

Keon, Michael. *Korean Phoenix*, 金炳益 역. 1978, 『내 일생 祖國과 民族을 위해-朴正熙 大統領 傳記』, 서울: 지식산업사(3판).

Lasswell, Harold D. 1936, *Politics-Who Gets What, When, How*, McGraw-Hill Book Company, Inc..

Lasswell, Harold D., 이극찬 역. 1960, 『정치동태분석』, 서울: 일조각.

Ledeen, Michael A. 1999, *Machiavelli on Modern Leadership*, 김의영·김용복·구갑우 역. 2000, 『마키아벨리로부터 배우는 리더십』, 서울: 리치북스.

Macridis, Roy. C. *Contemporary Political Ideologies*, 이은호·이신일 공역. 1990, 『現代政治思想』, 서울: 博英社(重版).

Morrow, John. *History of Political Thought*(정치사상사). 김영명·백승현 역. 2000, 서울: 을유문화사.

Nahavandi, Afsaneh. *The Art and Science of Leadrship*, 2nd edition, 백기복·박홍식·신제구 역. 2000, 『리더십, 과학인가 예술인가?』, 서울: 선학사.

Nair, Keshavan. *Gandhi Leadership*, 김진옥 역. 2000, 『간디리더십』, 서울: 씨앗을 뿌리는 사람.

Neustadt, Richard E. 1964, *Presidential Power*, New York: John Wiley & Sons, Inc..

Neustadt. Richard E. *Presidential Power*(1980년판). 이병석 역. 1992, 『대통령과 권력』, 서울: 新思.

Northouse, Peter G. 2001, *Leadership: Theory and Practice*, 2nd ed., California: Sage Publications, Inc., 김남현·김정원 역. 2001, 『리더십』, 서울: 경문사.

Padover, Saul K. *The Meaning of Democracy-An Appraisal of The American Experience*. 양호민 역. 1981, 『민주주의의 이념』, 서울: 탐구당.

Platon. *ΠΟΛΙΤΕΙΑ*(국가·정체), 박종현 역주. 1997, 서울: 서광사.

Ridings, Jr., William J. & McIer, Stuart B. 2000, *Rating The Presidents-A Ranking of U.S. Leaders, from The Great and Honorable to The Dishonest and Incompetent*, revised & updated, Nes York: Kensington Publishing Corp.

Sabine, George H. 1950, *A History of Political Theory*, 閔丙台 역. 1963, 『政治思想史』, 서울: 을유문화사.

Schlesinger, Jr., Arthur M. *The Cycle of American History*, 정상준·황혜성 역. 1993, 『미국 역사의 순환』, 서울: 을유문화사.

Somervell, D. C.(abridgement by) *A Study of History*, 박광순 역. 1992, 『역사의 연구 1』, 서울: 범우사.

Toynbee, Arnold J. 1973, *A Study of History Volume Ⅰ*, London: Oxford University Press, Amen House.

Wales, Nym, 조우화 역. 1995, 『아리랑』, 서울: 동녘, 1995.

Weber, Max, 박성환 역 1997, 『경제와 사회 I 』, 서울: 문학과지성사.

Wilson, Colin. 1984, *A Criminal History of Mankinds*, 황종호 역. 1991, 『잔혹』, 서울: 하서출판사.

Yukl, Gary. 2002, *Leadership In Organizations*, New Jersey: Prentice-Hall, Inc., Fifth Edition(and Forth Edition, 1998).

Yukl, Gary 1981, *A. Leadership in Organization*, Englewood Cliffs, N.J.: Prentice-Hall, Inc., 김대운·이성연·박유진 공역. 1997, 『조직과 리더십』, 서울: 형설출판사.

『開港100年 年表』, ≪新東亞≫ 1976년 1월호 별책부록.

『光復30年 重要資料集』, ≪月刊中央≫ 1975년 1월호 부록. 서울: 중앙일보사.

『國史大事典』, 李弘稙 편저. 서울: 대영출판사, 1976.

『大韓民國選擧史 제1집』, 중앙선거관리위원회 편, 1973.

『大韓民國政黨史 제1집』, 중앙선거관리위원회 편, 1981 再版.

『동아원색세계대백과사전』, 서울: 동아출판사, 1988 7版.

『朴正熙大統領演說文集 제1집』, 大統領公報秘書官室, 1965.

『世界名言大事典』, 梁柱東 편. 서울: 교육서관, 1987.

『聯合年鑑』, 1993년판. 2001년판. 1999년판. 1986년판. 1987년판. 2000년판. 1988년 판. 1981년판.

『의정자료집 2000년 부록』, 국회사무처.

『자료모음 근현대 한국탐사』, 권태억·류승렬·정연태·도면회·전우용 편. 서울: 역사비평사, 1994.

『政治學大辭典』, 서울: 博英社, 1988 增補重版.

『통계로 본 대한민국 50년의 경제사회상 변화』, 통계청, 1998.

『통계로 본 한국의 발자취』, 통계청, 1995.

『한국통계연감 제43호』, 통계청, 1996.

『파스칼 세계대백과사전』, 서울: 동서문화사, 1996.
『合同年鑑 1964년판』, 1971년판. 1973년판.
≪月刊朝鮮≫ 2001년 2월호, 4월호. 2002년 4월호.
동아일보사. ≪NEWs+≫ 1998년 3. 26. 126호.
≪思想界≫ 1960년 1월호.
월간 ≪말≫, 1992년 6월호.
≪경향신문≫, ≪국민일보≫, ≪대한매일≫, ≪동아일보≫, ≪서울신문≫, ≪세계일보≫, ≪조선일보≫, ≪중앙일보≫, ≪한겨레≫, ≪한국일보≫.

■ 지은이 소개

이진곤(李鎭坤)

경주고, 경희대 정치외교학과, 동 행정대학원 안보정책학과(행정학 석사), 동 대학원 정치학과(정치학 박사) 마침. 경희대, 경기대 등에서 정치 및 언론 관련 과목을 강의 중임. 부산일보 기자로 출발, 현재는 국민일보 논설위원실장으로 있음. 3,000편 가량의 사설, 칼럼을 쓰면서 14년 반이 넘도록 논설위원실을 지키고 있음.

한울아카데미 605

한국 정치리더십의 특성

박정희·김영삼·김대중: 사정치형 리더십의 공통점과 차이점

ⓒ 이진곤, 2003

지은이 | 이진곤
펴낸이 | 김종수
펴낸곳 | 도서출판 한울

편집책임 | 최병현

초판 1쇄 인쇄 | 2003년 12월 19일
초판 1쇄 발행 | 2003년 12월 29일

주소 | 121-801 서울시 마포구 공덕동 105-90 서울빌딩 3층
전화 | 영업 326-0095, 편집 336-6183
팩스 | 333-7543
전자우편 | hanul@hanulbooks.co.kr(대표)
           plan@hanulbooks.co.kr(기획)
           edit@hanulbooks.co.kr(편집)
           marketing@hanulbooks.co.kr(마케팅)
           design@hanulbooks.co.kr(디자인)
등록 | 1980년 3월 13일, 제14-19호
Printed in Korea.
ISBN 89-460-3197-2 93340

※이책은 한국언론재단의 언론인 연구저술지원으로 출판되었습니다.
* 가격은 겉표지에 있습니다.